教育类专业基础课系列教材

当代教育学基础

主 编 ◎ 唐爱民 徐 瑞

FOUNDATION OF CONTEMPORARY PEDAGOGY

华东师范大学出版社
·上海·

图书在版编目(CIP)数据

当代教育学基础 / 唐爱民，徐瑞主编. --上海：华东师范大学出版社，2024. -- ISBN 978-7-5760-5593-1

Ⅰ. G40

中国国家版本馆 CIP 数据核字第 2025LY9666 号

当代教育学基础

主　　编　唐爱民　徐　瑞
责任编辑　刘　雪
责任校对　王丽平
装帧设计　俞　越

出版发行　华东师范大学出版社
社　　址　上海市中山北路 3663 号　邮编 200062
网　　址　www.ecnupress.com.cn
电　　话　021-60821666　行政传真 021-62572105
客服电话　021-62865537　门市(邮购)电话 021-62869887
地　　址　上海市中山北路 3663 号华东师范大学校内先锋路口
网　　店　http://hdsdcbs.tmall.com

印 刷 者　上海崇明县裕安印刷厂
开　　本　787 毫米×1092 毫米　1/16
印　　张　19.75
字　　数　439 千字
版　　次　2025 年 3 月第 1 版
印　　次　2025 年 3 月第 1 次
书　　号　ISBN 978-7-5760-5593-1
定　　价　59.80 元

出 版 人　王　焰

(如发现本版图书有印订质量问题,请寄回本社客服中心调换或电话 021-62865537 联系)

前 言

《当代教育学基础》是为适应当代中国教师教育变革的需求,提高教师教育课程教学的质量,服务高等院校师范专业学生学习教育学基础知识与基本理论、提升从师素质与能力而编写的教育学通识教材。

本教材的编写试图体现三个特征。第一,当代性。当今世界正处于百年未有之大变局中,当代中国也正在迈向中华民族伟大复兴之中国梦的历史进程中。处于历史变革境遇中的中国教育正经历着前所未有的新变化、新挑战、新作为。新的科学技术特别是人工智能的突进、全球政治领域单边主义与多边主义的较量、世界经济发展的复杂变化与曲折之路、人口数量变化与质量需求,都对教育特别是教师教育发展带来了重大机遇与挑战。当代教师教育变革必须直面这一历史性变化。党的二十大报告明确指出:教育、科技、人才是全面建设社会主义现代化国家的基础性、战略性支撑。我们要坚持教育优先发展、科技自立自强、人才引领驱动,加快建设教育强国、科技强国、人才强国,坚持为党育人、为国育才,全面提高人才自主培养质量,着力造就拔尖创新人才,聚天下英才而用之。习近平总书记在全国教育大会上指出,建设教育强国是一项复杂的系统工程,需要我们紧紧围绕立德树人这个根本任务,着眼于培养德智体美劳全面发展的社会主义建设者和接班人,坚持社会主义办学方向,坚持和运用系统观念,正确处理支撑国家战略和满足民生需求、知识学习和全面发展、培养人才和满足社会需要、规范有序和激发活力、扎根中国大地和借鉴国际经验等重大关系。这是当代中国教育改革的规律性认识。本教材的编写紧扣党的二十大精神和全国教育大会精神,以全面贯彻党的教育方针、落实立德树人根本任务、培养德智体美劳全面发展的社会主义建设者和接班人为指南,同时致力于引导学生热爱教育事业与教师职业,成为高质量从事教育教学工作的优秀教师。因而,一些最新的教育政策,比如《义务教育课程方案和课程标准(2022年版)》《关于进一步减轻义务教育阶段学生作业负担和校外培训负担的意见》(2021)、《深化新时代教育评价改革总体方案》(2020)、《中小学教育惩戒规则(试行)》(2020)、《大中小学劳动教育指导纲要(试行)》(2020)、《高等学校课程思政建设指导纲要》(2020)、《关于全面加强和改进新时代学校美育工作的意见》(2020)、《关于全面加强和改进新时代学校体育工作的意见》(2020)等文件及精神,进入了教材内容体系,以体现当代教育变革的新趋势。第二,基础性。本教材是为即将走上教育教学岗位、从事基础教育工作的师范生而编写的认识、理解教育现象与教育活动的基础性教材,必须体现教育学知识体系中的基础性内容。教育概论、课程论、教学论、德育论、学生成长与发展、教师专业发展、班主任工作、教育研究方法等教育学核心知识,是师范生应知应会的基础性知识与教师职业素养。这些内容在本教材体系中都予以详略得当的体现。我们对基础性知识的表达不囿于教育学陈旧观点的铺陈,而是紧扣教育学知识生产的最新成果与理论前沿。因而,在编写过程中,我们充分观照被学界达成共识的、最具权威与代表性的观点与论述,并尽可能反映学界最新的研究成果、最新的政策话语与社会境况,尽量不征引陈旧文献,以体现基本的学术性。第三,教育性。本教材是为完善师范生教育科学基础性知识而设计编写的教材,必须充分体现教育性——既适合教师的教,又便于学生的学。也就是说,既要考虑教育学理论的新范式、新观点、新表达,也要考虑教材的普适性、常规性、规范性表达,还要考虑师范生进一步学习与深造的针对性与适切性。因而,每一章开篇都设计了学习目标,章末设计了思考题且提供了参考文献,以利于学生的课前预习、课后复习。为便于学生升学深造,我们吸收了最新版的《教育学专业基础考试大纲解析》《教育专业学位硕士教育综合考试大纲》等相关内容。同时,为体现教材的规范性,我们参阅了《当代教育学》等国内较有影响的教材之观点与表达方式。

本教材由唐爱民提出编写思路、拟定编写大纲,由唐爱民、徐瑞任主编。参加编写的均为长期从事普通教育学教学与研究的青年学者,各章节分工如下:导论(徐瑞、唐爱民);第一章(杨尊伟、于艳玲);第二章(张宏、陈祥龙);第三章(闫春梅、田晓苗);第四章(李凯、李宁宁);第五章(齐军、刘彩祥);第六章(刘亭亭、赵小凤);第七章(高庆蓬、李秋玲);第八章(孙丽芝、李文美);第九章(李春迪、江娇娇);第十章(张家辉、刘昱宏)。

在编写过程中,我们参阅了诸多教材与著述的观点及政策文本的解读,大多都予以标注,有的可能转化为自身的表达方式未能注释,在此谨向相关作者表示由衷的谢意与真诚的歉意。

当代中国,普通教育学教材的多样化存在,是教育科学繁荣发展的一个表征,也是不同地域与类型的高校因校制宜创造性地推进教师教育改革的重要体现。《当代教育学基础》这本教材就是因应这种发展趋势而进行的某种尝试。真诚希冀学界同行、专家及师生的批评指正,以期我们不断改进与完善。

唐爱民
2024 年 6 月 6 日

目 录

导 论 1
 第一节 教育学的学科性质 / 3
 第二节 教育学的学科历程 / 7
 第三节 教育学的学科价值 / 15

第一章 教育的本质 19
 第一节 教育的内涵与体系 / 21
 第二节 教育的起源与发展 / 29

第二章 教育的结构与功能 41
 第一节 教育的结构 / 43
 第二节 教育的个体发展功能 / 50
 第三节 教育的社会发展功能 / 57

第三章 教育目的与教育制度 77
 第一节 教育目的 / 79
 第二节 教育制度 / 91

第四章 课程论基础 103
 第一节 课程概述 / 105
 第二节 课程的构成要素 / 109
 第三节 课程的开发与实施 / 117
 第四节 课程改革 / 126

第五章 教学论基础 133
 第一节 教学的含义与结构 / 135
 第二节 教学过程与教学设计 / 138
 第三节 教学模式 / 142

第四节　教学原则与方法 / 145
　　第五节　教学的组织形式 / 153
　　第六节　教学评价与变革 / 158

第六章　德育论基础　165
　　第一节　德育的本质与使命 / 167
　　第二节　德育过程与规律 / 172
　　第三节　德育课程与内容 / 177
　　第四节　德育方法与途径 / 180
　　第五节　德育模式 / 192

第七章　班主任与班级建设　203
　　第一节　班主任 / 205
　　第二节　班级建设的意义及原则 / 208
　　第三节　班级建设内容 / 214

第八章　教师专业发展　225
　　第一节　教师及教师职业 / 227
　　第二节　教师的专业素养 / 232
　　第三节　教师的专业发展 / 246

第九章　学习心理与学生发展　255
　　第一节　学习心理 / 257
　　第二节　学生发展 / 265

第十章　教育研究方法　275
　　第一节　教育研究的含义与类型 / 277
　　第二节　教育研究的开展 / 280
　　第三节　中小学教师常用的研究方法 / 290

导 论

学习目标

1. 掌握教育学的研究对象与学科任务。
2. 了解教育学的学科性质与学科特点。
3. 了解教育学的学科历程,熟悉每一个发展阶段有影响的思想家及其代表作。
4. 掌握西方当代教育学的发展趋势。
5. 理解我国教育学自主知识体系创建应遵循的原则。
6. 理解学习教育学的理论价值与实践价值。

📋 **本章导览**

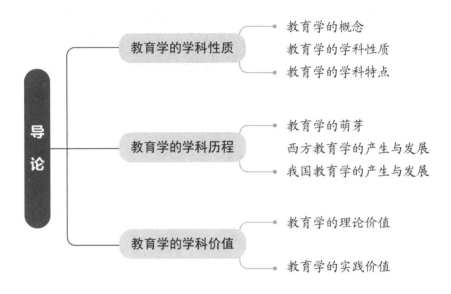

当代社会,教育在人类文明进步中的基础性、先导性、全局性作用日益凸显。教育已成为传承人类文明、推动社会进步、创造美好生活的核心动力。"教育决定着人类的今天和未来。"[①]当代中国,教育在全面建设社会主义现代化国家中的基础性、战略性地位不断彰显。"坚持教育优先发展、科技自立自强、人才引领驱动,加快建设教育强国、科技强国、人才强国"[②],已成为办好人民满意的教育,深入实施科教兴国战略、人才强国战略、创新驱动发展战略的核心动力,成为加快中国式现代化进程与实现中华民族伟大复兴中国梦的重大工程。教育战略地位与功能的显现,需要高质量的教育事业、教育活动予以保障;高质量的教育事业、教育活动,需要具有深厚的现代教育理论知识、掌握娴熟的教育技能与教学艺术、接受系统的教育学专业学习与训练的广大教师和教育管理者,需要他们具备高尚的职业情怀,付出精深的专业化劳动。

第一节　教育学的学科性质

一、教育学的概念

教育学的概念是教育学科中最重要的核心概念。教育学是研究教育现象、揭示教育规律的一门学科。教育学的概念主要包括教育学的研究对象与学科任务两个内涵。

(一) 教育学的研究对象

教育学的研究对象是教育现象。研究对象是区分学科边界的一个重要标准。教育学以教育这一人类社会的特有现象作为自己的研究对象。需要特别指出的是,不能将教育简单等同于训练。人的教育本质上迥异于动物的训练。正是在此意义上,我们强调教育现象是人类社会的特有现象。

人类社会的教育现象复杂多样、包罗万象,既包括学校教育现象,也包括家庭教育现象和社会教育现象。仅就学校教育现象而言,呈现出各种不同级别与不同类型的教育现象(即各级各类教育)。按照层次区分,学校教育可分为学前教育、基础教育和高等教育。基础教育可分为初等教育和中等教育,其中,中等教育又分为初级中等教育和高级中等教育。高等教育可分为大学教育与研究生教育,其中,大学教育又分为专科教育和本科教育;研究生教育又分为硕士研究生教育和博士研究生教育。按照类型区分,学校教育可分为普通教育、职业教育、成人教育等。

---

① 《习近平总书记教育重要论述讲义》编写组.习近平总书记教育重要论述讲义[M].北京:高等教育出版社,2020:73.
② 习近平.高举中国特色社会主义伟大旗帜为全面建设社会主义现代化国家而团结奋斗[N].人民日报,2022-10-26(001).

(二) 教育学的学科任务

教育学的学科任务主要包括：通过对教育现象的深入研究，揭示蕴含其中的教育规律；构建教育学的学科体系；创新教育的内容与途径等。

1. 揭示教育规律

教育学的根本任务在于研究和揭示存在于人类教育活动中的普遍规律，为人们观察和认识教育现象、从事教育实践提供理论指导。教育学立足于教育与人、教育与社会的发展关系，探究教育活动的基本规律。就教育内部过程而言，教育学的学科任务还包括对教学过程、德育过程、教育管理过程及其他具体教育活动的规律性的认识与揭示。

2. 构建教育学的学科体系

教育学的另外一个重要任务是获得关于自身的认识，努力建构教育学的学科体系。关于教育学自身的研究，属于教育学的元研究。开展包括学科性质、研究对象、学科任务、发展历程、价值意义在内的教育学的元研究，不断丰富和完善教育学的学科体系，是教育学学科建设的重要内容，也是当代教育学面临的一项重要任务。

3. 创新教育的内容与途径

在深刻揭示教育规律的基础上，根据世界政治、经济、科学、文化发展的新要求，与时俱进，不断创新教育的内容，持续探索与之相适应的教育方法、教学形式与管理体制，是教育学必须承担的又一项重要学科任务，也是提升自身科学性与学科地位的内在要求。

二、教育学的学科性质

(一) 教育学的学科性质诸论

探讨教育学的学科性质，是教育学学科建设的一项重要内容。学界对此存在一些分歧，形成了不同的观点。关于教育学学科性质的诸多不同观点，主要分为以下几个类型：单一学科性质说、双重学科性质说和多重学科性质说。

单一学科性质说认为，教育学的学科性质具有单一性。其中，第一种观点认为，教育学在学科性质上属于社会科学，以教育现象为研究对象，以揭示教育规律为研究任务；第二种观点认为，教育学在学科性质上属于人文科学，兼具主观性与价值性；第三种观点认为，教育学在性质上属于应用科学，教育研究是将相关学科的原理与方法应用于教育领域的过程；第四种观点认为，教育学在学科性质上属于精神科学，以精神文化为研究对象。

双重学科性质说认为，教育学的学科性质具有双重性。其中，第一种观点认为，教育学在学科性质上兼具自然科学和社会科学的双重属性；第二种观点认为，教育学在学科性质上兼具人文科学和社会科学的双重属性；第三种观点认为，教育学在学科属性上兼具理论科学和应用科学的双重属性。

多重学科性质说认为，教育学的学科性质具有多重性。教育学兼具社会科学、应用科学、规范科学、归纳科学、有机科学等多重学科属性。

（二）教育学学科性质界定

从学科性质上看，教育学属于人文社会科学。作为一门人文社会科学，教育学介于科学与艺术之间，兼具科学与艺术双重属性，是科学性与人文性的统一。

第一，教育学在学科性质上具有科学属性。狭义上的科学，专指物理学、化学、生物学等自然科学。广义上的科学，则指包括自然科学、社会科学、思维科学等在内的所有科学领域。这里所说的教育学的科学属性，更多的是指人文社会科学属性，而非自然科学属性。教育学的研究会广泛运用广义科学的各种理论假设、研究方法与基本概念，其学科的科学属性毋庸置疑。

第二，教育学在学科性质上具有艺术属性。不可复制性、不可重复性是艺术的重要特征。艺术不可复制、不能重复，具有极强的个体性与独创性。教育学是研究培养人的学问，天下没有两片完全相同的树叶，更没有两个完全相同的人。因此，以教育人、培养人为研究目标的教育学在学科性质上具有很强的艺术性。这就导致教育方法具有很强的不可复制性、不可重复性，适合于某一学生的教育方法未必适合于另一位学生，没有一种教育方法可以适用于所有学生。我们熟悉的因材施教的教育原则，就充分体现了教育学学科的艺术性。

三、教育学的学科特点

作为一门以培养人为核心任务的人文社会科学，教育学既具有人文社会科学的一般特征，又具有自身独特的学科特点。总体上看，教育学具有鲜明的实践性、综合性、时代性、交叉性、民族性和开放性等学科特点。

（一）实践性

实践性是教育学的首要学科特点。教育学是一门以人的培养为研究对象的人文社会科学，具有鲜明的实践性特点。教育学是研究人的培养的学问，而人的培养是一个现实的实践问题，因此教育学不仅需要关注教育实践，而且还需要关注人的生活实践与社会实践。教育学的实践性学科特点，要求教育学必须关注教育实践、人的生活实践与社会实践问题及其相互关系，回应实践要求，反思实践经验，推动实践发展。

（二）综合性

综合性是教育学的一个重要特点。教育学是一门研究如何培养人的学问，而人是一个综合复杂的存在，人的培养是一个综合复杂的过程，这就从根本上决定了教育学的综合性学科特点。教育学的综合性特点，表现在其理论基础、研究主体、研究内容、研究方法、学科体系等诸多方面。第一，教育学的理论基础综合。教育学的理论基础包含了哲学理论、社会学理论、心理学理论、伦理学理论、政治学理论、管理学理论等。第二，教育学的研究主体综合多元。哲学家从审视人生问题入手关心人的培养问题，社会学家则因教育是社会的一个重要子系统而关注教育现象，心理学家基于人心之理来研究人的教育，伦理学家则基于人伦之理来研究教育。此外,教育学的研究主体还包括人类学、经济学、政治学、文化学、管理学、心理学等相关领域的专家学者。第三,教育学的研究内容综合多样。教育学的研究内容广泛涉及家庭教育、学校教育、社会教育等不同教育领域的各种教育现象及其相互关系。第四,教育学往往综合运用各种方法、多种资源开展研究。第五,教育学的学科体系也体现出极强的综合性。基于学科内部结构的教育学学科体系,主要包括教育学原理、课程与教学论、教育史、德育原理、比较教育学、学前教育学、高等教育学、成人教育学、职业技术教育学、特殊教育学、教育技术学等。基于学科交叉架构的教育学学科体系,主要包括教育哲学、教育社会学、教育心理学、教育管理学、教育人类学、教育经济学、教育文化学等。

(三) 时代性

不同时代面临特定的人的发展和社会发展问题,教育学关注教育与人的发展以及教育与社会的发展问题,因此教育学具有时代性学科特点,体现出明显的时代烙印与鲜明的时代特征。时代性是包括教育学在内的所有人文社会科学的一个共同特点。党的二十大报告指出:"问题是时代的声音,回答并指导解决问题是理论的根本任务。"新的历史时期,必须以习近平新时代中国特色社会主义思想为指导,弘扬社会主义核心价值观,加快建构中国特色教育学的学科体系、学术体系、话语体系,着力培养担当民族复兴大业的时代新人。

(四) 交叉性

教育学关注教育与人和社会发展之间的关系问题,将人的培养置于社会发展过程之中,因此需要借鉴相关学科的多种理论方法审视教育现象,这就使教育学体现出很强的交叉性特点。一方面,人的教育培养的复杂性,需要教育学注重学科交叉,运用关乎人的研究的自然科学、社会科学、思维科学视野开展教育研究,以促进学生的身心健康发展与德智体美劳的全面发展。另一方面,人类社会发展的复杂性,也需要教育学进行学科交叉。社会涉及政治、经济、文化、科技、人口等诸多复杂因素,只有运用交叉学科的视野,才能将人的培养真正置于社会发展环境之中,才能对人的培养形成全面而又客观的认识。

(五) 民族性

教育学具有很强的民族性。与狭义上的科学不同,教育学带有很强的民族文化性格。不同民族文化背景孕育出不同的教育学学科体系、学术体系与话语体系,创生出不同的教育学概念、教育学理论与教育学思想。不同民族文化背景下的教育学,尽管都在使用教育、教学、课程等概念,但是这些概念的内涵却相差甚大,无不带有各自民族文化传统基因与烙印。教育学的理论体系更是与其所在民族的文化传统密不可分,可以说是其文化传统浸润于教育研究的必然产物。

(六) 开放性

当代教育学愈益体现出开放性的特点。教育学以人类的教育现象作为自己的研究对象,综合运用相关学科的理论与方法开展教育研究,不可避免地具有开放性的学科特点。当代教育学研究视野开放多元并不断拓展,这使得教育学开放性的学科特点不断得到强化。

教育学从业者需要具有开放的心态,善于从相关学科中汲取理论滋养、借鉴研究方法,从而不断深化教育学研究,而绝不应固守已有的学科范式,故步自封或画地为牢。

第二节 教育学的学科历程

在总结提升人类长期教育实践经验与丰富教育思想的基础上,教育学逐渐发展成为一门独立的学科。教育学的发展经历了一个漫长的萌芽时期。此后,作为一门独立学科的教育学在近代得以创生。独立后的教育学在20世纪经历了一个快速发展的时期,百家争鸣、百花齐放,产生了许多教育学派别。进入21世纪以来,教育学与时俱进,持续发展,不断呈现出一些新的学科面貌。

一、教育学的萌芽

教育学是一门既古老又年轻的学科。其古老性在于,自人类有了教育活动之后也就有了关于教育的学问;其年轻性在于,作为独立形态的教育学直到近代才从哲学中独立出来,成为一门独立的学科。

人类文明史表明,自从有了人类,也就有了人类的教育活动。人类教育活动的存在,自然引发了人们对教育活动的思考,教育思想随之产生。可以说,对教育活动的思考和认识与人类社会相伴相生,教育思想的历史与人类社会的历史几乎同样悠久。尽管人类关于教育的思想丰富多样、历史悠久,但是直至近代以前,人类社会还没有学科意义上的教育学的存在。因此,我们把近代以前对教育活动的认识探究阶段称为教育学的学科萌芽时期。

在教育学的萌芽时期,人类的教育思想主要停留在经验和习俗的水平。这一时期,通过文字记录下来的教育思想远未体系化,主要散见于一些古代思想家、哲学家、政治家的哲学著作或者政治著作之中。

在教育学的萌芽时期,我国著名的教育思想家主要包括春秋战国时期的诸子百家,以及近代之前的具有丰富教育思想的一些思想家、哲学家、政治家等。这一时期,我国的重要教育著作包括《论语》《孟子》《大学》《中庸》《老子》《庄子》《礼记》《师说》《四书章句集注》《传习录》等。其中,《礼记》中的《学记》篇、韩愈的《师说》等,应归属于教育专著类著作。从出版时间上看,《学记》是我国最早的教育专著,也是世界上最早的教育专著。《论语》由孔子的弟子及再传弟子编撰而成,是一本集中记载我国伟大教育家、思想家孔子教育思想的传世之作。孔子创办私学,主张有教无类,扩大了民众的受教育机会。孔子提出以培养君子为教育目的,强调学思结合、自省自觉,并在人类历史上首创启发式教学、因材施教等教育原则与方法。孔子的伟大教育思想,是人类教育思想宝库中的瑰丽珍宝。

萌芽时期的西方著名的教育思想家主要包括古希腊的苏格拉底、柏拉图、亚里士多德,古罗马的昆体良,以及中世纪和文艺复兴时期的一些思想家。这一时期,西方重要的教育著作包括柏拉图的《理想国》《美诺篇》,亚里士多德的《尼各马可伦理学》《政治学》,昆体良的《雄辩术原理》等。其中,《理想国》是集中记载苏格拉底和柏拉图教育思想的重要著作,是西方教育思想史上的三大里程碑式的著作之一。该书系统阐述了柏拉图描绘的理想国家中的教育蓝图,提出了培养"哲学家-国王"的教育目的、贯穿一生的完整教育过程,以及包含智慧、勇敢、节制、正义在内的"四德"等。

萌芽时期的教育学呈现出三个显著特点:一是时间漫长,发展缓慢;二是教育思想散见于哲学或政治学著作之中,停留在经验和习俗的水平;三是尚未形成完整的教育学学科体系,处于前科学阶段。

二、西方教育学的产生与发展

作为一门独立学科的教育学产生于近代欧洲。纵观教育学的发展历程,西方教育学经历了创立时期、发展时期等不同发展阶段,现已逐渐进入反思分化阶段,呈现出一些新的特征。

(一)西方教育学的创立时期

从教育经验总结到个体化的教育思想,再到独立的教育学学科,教育学的发展经历了一个漫长的时期。教育学的创立并非一蹴而就,而是种种主客观条件综合作用的结果。事实上,西方教育学的创立前后跨越了二百多年的历史时期。

从时间上看,独立形态的教育学创立于近代欧洲。教育学的创生是教育学学科史上的一件大事,它得益于一系列主客观条件的综合作用。就客观方面而言,教育学的创生得益于教育实践发展的客观需要。近代以来,伴随着资本主义的产生和发展,主要资本主义国家出现了人类历史上从未有过的一些新型实科学校。为资本主义发展提供人才与智力支持,是这些具有近代教育性质的新型实科学校创办的主要目的。为此,冲破传统的教育理念与教育方法,重塑新的教育理念与教育方法,培养新型教师,就成了推进这些新型实科学校发展的客观需要。正是在此时代背景下,欧洲从17世纪末开始重视教师培养,强调教育理念与方法的创新,这在客观上有力地推动了教育学的创立。当然,近代以来科学的发展与科学方法论的确立,也为教育学最终从哲学母体中分离独立奠定了重要基础。就主观方面而言,教育学的创生得益于许多著名教育家的主观努力。

教育学作为一个独立学科创立的主要标志包括:第一,教育开始成为一个专门的研究领域,涌现出一些专门论述教育现象的严谨系统的教育学著作;第二,教育学拥有了专门的学术概念、独特的研究范畴与科学的研究方法;第三,在一些重要大学开设教育学课程或开办教育学系列讲座,涌现了一些重要的教育家;第四,出现了专门的教育研究机构,形成了专门从事教育研究的学术性团体,创立了教育学的专业学术刊物。

许多著名的教育家对于西方教育学的学科创立作出了无可替代的重要贡献。为教育学的创生作出重要贡献的西方教育家主要包括:英国的培根和洛克、捷克的夸美纽斯、德国的康德和赫尔巴特、法国的卢梭、瑞士的裴斯泰洛齐等。

1623年,英国哲学家培根首次提出将"教育学"作为一门独立的科学。他提出的"实验的归纳法",从根本上为教育学的发展奠定了方法论基础。1632年,捷克教育家夸美纽斯出版了《大教学论》一书,这本书被誉为近代第一本教育学著作。该书基于宗教立场,提出了"泛智教育"思想,旨在探讨把一切事物教给一切人的全部艺术。1693年,英国经验主义哲学家洛克出版了其教育代表作《教育漫话》,在"白板说"的基础上,建构了德育首位、德智体相对完整的绅士教育体系。洛克是西方教育史上首位将教育划分为德育、智育、体育三个组成部分的教育家。1762年,法国启蒙思想家卢梭出版了被誉为西方教育思想上的三大里程碑式的著作之一——《爱弥儿》。卢梭在《爱弥儿》中以虚构的人物爱弥儿和苏菲为受教育对象,系统阐述了其著名的自然主义教育思想,对后世西方教育思想的发展影响深远。1771—1787年,瑞士著名的民主主义教育家裴斯泰洛齐出版了四卷本的《林哈德与葛笃德》一书,该书以全面和谐地发展人的一切天赋力量和能力为教育目的,提出教育要符合儿童本性,采取教劳结合、由简入繁的教育原则。在西方教育史上,裴斯泰洛齐首次提出"使人类教育心理学化"的主张。

进入大学课堂,在重点大学开课,是教育学学科制度建设的重要内容,也是学科独立的重要标志。德国著名哲学家康德为西方教育学的创立作出了不可磨灭的贡献。康德在德国哥尼斯堡大学任教期间,曾于1776—1787年先后四次讲授教育学课程。1803年,《康德论教育》一书出版。在该书中,康德认为教育学是一门系统的学问。为此,他既强调教育的学业性与艺术性,也强调教育方法的科学性。

1806年,德国著名哲学家、心理学家、教育学家赫尔巴特出版了《普通教育学》。该书的出版,标志着教育学成为一门独立的学科,赫尔巴特也因此被誉为"现代教育之父""科学教育学的奠基人"。赫尔巴特认为,教育学是一门科学,哲学和心理学是教育学的学科基础。他认为:"教育学作为一种科学,是以实践哲学和心理学为基础的。前者说明教育的目的;后者说明教育的途径、手段和障碍。"[①]赫尔巴特是康德哲学教席的继任者,他在德国哥尼斯堡大学除讲授教育学课程以外,还创办了教育科学研究所和实验学校,对教育学的学科创立作出了巨大贡献。

创立时期的教育学呈现出如下几个显著特征:一是教育学从哲学中分离出来,成为一个独立的学科;二是教育成为专门研究领域,研究方法开始科学化;三是涌现出一大批教育家和专门系统的教育学著作。

(二) 西方教育学的发展时期

西方教育学从19世纪末开始进入快速发展的重要时期,涌现出许多著名的教育家,创生了许多新的教育学理论流派,出版了一大批重要的教育学著作,使教育学的理论化、科学化、实证化特征进一步增强。

---

① [德]康德.康德论教育[M].瞿菊农,编译.上海:商务印书馆,1930:190.

1. 实证主义教育学

实证主义教育学是主张运用实证方法开展教育研究的西方教育学派别。它兴起于19世纪中后期,主要代表人物是英国教育家斯宾塞,主要代表作有斯宾塞的《教育论》(1860)等。

实证主义教育学的主要观点包括:第一,注重运用实证方法研究知识价值;第二,最有价值的知识是能够直接保全自己的知识;第三,反对重视古典语言和文学的教育与形式主义的教学;第四,强调实用学科的重要性,尤其重视体育;第五,主张启发式教学,强调激发学生学习的自觉性。

实证主义教育学带有明显的英国经验主义哲学色彩与功利主义特征,它对实科教育的重视,反映了近代西方大工业生产对教育发展的客观要求。

2. 实验教育学

实验教育学是运用实验方法研究儿童发展及其与教育关系的西方教育学派别。实验教育学兴起于19世纪末20世纪初的一些欧洲国家,主要代表人物和著作有德国的教育家梅伊曼及其《实验教育学纲要》(1914)、拉伊及其《实验教育学》(1908)等。

实验教育学的主要观点包括:第一,概念思辨化的教育学无法检验教育方法的优劣;第二,提倡把实验心理学的研究方法与研究成果应用于教育研究;第三,主张用实验、统计和比较的方法研究儿童心理发展,并将研究结果作为儿童教育的重要依据;第四,认为教育实验应该在真正的学校环境与教育实践中开展;第五,把教育实验分为提出假设、进行实验、结果应用等三个前后相连的阶段。

实验教育学对于教育实验方法的重视与强调,是教育学学科发展的一大进步,推动了教育科学的健康发展。但是,如果过分强调教育研究的实验方法,甚至将实验方法视为唯一方法,就会有违教育学的学科性质与学科特点,导致教育学研究中的"唯科学主义"倾向,从而不利于教育学的健康发展。

3. 文化教育学

文化教育学是主张运用文化科学方法或精神科学方法来理解和解释教育的西方教育学派别。文化教育学又称精神科学教育学,兴起于19世纪末的德国,主要代表人物是德国教育家狄尔泰、斯普朗格、利特等,主要代表作有狄尔泰的《关于普遍妥当的教育学的可能》(1888)、斯普朗格的《教育与文化》(1919)、利特的《职业陶冶、专业教育、人的陶冶》(1958)等。

文化教育学的主要观点包括:第一,人类历史是一部文化的历史,人是一种文化的存在;第二,教育是在一定历史文化背景下进行的,教育过程是一种历史文化的传递过程;第三,教育的目的在于通过促进客观形态的社会历史文化向个体的主观文化形态转变,从而培养学生的完整人格;第四,教育的主要方法是文化科学方法或精神科学方法,即理解与解释的方法;第五,教育的主要途径是陶冶与唤醒,以及和谐对话师生关系的建构。

文化教育学对教育活动的历史文化背景的强调,使人们意识到教育所具有的历史文化特性,对后世教育学的发展具有重要启发意义与推动作用。但是,如果一味夸大教育的文化制约性,看不到教育与社会政治经济制度之间的重要相互关系,就会导致对一些普遍性教育规律认识的忽视,从而影响教育学的科学发展。

4. 实用主义教育学

实用主义教育学是将教育理论奠基于实用主义哲学思想之上的一个教育派别。它兴起于19世纪末20世纪初,主要代表人物是美国的杜威和克伯屈等,主要代表著作有杜威的《民主主义与教育》(1916)、克伯屈的《设计教学法》(1918)等。杜威的《民主主义与教育》与柏拉图的《理想国》、卢梭的《爱弥儿》并称为西方教育思想史上的三大里程碑式的著作。

实用主义教育学的主要观点包括:第一,教育即生活,教育是生活的需要,教育是社会的职能;第二,教育即生长,教育即经验的不断改组和改造,反对"教育即预备""教育即展开""教育即官能的训练"等观点;第三,学校即社会,学校是一个雏形的社会;第四,学校教育的目的在于保证教育得以继续进行,教育的目的就是它自身;第五,从做中学,重视儿童的经验与独立探索;第六,以儿童为中心,学校组织以儿童为中心,课程以儿童经验为中心,师生关系以儿童为中心。

实用主义教育学重视教育与社会、教育与现实生活的联系,强调儿童、经验、活动在教育中的重要地位,将促进学生成长视为教育目的,这些观点对于后世西方教育学的发展影响深远。实用主义教育学的不足之处在于其容易导致系统知识学习的弱化,影响教师主导作用的发挥,忽视学校教育的社会制约性等。

5. 批判教育学

批判教育学是运用冲突理论和批判视角审视教育现象的一个教育派别。批判教育学兴起于20世纪70年代,主要代表人物是巴西教育家弗莱雷,美国教育家鲍尔斯、金蒂斯、阿普尔、吉鲁,法国教育家布迪厄等;主要代表著作有弗莱雷的《被压迫者教育学》(1970)、鲍尔斯和金蒂斯的《资本主义美国的学校教育》(1976)、阿普尔的《教育与权力》(1982)、吉鲁的《批判教育学、国家与文化斗争》(1989)、布迪厄的《教育、社会和文化中的再生产》(1977)等。

批判教育学的主要观点包括:第一,资本主义国家的学校教育非但不能促进社会公平,反而是维护社会不公的重要手段;第二,再生产是资本主义学校教育的重要功能,通过学校教育将占主导地位的意识形态与社会关系再次生产出来;第三,教育的主要目的在于通过揭示看似公平的教育现象与社会现象背后的不公平性,对师生进行启蒙,最终实现人的意识解放;第四,许多看似自然而然、客观中立的教育现象其实并非如此,只有采取实践批判的态度和方法,才能揭示其中所蕴含的矛盾冲突与利益关系。

批判教育学从冲突论的视角重新审视教育与社会关系,注重揭示看似自然事实背后的利益关系,这对于正确认识资本主义国家学校教育的功能具有一定的启发意义。

除此之外,具有重要影响力的西方教育学流派还包括要素主义教育学、进步主义教育学、永恒主义教育学、改造主义教育学、建构主义教育学、后现代主义教育学等。这些教育学流派各具特色,各具有明显的时代风格与文化传统,分别从不同层面对教育现象进行了理论探究。不同教育学派别之间的理论争鸣,有力地推进了现代西方教育学的发展。

(三) 西方当代教育学的发展状况

当代西方教育学在研究领域与研究对象、理论基础与研究范式、学科体系、学科功能与学科反思等方面，出现了一些新的发展趋势，呈现出一些新的特征。

1. 教育学的研究领域与研究对象不断扩展

传统教育学主要聚焦于学校教育领域开展研究，当代教育学的研究领域与研究对象得到了极大拓展，并且处于持续不断的扩展之中。当代西方教育学的研究领域与研究对象已经由学校教育拓展到家庭教育、社会教育以及三者之间的相互关系，从青少年阶段的教育拓展到贯穿整个人生过程的终身教育，出现了宏观研究与微观研究相互融合、理论研究与实践研究齐头并进、跨学科研究大量涌现的新特征与新样态。

2. 教育学的理论基础与研究范式更加多样

传统西方教育学的主要理论基础是哲学、心理学、社会学三大支柱学科。当代西方教育学的理论基础更加多样，更加广泛地从政治学、经济学、文化学、管理学、人类学、生理学、法学、历史学、伦理学、技术学、美学、生态学、统计学、测量学等学科汲取理论滋养。就研究范式而言，有的强调量化研究，有的强调质性研究，有的强调量化与质性相结合；有的强调基础研究，有的强调应用研究；有的强调科学主义研究范式，有的强调人文主义研究范式；等等。

3. 教育学学科体系的分化与综合并行

伴随着教育学研究领域与研究对象的不断扩展，以及理论基础与研究范式的多元化发展，当代西方教育学学科体系呈现出分化与综合同时并存的发展局面。一方面，教育学研究的持续发展与教育学知识体系的不断丰富，为教育学的分化提供了必要性与可能性，致使教育学快速分化，教育学原有的组成部分慢慢分化独立，逐渐发展成为一门门新的教育学科。另一方面，当代西方教育学在分化的同时，也出现了高度的学科综合化现象。教育学学科体系综合化的一个重要表现就是大量交叉学科的持续不断地涌现，比如教育哲学、教育心理学、教育社会学、教育伦理学、教育政治学、教育经济学、教育文化学、教育管理学、教育人类学、教育法学、教育技术学、教育美学、教育生理学、教育生态学、教育统计学、教育测量学等。

4. 教育学的学科功能呈现多元化

当代西方教育学呈现出一种多元化发展的趋势，现象描述、规律揭示、政策咨询等已经成为教育学的重要学科功能。教育学不仅具有对于教育现象的描述功能、对于教育规律的揭示功能，而且具有对于教育政策规划、教育实际指导的咨询功能。教育学更加关注对于现实教育实践的研究，使教育学理论研究与教育实践改革之间的关系更加密切，教育学的学科咨询功能逐渐凸显。

5. 教育学更加注重学科反思

当代西方教育学注重对自身的反思以及对教育学学科自身知识体系的研究。自觉的教育学反思已经成为当代西方教育学发展的一个重要特征，教育学学科反思的一个重要结果，就是促进了元教育学的产生和发展。元教育学是对教育学进行元研究的学科。元教育学是关于教育学理论的理论,其基本特征是运用元理论的方法对教育学自身开展研究,对教育学的合理性、正当性和有效性进行学理审视,旨在进一步提升教育学的学科自觉性与科学性。

三、我国教育学的产生与发展

对于我国而言,教育学是一个舶来品。我国教育学发展经历了一个由引入、创建到逐步发展阶段,再到自主知识体系创建阶段的发展历程。目前,我国教育学发展面临重大历史机遇,教育学的自主知识体系创建工作正在如火如荼地开展之中。

(一)我国教育学的引入与创建阶段

20世纪初,我国开始由国外引入教育学,并同时开启教育学本土化历程,积极着手我国教育学的创建工作。我国教育学的创建工作主要包括:开设教育学课程、出版教育学教材与著作、创建教育学术团体、出版教育学专业刊物等方面。

1. 开设教育学课程

在师范学校开设教育学类课程,是我国教育学开始创建的重要标志之一。1901年,罗振玉在《设师范急就科议》中明确把"教育"列为师范学校应该开设的13门学科之一。[①] 1902年设立的京师大学堂师范馆最早开设了教育学课程。1904年,《奏定学堂章程》明确规定初级师范学堂、优级师范学堂必须开设教育学课程,使教育学正式成为我国师范教育的必修课程。1919年前后,我国开始设立教育系科。

2. 出版教育学教材与著作

1903年,冯世德在《大陆报》上以连载的方式发表《实用教育学》。1905年,王国维在教育世界社出版《教育学》一书。此后,我国教育学者陆续出版了大量自编的教育学教材和著作,有力地推动了我国教育学的创建工作。1930年,杨贤江(化名李浩吾)出版《新教育大纲》,这是我国第一部马克思主义的教育学著作。

3. 创建教育学术团体

1902年,蔡元培、章太炎等人在上海创办中国教育会;1915年,全国教育会联合会在天津成立;1917年,黄炎培等人在上海成立中华职业教育社;1921年,中华教育改进社在北京成立;1923年,中华平民教育促进会在北京成立。除上述全国性教育学术团体外,各省也成立了一些地方性教育学术团体。这些教育学术团体的创立,对我国教育学的创建发挥了重要作用。

4. 出版教育学专业刊物

1901年,我国第一份教育专业期刊《教育世界》在上海创刊;1909年,商务印书馆在上海创刊《教育杂志》;1912年,上海中华书局在上海创刊《中华教育界》;1913年,江苏省教育总会在上海创刊《教育研究》;1919年,新教育共进社在上海创刊《新教育》。教育学的学术研究渐成燎原之势。

---

① 朱有瓛.中国近代学制史料(第一辑)(下册)[M].上海:华东师范大学出版社,1986:983-984.

(二) 我国教育学的发展阶段

中华人民共和国成立后,我国教育学发展进入了一个崭新的阶段,马克思列宁主义、毛泽东思想在我国教育学建设中的指导地位很快得以确立。这为我国教育学的科学发展指明了正确方向,提供了坚实的理论基础。在经历了旧中国教育学改造、苏联教育学引进与反思之后,我国教育学开始进入了教育学中国化的探索阶段。我国开始尝试在充分考虑民族特点与历史条件的前提下,将马克思主义教育学的普遍真理与中国教育的具体实践相结合,积极探索教育学中国化的科学路径。

改革开放以来,我国教育学开启了从中国式教育科学到中国特色社会主义教育科学,再到中国教育学本土化的再建阶段。这一时期,我国教育学得到了前所未有的发展,取得了许多重要发展成就,具体包括:由实践的探索走向理论的深入讨论;由开放引进走向综合创新;高度综合与分化趋势并存;向宏观和微观两方面发展;教育科研方法初步形成一门多支的体系;注重教育学的元科学研究。①

在这一阶段,我国教育学创生了许多新的学科,包括教育经济学、高等教育学、继续教育学、学科教育学、教育技术学、教育评价学、教育情报学、校外教育学、教育人类学、教育督导学、教育未来学、教育生态学、民族教育学、教育法学、教育传播学、教育美学、教育政治学、教育文化学、教育实验学、教育政策学、学前教育学等;已经形成了比较完备的教育学学科体系,教育学学科体系在综合和分化两个方面都得到了极大发展;教育学主干学科得到快速发展,出版了大量普通教育学教材与著作,并对普通教育学的教材建设进行了理论探讨;我国教育学专业快速发展,从业人员规模不断扩大;中国教育学会及其各级分支学术机构运行良好,学术活动开展非常活跃;各级各类教育学专业刊物蓬勃发展,积极助力教育学者专业成长,促进教育学专业发展。

(三) 我国教育学自主知识体系的创建阶段

党的十八大以来,我国教育学发展坚持以习近平新时代中国特色社会主义思想为指导,进入全新的发展时期,开始步入我国教育学自主知识体系的创建阶段。

2016年,习近平总书记主持召开哲学社会科学工作座谈会并发表重要讲话,明确提出"着力构建中国特色哲学社会科学,在指导思想、学科体系、学术体系、话语体系等方面充分体现中国特色、中国风格、中国气派"。2022年,习近平总书记在中国人民大学考察调研时指出,"加快构建中国特色哲学社会科学,归根结底是建构中国自主的知识体系"。同年,党的二十大报告要求,"加快构建中国特色哲学社会科学学科体系、学术体系、话语体系"。在习近平总书记的系列重要讲话精神指导下,我国教育学开始了自主知识体系建构的科学探索。

我国教育学自主知识体系的创建,必须坚持如下五个原则。

第一,教育学自主知识体系的建构必须坚持正确政治方向。我国教育学自主知识体系的建构,必须坚持以习近平新时代中国特色社会主义思想为指导,坚决贯彻习近平总书记关

---

① 侯怀银.20世纪中国教育学史[M].北京:人民教育出版社,2020:179-181.

于教育的重要论述精神,坚持用马克思主义的立场观点方法指导教育学自主知识体系建构工作,确保我国教育学自主知识体系构建工作的正确政治方向。

第二,教育学自主知识体系的建构必须坚持守正创新。我国教育学自主知识体系的建构,必须充分借鉴已经取得的中国特色社会主义教育学知识体系建设成果,在守正的前提下开展知识体系的创新,处理好继承与发展的关系。

第三,教育学自主知识体系的建构必须遵循学科建设规律。在我国教育学自主知识体系的建构过程中,必须坚持教育性和科学性原则,保持教育学的相对独立性。如何在坚持马克思主义对中国教育学自主知识体系建构指导地位的前提下,遵循学科建设的基本规律,实现学术性与政治性的辩证统一,是我国教育学自主知识体系建构必须解答的一个重要问题。

第四,教育学自主知识体系的建构必须聚焦中国教育问题。我国教育学自主知识体系的建构必须扎根中国文化和中国教育实践。中国教育问题是我国教育学自主知识体系建构的根基、根脉,聚焦中国教育问题开展研究更能体现我国教育学知识体系的自主性。进入新时代,推进教育高质量发展的时代命题,形成了我国教育学自主知识体系建构的根本动力和知识源泉。我国教育学自主知识体系的建构,必须牢牢把握时代机遇,以重大教育战略问题为观照,在解决重大教育战略问题的过程中,进行学科体系、学术体系、话语体系重构,充分彰显教育学的中国特色、中国风格、中国气派。

第五,教育学自主知识体系的建构必须坚持古为今用、洋为中用。我国教育学自主知识体系的构建,首先应植根中华优秀传统教育文化,充分汲取中华优秀传统教育思想的精华,继承中国教育实践与教育思想中的优秀基因,并根据新的时代要求对其进行创造性转化与创新性发展。我国教育学自主知识体系的建构,还应坚持中外教育思想交流互鉴的原则,积极借鉴人类一切优秀教育学资源。这就需要处理好引进与自主的关系,必须坚持以自主为目的,将引进作为形成和促进自主的手段和途径。

第三节 教育学的学科价值

教育学具有独特的学科价值,学习和研究教育学不论是对于个体成长还是对于社会发展,都具有无可替代的重要的理论价值与实践价值。

一、教育学的理论价值

教育学的理论价值主要体现在对人类已有教育经验的理性反思,以及对于各种教育现象背后所隐藏的客观规律的深刻揭示,从而形成教育学特有的知识体系与理论框架,为人类更好地开展教育实践提供科学的理论指导。

(一)反思教育经验

反思人类的已有教育经验,将习俗形式的教育认识上升为科学形式的教育认识,是教育学学科理论价值的重要体现。直接来源于教育实践、未经科学审视的教育经验,在性质上仍然属于习俗形式的教育认识,尚未达到科学理论的水平,难以对教育实践发挥正确的指导作用。教育学通过对作为习俗形式存在的教育经验进行深入反思和理论加工,去伪存真、去粗取精,使其上升为科学形式的教育认识,能够更加科学地指导人类教育实践活动的开展。

教育学对人类已有教育经验的反思,符合马克思主义所揭示的人类认识运动的基本规律。马克思主义认为,人类的认识运动是一个辩证发展的过程,经历了一个实践—认识—实践的螺旋上升式的发展过程。教育学对于来自教育实践的初步教育经验进行理论归纳、凝练、提升,使其上升为教育理论;然后再将教育理论应用于教育实践,对其进一步检验、修正、提升,从而上升为更为科学的教育理论。这一过程充分体现了从实践到认识,再从认识到实践,即实践、认识、再实践、再认识的不断反复和无限发展的认识发展规律。教育学的理论价值正是在持续对教育经验的理性反思与历史性超越中得以实现的。

（二）揭示教育规律

通过研究教育现象,深刻揭示教育过程的客观规律,是教育学的又一个重要理论价值。学习和研究教育学可以帮助人们更好地把握教育的客观规律,能够对各种教育问题进行科学的解释。

教育学对学校教育、家庭教育、社会教育、网络教育等人类教育现象展开深入研究,探索其中存在的客观规律,从而对教育现象形成规律性认识,不断促进教育知识的增长与优化,逐步建构起一整套能够科学解释教育现象的知识体系。教育学针对教育学现象所揭示出的规律性认识涉及教育的不同领域与不同层面,既包括教育的内部理论知识,也包括教育的外部理论知识;既有宏观理论,也有微观理论。

教育学深刻揭示了教育与社会发展、个体发展之间的内在规律。教育学研究发现,社会的政治经济制度、生产力发展水平以及文化传统从根本上制约着教育的发展,而教育也具有重要的社会发展功能。在促进个体发展的诸多因素中,教育是一个具有决定性意义的重要因素,它在个体发展过程中发挥着主导作用。教育学研究还在不同程度上揭示出学校教育、家庭教育、社会教育、网络教育内部及其相互关系的各种规律性认识,这些都体现了教育学在理论建构方面的特殊贡献,对于人们科学认识各种教育现象具有重要的理论指导意义。

二、教育学的实践价值

教育学所具有的实践价值既体现在国家和社会层面,也体现在个体层面。就国家和社会层面而言,教育学学科的发展有利于发挥教育的基础性、先导性和全局性作用,更好地服务于国家和社会发展。就个体层面而言,学习教育学能够帮助教师和教育管理工作者提升教育素养,更好地服务于自身的教育实践。

（一）社会实践价值

社会实践价值是指教育学在为国家和社会重大实践服务方面所具有的独特价值,是教育学学科咨询功能的价值体现。教育在推动国家和社会各项事业发展过程中具有基础性、先导性和全局性的地位和作用,然而这一地位和作用并不会自发完成,必须借助教育学的政策咨询功能得以实现。为国家重大战略规划与实施提供政策咨询,是教育学研究的重要任务之一。

教育学的社会实践价值,主要通过提升培养人的素养来实现。实现中华民族伟大复兴,必须坚定实施科教兴国战略、人才强国战略、创新驱动发展战略,必须加快教育现代化,建设教育强国。教育学提供科学研究与理论创新,能够进一步提升教育实践质量,全面落实立德树人根本任务,培养德智体美劳全面发展的社会主义建设者和接班人,从而更好地为中国特色社会主义现代化建设服务。

(二) 个体实践价值

个体实践价值是指教育学在促进教师和教育管理工作者提升教育素养,从而更好地服务于自身教育实践方面所具有的独特价值。学习和研究教育学可以帮助教育实践工作者启迪教育自觉,领悟教育真谛;坚定教育信念,养成科学态度;拓宽教育理论视野,提升理论素养;促进个体自我反思,助力专业发展;提高教育研究能力,成为研究型教师。

1. 启迪教育自觉

教育自觉是指在领悟教育真谛基础上产生的从事教育事业的自觉性。学习和研究教育学可以帮助教育实践工作者深刻领悟教育的真谛,从而有效激发从事教育工作的自觉性。一位真正具备教育自觉的教师,不会仅将教育视为一份谋事、谋生的职业,而是将其视为一种值得为之奋斗终身的伟大志业。这不仅会增强教育实践工作者的工作积极性、主动性,而且会极大地提升教育实践工作的创造性与实效性。

2. 坚定教育信念

教育信念是指对于教育及其育人价值的确信与信心。是否具有坚定正确的教育信念,会对教育实践工作者的教育态度产生深远影响,进而影响教育实践工作的效果,影响立德树人根本任务的完成质量。学习和研究教育学可以帮助教育实践工作者充分认识到人的可教性,由衷地相信人的可教性,相信教育对于国家建设与个人发展的重要价值,从而形成坚定的教育信念,以更加科学的态度对待教育实践工作。

3. 拓宽教育理论视野

教育学具有一整套科学系统的知识体系,包含各种不同的理论流派与学术观点。学习和研究教育学可以帮助教育实践工作者进一步认识教育情境的复杂性、教育影响因素的多样性,不断丰富教育理论知识,拓宽理论视野,提升理论素养。教育理论视野的拓宽与教育理论素养的提升,有助于教育实践工作者增强教育智慧,充分借鉴人类教育发展的宝贵教育资源,坚持古为今用、洋为中用,坚持理论联系实际,更加科学有效地开展教育实践工作。

4. 促进个体自我反思

自我反思能力是促进个体自我成长、自我完善的重要能力。学习和研究教育学可以帮助教育实践工作者对已有教育经验进行反思,使其超越个体教育经验的限制、摆脱各种教育习俗的束缚、助力自身专业成长与全面发展,从而提升教育实践工作者的自我反思能力与自我发展能力。通过反思,还可不断提升教育实践工作者的自身教育境界,在反思中发展、在反思中完善,不断成长为一个具备反思能力、具有终身学习意识、能够持续成长的反思型教师。

5. 提高教育研究能力

伴随着教育事业的持续发展与教育改革的不断推进,教师有了更多新的角色定位。新时代的教师不仅仅要成为一名教育实践者,还要成为一名教育研究者。广大教师在一线教育教学实践过程中所积累的教育经验有待理论提升,同时也面临着许多需要解决的现实问题。教育学重视教育科研方法的培养,学习教育学可以帮助教师提升反思意识与科研能力,使其尽快成长为一名研究型教师。教师针对自身教育实践中的现实问题开展行动研究,并将研究成果反哺教学,既能促进自身专业成长,又能提升教育实践成效,从而更好地履行教书育人、立德树人的根本使命。

思考题

1. 如何理解教育学的研究对象与学科任务?
2. 如何理解教育学的学科性质与学科特点?
3. 简要分析教育学的学科发展历程。
4. 简述西方当代教育学的发展趋势。
5. 简述我国教育学自主知识体系创建应遵循的原则。
6. 结合自身的专业,阐述学习教育学的理论价值与实践价值。

参考文献

1.《教育学原理》编写组.教育学原理[M].北京:高等教育出版社,2019.
2. 全国十二所重点师范大学联合编写组.教育学基础(第3版)[M].北京:教育科学出版社,2014.
3. 袁振国.当代教育学(第4版)[M].北京:教育科学出版社,2010.
4. 丁钢.公共教育学[M].上海:华东师范大学出版社,2015.
5. 吕炳君.教育学基础理论与实践[M].北京:北京师范大学出版社,2017.
6. 侯怀银.20世纪中国教育学史[M].北京:人民教育出版社,2020.
7. [德]康德.康德论教育[M].瞿菊农,编译.上海:商务印书馆,1930.

第一章
教育的本质

学习目标

1. 明确教育的中西词源及定义。
2. 掌握教育的主要形态及其表现形式。
3. 了解关于教育本质的不同学说和新认识。
4. 理解新时代我国德智体美劳全面培养的教育体系。
5. 掌握关于教育起源的不同学说,了解不同学说的代表人物及其主张。
6. 了解教育产生与发展的历史脉络及其主要特点。
7. 熟悉当代世界教育的发展趋势。

本章导览

教育是教育学最重要的核心概念,有着丰富的内涵和外延。教育一词在中文和西文语境中的用法存在差异,古今中外教育家对它的理解也不尽相同。明晰教育的概念与本质是学习和研究教育学的基本任务。理解教育的本质、探讨教育的起源及历史发展过程、明晰当代世界教育改革与发展的趋势,这对于理解教育活动缘何产生、洞察人类社会发展不同阶段教育的特征以及深刻认识世界范围教育发展的走向,都具有重要意义。

第一节 教育的内涵与体系

一、教育的概念

教育是一个在日常生活中被广泛使用的概念,其用法大致有三种情况:一是作为一种思想转变过程的教育,如"我从一部电影中受到了一次深刻的教育";二是作为一种方法的教育,如"你的孩子真有出息,你是怎么教育孩子的";三是作为一种社会制度的教育,如"教育是振兴地方经济的基础""教育是民族振兴的基石,教育公平是社会公平的重要基础"。人们对教育概念的日常理解处于一种常识水平,要深入、系统地理解教育的概念,还需要从教育的词源和词义、国外著名教育家对教育的阐释、教育的定义、教育的形态等多个角度,分析教育概念的丰富内涵,以帮助人们对教育概念的理解由常识水平上升到理论水平。

(一)教育的词源和词义

1. 中文语境中教育的词源分析

在中国古代,"教"和"育"二字最初并未合成一词,而是各含其义。甲骨文"教"的本意就是成人手拿教鞭督促、引导孩童学习之意,其本质就是"外施内效,由外向内",意为学习者在教育者的示范鞭策下学习、觉悟。甲骨文"育"的本意是妇女生育孩子,其本质就是"孕育、养育,由内向外"。简而言之,从甲骨文的词形来说,"教"是一个由外向内的过程,"育"是一个由内向外的过程。

我国古代儒家经典《中庸》开宗明义指出:"天命之谓性,率性之谓道,修道之谓教。"春秋战国末期教育名篇《学记》称:"教也者,长善而救其失者也。"战国时期《荀子·修身》说:"以善先人者谓之教。"东汉许慎《说文解字》的解释为:"教,上所施,下所效也。育,养子使作善也。""教"是指教化,"育"是指养育。一般认为,"教育"一词最早见于《孟子·尽心上》:"君子有三乐,而王天下不与存焉。父母俱存,兄弟无故,一乐也。仰不愧于天,俯不怍于人,二乐也。得天下英才而教育之,三乐也。"在此语境中,教育的含义是指培养人的行动。可见,我国古代教育家论述的教育多聚焦于道、德、善,都指向人之德性及其向善的引导和教化。实际上,我国古代很少使用"教育"一词,《孟子》一文中的"教育"仍然是"教"和"育",只是随着西方近代教育思想和教育制度传入中国以及白话文盛行后,教育学的话语方式发生了从"以学为本"到"以教为本"的转换,"教育"一词渐渐成为一个常用术语。

2. 西文语境中教育的词源分析

在西方,教育一词,英文为 education,法文为 éducation,意大利文为 educazione,西班牙文为 educacion,德文为 Erziehung,均源于拉丁文 Educare。E 在拉丁文中意为"出",ducare 为"引"的意思,Educare 意为引出、使显现出、使发挥出,即引导儿童的固有天性,促进其身心发展。西文中教育的词源引发出了"教育即接生、生长的隐喻"。如古希腊先哲苏格拉底提出了教育就是接生,认为教育的过程与产婆为产妇接生或助产没有什么区别。教育即接生的隐喻,强调教育应是由内而外的,是将儿童心灵中的智慧不断引出、发展的过程,而不是由外而内的,不是注入、训练、铸造的过程。① 美国实用主义教育家杜威提出了教育即生长的隐喻,更注重把学习者作为有生命的学习主体,强调学习者主动求知的兴趣和需要。它要求学校应致力于个人能力的磨炼和提高,使其获得所需要的最美好的东西。②

综上可知,从中西语境中教育的词源来看,教育的含义存在文化差异,但也有两个方面的相同点:一方面,教育目的重在使人为善,教育内容不限于知识,还包括德育和体育;另一方面,教育方法注重启发诱导,而非强迫注入,注意人格感化,而非强迫学生服从。③

(二) 国外著名教育家对教育的阐释

在教育发展史上,许多教育家在不同的社会历史时期,根据自己的哲学观点和教育实践对教育进行了不同的阐释。

捷克教育家夸美纽斯认为,"教育在于发展健全的个人;只有受过恰当的教育之后,人才能成为一个人"。

英国哲学家洛克认为,"人类之所以千差万别,便是由于教育之故"。

法国哲学家、教育家卢梭认为,"植物是由栽培而成长,人是由于教育而成为人。教育应当依照儿童自然发展的程序,培养儿童固有的观察、思维和感受的能力"。

德国哲学家康德说,"人只有靠教育才能成为人,人完全是教育的结果"。

瑞士教育家裴斯泰洛齐认为,"教育是人类一切知能和才性的自然的、循序的、和谐的发展。教育是依据自然法则,发展儿童道德、智慧和身体各方面的能力。而这些能力的发展,又必须顾到它们的完全平衡"。

德国教育家赫尔巴特认为,从教育的本质看,教育目的可以分为"选择的目的"和"道德的目的",强调"教育的唯一工作与全部的工作可以归结在道德这一概念中。道德普遍地被认为是人类的最高目的,因此,也是教育的最高目的"。

法国教育家涂尔干认为,"教育是由成年一代系统影响年轻一代的社会活动。其目的在于,使儿童的身体、智力和道德状况都得到激励与发展,以适应整个政治社会在总体上对儿

---

① 郑金洲.教育通论[M].上海:华东师范大学出版社,2000:32.
② 郑金洲.教育通论[M].上海:华东师范大学出版社,2000:34.
③ 胡德海.教育学原理(第三版)[M].北京:人民教育出版社,2013:209.

童的要求,并适应儿童将来所处的特定环境的要求"。

美国实用主义教育家杜威认为,"教育是生活的过程,是生长;教育就是经验的改造或改组,这种改造或改组,既能增加经验的意义,又能提高指导后来经验进程的能力。教育乃是社会生活延续的工具"。

苏联教育家加里宁认为,"教育是对于受教育者心理上所施行的一种确定的、有目的的和有系统的感化作用,以便在受教育者的身心上,养成教育者所希望的品质"。

综上所述,由于受到社会发展阶段的历史局限性影响,以上国外教育家主要从教育的作用、教育的目的两个角度来理解和阐释教育,并未给出教育的完整、明晰的定义。

(三) 教育的定义

1. 国外学者对教育的定义

美国分析教育哲学家谢弗勒在其《教育的语言》一书中提出了三种定义的方式:一是规定性定义,即作者自己所创制的定义,其内涵在作者的某种话语情境中始终是统一的;二是描述性定义,是指对被定义对象的适当描述或对如何使用定义的适当说明;三是纲领性定义,是一种有关定义对象应该是什么的界定。[①]

联合国教科文组织教育统计局于1976年制定的《国际教育标准分类》对教育做了一个规定性定义:"本标准分类所指的'教育'不是广义的一切教育活动,而是认为教育是有组织地和持续不断地传授知识的工作。在这里,'传授'是指在两个或两个以上的人中间建立一种转让'知识'的关系。这种传授可能是面对面的,也可能是间接的、远距离的。'有组织地',意思是说,有一个组织学习的教育机构和一些聘请来的教师,按一定模式,有计划地确定目标和课程,有目的地组织传授工作。所谓'持续不断',意思是说,学习的过程要经常和连续。'知识'是指人的行为、见闻、学识、理解力和态度、技能,以及人的能力中任何一种可以长久保持(而并不是先天或是遗传产生)的东西。"[②]

德国教育家沃尔夫冈·布列钦卡对教育做了一个描述性定义:"所谓教育,就是人们尝试持续在任何一方面改善他人心理素质结构,或者保留其心理素质结构中有价值的部分,或者避免不良心理素质形成的行动。"[③]

美国教育家杜威在《我的教育信条》中"什么是教育"的信条对教育做了一个纲领性定义:"一切教育都是通过个人参与人类的社会意识而进行的。世界上最形式的、最专门的教育确是不能离开这个普遍的过程。"[④]

2. 我国学者对教育的定义

我国学者主要从社会活动或社会现象和教育者的角度对教育进行定义,其中较具代表性的观点有如下几种。

---

① 瞿保奎.教育学文集·教育与教育学[M].北京:人民教育出版社,1993:31-37.
② 联合国教科文组织教育统计局.国际教育标准分类[M].国家教育委员会教育发展与政策研究中心,译.北京:人民教育出版社,1988:1-2.
③ [德]沃尔夫冈·布列钦卡.教育科学的基本概念:分析、批判和建议[M].胡劲松,译.上海:华东师范大学出版社,2001:75.
④ [美]约翰·杜威.我的教育信条[M]//王承绪,赵祥麟.西方现代教育论著选.北京:人民教育出版社,2001:5-15.

董纯才等在《中国大百科全书·教育》中撰写的"教育"词条认为:"广义上说,凡是增进人的知识和技能,影响人们的思想品德的活动,都是教育。狭义的教育主要指学校教育,是指教育者依据一定社会(或阶级)的要求,有目的、有计划、有组织地对受教育者的身心施加影响,把他们培养成一定社会(或阶级)所需要的人的活动。"①

顾明远主编的《教育大辞典》认为:"教育是传递社会生活经验并培养人的社会活动。广义的教育,泛指影响人们知识、技能、身心健康、思想品德的形成和发展的各种活动。狭义的教育,主要指学校教育,即根据一定的社会要求和受教育者的发展需要,有目的、有计划、有组织地对受教育者施加影响,以培养一定社会(或阶级)所需要的人的活动。"②

南京师范大学教育系编的《教育学》认为:"广义的教育是泛指一切增进人们知识、技能、身体健康以及形成和改变人们思想意识的过程。狭义的教育是指教育者按照一定的社会要求,向受教育者的身心施加有目的、有计划、有组织的影响,以使受教育者发生预期变化的活动。"③

潘懋元等主编的《高等教育学》认为:"教育是培养人的社会活动。这一定义包含四个方面的含义:(1) 教育是培养人的活动,人是教育的对象,教育促进人的发展;(2) 教育是社会活动,教育活动在一定的社会环境中进行,社会为教育活动提供必要的条件;(3) 教育培养人的过程是将社会的知识、生活方式、行为规范、意识形态不断内化于教育对象,使人体社会化;(4) 教育通过培养人(劳动力、公民、专门人才)来为社会服务,促进社会的发展。"④

叶澜的《教育概论》认为:"广义的教育是有意识的以影响人的身心发展为直接目标的社会活动。狭义的教育,即学校教育,是由专职人员和专门机构承担,有制度保证的、有目的、有系统、有组织的,以影响入学者的身心发展为直接目标的社会活动。"⑤

综上所述,教育是传承社会文化、传递生产经验和社会生活经验并培养人的一种社会活动。教育有广义和狭义之分。广义的教育,是指增进人的知识和技能、发展人的体力和智力以及影响人的思想品德的一切活动,包括社会教育、学校教育和家庭教育。狭义的教育主要指学校教育,是教育者根据一定的社会要求,遵循学习者身心发展的规律,有目的、有计划、有组织地对其身心施加影响以期发生预期变化的活动。最狭义的教育是指学校教育中的思想品德教育活动。我们常说,自从有了人类社会就有了教育,这里的教育是广义的教育,它存在于人类社会的各种生产和生活活动中;狭义的教育则是人类社会发展到一定历史阶段的产物,随着社会生产力的发展,教育活动从社会其他活动中分化出来,逐渐发展成为培养人的一种社会活动。

(四) 教育的形态

教育的形态是指由教育者、学习者以及教育影响等基本要素构成的教育系统在不同时

---

① 中国大百科全书总编辑委员会《教育》编辑委员会.中国大百科全书·教育[M].北京:中国大百科全书出版社,1985:1.
② 顾明远.教育大辞典(增订合编本)[M].上海:上海教育出版社,1998:725.
③ 南京师范大学《教育学》编写组.教育学[M].北京:人民教育出版社,1984:18,19.
④ 潘懋元,王伟廉.高等教育学(第3版)[M].福州:福建教育出版社,2013:27-28.
⑤ 叶澜.教育概论[M].北京:人民教育出版社,2006:10-12.

空背景下的变化形式。依据教育活动的正规化程度、教育系统赖以运行的空间特性和教育活动在时空中的存在形式等,教育可以分为不同的形态。

1. 正规教育和非正规教育

按照教育活动的正规化程度,教育可分为正规教育和非正规教育两种形态。正规教育是指由国家教育部门认可的教育机构进行的,由专业人员承担的,有目的、有计划、有组织、系统地以影响学习者的身心发展为直接目标的培养活动,一般指学校教育。正规教育有一定的入学条件和规定的毕业标准,具有统一性、连续性、标准化和制度化等特点。[1] 非正规教育是指在正规教育体制以外的有目的、有计划、有组织的教育和培训活动。非正规教育比较灵活,具有许多不同的发起者、管理者和资金来源,几乎包括所有政府部门和各类非政府部门。非正规教育是现代终身教育体系的重要组成部分,能够满足个体的学习需求及社会均衡和发展的需要。非正规教育在成人扫盲、职业教育、继续教育和闲暇教育中起到重要作用。此外,非正式教育还指"在日常生活、工作中进行的不具有结构性或组织性的自主、偶发性学习活动。如与家人或邻里自主交谈,在工作岗位和市场里进行的讨论,在图书馆、博物馆进行的读书或参观、考察,以及在一定场合进行的娱乐活动等"[2]。非正式教育与正规教育、非正规教育相互互补,共同构成终身教育体系。

2. 社会教育、家庭教育和学校教育

按照教育系统赖以运行的空间特性,教育可分为社会教育、家庭教育和学校教育三种类型。社会教育是在广泛的社会生活和生产过程中进行的教育活动,包括职业组织教育、文化组织教育和社区教育。其中,职业组织教育指的是各种各样的职业部门所从事的职业技能训练等,如农民和手工业者的生产训练,工厂等职业部门的培训;文化组织教育主要是由文化机构如青少年宫、图书馆、博物馆、展览馆等实施的教育活动;社区教育是由社区机构组织实施的各种教育活动,是社区机构间一种横向的联系与协调。[3] 社会教育具有自愿性和自主性、伸缩性和灵活性、持久性和巩固性等特点。家庭教育是以家庭为单位进行的教育活动,《中华人民共和国家庭教育促进法》将家庭教育界定为:"父母或者其他监护人为促进未成年人全面健康成长,对其实施的道德品质、身体素质、生活技能、文化修养、行为习惯等方面的培育、引导和影响。"学校教育是以学校为单位进行的教育活动,是指社会通过学校对学习者的身心所施加的一种有目的、有计划、有组织的影响,以使其发生预期变化的活动。学校教育具有较强的目的性、系统性和组织性,较强的可控性,教育的专业性,教育时空的集中性和效率性等特点。[4] 在整个人才培养过程中,社会教育、家庭教育和学校教育具有相对独立的地位和特有的功能,只有三者形成协同育人的合力,才能更好地实现人才培养的目标。

---

[1] 《教育学原理》编写组.教育学原理[M].北京:高等教育出版社,2019:53-54.
[2] 顾明远.中国教育大百科全书(第一卷)[M].上海:上海教育出版社,2012:307.
[3] 郑金洲.教育通论[M].上海:华东师范大学出版社,2000:20.
[4] 《教育学原理》编写组.教育学原理[M].北京:高等教育出版社,2019:58-59.

3. 实体教育和虚拟教育

按照教育活动在时空中的存在形式,教育可分为实体教育和虚拟教育两种类型。实体教育是指在一个现实的空间里,根据现实空间里的要求来规范人们行为的一种教育。① 实体教育是具备承担教育者角色的人在具体的现实环境中对有学习需要的人的身心施加适当影响的活动,其优势在于师生在真实的空间里面对面地交流,学生在真实的环境中学习。虚拟教育是以电子技术、信息技术、网络空间为媒介开展的一种教育形态,其教育活动发生在虚拟教室、虚拟实验室、虚拟校园、虚拟社区、虚拟图书馆等虚拟化教育环境中。虚拟教育中的信息传递不受时间和地点的限制,学习内容可重复,学习者能进行交互式学习,自主安排学习进度。可见,实体教育和虚拟教育各有优势,只有实现二者的优势互补、融合发展,才能更好地为学生提供优质教育资源,以满足其个性化需求。

二、教育的本质

对教育本质的认识是一个由浅入深、由初级到高级的不断深化过程。我国学界对教育本质问题展开了大讨论,主要观点有上层建筑说与生产力说、双重属性说与多重属性说、社会实践活动说与特殊范畴说、个体社会化说与个体个性化说等。近几年学界对教育本质进行了反思,形成了对教育本质的新认识,即教育的本质是提高生命的质量和提升生命的价值。

(一) 教育本质的争论

1. 上层建筑说与生产力说

教育的上层建筑说认为,教育是社会的上层建筑,是一种社会现象,由社会政治经济制度决定并对社会政治经济制度起一定反作用。在阶级社会里,教育具有阶级性。教育通过培养人为社会政治经济制度服务,是一种专门培养人的思想品德、传递知识技能的活动。在整个社会结构中,教育属于意识形态范畴的一种活动。② 教育的上层建筑说将教育看作是社会意识形态领域中人们的一种实践活动,强调的是教育的社会属性和意识形态方面的功能。

教育的生产力说认为,科学是生产力,教育是培养人的过程,而人是生产力的要素。教育是通过传递科学技术来培养人的,科学技术是知识形态的生产力,教育是把可能的生产力转化为直接生产力的基本途径。③ 教育作为有目的、有计划地培养人的活动,是一种包括意识形态现象和物质现象在内的复杂的社会现象。教育过程不仅进行精神生产,而且进行劳动力再生产。教育者的教育思想、受教育者获得的思想品德及知识技能属于意识形态的范畴;但教育者对受教育者进行的培养本身却是物质运动的过程。

2. 双重属性说与多重属性说

教育的双重属性说认为,教育受生产力和生产关系的制约,是一个复杂的社会现象。

---

① 柳海民.教育学概论[M].北京:北京师范大学出版社,2015:73.
② 郑金洲.教育通论[M].上海:华东师范大学出版社,2000:151.
③ 石佩臣.教育学基础理论[M].北京:教育科学出版社,2018:119.

它具有两种社会职能：一是要传授一定生产关系所要求的社会思想意识，具有明显的阶级性；二是要传授与生产力发展水平相适应的劳动经验和生产知识，为发展生产力服务。① 因此，不能简单地把教育归之于生产力或上层建筑，教育兼具上层建筑和生产力的双重性质。

教育的多重属性说认为，教育具有多重属性，教育的思想、方针、目的以及社会科学内容是意识形态，在阶级社会具有阶级性，这些应属于上层建筑；而教育的自然科学内容是生产力的要素，教育的方法与手段具有物质性。教育既同经济基础相联系，也同政治、法律、道德等上层建筑相联系；教育既与生产力发展有关，也与生产关系有关。② 因此，教育既不完全是上层建筑，也不完全是生产力，而是具有多质、多层次、多水平的本质属性。

3. 社会实践活动说与特殊范畴说

教育的社会实践活动说认为，教育是一种综合性的社会实践活动。教育是由教育对象和教育内容所组成的一种社会实践活动，与教育思想、教育观点是两回事，因此不能把教育完全看作是一种意识形态。该学说强调社会实践性是教育的本质属性，认为教育的本质属性是一种有意识、有目的地专门培养人的社会实践活动。

教育的特殊范畴说认为，教育是复杂的社会现象，既有生产力的成分，但又不能归结为生产力；教育和经济基础有密切联系，但又不是经济基础；教育有上层建筑的成分，但又不完全是上层建筑。③ 此外，教育活动中的教学方法、教学内容以及教育机构和设施等，既不是上层建筑的成分，也不是生产力的成分。由此，该学说将教育看作是一种特殊范畴，认为教育的本质是专门传递人类社会生活和生产经验的特殊社会实践活动。

4. 个体社会化说与个体个性化说

从教育功能的角度来说，教育具有社会功能和个体发展功能，无论何种社会，教育都承担着培养人的社会职能，通过培养社会所需要的人，间接地促进社会的发展。即是说，教育社会功能的发挥必须通过培养社会需要的人，而不是把教育作为工具直接作用于社会。由此，教育的本质特征就是培养人，即促进个体社会化与个性化的过程。教育促进个体社会化的功能主要表现在形成社会价值观、完善自我观念、掌握社会技能、塑造社会角色等四个方面；教育促进个体个性化的功能主要表现为唤醒人的生命自觉、尊重个体的差异性和独特性、促进个性和创造性的发展、实现社会性和个性的统一。④

(二) 教育本质的新认识

2015 年，联合国教科文组织发布的报告《反思教育：向"全球共同利益"的理念转变？》将教育和知识视为全球共同利益。针对当今世界错综复杂、矛盾冲突的形势和挑战，该报告提出教育应以人文主义价值观为基础，"尊重生命和人类尊严、权利平等和社会正义、文化多样

---

① 郑金洲.教育通论[M].上海：华东师范大学出版社，2000：153.
② 郑金洲.教育通论[M].上海：华东师范大学出版社，2000：154.
③ 石佩臣.教育学基础理论[M].北京：教育科学出版社，2018：119.
④ 《教育学原理》编写组.教育学原理[M].北京：高等教育出版社，2019：98-105.

性和社会多样性,以及为建设我们共同的未来而实现团结和共担责任的意识"①。该报告呼吁人们重新思考知识、学习和教育,指出:"将知识广泛地理解为通过学习获得的信息、理解、技能、价值观和态度。知识本身与创造及再生产知识的文化、社会、环境和体制背景密不可分。学习是获得这种知识的过程,学习既是过程,也是这个过程的结果;既是手段,也是目的;既是个人行为,也是集体行为。教育可理解为有计划、有意识、有目的和有组织的学习,正规教育和非正规教育都是制度化的,但是人的需要学习是非正式的。我们在生活中学习到的许多知识并非有意为之,这种非正式学习是所有社会化经验的必然体验。"②教育是培养人的社会活动,其社会职能是传递生产经验和社会生活经验,促进新生一代的成长。"教育的本质就是通过传授知识、提高品德、启迪智慧,培养促进社会发展的人才,是提高每个人的生命质量、提升生命价值的重要途径。"③从生命发展的视角看,教育的本质可概括为:"提高生命的质量和提升生命的价值。教育对个体来说,提高生命的质量,就是使个体通过教育,提高生存能力,从而能够生活得有尊严和幸福;提升生命价值,就是使个体通过教育,提高思想品德和才能,从而能够为社会、为他人作出有价值的贡献。"④

三、教育的体系

立德树人是教育的根本任务。育人的根本在于立德。构建德智体美劳全面培养的教育体系是我国教育改革发展的重要任务。它具体包括以下几方面:一是要加强德育,要在加强品德修养上下功夫,教育引导学生培育和践行社会主义核心价值观,踏踏实实修好品德,成为有大爱大德大情怀的人;二是要加强智育,要在增长知识见识上下功夫,引导学生珍惜学习时光,心无旁骛求知问学,增长见识,丰富学识,沿着求真理、悟道理、明事理的方向前进;三是要加强体育,要树立健康第一的教育理念,开齐开足体育课,帮助学生在体育锻炼中享受乐趣、增强体质、健全人格、锤炼意志;四是要加强美育,要全面加强和改进学校美育,坚持以美育人、以文化人,提高学生审美和人文素养;五是要加强劳动教育,要在学生中弘扬劳动精神,教育引导学生崇尚劳动、尊重劳动,懂得劳动最光荣、劳动最崇高、劳动最伟大、劳动最美丽的道理,长大后能够辛勤劳动、诚实劳动、创造性劳动。⑤

促进学生德智体美劳全面发展还要在坚定理想信念上下功夫,引导学生树立共产主义远大理想和中国特色社会主义共同理想,增强学生的中国特色社会主义道路自信、理论自信、制度自信、文化自信,立志肩负起民族复兴的时代重任。要在厚植爱国主义情怀上下功夫,让爱国主义精神在学生心中牢牢扎根,教育引导学生热爱和拥护中国共产党,立志听党

---

① 联合国教科文组织.反思教育:向"全球共同利益"的理念转变?[M].联合国教科文组织总部中文科,译.北京:教育科学出版社,2017:30.
② 联合国教科文组织.反思教育:向"全球共同利益"的理念转变?[M].联合国教科文组织总部中文科,译.北京:教育科学出版社,2017:8-9.
③ 教育部课题组.深入学习习近平关于教育的重要论述[M].北京:人民出版社,2019:18.
④ 顾明远.再论教育本质和教育价值观——纪念改革开放40周年[J].教育研究,2018,39(05):4-8.
⑤ 本报评论员.努力构建德智体美劳全面培养的教育体系——二论学习贯彻习近平总书记全国教育大会重要讲话精神[N].光明日报,2018-09-14(03).

话、跟党走,立志扎根人民、奉献国家。要在培养奋斗精神上下功夫,教育引导学生树立高远志向,历练敢于担当、不懈奋斗的精神,具有勇于奋斗的精神状态、乐观向上的人生态度,做到刚健有为、自强不息。要在增强综合素质上下功夫,教育引导学生培养综合能力,培养创新思维。①

关于德育、智育、体育、美育、劳动教育的意义及任务,我们拟在第三章教育目的与教育制度中予以论述。

第二节 教育的起源与发展

在漫长的人类文明进程中,教育伴随着人类社会的产生而产生,并随着人类社会的发展而不断演变。探讨教育的起源与发展,可以帮助我们更好地认识教育的发展规律,把握教育的发展趋势。

一、教育的起源

教育起源问题是一个重要的教育理论问题,它研究的是教育的最初表现形式,以及教育产生的根本原因。关于教育的起源,主要有以下几种代表性观点。

(一) 生物起源论

法国社会学家、哲学家利托尔诺是生物起源论的提出者。他在《各种人种的教育演化》中提出,在人类社会还没有出现的时候,在动物界就已经出现了教育现象。通过对动物生活的观察,利托尔诺认为,在动物世界里存在着如老猫教小猫捉老鼠、大鸭教小鸭游水之类的教育活动形式;后来出现的人类教育,只是继承了动物界早已形成的教育形式,与动物界的教育没有本质区别。

此后,英国教育学家沛西·能也提出了教育生物学化的观点。1923年,他在不列颠协会教育科学组大会上的报告中提出,教育的起源是一个生物学的过程,不仅人类社会有教育,在高等动物中也有低级形式的教育存在。

在教育学史上,生物起源论是第一个正式提出的有关教育起源的学说,它把教育视为一种源于本能的生物现象,这与把教育看作人类社会特有现象的观点迥异。所谓本能,就是指动物在进化过程中由遗传固定下来的不学而能的行为,比如母鸡孵蛋、小鸟筑巢、蜜蜂酿蜜等,表现为生而具有的无条件反射。动物以本能作为生活的基础,而人类主要通过改造体外生态环境使其尽可能满足人的需要。人的历史进化主要反映在体外,反映在人类的文化成果之上。②

---

① 本报评论员.努力构建德智体美劳全面培养的教育体系——二论学习贯彻习近平总书记全国教育大会重要讲话精神[N].光明日报,2018-09-14(03).
② 胡德海.教育学原理(第三版)[M].北京:人民教育出版社,2013:144.

生物起源论观点认为,动物的本能行为是教育的起源,这就完全把教育概念生物学化了。教育是一种人类专有的社会现象,教育的起源必须在人类社会中去探索。一切把教育解释为自然现象,从而否定教育的社会性、教育的自觉性的观点,都是不对的。①

(二) 心理起源论

美国教育家保罗·孟禄是心理起源论的代表人物,他从人类心理的层面分析教育的起源,认为无意识的模仿是教育产生的根本原因,模仿是最初的教育形式,也是教育的本质。原始社会的教育形式最为简单,无意识的模仿是原始社会教育普遍采用的方法。苏联教育家米登斯基在《世界教育史》中把孟禄的观点概括为心理学的教育起源论,简称为"心理起源论"。

心理起源论提出教育起源于模仿的观点,使教育从动物界回到了人类社会,有其合理性。模仿既是一种心理现象,也是个体的学习方式之一。孟禄持此观点,与西方社会对教育概念的理解有关。西方社会主流观点认为,非正式教育、无意识的影响都可归之为教育范畴。但是,心理起源论过分夸大了模仿在教育中的作用,把人类有意识的活动等同于儿童无意识的模仿,只考虑教育起源的内因和个体的需要,忽视了教育起源的外因和社会整体的需要,从而不可避免地否定了教育的目的性、意识性。

生物起源论和心理起源论从不同角度揭示了教育的起源,二者都否认了教育的社会属性,因而都是不正确的。②

(三) 劳动起源论

劳动起源论在20世纪50年代初由苏联传入我国,其理论依据之一是恩格斯的《劳动在从猿到人转变过程中的作用》,认为从猿转变为人的根本原因是劳动,劳动创造了人,因而劳动是教育产生的最初的源头。劳动起源论的主要观点为,教育从人类具有生产生活资料的时候就开始了,它是人类特有的一种有意识、有目的的社会活动。在劳动过程中,人类把生产经验和生活经验传递给下一代,既满足了生产的需要,也促进了人类的生存与发展。同时,在劳动的过程中产生了语言,也就是教育的媒介。以人类的语言为条件,通过口耳相传的方式,在劳动过程中出现了最初的教育形式,完成了经验的传递。苏联教育家巴拉诺夫曾提出,只有当人认为自己和自然界之间需要劳动工具和劳动手段时,只有当人类学会使用它们时,只有当人面临着制作劳动工具和劳动手段的任务时,才会在人类社会中产生老一辈向晚一辈传授劳动经验、知识和技能的需要。为了使年轻一代在同大自然的可怕斗争中不至于牺牲,为了使人不变为野兽,便产生了进行教育的必要性。③

马克思主义在关于教育起源的问题上,认为人类教育发端于原始社会早期,产生于原始人群的劳动过程当中,同时满足了社会生产需要和人的发展需要。从20世纪50年代初到

---

① 瞿葆奎.教育学文集·教育与教育学[M].北京:人民教育出版社,1993:196.
② 柳海民.现代教育原理[M].北京:人民教育出版社,2006:38.
③ [苏联] 巴拉诺夫,沃莉科娃,斯拉斯捷宁,等.教育学[M].李子卓,赵玮,韩玉梅,等译校.北京:人民教育出版社,1979:12.

80年代初,劳动起源论在我国学界一直居主导地位。

(四) 人类社会生活需要起源论

该理论认为,教育起源于人类社会生活的需要。杨贤江是我国著名的马克思主义教育理论家,他在《教育史ABC》和《新教育大纲》中,用马克思主义的观点研究教育起源问题,认为教育起源于实用,是帮助人在社会生活中营谋的一种手段;自有人生,便有实际生活的需要,于是便产生了教育。另一位学者钱亦石在《现代教育原理》中认为,教育只能起源于人和环境互相作用的需要,实质上是人营谋社会生活的需要。教育起源于这种需要,主要是引起人的变化的需要,教育在人和环境相互作用中起到中介和桥梁的作用。

需要主要包括一般意义上的需要和特殊意义上的需要。从一般意义上说,为了生存,整个生物界都必须从外部环境获取养料,如果无法获取需要的养料,那么这类生物就可能被淘汰。从特殊意义上说,需要就是人的需要,它是对人类自身生存与发展的一切条件的依赖和需求。对于年轻一代来说,只有经历教育过程,才能实现人类社会的文化知识传递,在教育者的知识传授、教育影响之下满足个体的社会化需要,成为合格的社会成员。

正是为了满足人类社会生活的需要,即社会文化知识传递与个体的社会化需要,才产生了教育。就此而言,人类社会生活需要起源论分析了教育产生的原因,也揭示了教育的本质。

二、教育的发展

教育是人类社会特有的现象,在不同的社会历史发展阶段,由于生产方式和文化发展水平的阶段性差异,教育也表现出不同的特征。

(一) 古代教育的特征

1. 原始社会教育的特征

原始社会是人类社会发展的开端,也是一个漫长的历史阶段。原始社会的生产力发展水平低下,生活条件也很简陋。为了与这种原始状态的社会生产状况和生活方式相适应,不同的部落文化在教育方面表现出一些共同特征。

一是整个教育活动融合在生产劳动和社会生活之中。原始社会生产力极其低下,这一时期的教育在生产劳动和社会生活过程中进行的,年轻一代在跟随成人劳动和生活实践中接受长者的教育;没有专门从事传授或教导活动的教师,教师的职责是由父母和社会中有经验的人来承担的。

二是教育对象面对全体儿童,人人都有接受教育的权利。由于原始社会没有私有财产和阶级,体力劳动和脑力劳动也没有分离,所以原始社会的教育具有原始状态下的机会均等特征。整个社会的成员都可以是教育者,也都可以是受教育者。

三是教育内容简单、教育方法单一。原始社会没有成熟的文字,教育内容主要是直接的生产经验、生产技能及生活规范等。到了原始社会晚期,随着文字和宗教的萌芽,教育内容才有所拓展,增加了部落传统习俗、军事体育教育、原始的宗教教育和艺术教育的内容。教育方法则多来自对成年人日常工作的观察及其示范与口授。

2. 奴隶社会教育的特征

奴隶社会时期,生产力有了很大提高,形成了私有财产和阶级分化。一部分人开始专门从事社会管理和文化活动,教育因此获得了极大的发展并成为奴隶主阶级的工具。奴隶社会的教育具有如下特征。

一是学校的出现。在奴隶社会时期,生产力的发展促成了新的社会分工,出现了文字和专门从事教育工作的教育者——教师,产生了专门开展教育的场所——学校,教育脱离了原始的自然状态,具备了独立的社会职能。距今四千多年前,人类最早的学校在古埃及诞生。我国的学校也有悠久的历史,根据《礼记》记载,夏朝时期设置的学校有"庠""序""校",共同发挥教育的重要职能,到了殷商和西周时期,又设置了"瞽宗""辟雍""泮宫"等学校。古代学校的出现开启了人类正规教育发展的历史,教育逐渐成为社会发展的重要基础。

二是教育具有明显的阶级性。在奴隶社会,社会物质生产资料归奴隶主所有,奴隶主成为社会的统治者,奴隶被当作生产工具使用,如亚里士多德就曾称奴隶为"有生命的工具"。为了培养年轻一代成为未来的统治者,奴隶主阶级垄断了学校教育,接受学校教育成为统治阶级的特权。奴隶和自由民都无权进入学校,他们的子弟只能接受自然形态的教育,以生产劳动经验和社会教化为主要教育内容。自学校产生之时起,教育便有了鲜明的阶级性,只有到共产主义社会,消灭了阶级,教育的阶级性才会消失。

三是学校教育与生产劳动相脱离。在奴隶社会阶级分化的基础上,奴隶主作为脑力劳动者,奴隶作为体力劳动者,奴隶的人身自由和全部劳动成果归奴隶主所有;奴隶主不需要进行繁重的体力劳动,这使得脑力劳动与体力劳动走向分离与对立。在学校教育方面,奴隶主阶级独占学校教育,只有奴隶主的子弟才能进入学校,奴隶没有上学的权利,而且奴隶从事的劳动也同样遭受蔑视。这就决定了学校教育与生产劳动的脱离,以及学校教育对体力劳动的轻视。体力劳动与脑力劳动的分离一定程度上推动了社会生产力的发展,促进了文化教育事业的进步,具有积极意义。但是,随着社会的快速发展,学校教育与生产劳动的疏离,阻碍了社会生产力和科技水平的进一步提高,对教育事业的进步和人的全面发展产生了消极影响。

四是学校教育内容趋于丰富和分化。在奴隶社会早期,受原始社会教育内容简单化的影响,教育内容还没有明显的分化,文化知识的发展处于萌芽状态,在教育内容中主要表现出"尚武"的倾向。比如,商代的学校"序"是习射的地方,一直到西周,习射和驾驭战车都是主要的教育内容。古希腊斯巴达教育也是以军事训练为主,甚至舞蹈与音乐的学习也是模仿军事动作。伴随社会文化水平的提高,学校教育内容开始出现了分化。如西周时期,奴隶主贵族教育体系中出现"六艺"的教育内容,"六艺"是礼、乐、射、御、书、数六种技能的统称。公元前5世纪,古希腊出现了一批职业教师——智者派,他们教人学习文法、修辞学和哲学,以便使之参加奴隶主阶级的政治活动。如柏拉图提出了"四艺"科目:算术、几何、天文学和音乐理论,进一步丰富了教育内容。在古罗马,小学以学习简易的读、写为主,相当于中等教育的文法学校主要学习文法、作文、文学和罗马神学,相当于专门学校的修辞学校主要学习修辞学、哲学、法律学、希腊语、数学、天文学和音乐等科目。这一时期的知识以如何做人和治人的人文学科为主,教育内容在不断丰富的同时,也呈现逐渐分科化的趋势。

3. 封建社会教育的特征

欧洲封建社会自公元5世纪末西罗马帝国灭亡至1640年英国资产阶级革命为止,有一千两百年左右的历史。我国从秦始皇统一中国开始直到1840年鸦片战争止,有两千多年的封建社会发展历史。各国封建社会教育起讫年代不同,但其性质、特点大体一致。

一是学校体制趋于完备。封建社会的初等教育规模逐渐扩大,中等教育阶段开始出现一些新型的、相对独立的学校,在高等教育阶段,欧洲出现了中世纪大学。在我国封建社会鼎盛时期的唐代,私学与官学、地方官学与中央官学并存,不同层次的学校相互衔接,形成相当齐备的学校体系。中央设有专门的学校,地方学校有按行政区划办的府、州、县学和由私人办的乡学。中世纪的欧洲没有普及教育,学校教育具有浓厚的宗教性,出现了以宗教教育作为全部教育内容的教会学校,以及对帝王、王族和贵族子弟进行教育的宫廷学校。中世纪后期出现的世俗性的城市学校,打破了教会对教育的垄断,成为后来初等学校的基础。

二是学校教育在阶级性的基础上突出了等级性。封建社会的国家机构变得更加复杂化和更加完善,通过世袭制进行王位的传承,利用血缘关系维护封建社会国家机器的运行,有更加鲜明的等级制度。封建社会的学校教育也具有明显的等级性。比如,我国唐代的中央官学就采用等级入学制度,统治阶级的子弟享有教育的优先权。国子学接受文武官三品以上及国公子孙、从二品以上曾孙之为生者;太学接受文武官五品以上及郡县公子孙、从三品曾孙之为生者;四门学接受文武官七品以上及侯伯子男子之为生者,或庶人子有文化知识经考试选拔为俊士者;律学接受文武官八品以下子及庶人子之通其学者为生;书学接受文武官八品以下子及庶人子之通其学者为生;算学接受文武官八品以下子及庶人子之通其学者为生。[①] 在欧洲的封建社会中,僧侣属第一等级,他们享有文化教育的特权。教会控制下的学校主要分为三种类型:僧院学校、大教堂学校和教区学校。贵族和僧侣的子弟进入前两种教会学校,未来成为教会的神职人员或国家官员;教区学校比较简陋,对一般平民子弟进行初步的识字、写字和宗教教育。

(二) 近代教育的特征

欧美的近代教育是从17世纪英国资产阶级革命到俄国十月社会主义革命的教育。中国的近代教育是从1840年鸦片战争到1919年五四运动的教育。近代教育具有如下几个特征。

1. 国家加强对教育的干预,实行教育国家化

自18世纪末到19世纪中期,教会控制学校文化教育的局面逐渐被打破。1794年,普鲁士颁布《民法》明确规定,"凡普通学校与大学,都是国家机构","只有得到国家认可和批准,才能开办学校"。该法令明确了国家对学校教育的控制权,被视为普鲁士教育制度国家化的

---

① 孙培青.中国教育史(第三版)[M].上海:华东师范大学出版社,2009:163.

标志。法国初等教育从19世纪初开始由国家管理,英国在19世纪30年代后开始实现国家对教育的控制。这样,欧洲资本主义大国就基本完成了教育的国家化。教育国家化是资本主义社会发展对教育需求的表现,教育日益成为国家事业的重要组成部分。

2. 实现了初等义务教育的普及

德国是世界上最早实施义务教育的国家,16世纪后半期,少数德意志公国颁布了强迫教育法令。17世纪之后,为进一步提升国力,强迫教育法令在其他公国也相继颁布和实施。法令颁布后,由于缺少强制性,义务教育的普及并没有立即得到实现。19世纪中期以后,义务教育普及的法令具有了一定的法律约束力,在一些资本主义国家得以实现,体现了义务教育的强制性特点。比如,1852年美国马萨诸塞州的《义务教育法》,1870年英国的《初等教育法》,1881年法国的《费里法案》,1886年日本的《小学校令》等。由此,各个先行资本主义国家教育普及走向制度化,从19世纪下半叶到20世纪初,初等义务教育逐渐完成普及。

3. 教育逐渐从宗教性走向世俗化

17世纪捷克教育家夸美纽斯在其著作《大教学论》中,主张教育摆脱神学的束缚,开办新式学校。此后,一直到19世纪末期,在各国资本主义教育制度形成与发展的过程中,出现了一些有代表性的教育理论。比如,英国教育思想家和哲学家洛克、法国启蒙思想家卢梭和爱尔维修等的教育思想,对当时的教育发展都产生过重大影响。虽然他们具体的教育主张有差异性,但都主张通过教育培养和谐发展的人,并对中世纪经院主义性质的学校进行了尖锐的批评。他们认为应该遵循自然的规律,顺应人的自然本性,根据儿童的特点进行教育,增加自然科学和劳动教育的内容,把儿童培养成有进取精神、崇尚自由且能够自食其力的人。

4. 形成了较系统的近代学校教育制度

近代学制的主要特点表现为学校的层级和类别更丰富多样,各级各类教育不断发展与推广。比如,这一时期,幼儿教育得到重视与发展。英国空想社会主义者罗伯特·欧文为了对工人子女进行早期教育,在1802年开办了包括托儿所、幼儿园在内的幼儿学校。1837年,德国幼儿教育家福禄倍尔在家乡附近的勃兰根堡创办了一所学龄前儿童教育机构,并于1840年将它正式命名为幼儿园。到19世纪后半期,欧洲各国相继开办了幼儿园,还出现了实科中学,形成了职业技术教育的学校体系,成立了各种成人教育的机构等。我国在近代教育上的主要变化表现为废除科举制、兴办新式学校、建立近代学制体系等。

(三) 现代教育的特征

现代社会是指1917年俄国十月革命之后开启的新时代。现代教育包括资本主义社会和社会主义社会的教育。现代教育具有如下几个特征。

1. 学校教育逐步普及

20世纪初期,在一些资本主义国家,继初等教育普及之后,中等教育和高等教育阶段也进行了一些改革,普及教育的年限延长了。到20世纪中后期,中等教育推行义务教育,高等教育实现大众化。目前,世界发达国家普及教育的基本趋势是向两端延伸。在学校教育普及方面,发展中国家同样取得了进展。我国于1986年颁布《中华人民共和国义务教育法》。如今,我国已经全部实现了九年义务教育的普及,高等教育也从大众化走向普及化。学校教育的普及打破了少数人独占学校教育的局面,使每个人都能享受学校教育,逐步实现教育公平发展。学校教育逐步普及对社会发展起到重要作用,同时也满足了个人发展对教育的需要。

2. 教育的生产性不断增强

在教育的目的、内容、方法等方面,现代教育逐渐实现与生产劳动相结合。正如马克思在《资本论》中所说:"从工厂制度中萌发了未来教育的幼芽,未来教育对所有已满一定年龄的儿童来说,就是生产劳动同智育和体育相结合,它不仅是提高社会生产的一种方法,而且是造就全面发展的人的唯一方法。"[①]现代社会发展需要大量掌握现代生产知识与技术的劳动者,增强现代教育的生产性,可以为劳动力再生产提供条件保障,促进科学知识与技术的发展,提高社会生产力水平。教育与生产劳动的密切结合,是社会发展的客观要求,也是人的全面发展路径的必然选择。

3. 教育制度逐步完善

相比近代学校教育制度,现代学制体系进一步完善,涵盖了从学前教育、初等教育、中等教育到高等教育各级学校教育系统,而且学校类型更加丰富多样,加强了不同类型学校的分工以及上下级学校的衔接。同时,在现代教育发展过程中,学校管理、课程设置、教育评价等措施也在向制度化的方向发展。当前,制度化教育趋于成熟,但也存在一定的弊端。利用先进的信息技术手段等措施,可以逐步克服制度化教育的划一性和封闭性带来的消极影响。

(四)当代世界教育的发展趋势

社会的快速发展推动着教育改革创新,使当代世界教育改革除具有发展的独特性外,还表现出教育全民化、教育终身化、教育民主化、教育现代化、教育国际化、教育数字化等发展趋势。

1. 教育全民化

教育全民化是指每个人都享有平等的受教育权利,都应接受一定程度的教育。全民教育是联合国教科文组织倡导的一项行动,目的是使所有人都能受到教育。1990年,在泰国召开的世界全民教育大会上,联合国教科文组织通过了《世界全民教育宣言》。2000年,世界教育论坛在塞内加尔首都达喀尔召开,通过了《达喀尔行动纲领——全民教育:实现我们的集体承诺》——这是一项关于全民教育的集体承诺,来自164个国家的政府代表承诺实行全民教育。从2002年开始,联合国教科文组织定期发布《全球教育监测报告》,用以敦促各个国家教育全民化的实现进程。2015年,世界教育论坛在韩国仁川举行,总结了全民教育目标、与教育相关的"千年发展目标"所取得的进展以及吸取的经验教训。为进一步推动教育全民化的实现,在巴黎总部会议上联合国教科文组织发布了《教育2030行动框架》,将全民教育发展的首要目标确定为"确保包容和公平的优质教育,让全民终身享有学习机会",并细化为七项具体目标(如表1-1所示)。可以说,教育全民化已成为世界教育发展的重要趋势之一。

---

① 华东师范大学教育系.马克思恩格斯论教育(修订本)[M].北京:人民教育出版社,1986:229-230.

表 1-1 《教育 2030 行动框架》的七项具体目标

目标 1	到 2030 年,确保所有青少年完成免费、公平及优质的小学和中学教育,并获得有效的学习成果
目标 2	到 2030 年,确保所有儿童接受优质的早期发展、保育及学前教育,从而为初等教育做好准备
目标 3	到 2030 年,确保所有人负担得起优质的职业技术教育和高等教育
目标 4	到 2030 年,全面增加拥有相关技能的人员数量,该技能包括为就业、获得体面工作及创业的职业技术技能
目标 5	到 2030 年,消除教育上的性别差异,确保残疾人、原住民和弱势儿童等弱势群体享有平等接受各层次教育和职业培训的机会
目标 6	到 2030 年,确保所有青年和绝大部分成年人具备读写和计算能力
目标 7	到 2030 年,确保所有学习者获得必要的知识和技能以促进可持续发展,确保教育为可持续的生活方式、人权、性别平等、促进和平和非暴力文化的发展、文化多样性及可持续发展作出贡献

资料来源:胡佳佳,吴海鸥."教育 2030 行动框架"描画全球未来教育的模样[N].中国教育报,2015-11-15(03).

2. 教育终身化

教育终身化是在总结第二次世界大战后成人教育经验的基础上而形成的发展趋势,强调学校教育与社会教育之间的有效衔接。传统的学校教育表现出阶段性特征,由相对独立的教育阶段组成学制体系;而终身教育则超越了有限的时间和空间,在时间上贯穿人的一生,在空间上主张将整个社会作为教育场所。对于每个社会成员来说,都应保持持续不断地学习,以适应社会快速发展的需要。1965 年,法国成人教育家保尔·朗格朗首次提出了终身教育的概念,他在《终身教育引论》中提出,终身教育是一个人从出生到进坟墓所受到的各种教育的总和。过去,我们把人生分成两部分,前半部分用于接受教育,后半部分用于工作,是没有科学依据的。每个人终其一生都要接受教育,终身教育体系的构建,可以提供个人发展所必备的知识与技能。1972 年,联合国教科文组织发布的《学会生存——教育世界的今天和明天》,建议各国把终身教育作为今后若干年内政策制定的主导思想。[①] 终身教育理念得到了世界各国的认可,成为世界各国教育发展的重要指导理论和价值追求。

对于当代世界教育改革和发展来说,终身教育思想的提出具有重要意义,不仅带来了教育观念的转变,使人人都能受到终其一生的教育,也带动了教育实践层面的改革,促进整个社会形成一个相互联系的整体,共同承担教育的责任,促使学习化社会逐渐变为现实。

3. 教育民主化

教育民主化主要指公民受教育权利的平等,教育过程中享有平等的教育资源与条件,并追求教育结果的公平。教育民主化注重公民民主精神的培养,从教育管理、师生关系、教育

---

① 联合国教科文组织国际教育发展委员会.学会生存——教育世界的今天和明天[M].华东师范大学比较教育研究所,译.上海:上海译文出版社,1979:240-241.

内容、教育方法、教育评价等方面构建完整的民主化育人机制。

我国在依法治教的前提下,通过立法保障教育的起点、过程、结果的机会均等,落实义务教育均衡发展政策,合理配置教育资源,整体推动城乡义务教育一体化发展。2012年至2021年,我国义务教育在实现全面普及的基础上,仅用10年左右的时间实现了县域基本均衡发展,到2035年将全面实现义务教育优质均衡发展①,充分保障公民享有优质教育资源的权利与机会。

教育民主化在教育中的主要表现有:(1)在教育管理方面,依靠教育行政部门、教师、学生、家长、专家等多元主体管理学校,充分调动社会力量参与学校管理,适度扩大学校办学自主权,促进学校特色发展;(2)在师生关系方面,建立民主、平等、和谐的师生关系,不仅是教育民主化的价值追求,也是教育民主化的直接体现;(3)在教育内容方面,防范教材霸权主义的出现,以免束缚学生民主思想的发展,借助多学科知识促进学生深刻理解民主的含义②;(4)在教育方法方面,强调学生的深度参与,增强学生课堂生活体验,加强师生、生生的平等互动;(5)在教育评价方面,通过多元主体共同参与教育评价,展现评价过程中的"话语民主",在平等协商中达成共识;等等。教育民主化是社会民主化在教育领域的重要体现,也是当代教育与时俱进的发展趋势之一。

4. 教育现代化

教育现代化主要包括教育观念、教育内容、教育体制机制、教育手段方法、教育管理和教师素质等方面的现代化,它是社会现代化发展进程的重要组成部分。③ 20世纪50年代以来,现代化的发展为人们的社会物质生产生活提供了便利,同时也改变了人们的价值观念和生活方式。社会的现代化需要教育的现代化,只有教育现代化才能培养社会现代化发展所需要的现代化的人才。

1983年,邓小平提出了"教育要面向现代化、面向世界、面向未来",作为我国教育事业发展的重要指导方针。2019年2月,中共中央、国务院印发《中国教育现代化2035》,这是我国第一个以教育现代化为主题的中长期战略规划,对新时期我国教育现代化的战略目标和实现路径等进行了总体设计。党的十九大报告强调要"加快教育现代化,办好人民满意的教育",党的二十大报告再次强调要"实施科教兴国战略,强化现代化建设人才支撑"。在推进现代化的进程中,我国政府始终把教育事业放在优先发展的战略位置,将教育现代化作为建设社会主义现代化强国的基础性、先导性工作。目前,我国已经向教育现代化的目标迈出了一大步,开启了中国式教育现代化的新征程。

5. 教育国际化

随着网络和通信技术的不断发展,世界各国在政治、经济、文化等各个领域的联系和交

---

① 段鹏阳,范文凤,宋晓娟.推动县域义务教育优质均衡发展的实践框架、内在机理与作用路径[J].上海教育评估研究,2023,12(06):28-33,46.
② 石中英.论教育的民主化[J].教育科学研究,2002(08):17-21.
③ 《教育学原理》编写组.教育学原理[M].北京:高等教育出版社,2019:37-38.

往日益加强,国际化的趋势逐渐明显。教育国际化是以国际的视野,在全球范围内通过多种形式促进教育领域的资本、人力、产品、信息等资源在全球范围内流动的过程,通过不断扩大教育资源的共享程度,进而增加不同教育体系的共同因素,以形成一个联系更加紧密的教育体系。在教育国际化进程中,国际的教育交流与合作变得越来越频繁,教育资源突破国别限制,在国际上进行合理分配,教育要素体现流动性与共享性,世界各国的教育出现互相影响、互相借鉴、互相依存、共同发展的态势。① 教育国际化正在以全球认同的方式建构与完善各国教育制度,培养受教育者在态度、知识、情感、技能等方面成为适应本国和国际社会发展需要的通用人才。留学是教育国际化的重要表现形式,留学生是跨文化的知识携带者。据《中国留学发展报告(2022)》蓝皮书显示,尽管受多重局势影响,全球留学仍然保持上升趋势,人们通过迁移和流动获得资源、交流、学习的需求也在持续增长。

通过教育的国际交流及国际化人才培养,有利于解决国际社会出现的问题与困境。但对于发展中国家来说,西方发达国家在教育交流与合作中处于主体和支配地位。为此,在学习与交流的过程中,发展中国家要学会保持自身的独立,发挥教育国际化的积极效应。

6. 教育数字化

教育数字化转型是以互联网为核心的颠覆型技术促进教育全要素、全流程、全领域的创新与变革过程,是教育信息化发展的"创新"阶段。② 学校通过移动终端设备进行数字化教学,应用无线互联网等信息技术手段连通课堂内外,采用学习分析、大数据分析技术关注学生的课堂参与并提供个性化的指导,使各学科教学改革出现了平板课堂、翻转课堂等新型的教学模式。数字化教学设备和教学资源的开发与利用、数字化素养的培养与提高日益成为当前教育改革的核心话题。

促进教育数字化转型已成为世界各国教育改革的共识。比如,2020年,欧盟委员会颁布了《数字教育行动计划(2021—2027)》,明确了教育数字化战略行动目标,重点是"发展高绩效的数字教育生态系统"和"提高数字化转型的数字技能和能力"。同年,联合国教科文组织等部门发布《教育数字化转型:学校连通,学生赋能》,重视未来教育发展的数字化连通。2021年,欧盟委员会又发布了《2030数字指南针:欧洲数字十年之路》,提出了欧盟数字化转型的2030年目标,强调数字化人才培养,旨在构建一个新发展阶段的数字社会。在我国,党的二十大报告将"推进教育数字化,建设全民终身学习的学习型社会、学习型大国"作为教育改革发展的方向。2023年,全国教育工作会议提出纵深推进教育数字化战略行动,统筹推进教育数字化建设。2024年1月,在上海召开的世界数字教育大会,聚焦"数字教育:应用、共享、创新"主题,深入探讨了教师数字素养与胜任力提升、数字化与学习型社会建设、数字教育评价、人工智能与数字伦理、数字变革对基础教育的挑战与机遇、教育治理数字化与数字教育治理等议题,进一步强调要持续推进教育数字化的实践与创新,促进包容、公平的优质教育发展。由此,教育数字化是教育信息化发展的表现,也是当代世界教育发展的重要趋势。

---

① 于澜.教育国际化过程中的博弈[N].光明日报,2016-11-20(08).
② 陈丽,张文梅,郑勤华.教育数字化转型的历史方位与推进策略[J].中国电化教育,2023(09):1-8,17.

思考题

1. 如何理解教育的概念？
2. 简述教育的主要形态。
3. 谈谈对教育本质的理解和认识。
4. 结合新时代的社会要求，阐述我国的教育体系。
5. 比较与分析教育的各种起源学说。
6. 简述古代、近代、现代教育的特征。
7. 结合社会发展和教育改革实践，阐述当代世界教育的发展趋势。

参考文献

1. 瞿葆奎.教育学文集·教育与教育学[M].北京：人民教育出版社，1993.
2. 顾明远.中国教育的文化基础[M].太原：山西教育出版社，2004.
3. 叶澜.教育概论[M].北京：人民教育出版社，2006.
4. 胡德海.教育学原理(第三版)[M].北京：人民教育出版社，2013.
5. 王道俊，王汉澜.教育学(新编本)[M].北京：人民教育出版社，1989.
6. 袁振国.当代教育学(第4版)[M].北京：教育科学出版社，2010.
7. 全国十二所重点师范大学联合编写组.教育学基础(第3版)[M].北京：教育科学出版社，2014.
8. 石佩臣.教育学基础理论[M].北京：教育科学出版社，2018.
9. 《教育学原理》编写组.教育学原理[M].北京：高等教育出版社，2019.
10. 柳海民.教育学概论[M].北京：北京师范大学出版社，2015.
11. 郑金洲.教育通论[M].上海：华东师范大学出版社，2000.
12. 吕炳君.教育学基础理论与实践[M].北京：北京师范大学出版社，2017.

第二章
教育的结构与功能

学习目标

1. 掌握教育活动的基本结构。
2. 了解个体发展的一般规律及影响个体发展的因素。
3. 掌握教育促进个体发展的主要功能。
4. 理解政治经济制度与教育的基本关系。
5. 掌握教育与文化、人口、科技的关系。

本章导览

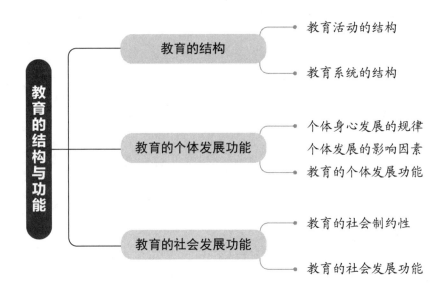

教育是一种培养人的社会活动,具有明确的目的性。从教育的结构看,它不仅包括微观层面的培养人的社会活动,也包括与社会系统中的其他子系统的关系。随着社会的发展,政治、经济、文化、人口、科学技术等都对教育产生了深刻的影响,并且与教育系统相互联系,共同促进社会系统的发展。

第一节 教育的结构

教育的结构可以分为教育的内部结构和外部结构。教育的内部结构主要从微观层面讨论教育作为培养人的社会活动的内部构成;教育的外部结构则主要从宏观层面上讨论教育与其他社会子系统的关系。教育对人的发展和社会发展的作用共同组成了教育的基本功能,也成为分析教育活动的主要视角。

一、教育活动的结构

作为一种培养人的社会活动,教育活动的基本要素包括教育者、受教育者和教育中介系统,它们共同构成了教育活动的基本结构。在教育活动中,教育者与受教育者是两大核心要素,教育中介系统主要由教育内容与教育物资等要素构成。

(一) 教育者与受教育者

从本质上说,教育活动包含教与学两个相互成就的方面。凡是在教育活动中承担教的责任或义务的一方,或者施加教育影响的一方,都可以看作教育者;反之,在教育活动中承担学习责任或者接受教育的一方,都可以看作受教育者。当然,在学校教育活动中二者往往表现为相互成就、教学相长的状态。我国教育学界关于教师和学生的关系出现了各种不同的观点和争论,这些争论中渗透着对于教育内涵的不同理解。

从教育者与受教育者的主客体关系溯源来看,以赫尔巴特的"教师中心论"和杜威的"儿童中心论"影响最大。我国教育学界也据此形成了以教师为主体还是以学生为主体的争论。受苏联凯洛夫教育学的影响,我国基础教育领域长期存在"教师中心、课堂中心、教材中心"的倾向,教师作为知识与经验的传授者,在教学活动中长期处于主体地位;而学生则作为知识的接受者,处于教育活动的客体地位。在此教育观念下,教学活动出现了以知识授受为特点的讲授式课堂,教学内容繁、难、偏、旧,教师的教学方法相对单一,学生的课业负担重,迫切需要教育观念的改革。

20世纪末期,西方教育思潮传入我国,结构主义、建构主义、人本主义等课程理念在新课程改革中起到了积极的推动作用。学生作为教育活动主体的呼声越来越高。在教育活动中,虽然教师承担着知识传授者的身份,但学习活动又是学生主动进行意义建构的过程。从教育活动的整体来看,教育者与受教育者呈现出多层次的复合主客体关系。[①] 在教育活动中,教师与学生的地位具有相对性,学生虽然作为知识的接收方,但在很多时候也会超越教师、启迪教师,达到青出于蓝而胜于蓝的效果。网络信息时代,学生获取知识的途径更加多元和便捷,在特定知识领域,学生超越教师变得更加常见,这也预示着原有的师生关系将被重塑。

在新的课程改革理念下,教育活动被视为一种复杂系统,师生之间相互影响、共同发展。以学校教学活动为例,在教的活动中,教师是教育活动的主体,学生是教师实施影响的对象。在学的活动中,学生则成为活动的主体,教师成为学习活动的客体或条件。赞同双重主体论或复合主体论的学者将教师和学生视为主体,而将教学内容视为教育活动的客体。当然,也有学者认为这种双主体论将教学活动简单化了,无法揭示师生在教学活动中的具体特点,因此主张在多元对话模式的背景下,重新确立师生关系的新模式。

随着新课改的推行,出现了"教师为主导,学生为主体"的新型师生关系。"主导-主体"的师生关系论,强调学生在学习中的主体地位,也强调教师在教学活动中引导和服务学生的作用。当然,也有一些学者质疑这种观点。如陈桂生认为,主体应该与客体对举,主导应该与被主导对应,并认为"主导-主体"的说法脱离学生在教学中难以成为主体的现实。[②] 丁钢认为,教与学的双方不但相互联系、相互依赖,而且相互渗透、相互转化。教学双方表现为教学关系时,任何一方都可以既是主体,又是客体。[③]

教育活动作为教育者与受教育者双向互动的过程,其中包含着自我主体和对象主体之间的交往与对话。西方哲学的"主体间性"开始进入教育活动的分析。教育活动在人与人的交往中产生,除了知识传授还应该包括情感的体验等。师生之间应该建立一种平等、沟通和理解的"我-你"关系。[④] 主客关系是人与物之间的关系,人和人的关系只能是主体间的关系。主体间性强调教育过程中的对话、平等和理解,但在现实的教育活动中只能是一种理想状态。

随着人工智能的发展,机器越来越成为师生关系的重要中介。线上线下相结合的授课方式越来越流行,甚至远程的线上课程、全球共享的慕课资源等也屡见不鲜。在智能时代,学生获取知识越来越依靠于网络虚拟环境,教师作为知识权威的身份不断被消解。传统课堂面对面的交流和思想碰撞被网络时代所虚拟化、技术化,教学过程越来越依附于技术的升级和在线资源的更新,学生对于真实教学情境的感知被弱化,缺少情感交互的师生关系也逐渐走向疏离。生成式人工智能的快速发展预示着更加智能化的机器人将介入教学过程中,教师将从传统的知识传授者的角色中解放出来,回归到真正需要人性关怀的教育领域。机

---

① 叶澜.教育概论[M].北京:人民教育出版社,2006:15.
② 陈桂生."教师主导、学生主体公式"评议[J].当代教育科学,2003(13):22.
③ 丁钢."教师为主导,学生为主体"论质疑——教学主体的再认识[J].教育研究与实验,1987(03):5-8.
④ 金生鈜.超越主客体:对师生关系的阐释[J].西南师范大学学报(哲学社会科学版),1995(01):40-42.

器可以具有强大的知识收集、处理的能力,但缺乏教学过程对于想象力、洞察力、同情心、批判力和社交能力等方面的关怀。未来具有强大算力的机器介入教学,也要求教师向多元身份转变。秩序管理者、平等对话者、人生规划者、心理辅导者、学习辅助者、家庭辅助者等各种新角色将与知识传授者的角色共同组成教师新的角色认同。

(二)教育中介系统

教育中介系统是教学过程的客体,是教育者与受教育者完成教育活动所依附的中介,主要包括教育内容与教育物资等。

1. 教育内容

教育内容是教育活动中需要教育者与受教育者共同认知、掌握和运用的对象,既包括课堂教学的教科书、教辅资料等显性内容,也包括班级文化、校园环境、规章制度等隐性课程。教育内容的构成非常多样,人类社会产生的一切知识、技能、经验等都可作为教育内容。这些内容既包括物质财富,也包含精神财富。从广义教育的角度来看,世事洞明皆学问,不仅仅是学校教育中的教材,或者课堂授课的内容才是教育内容;从狭义教育的角度来看,学校教育中经过规划的有目的、有计划、有组织的教学内容都是受教育者重要的知识来源。

学校教育内容受国家的政治体制、生产力发展水平、文化传统等多种因素的制约,其中国家的教育方针政策是最重要的方面。国家层面的教育目的决定着教育内容的选择、教育活动的形式和教育评价的方式等,这些都决定了教育内容具有明确的目的性。学校教育的内容不仅关注内容的知识属性,也要重视内容的育人职能。学校教育的内容反映国家特定的意识形态,有助于培养公民的社会公德、职业道德和家庭美德,以及塑造公民的国家认同与民族认同。在教育活动中,学校教育将人类社会共有的优秀文化和知识经验等按照受教育者的身心发展规律,通过特定的学制安排转变为受教育者的知识、品德、经验和能力等,促进其社会化和个体身心成长。

在教育内容的选择上,教师要考虑学生身心发展的特点,通过恰当的方式使学生有效获取相应的知识、习得相应的技能。在教学过程中,教师要熟练掌握和运用知识,通过研究教学内容,以相对系统与合理的方式帮助学生建构知识图谱。学生在教学活动中往往处于相对弱势地位,他们对于知识的了解并不系统,对于教学内容的重难点、学习方法的熟练度等都需要教师的帮助。因此,教学内容的选择要考虑教师的教和学生的学两个方面。

2. 教育物资

教育中介系统还包含教育过程中所必需的物质资料,即教育物资,比如教学活动所需的教育场所和设施、教育媒介和教育手段等。教育场所和设施受国家或地区的生产力发展水平、富裕程度、教育投入的多少等因素的影响。教育媒介和教育手段具有鲜明的时代特点,如在生产力不发达的时代,作为知识载体的教育媒介非常简陋,教学组织形式普遍采用个别教学制度,教学手段相对单一;在工业化社会化,知识载体更加数字化,教育活动日益普及,教学组织形式更加多样,教学手段更加丰富。

教育活动的场所和设施是教育的必需品。陶行知先生曾提出生活教育理论,认为社会即学校、马路、弄堂、乡村、工厂、店铺、监牢、战场,凡是生活的场所,都是教育自己的场所。①从广义教育看,学校、社会与家庭共同构成了学生学习最广泛的学习空间。学习友好型的社会和家庭环境,有利于学生超越狭隘时空界限进行自主学习。在社会中,城市和社区为学习者提供博物馆、图书馆、科技馆、少年宫等多种学习场所;在家庭中,家长应给孩子提供独立的学习空间和相应的学习设备,共同促进孩子更好地学习。

学校是教育活动最主要的场所,反映了一个国家对于教育的重视程度。受教育权作为公民的基本权利,也是现代国家对于公民的一种福利保障。人力资本理论的提出为国家加大教育投入,为公民提供基本的教育资源奠定了学理基础。现代国家和政府应该为公民提供基本的免费义务教育资源,为提升公民素养提供必要的社会培训。在以班级授课制为主的学校中,应具有标准化教室、实验室、图书馆、操场、办公室、宿舍和食堂等各类教学及其辅助设施。教室中应有讲台、黑板、多媒体计算机等各类教具。在智能时代,有条件的学校甚至应该提供电子白板、投影仪和以虚拟现实技术为代表的学习互动设施等更加先进的教学科研设备。

教育媒介是教育活动中的另一类重要教育物资,不同时代的知识载体决定了不同的教育形式。在原始社会,生产力并不发达,人们通过口耳相传,传播生产生活经验,结绳记事等简单的实物形式是知识的主要载体。随着人类文明的发展,西方出现了泥板书舍、羊皮纸等不同的知识载体;中国则先后经历了甲骨、青铜器、竹简、木牍、丝帛等书写媒介,最终出现了纸张这一重要的知识载体。造纸术的发明极大地改善了人们传播知识的能力,使得知识的保存更加便捷。印刷术的发明和普及,则进一步促进了知识的传播和交流,为人类知识的普及奠定了基础。以计算机为代表的现代教育媒体,使得知识的获取和传播更加便捷。全球网络的互联使得通过教育媒介获取知识更加容易,师生关系、教学组织形式都会产生重大变革。

国家的教育政策、教师的教育观、教育场所和设施、知识载体等因素都会影响教育方法的使用。比如,我国当前教育政策加强了对劳动教育的重视,使得农场、工厂、社区等教育场所成为学生的学习场所。教师为主导的知识传授型课堂更重视让学生通过严密的逻辑推演获取必要的学科知识,而以学生和经验为中心的课堂则更加强调直观教学及活动性的课程。教育观的不同会引起教育方式的变化。在传统的课堂中,教师通过粉笔、黑板等教学工具进行教育教学;而在网络信息时代,教师能更加方便地获取音频、视频,甚至交互式的网络教育资源,教学从"传统课堂"开始向"翻转课堂"等教学方式转变。教育过程的交互形式从师生面对面逐渐转向以计算机为中介的网络教学、虚拟教学等新形式。

教育物资受制于社会发展水平和教育观念的变化。基本的教育物资是满足教育活动开展的必要条件,但也要看到师生在教育活动中的主体作用。在很多国家和地区,教学的硬件设施非常好,但教师如不发挥主观能动性、不乐教、不善教或者学生不愿学、不善学,都会导

---

① 华中师范学院教育科学研究所.陶行知全集(第3卷)[M].长沙:湖南教育出版社,1985:27.

致教育资源不能充分利用,教学设施闲置,教学质量依然得不到有效提升。

总之,教育物资水平要符合国家经济社会发展现状、契合教育目的的要求、体现教育活动中具体教育观和教育内容的需求,唯此才能达到人尽其才、物尽其用。

二、教育系统的结构

教育活动中的三大元素构成了不同性质和不同形式的教育活动。这些教育活动从不同层面构成了教育系统。从教育的本义看,可按狭义与广义的教育将教育系统分为学校教育系统和非学校教育系统。从教育职能看,又可分为教育管理活动和教育实施活动。一般来说,教育系统由体制、层次、种类、形式、地区、目标、教学、管理和教育思想等部分组成。

从历史的角度来看,学校教育从社会教育中脱离出来的时间并不久远。在原始社会,教育还未从生产生活中独立出来,教育方式比较原始,教育内容也局限于生产生活经验、风俗礼仪、宗教仪式等。在奴隶社会,学校教育伴随着阶级社会而出现,私有制使得有闲阶级出现,体脑分工也促使教育与生产劳动相分离;学校教育系统出现了初步的学制划分,比如我国西周时期就出现小学与大学的分类、国学与乡学的分别。在封建社会,学校教育的等级性、专制性和保守性比较明显,学校的规模和种类更加多样,家庭、学校和社会的教育内容出现一定的分工差别。近代以来,学校教育系统开始完善,国家层面的统一学制出现,从幼儿园到大学,从职业学校到成人教育机构,不同类别、不同层级的学校组成了完整的学制系统。学校教育系统成为现代教育体系的中心,家庭教育、校外机构的教育、社会组织的教育和大众媒体进行的教育等非学校化教育成为学校教育的补充。

随着学习化社会的建设,教育的机构和手段大大增加,家庭、社会等非学校化的机构在教育系统中的重要性得以凸显。一方面,家庭教育需要更多地承担养育青少年的职能;另一方面,社会教育则应该为受教育者提供更加多样化的学习场所与机会。

(一)家庭教育

家庭是未成年人生活的主要场所,父母是孩子的首任老师。在中国的教育传统中,"养子使作善"的"育儿"职能始终是家庭不可推卸的责任。2021年10月23日全国人民代表大会常务委员会通过了《中华人民共和国家庭教育促进法》,以法律的形式明确了家庭教育的责任。父母及其监护人需要关注未成年人的道德品质、身体素质、生活技能、文化修养、行为习惯等方面的培育、引导和影响。家庭教育应以立德树人为根本任务,培育良好的家教、家风,引导未成年人健康成长。

在教育系统中,家庭承担着未成年人的道德教育等方面的基础责任。各级政府与社会组织、学校应该与家庭协同育人。教育行政部门、社会公共服务部门、各类企事业单位都应为家庭教育提供支持。未成年人的父母或其他监护人及其他家庭成员应注重家庭建设,培育积极健康的家庭文化,树立和传承优良家风,弘扬中华民族家庭美德,共同构建文明、和睦的家庭关系,为未成年人健康成长营造良好的家庭环境。家庭教育在培养未成年人的爱国主义、社会美德、法律意识、生活习惯、心理健康、劳动观念等方面都有学校教育不可替代的作用。

（二）社会教育

社会教育是受教育者通过社会、进入社会所接受教育的方式。当代社会，知识的更迭加速，个体从事不同职业的机会大大增加，闲暇时间的增多也使得个体产生多样化的教育需求，这些都要求社会教育成为人们获取知识与增强素养的重要途径。在构建学习型社会的基础上，图书馆、博物馆、文化馆、纪念馆、美术馆、科技馆、体育场馆、青少年宫、儿童活动中心等公共文化服务机构和爱国主义教育基地都应该作为公共资源向民众开放。广播、电视、报刊、互联网等新的媒体形式对于人们的生活产生了更加广泛的影响，如何利用网络营造泛在学习的学习环境，将成为构建学习型社会的重要一环。

校外教育机构是社会教育的组成部分，近些年来随着资本的介入而兴起。作为具有民办性质的组织，其提供的课程具有多样性和可选择性，很多培训内容也具有专业性和针对性。但是，有些校外教育机构以营利为目的，偏重于学科教学，造成了教育竞争的加剧，违背了教育的公益属性，破坏了教育正常生态。2018年2月，教育部办公厅等四部门联合印发了《关于切实减轻中小学生课外负担开展校外培训机构专项治理行动的通知》，实现了对校外教育机构的专项整治，使得校外教育回归公益性，重新定位于体育、文化艺术和科技类等非学科类内容，促进了基础教育阶段学生的真正减负，并逐渐塑造与学校教育相互补充、相得益彰的新格局。

大众媒体尤其是自媒体的兴起，是近些年来校外教育传播的又一特点。知识类视频主播和各种内容类网站成为民众获取知识的重要来源。基于网络、计算机、大型数据库、传感器和远程设备构建的学习网络，使得一种任何人在任何时间、任何地点都可以获取所需的任何信息的泛在学习网络正在形成。个性化的非正式学习伴随着生成式人工智能和元宇宙等新技术、新理念的出现成为重要的受教育形式。学习者基于数字化学习资源进行个性化学习，甚至进一步将学习结果进行分享，形成共享资源，这种非正式学习形式正成为网络学习的重要模式。这些非正式学习渗入学校教育之中，为校内学习提供补充资源，辅助学习者进行知识的查漏补缺与技能的提升。

（三）学校教育系统

现代学校教育系统包括宏观、中观、微观三个层面。宏观层面是指国家或地方教育行政机关对教育体制、决策、学制规划、课程标准、发展规划等进行的策划和研究，它们是整个教育系统总体性的规划和研究，决定着特定国家或地区的教育性质和教育成效。中观层面是指各级各类学校在具体的教育目标、教学任务、工作计划、课程设置、活动安排等方面制定的具体实施方案。微观层面是指教师落实国家、地方和学校的教育规划和任务的工作方案、教育认识与行为，以及将这些要求内化为学生的自觉行动，促进学生身心健康发展。

1. 宏观层面

在宏观层面，现代学校教育系统需要将社会对教育的要求内化为学校教育系统的要求，对其做出相应的规定，确定系统方案，进行相应的监督、检查和评估，并根据具体执行情况进行相应的调整。

学校教育系统要发挥社会功能，首先要培养社会需要的人才。政府和各级教育行政部门要对不同学制阶段的教育目的做出明确规定，并保持相对稳定性。教育目的规定着学校的一切教育活动，是对教育活动总的要求。国家层面制定的教育目的和培养目标也影响家庭和社会教育机构对于教育活动的期望，对整个社会的教育起到导向作用。

学制是学校教育制度的简称，规定着不同教育类型的关系、学校的设置原则和组织办法等。现代学制是国家教育制度的核心，主要有双轨制和单轨制等不同类型。从学制系统的纵向结构来看，可以分为初级学校、中级学校、高级学校等，包括幼儿园、小学、初中、高中、大学、研究生等不同阶段。在不同阶段，入学对象、培养目标、办学形式各不相同。按照入学者年龄，可以分为以青少年为主的教育和以成人为主的教育；按照入学者的身心健康状况，可以分为一般学校和特殊学校；按照学校培养目标的不同，可以分为普通学校和职业学校等。当然，还可以按照办学主体、学制阶段、学生在校时间等来划分教育机构。这些教育机构的建立主要由社会对人才的不同需求所决定，当然也会考虑受教育者年龄、身心发展状况、家庭状况等因素。尽管一个国家的学制系统保持相对稳定，但是也要考虑人口、地区和青少年发展状况等因素进行动态调整。例如，我国不同地区对于小学与初中是五四学制还是六三学制还有争议，缩短学制的呼声也时有耳闻。随着人口出生率的降低，义务教育阶段的学校布局也需得到相应的调整。

国家教育行政部门还要制定相应的课程标准。课程标准规定着学校教育的总目标、学科设置、各门学科的教学顺序和时间分配、学时安排等内容，为学校课程教学、课外活动等提供基础性指导。课程标准还要根据各门课程的特点，体现不同学段学生在知识技能、态度情感、价值观等方面的要求，并结合相应的内容加强德育的针对性和实效性，强化对学生的爱国主义、集体主义和社会主义教育，塑造学生正确的世界观、人生观和价值观。

此外，国家和地方教育行政部门还会根据社会需求制定各种发展规划，对教育发展前景进行近期、中期和长期规划。

2. 中观层面

国家和教育行政部门的教育规划与决策需要落实到各级各类学校的办学过程中。每所学校都要根据培养目标、教育任务，结合国家政策精神来制定相应的工作计划，并检查评估相应工作的落实情况，进行相应的规划调整。学校在制定工作方案时，既要考虑学校的性质与定位，如普通中小学要考虑为上一级学校提供合适的人才，也要兼顾学生的身心健康和职业发展，如各种职业学校和专业院校要考虑为社会提供合格的技能人才。

从学校层面看，学校要根据国家和社会对教育的要求设计学校工作的总方案。不同学校的培养目标决定了学校在课程内容、教学方式、学程安排上都会有一定的差别。每所学校在完成国家课程标准的基础上，还可以设置校本课程和校本教材，对于校历安排、课程表、课外活动，都可以结合学校的具体情况进行变通。学校作为学制系统的一环，也要注意与上下级学校或机构的衔接，如幼小衔接、九年一贯制学校、初高中衔接都是学校教育需要探索的问题。学校工作方案的制定要研究学校自身的历史经验和特殊状况，吸收同级先进学校的经验,并且要注意做好与上下级学校和教育领导机构的工作方案的衔接。

3. 微观层面

学校的工作方案最终要落实到师生层面,转化为师生的具体行为。教师作为学校教育工作的主体,承担着教育教学的具体任务。国家和学校等教育行政命令需要教师来具体落实。教师必须把国家的教育方针政策、学校的教育方案与自己具体的教学规划结合起来,才能使规划落到实处。作为与学生直接交流对话的群体,教师只有深刻领会和认知宏观和中观层面的教育规划和方案,才能更好地促进学生的发展。教师还要研究班级和教育对象的特殊性和规律性,合理规划教学工作,组织班级活动,进而达到创造性地培养人才的目的。

教学过程是一个"一体两面"同时进行的活动。学生作为学习的主体,也需要将学校和教师的具体要求与自我的身心发展统合起来。学生直接参与学校的各项教育教学活动,甚或说学生的学习成效可以直接检验国家、各级教育行政管理部门、学校和教师教育规划的落实情况。学生学的活动和教师教的活动,共同组成了学校教育系统最基础的部分。从学制的不同阶段来看,在青少年阶段,教师的管理和教学对于学生的学习结果影响较大;在大学或者研究生阶段,学生的自主学习对学习效果的影响较大。

当然,这些不同层级的教育类别之间也相互联系,共同反映社会对教育的总需求。学校教育系统和校外教育系统,学校教育系统的各个层级之间都会产生双向互动,共同组成了现代教育系统。此外,社会教育系统的重要性在信息社会表现得更加明显。美国学者伊万·伊利奇提出的"去学校化社会"和社会系统对学校的深度渗透都显示出学校教育系统面临的挑战。未来社会,学校与社会深度融合,学习友好型的社会模式将成为教育的新形态。

第二节 教育的个体发展功能

个体发展功能和社会发展功能是教育活动的两大功能。要更好地促进个体的发展,首先要了解个体发展的特点与规律。个体的发展包括生理发展、心理发展,这些发展特点都在特定范围内制约着教育活动的开展。教育活动尤其是学校教育活动能够有效地促进人的社会化和个性化,从而实现促进人的发展的目的。

一、个体身心发展的规律

人的发展既包含人类作为一个整体的进化与发展,也包含每一个个体的成长与发展。从人类整体来看,教育促进了人类社会知识的传播。学校伴随着阶级社会和脑体分工而产生,加剧了教育的阶级性。现代教育由于生产力的发展更注重普惠性和公共性。从个体发展来看,从胚胎到死亡的一生,个体都处于发展过程。在人的一生中,学校教育所关联的青少年时期尤其重要,成为个体发展的关键期。

(一) 个体发展的主要特点

1. 未完成性

个体的未完成性是指人具有发展的潜能。与动物相比,人的可塑性更强,预示着人的儿童期更加漫长。很多哺乳类动物从出生到独立生活再到性成熟不过一二年的时间,而人类的大脑发展、语言习得则会延续到成人时期。美国教育家杜威认为,"社会生活日益复杂,需要一个较长的婴幼期,以便获得所需要的力量;这种依赖的延长就是可塑性的延长,或者就是要获得可变的和新奇的控制模式的力量"[①]。杜威将儿童朝着后来结果的行动的累积运动称为生长,生长的首要条件就是未成熟状态。未成熟状态包含一种潜力和能量,即未来发展的能力。未成熟状态是一种向前生长的力量,我们不能根据成人世界的规则预设儿童生长的目标。

儿童发展的未成熟性、未完成性,蕴含着人的发展的不确定性、可选择性、开放性和可塑性,潜藏着巨大的生命活力和发展可能性。[②] 动物因为缺乏社会属性,其生物性占据核心,从出生就决定了其生命的主要形态。人从出生到成为社会化的人则需要漫长的时间,生活环境中的物质环境、文化制度等都影响其发展。杜威认为可以从依赖和可塑性两个角度来理解未成熟的状态。[③] 儿童对成人的依赖不能看成彻底的无依无靠,而应该看到其社会能力。儿童具有灵活的和敏感的社交能力,个体独立性的增加反而会降低其社会能力。未成熟性还表现为极强的可塑性,儿童可以依据经验,快速改变自己的行为,进而形成习惯。相比小鸡孵出几个小时就能准确地啄食,人类的婴儿大约需要六个月才能伸手抓物,保持眼睛与手的协调。这样更多时间的付出,让儿童逐渐习得一种学会学习的能力,进而为未来复杂的社会学习奠定基础。

2. 能动性

相比动物的本能学习,人的教育活动具有明确的目的性,人可以能动地进行学习。人类自从发明文字系统以来,通过继承历史经验来反思和审视自己的存在状态,主动学习知识技能改变环境的能力大大提升。动物在生存繁衍的过程中也可以实现技能的提升,但是这些能力依附于个体而存在,没法实现代与代之间的继承,而且动物只能适应本能层面的能力,无法创造性地吸收其他物种的能力。人类相对于客观世界获得了主体地位,使人获得了能动性、自主性和创造性。人类可以自主地决定某些信念,并且通过自我约束达成相应的习惯,从而实现主动改变客观世界的目的。

(二) 个体发展的一般规律

虽然每个个体的发展具有一定的独特性,但作为群体则遵循了大致相同的生理和心理

---

① [美] 约翰·杜威.民主主义与教育(第 2 版)[M].王承绪,译.北京:人民教育出版社,2001:54.
② 王道俊,郭文安.教育学(第 6 版)[M].北京:人民教育出版社,2009:31.
③ [美] 约翰·杜威.民主主义与教育(第 2 版)[M].王承绪,译.北京:人民教育出版社,2001:50.

发展规律。

1. 个体身心发展的顺序性

个体的生理和心理发展都有一定的顺序性,这些相应的顺序不能逾越,也不能逆向发展。从生理角度来看,人的生长发育从头开始,遵循从上到下的发育规律,具体表现为躯干的生长先于四肢,躯干近端生长先于远端,先臂后手,先腿后脚。肢体动作也表现为先粗后细、由动而静的规律。民间俗语所谓婴儿成长的"三翻六坐八爬",表达的便是儿童肢体动作随着月龄成长而出现明显的不同。儿童的牙齿、视力都有相应的发展顺序性,从乳牙到恒牙,从注视和跟踪物体到形成立体感,生理的逐渐成熟带来了运动、语言等领域的学习能力。从心理方面来看,人的心理发展也具有相应的顺序性,表现为从无意注意到有意注意、从机械记忆到意义记忆、从具体形象思维到抽象逻辑思维等。人的情绪发展也从简单的喜怒哀乐发展为认知、审美、道德等复杂的情绪体验。

2. 个体身心发展的阶段性

个体身心发展的阶段性,主要是根据身心发展来确定相应的学制规划和学习内容。人的发展阶段从古代教育家开始就有各种分类,大多基于经验的描述,学界也无具体定论。一般而言,从生理角度来说,主要分为胎儿期、婴幼儿期、儿童期、青年期、成年期和老年期。子曰:"君子有三戒:少之时,血气未定,戒之在色;及其壮也,血气方刚,戒之在斗;及其老也,血气既衰,戒之在得。"[①]孔子将人生主要分为少年、壮年与老年三个时期。在我国,通常将胎儿期视为受精卵到出生这一阶段,婴幼儿指 0—5 岁阶段,儿童期指 6—12 岁阶段,青年期指 13—22 岁阶段(其中 10—19 岁被称为青春期),成年期指 22—60 或 65 岁,老年期指从 60 或 65 岁到死亡。[②] 随着生活水平的提高,平均寿命逐渐延长,退休年龄延迟,人们对老年期的界定也将延后。

相比生理的阶段性,人的心理的阶段性受到更多心理学家的关注。皮亚杰的认知发展阶段理论、弗洛伊德的精神分析理论、埃里克森的人格发展阶段理论等,都是心理学领域具有影响力的儿童发展阶段理论。

3. 个体身心发展的差异性

虽然人的发展经历了共同的阶段,但对于每个个体来说,其差异性非常明显。即使同龄的孩子,其体貌特征、性格爱好、能力优势都有很大的差别。这些差异不仅表现在因种族、性别不同而造成的群体性差异,也表现在个体因遗传、环境、教育等自身条件而引起的差异。

从特定群体的差异来看,据统计,女孩最早 7 岁,最晚 13 岁开始进入青春期,而男孩进入青春期年龄最早在 9.5 岁,最晚在 13.5 岁。[③] 从现实中可以看到,有些孩子比较早慧,有些孩子大器晚成;有些孩子长于形象思维,有些孩子长于理性思维。性格上的差异也非常明显,有些孩子好动,有些孩子好静;有些偏于外向,有些偏于内向。美国哈佛大学教授加德纳提出多元智能理

---

① 杨伯峻.论语译注(第 3 版)[M].北京:中华书局,2009:174.
② 江钟立.人体发育学(第二版)[M].北京:华夏出版社,2011:131-151.
③ 张文新.青少年发展心理学[M].济南:山东人民出版社,2002:84.

论,认为传统智力测验偏重知识的测量,缩小了人类智力的范围;人类有数学逻辑智力、言语智力、空间智力、音乐智力、身体运动智力、人际关系智力和自我认识智力七种主要的智力。[①] 个体的智能表现往往是以上这些智力之间的组合,因而不同的个体都表现出一定的差异性。个体身心发展的差异性是因材施教的基础,要求教育者必须深入了解和研究受教育者,发现每个受教育者的优势并进行针对性的培养,从而扬长避短,促进受教育者富有个性的发展。

4. 个体身心发展的不平衡性

个体身心发展的不平衡性是指个体的发展都不是按照固定的速度直线发展的,有时候发展得快一些,有时候发展得慢一些,在发展过程中具有各种关键期。例如幼儿期和青春期的身心发展变化较大,成年期比较平稳,老年期进入衰退。意大利幼儿教育家蒙台梭利提出儿童心理发展具有敏感期,感觉的敏感期(2—2.5岁时达到顶峰)是儿童从初生到5岁;秩序的敏感期是从1岁多到4岁左右;语言的敏感期是在出生后两个月到8岁;动作的敏感期约从初生到6岁。[②] 儿童心理敏感期提醒我们要抓住关键期进行教学,以达到更好的教育效果。个体身心发展的不平衡性还表现为一种互补性,如某些人的机能出现某些方面的损伤或者缺失时,其他的机能可能会超常发挥以弥补其不足。这一特点为研究特殊儿童教育提供了新的理论视角。

二、个体发展的影响因素

影响人的身心发展的因素有很多,从历史的角度来看,国内外学者先后提出单因素论、多因素论、二层次三因素论等不同观点。这些因素归纳起来,主要包括遗传、成熟、环境、主观能动性、教育等因素。其中,教育在人的发展中起关键作用,本节将在后文详细论述。

(一) 遗传

遗传因素是人的发展的生理前提,为人的发展提供了可能性。机体的结构、形态、感官和神经系统的特点、本能和天赋倾向等都与上一代的遗传有关。没有这些生理条件,人的发展就不可能实现,如人的身高、智力、肤色、体型、面容等很多特点都与上一代的基因直接相关,人的很多的疾病和功能的缺失等也与遗传关系密切。英国学者高尔顿通过杰出人士和双胞胎的研究,提出先天遗传因素对人的影响大于后天因素。美国生物学家威尔逊在利用生物社会学和进化论的观点来审视某些动物和人类的行为时,认为动物和人的行为主要由遗传决定。

遗传素质是人的发展的物质基础,良好的遗传素质有利于个体与外界的交互作用,更好地从社会中吸收发展所需的"养料",从而促进个体潜能的发挥。通过对人群的统计,智力超常儿童或低能儿童在人群中的比例大约各占3‰—5‰,大多数人处于常态。生理学和心理学的研究表明,人的低级生理、心理机能(如眨眼、电反射、手腕运动等)受遗传影响的程度

---

① 张文新.青少年发展心理学[M].济南:山东人民出版社,2002:246-248.
② 吴式颖.外国教育史教程[M].北京:人民教育出版社,1999:487.

强;反之,高级生理、心理机能(如人的认知高级神经系统的活动等)受遗传影响的程度相对较弱。[①] 遗传因素在整个人生发展过程中,其影响呈逐渐减弱的趋势。

总之,人的知识、道德意识和行为、审美志趣等多由后天习得,不能夸大遗传在人的发展中的作用。那些"天才论""血统论""种族论"等站在"遗传决定论"的立场,夸大了遗传素质对个体和种族发展的作用,产生了英雄史观、种族优越论等错误观念。

(二) 成熟

成熟论是美国心理学家格塞尔提出的一种观念,认为个体的生理发展与心理发展经历了一个有规律的顺序过程,这一过程由物种和生物的进化顺序决定。其结论来自其经典的双生子爬梯实验。1929年,他对一对双生子进行实验研究,首先,对双生子T和C进行了行为基线的观察,发现他们发展水平相当。在双生子出生第48周时,对T进行爬楼梯、搭积木、运用词汇和肌肉协调等训练,而对C则不给予相应训练。训练持续了6周,其间T比C更早地显示出某些技能。到了第53周,当C达到能够学习爬楼梯的成熟水平时,开始对他集中训练,发现只经过少量训练,C就达到了T的熟练水平。他通过进一步的观察研究,发现到第55周时,T和C的能力没有差别。[②]

格塞尔的成熟论揭示了生理成熟对于心理成熟的重要作用。个体发展受制于人的生理和心理发展成熟的特点,教育活动要尊重个体的生物属性,不要超前教育,在个体没有足够成熟时,过多的训练是徒劳无功的。

(三) 环境

环境是影响个体发展的外部世界,主要包括自然环境和社会环境。对人的身心发展来说,社会环境的影响更大。

自然环境主要包括人出生和生活的自然条件、地理位置等。有研究认为身高与日照时间、气候等条件有关,儿童在春季身高增长得最快。对于人的性格来说,出生在恶劣的自然环境中的人,性格相对坚强;出生于交通发达地区或者沿海地区的人,视野相对开阔。

相比自然环境,社会环境对人的发展影响更大。一个国家和社会的政治、经济、文化发展水平深刻影响着每一个人的发展。生于积贫积弱的旧中国,在军阀混战、外敌入侵的影响下,民生凋敝,很多青少年没有机会接受教育,自然失去了人生发展的很多可能。生于20世纪80年代的婴儿,处于中国改革开放的初期,社会稳定,经济开始向好,接受教育的机会逐渐增多,高校扩招使得很多青少年有了进入大学学习的机会,这些都改变了青少年的命运。相比国家和地区的大环境,个体成长也有一个小环境,即个体出生的家庭环境。父母的受教育程度、教育观和家庭教育投入,以及社区环境、学习环境等都影响个体的发展。个体发展的环境和人际关系能否提供足够的物质条件和精神财富,对个体发展的意义重大。

环境对个体发展的影响主要体现在对人的发展的限制和提供了发展的可能性。每个人

---

① 叶澜.教育概论[M].北京:人民教育出版社,2006:200.
② 张文新.青少年发展心理学[M].济南:山东人民出版社,2002:34.

的发展都有历史的局限性,这正是时代环境对每个人的影响。从个体发展来看,年少时,家庭环境、生活的自然环境对其影响较大;成年以后,社会环境尤其是文化环境对其影响较大。生活环境对人的发展具有引导作用,如我国古代思想家墨子就提出:"染于苍则苍,染于黄则黄。所入者变,其色亦变。五入必,而已则为五色矣。"①荀子也指出:"蓬生麻中,不扶而直;白沙在涅,与之俱黑。"②这些都指出了社会环境对人呈现出正面影响时有利于个体发展;反之,当社会环境对人的发展不利时,个体的发展就受到阻碍。环境对人的发展的影响提醒我们要注重顺应社会发展趋势,根据时代发展要求做出个人的发展规划,从而形成个体和环境的发展合力。

(四)主观能动性

人的主观能动性在社会生活中产生并表现出来。作为社会活动的主体,人不仅认识和改造世界,同时也认识和改造自己本身,并在认识和改造客观世界与主体自身的过程中表现出能动性。每一个人都在活动中与环境相互作用,进而改造环境、改变自己。个体的主观能动性以活动为中介,将遗传、环境等发展条件转化为现实,从而实现了人的发展。

个体的主观能动性为个体发展提供了内在动力。孔子在论述自己的人生历程时说:"吾十有五而志于学,三十而立,四十而不惑,五十而知天命,六十而耳顺,七十而从心所欲,不逾矩。"③孔子以"志于学"为起点。立志,更多的是个体内在主观能动性的激发。人类的任何实践活动都要以主动认知为前提,其中,教育活动表现得尤为明显。人的主观能动性主要表现为人在社会实践的基础上主动认识世界和在认知的指导下主动改造世界的两个过程。

从受教育的过程来看,学生的学习也是一个主动认知的过程。个体的主观能动性还体现在个体的自我规划和自我奋斗的过程。人的受教育过程是个体主动创造学习条件,获得相应的学习效果的过程,而不是被动地接受客观条件提供的资源。人的发展过程不仅需要个体主动谋划美好的前景,选择实现的路径和规划,通过积极努力来践行这一目标,而且在实施过程中还要不断地反思和调整目标,进而达成发展目标。

三、教育的个体发展功能

教育作为一种有目的的培养人的社会活动,对人的发展具有重要作用。在现代社会,学校教育对于青少年发展的作用尤为重要。

(一)教育促进人的社会化的功能

相比人的生物属性,人的社会属性更能够反映人的本质。马克思在论述人的本质时认为:"人的本质并不是单个人所固有的抽象物,在其现实性上,它是一切社会关系的总和。"④

---

① 李小龙.墨子[M].北京:中华书局,2007:15.
② 安小兰.荀子[M].北京:中华书局,2007:5.
③ 杨伯峻.论语译注(第3版)[M].北京:中华书局,2009:12.
④ 中共中央马克思恩格斯列宁斯大林著作编译局.马克思恩格斯选集(第一卷)(第2版)[M].北京:人民出版社,1995:56.

人的发展首先是社会性发展,教育能够有效地促进人的社会化。每个人从婴儿一直发展到对社会有用的成人是其社会化的主要过程,这一过程甚至延续其一生。

呱呱坠地的婴儿与其家庭是紧密相连的。婴儿6个多月就建立起亲子之间的依恋。到3岁时,伴随生理自我的成熟,个体具有了作为社会人的"资本",开始向社会自我转变。家庭成员教育孩子学习社会规范和必要的知识。儿童从进入幼儿园开始,幼儿园和学校就成为从"自然人"向"社会人"转变的重要场域。儿童需要学习社会生活必需的知识和技能,习得社会规范,通过个体的努力使自己成为符合社会要求的有用之才。这一社会化过程,首先通过家庭和学校教育,使儿童了解并服从社会文化的规定,然后逐渐转化为学习者内在的需求,达到从"他律"到"自律",自觉地以社会规范来约束自己,使个人发展与社会要求和谐统一。

每个人都生活在社会之中,个体若与社会隔绝,是难以成为健全之人的。社会化是人之为人的根本。人的社会化过程可分为以下几个时期:婴幼儿时期对语言、社会规范、社交活动等方面的学习;青少年时期主要学习文化知识、职业技能、恋爱和家庭生活常识等内容,确立生活目标和人生理想;成年期以后主要根据职业和人生需求,不断地学习各种社会规范和技能,以保持个体适应社会的能力。

一个人的社会化过程,要学习很多内容,同时依附于多种媒介和场所。家庭、学校、大众媒体、各种社会组织、社区等都可以提供相应的学习内容。每个人不但要获得生活技能和职业技能,还要学习国家、地方和社区等的法律法规、社会规范、道德风俗和文化价值观等。人在社会化的过程中,也要认清社会发展趋势,实现人的发展与社会发展的统一。在人的发展过程中,个人角色的不同也对应着相应的社会权利和义务,这需要个体自觉地按照自身的角色定位规范自我的行为。

学校教育是人的社会化中最重要的一环,这不仅因为学校教育处于青少年树立世界观、人生观、价值观的重要阶段,而且学校教育的目的本身就反映着国家和社会对于青少年社会化的总体要求。学校教育根据社会的主流文化和社会主义核心价值观培养对社会有用之才,让学生学习社会规范,在课程、教材和各类活动中渗透国家对教育的宏观要求。教师作为社会文化和规范的代言人,需要将国家的教育意志在教育教学中反映出来,以更好地实现学生的社会化。

学校教育要促进学生思想意识的社会化。学校要将社会主流文化和价值观反映到教育过程中,使学生接受并维持社会关系,促进个体政治的社会化和道德的社会化。学校教育还要促进个体行为的社会化。每个人在社会中都要承担不同的社会角色,每一个社会角色都有相应的行为规范和义务,个体要自觉地学习角色的行为规范,并努力符合社会期待。

(二) 教育促进人的个性化的功能

教育活动既要追求人的社会化,也要尊重人的个性化,二者是辩证统一的。人既有社会属性又有生物属性,作为群体的人表现为社会属性,作为个体的人则展现独特性与差异性。教育促进人的个性化更多地表现为尊重人的主体性、差异性和创造性。人的社会属性反映个体对社会的适应,有利于促进种群的稳定与和谐;人的个性则推动社会的发展与变革。

教育活动不仅要面向人的共性，也要尊重每个人的个性。中国古代教育家孔子就提出因材施教的原则，充分尊重每一个体的独特性及其发展特点。叶圣陶将教育比作农业而不是工业，强调教育活动要尊重学生的差异性。教育活动要培养人的主体意识，发展人的主体能力。每一个体不仅要学会适应社会，更要学会改造社会。现代教育更强调学生的主体意识，培养其批判思维和创新能力，反对单纯的知识灌输，培养学生成为个性全面发展的人。

人的遗传因素、环境因素等方面的不同，导致每个受教育者都有不同的身体特征和心理特征，这进一步造成了个体在理想信念、兴趣爱好、能力气质、性格偏好等方面的差异。教育过程应尊重学生的个体差异，对其进行个性化教育。教育应帮助每个学生发挥其潜力，形成其优势，完成人的个性化发展。教育活动要培养个体的创造力，通过发展批判性思维、允许个性化成长等方式促进个体的健康成长。

教育促进人的社会化和个性化的过程是辩证统一的。人的个性化不是脱离现实世界的特立独行，也不是反对社会规范的恣意任性与反社会人格，而是在遵从社会规范的前提下发挥个人的优点和长处，促进社会的多样化发展。我们强调教育培养人的社会化，也不是按照统一的模式去生产工具人，而是尊重人的价值理性，以全面发展和个性丰富的个体共同组成民主化的社会群体，实现和而不同的社会氛围。

第三节　教育的社会发展功能

教育与社会发展的关系是教育的基本问题之一。教育作为最重要的社会现象之一，其社会性特点决定了不能脱离社会。与此同时，教育对社会发展也具有重要价值。教育自身的存在与进步不仅受制于生产力、政治、经济、文化等的矛盾运动，而且以自身特有的结构促进社会发展。本节旨在通过对教育与社会发展关系的分析和探究，揭示教育的基本规律。

一、教育的社会制约性

社会是上位范畴，教育是下位范畴。教育的社会制约性是指教育发展与社会发展密切相关，并受社会的制约。社会发展制约着教育发展的全过程。社会的政治、经济和文化等要素构成社会的核心结构，教育只是一个边缘结构。[1] 社会制约教育是一条基本原理，确立了社会制约教育的基本原理，为教育观的科学化奠定了理论基础。[2] 影响教育的社会因素主要包括政治经济制度、生产力、文化、人口及科学技术等方面。

（一）政治经济制度对教育的制约

教育与政治经济制度虽然是两种不同的社会现象，但二者之间却有着密切的联系。二

---

[1] 褚宏启.教育现代化的路径[M].北京：教育科学出版社，2000：11.
[2] 柳海民.教育学原理（第2版）[M].北京：高等教育出版社，2019：69.

者相互依存、相互促进,成为推动社会发展的动力之一。政治经济制度作为社会的基本制度,决定着社会活动的方向、方式和速度,也决定着教育的性质、目的、内容和结构。同时,教育作为一种社会活动,并不是消极地适应社会政治经济制度,而是对社会政治经济制度发展起着巨大的促进作用,使政治经济制度得以维持、巩固和加强。

1. 政治经济制度决定教育的领导权

在人类社会发展过程中,哪个阶级掌握了生产资料所有权,也就拥有了国家政权,能够控制精神产品的再生产,掌控教育的领导权。因此,教育的领导权或支配权是教育阶级属性的具体表现。掌握教育领导权的统治阶级通过颁布教育方针、政策,制定教育目的,分配教育经费,规定教育内容特别是意识形态教育内容,任命、聘用教师和教育行政人员等途径,实现对教育领导权的控制。

第一,通过国家权力机构直接决定教育的领导权。政府、执政党通过国家权力机构从组织上对教育实现控制或管理,利用教育机构实行直接领导。统治阶级通过国家机器,以各种不同的手段,颁布教育方针、路线和政策,任免教育行政人员,制定教师培养、聘任和晋升制度,进而把教育纳入社会关系需要的轨道。

第二,利用经济力量控制教育的领导权。教育活动赖以运行并获得发展的不可或缺的前提,是必须占有一定的人力、物力和财力。小到学校设施、设备的完善,教职人员队伍的充实,再到不同层次、类型学校在教育系统中所占的比重和规模,大到教育事业整体发展的规模和速度,都受到这个前提的制约。因为财力是人力和物力的货币表现,所以教育投入常以经费投入的方式呈现出来。政治体系依靠其权力以赋税等手段筹措经费,以财政预算、财政拨款等方式,掌握国家资源的提取和分配,因此,它通过决定教育经费投入的规模和方向,制约学校教育的质量、教育系统的层次和类型结构,以及教育发展的规模和速度。

第三,利用国家的宣传机器将政治思想价值观传播于社会,从而影响和控制教育的发展方向。统治阶级通过对思想文化的控制来影响教育,包括各种读物的发行、各种活动的举办、大众传播媒介的舆论导向等。在教育领域,统治阶级通过课程规划纲要、课程标准、教科书等的审定,将其思想得以贯彻落实。统治阶级正是通过这些手段影响教育工作者和学生的政治思想,控制着教育运行的方向。

2. 政治经济制度决定受教育的权利

教育作为一种社会资源,其丰富程度由社会生产力的发展程度决定。当社会生产力发展水平低下、接受教育不能作为一种共享的公共资源时,社会资源应该如何分配呢?也就是说,什么人可以接受什么样的教育,能否自我选择、有多大程度的选择权,进入不同教育系列的标准应该怎样确定,国家该设立怎样的教育制度等,这些都受政治经济制度的制约。

教育发展史表明,在不同的社会,不同的人享有不同的受教育权。在原始社会,由于实行生产资料公有制,氏族成员地位平等,社会中的受教育者拥有平等的受教育权利。在奴隶社会和封建社会,由于私有制的存在,出现了不同的阶级。在政治、经济上,统治阶级和被统治阶级处于不平等的地位,这反映在受教育的权利上也是不平等的,只有占少数的统治阶级子女才有接受教育的权利。受教育权受家庭社会等级制约,这表明受教育权具有赤裸裸的特权和等级的性质,是不平等的。在资本主义社会,虽然法律上废除了对受教育者社会地位、阶级等的限制,受教育权利在形式上看似是平等的,但实际上资本主义私有制的存在,决定了人们受教育的平等权利被财产状况制约的性质,受教育权依然不平等。即使在德国、瑞典、英国这些免收学费的国家,大学生中也仅有少数人来自占人口绝大多数的劳动家庭。在美国,入学机会也不平等,特别是在高等教育领域,学生入学机会与其家庭经济收入密切相关。少数族群的青少年依然受到歧视,白人青少年的受教育机会与黑人青少年的受教育机会是不均等的。①

在社会主义社会,经济的公有制性质决定了人们享有更多的接受教育的平等权利。但是,因为"在共产主义第一阶段还不能做到公平和平等,富裕的程度还会不同,而不同就是不平等"②,所以也还存在人们受教育机会不平等的情况。不过,原则上它不存在不同阶级之间的不平等关系,即受教育机会不平等的情况发生于劳动者内部,而不是发生在不同阶级之间。我国作为社会主义国家,一直以最大限度地满足人民日益高涨的教育需求为己任。经过不懈努力,我国在教育机会均等方面取得了很大的成就,已依法实施普及九年制义务教育。根据教育部《2023年全国教育事业发展统计公报》,全国共有义务教育阶段学校19.58万所。义务教育阶段招生3 632.51万人,在校生1.61亿人,专任教师1 073.93万人,九年义务教育巩固率95.7%。

3. 政治经济制度决定教育目的

教育目的是关于培养人才质量规格的问题。其中,培养的人应该具有什么样的政治方向、思想意识和道德品质,是由政治经济制度所决定的。政治经济制度是决定教育目的的主要因素之一,政治经济制度的性质不同,教育目的的性质和标准也就不同。

原始社会实行生产资料公有制,没有阶级和剥削。教育的目的是培养未来的氏族成员,能从事劳动,遵守社会行为规范,互助合作,为保卫氏族的生存而英勇战斗。进入阶级社会后,居于统治地位的阶级总是力图按照他们的政治要求和经济利益,通过教育有目的地培养和塑造年轻一代。奴隶社会的教育目的,是把奴隶主的下一代培养成为能自觉维护宗法等级制度的统治人才,以及能镇压奴隶起义、具有抵御外患本领的能征善战的军人。封建社会的教育目的,是把地主阶级后代培养成为国家政权中的官僚和实际掌握地方政权的士绅,以便对广大劳动人民实行"愚民政策"。资本主义社会的教育目的具有两重性:一方面,为了稳固政权和获得更高的利润,给予劳动人民一定年限的义务教育和职业训练,把其培养成为政治上的顺民和适应现代生产需要的熟练工人;另一方面,把资产阶级的后代培养成为能够掌握国家机器、管理生产的统治、管理人才。

不难看出,阶级社会的教育目的都有注重培养统治阶级子弟成为统治人才的一面,养成统治阶级下一代的"治人"素养、能力和德性。与历史上任何阶级社会的教育目的不同,社会

---

① 金一鸣.教育原理(第2版)[M].北京:高等教育出版社,2002:91-92.
② 中共中央马克思恩格斯列宁斯大林著作编译局.列宁选集(第三卷)(第2版)[M].北京:人民出版社,1972:251.

主义社会的教育目的是培养德智体美劳全面发展的社会主义建设者和接班人。

综上,政治经济制度制约教育的发展,但教育相对独立于政治经济制度。所谓教育的相对独立性,是指教育作为一种培养人的社会活动,相对于其他社会现象来说,具有自身的规律和能动性。[①]那种在教育工作中以政治、经济取代教育,或照搬、照套政治、经济工作的做法,是对教育的横加干涉。

就教育与政治经济制度的关系而言,教育往往落后于政治经济制度的存在。当旧的政治经济制度消亡以后,与之相适应的教育内容和思想还会残存一个时期,并不会立即消失。比如,社会主义教育中仍会残存着封建主义的教育思想。还存在另一种情况,旧的政治经济制度还没有退出历史舞台,新的教育思想已经出现。比如,在资本主义社会中产生了马克思主义的教育思想。

(二) 生产力对教育的决定作用

生产活动是人类最基本的社会实践活动,物质资料的生产是人类社会赖以存在和发展的基础。正是因为人类从事生产活动,才产出吃、穿、用等各种物质产品,满足了自身生存的物质需要,人类才有时间和精力从事政治、科学、艺术、教育等诸方面的精神活动,"它决定一切其他的活动,如脑力活动、政治活动、宗教活动等"[②]。所以,社会生产力的发展是引发社会生活发展变化的内在因素。

1. 生产力发展水平决定教育发展的规模和速度

一个国家招收多少学生入学,办多少所学校,普及教育多少年限,培养多少高水平的专家、多少中等技术人才和懂技术的劳动者等,不是由人的主观愿望决定的,而是由生产力发展水平决定的,即教育取决于生产条件。生产力发展水平之所以决定教育发展的规模和速度,基于以下两方面的原因。

第一,生产力发展水平决定了一个国家可能为教育发展提供的物质基础。具体而言,它是指一个国家在教育经费方面的支付能力。教育经费的支付能力直接影响师资培养、教师待遇,以及校舍、教学的仪器设备和教材建设等方面的条件。一般说来,生产力发展水平较低的国家,公共教育经费在整个国民收入中所占的比例要低一些;生产力发展水平较高的国家,公共教育经费在国民收入中所占的比例要高一些。教育经费成为决定教育事业发展速度和规模的主要因素。教育经费,通常是指用于教育事业的费用,主要包括政府投入和私人投入两大来源,一般以政府投入为主。衡量教育经费的常用指标是:教育经费占财政支出的比重、教育经费占国民生产总值(GNP)的比重和教育经费占国内生产总值(GDP)的比重。教育经费按使用性质可分为教育事业费(人员经费和公用经费)和教育基本建设费,按结构可分为初等教育、中等教育、高等教育三级教育所占教育经费的比重。[③]

第二,社会生产力发展水平决定社会对教育事业的需求程度。社会要求教育事业能够

---

① 王道俊,扈中平.教育学原理(第 3 版)[M].福州:福建教育出版社,2013:58.
② 中共中央马克思恩格斯列宁斯大林著作编译局.马克思恩格斯选集(第一卷)[M].北京:人民出版社,1972:78.
③ 李剑萍.教育学导论(2006 年修订版)(第 3 版)[M].北京:人民出版社,2006:92.

适应生产力的发展,包括教育体系、内部结构都要与生产力发展水平及其所形成的社会经济结构相适应,以保证提供足够数量、适当比例的各种规格的合格劳动力。这样一来,教育事业发展的速度、规模要与社会生产力发展的需求相适应,就成为教育事业发展的动力因素之一。从各国大学教育完成率,大致可看出生产力发展水平对教育事业的需求程度。因此,生产力发展的水平既决定着社会为教育发展提供的物质基础,又决定着对社会劳动力的需求水平,进而决定着对教育事业的需求水平。

2. 生产力发展水平制约教育结构的变化

教育结构通常是指包括基础教育、职业技术教育、高等教育、成人教育在内的各种不同类型及层次的学校组合与比例构成。生产力的发展不断引起经济结构、产业结构和就业结构等的变革,与此相适应,教育结构也将发生变化。教育结构的变化具体指大、中、小学的比例关系,全日制学校与社会教育的关系,普通中学与职业中学的关系,以及高等学校中不同层次、不同学科、不同专业之间的比例关系等,都要适应一定社会生产力发展水平。

教育发展的历史证明了生产力对教育结构的制约。近代社会以前,世界各国的教育结构主要是培养社会管理人才的单一的普通教育,难以形成上下左右相衔接的各级各类学校教育结构。这是与当时较低的生产力发展水平相适应的,比如中国的弘文馆与崇文馆,古埃及的宫廷学校、职官学校,古印度的古儒学校。随着大工业的发展,欧洲国家教育结构开始发生变化。马克思在《资本论》中指出,近代资本主义社会中,农业学校、工艺学校、职业学校的出现是在"大工业基础上自然发展起来的"。20 世纪后,生产力的发展致使生产力结构、经济结构和产业结构发生了复杂变化,使教育结构也复杂多样起来,表现为横向上有普通、职业、技工、师范、理工农医等各类教育并存,纵向上有初、中、高三级教育体系,以及各级各类校外成人教育,形成了一个多层次的教育网络。特别是近 20 年来,科技发展及人工智能带来生产力的快速发展,教育结构也随之变革。这是因为,一方面,生产力的发展、经济的增长,以及地区结构、部门结构和技术结构的变化,要求教育结构进行相应的变革;另一方面,生产力的快速发展要求教育部门输送大批有一定文化水平适应生产需求的劳动力。

3. 生产力发展水平制约教育的内容和手段

生产力发展既促进了科学技术的发展,又要求学校培养出来的人才掌握与生产力发展水平相适应的生产技能和科学技术,这就要求教育内容应做出相应调整以适应生产力发展水平。教育内容发展历史表明,课程门类、课程内容的设置都直接受制于生产力发展水平,生产力和科学技术的发展为教育内容的补充与更新提供了条件。古代社会的教育内容极为贫乏,主要是社会的典章制度和简单的读写常识。这是由科学技术不发达、生产力发展水平低下造成的。随着生产力的不断发展,与生产相联系的自然科学以及技术类学科在学校课程中所占比例日益增多。14 世纪的欧洲学校,自然科学方面的课程有几何、算术和天文学。到 18 世纪,英国学校的课程门类就包括数学、物理、自然、地理、历史、语文以及外国语等。德国从 1810 年开始,教育内容增加了自然科学科目,注重地理、历史教学。进入 20 世纪,随着生产力的发展科学技术高度分化与综合,出现了电子计算机、生物工程、光电纤维等新兴学科,课程设置也出现了综合课程、横断性课程、边缘课程以及大学科专业等。

生产力的发展水平也制约着教育手段。广义的教育手段包括教学方法、教学组织形式以及教学设备等。古代社会是以小农经济、手工劳动为主的社会,在此较低的生产力水平下,教学设备简陋,教学组织形式为个别教学,教学方法以讲授法为主。工业革命之后,生产和科学技术的发展要求大规模提高教学效率,新的教学组织形式——班级授课制应运而生,与班级授课制相适应的教学设备及方法也相继产生。生动的演示实验、直观教学、参观实习等教学方法进入教学领域,弥补了讲授法的不足。照相机、收音机、幻灯机、电影机和电视机,以及随后的计算机和信息网络等教学设备相继进入教育领域,成为现代教育离不开的物质基础。尤其是现在的多媒体、网络信息技术的运用能超越时间和空间的限制,不仅开阔了学生的视野,降低了教育难度,而且有效地扩大了教育规模,极大地提高了教育普及程度。

综上,生产力对教育起决定作用,但是教育相对独立于生产力发展水平。教育受生产力发展水平制约,也相对独立于生产力发展水平。教育发展与生产力发展并非完全同步。一方面,当生产力的发展水平较低时,教育的思想内容甚至方法也有可能超越生产力发展的水平,这往往是由于文化交流、社会转型或传统的影响;另一方面,在一定时期内教育思想、内容、手段、方法等也往往落后于生产力的发展,这是由于人们的思想意识落后于先进的生产力造成的。

必须明确的是,教育相对独立于生产力发展水平,并不是说教育发展可以完全脱离于生产力发展水平。教育归根结底要受政治经济制度和生产力发展水平的制约。

(三) 文化对教育的制约

人是文化的动物,而教育的对象是人。教育与文化,作为两种亘古绵长的社会现象,相伴相生、相随而长,互为前提、互相砥砺。教育既以文化为内容对人进行施教,同时教育又是一种文化现象。教育的过程是人的文化社会化的过程,教育不能离开文化而存在。

文化规约着人类的一切社会实践活动,也制约着人类的教育活动。文化对教育的影响具有全面性。文化的核心要素文化传统、观念意识、思维方式等不仅从宏观上制约教育观念、教育目的、教育内容和教育教学方式方法,还从微观上影响教育制度、课程设置、教材编订、德育活动、教学方法和教学组织形式等方面。

1. 文化观念影响教育观念

文化观念指长期生活在特定文化环境中的人们逐渐形成的对自然、社会和人本身比较一致的观点和信念。教育观念是存在于人脑中对教育现象和问题的认识、观点和看法。

文化观念对教育观念的制约主要表现在以下两方面。第一,文化观念制约人们对教育的态度和行为。比如,在工业化历史进程中,具有大工业意识的国家十分重视教育发展,重视人口素质提高对国家发展的重要作用,如日本、德国就是如此。第二,文化观念影响教育思想的产生和发展。任何教育观念都是在特定民族文化背景下产生的,是其世界观和价值观的反映。比如,西方教育史上夸美纽斯、卢梭、裴斯泰洛齐的"自然教育"思想,是资产阶级上升时期要求肯定人性、削弱神性社会潮流的反映;中国近现代教育史上黄炎培的职业教育、陶行知的平民教育思想,都是他们所处时代社会需要的反映。① 今天,我们主张人的全面发展,既是对教育提出的客观要求,也是和平、稳定的国家民族文化环境下关于人发展的理想价值追求。

2. 文化类型影响教育目的的确立

文化类型不同,教育目的就有所不同。一定社会的统治阶层往往通过教育培养社会发展所需要的人,这主要反映在教育目的的确立上。任何时期、任何国家社会的教育目的在一定程度上都受制于所处文化环境和文化传统的影响。社会文化类型和文化传统不同,教育目的的价值取向也有所不同。教育目的的价值取向是人们对教育价值的认识和抉择,影响人们对于"好的教育"的判断和认识。教育价值取向其实是文化传统和观念意识在教育领域的体现。

任何社会的教育目的都是该社会统治阶级利益的集中体现,是统治阶级主观意志的产物。国家社会的文化类型不同,教育目的也不同。东西方传统文化类型不同,导致了东西方教育目的的差异。如中国古代社会主流文化是以儒家学说为核心的"伦理型"文化,反映在人才培养上就是强调教育的目的是"在明明德,在亲民,在止于至善";西方文化则是一种"知识型"文化,主张"知识就是力量",重视通过知识学习达到对真理的认识。国家之间由于文化类型的不同,也存在教育目的的差异。如美国的教育致力于培养能够在民主社会中适应生活需要的公民;英国则着重培养具备绅士品德、风范的人。

3. 文化传统影响教育内容的选择

文化传统反映着民族文化的特定内涵。不同国家民族积淀了不同的民族文化传统,不同国家民族的文化传统又塑造了不同的教育。比如,中国古代社会长期重农抑商、追求仕途,导致教育内容主要以典章制度为主,很少涉及自然科学和生产知识;而英国一向崇尚人文精神,直至今日,古典人文课程仍占相当大的比例。这也反映了各民族国家的文化传统对教育内容的影响,也体现在各民族国家教育内容的选择偏好上。

民族国家文化作为教育内容的重要来源,深刻地制约着教育内容的选择。民族文化的发展和变化,也影响教育内容的取舍和更新。不同国家民族的文化发展对教育内容的影响主要表现在选择范围、发展速度和水平等方面。各国家民族文化发展水平低、文化积累少、教育内容的选择范围就很小;反之,文化发展水平高、内容丰富、发展速度快,教育内容的选择范围就大。

各民族国家会用各自的民族语言来传达教育内容;学科课程的设立、教育内容中所涉及的基本知识和技能,所宣扬的各种伦理道德规范,以及引导建立的人生观、世界观和价值观等都是民族文化渗透影响的结果。

---

① 柳海民.教育学原理(第 2 版)[M].北京:高等教育出版社,2019:73.

4. 文化传统影响教育教学方式方法的运用

文化传统制约教育教学方式方法的选择。教育教学方式方法既受文化传统的制约,同时教育教学方式方法也在不断地丰富和推动文化发展。

教育教学方式方法应根据教育教学内容的特点来选择。不同国家在社会发展过程中形成了独特的民族文化,这些文化需要经过选择和编制转换为适合学校教育的文字、语言、艺术、传统习俗等内容。可见,不同文化内容的特性影响教育教学方式方法的适切性选择。

新时代的教育观念认为,除知识学习外,人的发展离不开智力、技能、技巧、思想美德、审美情趣、身体素质等方面的协调发展。教育教学应倡导新的教育理念和教育策略,对传统文化中的部分教育观念予以扬弃。

(四) 人口对教育的制约

人是教育的对象,人口状况与教育发展有着直接的关系。人口是指生活在一定社会、一定区域的具有一定规模、质量及结构的人的总体。一般以人口数量、人口质量、人口结构、人口迁移与分布等方面,作为一个国家人口状况的指标。人口数量、人口质量、人口结构等都对教育发展提出了要求,并直接影响教育的规模、速度和内部结构。

1. 人口数量对教育的制约

人口数量增长是推动教育事业发展的重要因素。人口数量及增长率影响教育事业发展的规模和速度。一定数量的人口是构成教育事业及其活动的前提和基础,特别是学龄人口数量直接制约教育发展的规模和速度。人口数量特别是人口的增长率影响教育质量。人类社会中,人口增长率的变化有四种类型:高出生和高死亡构成的低增长;高出生和低死亡构成的高增长;低出生和低死亡构成的低增长;低出生和高死亡构成的负增长。[①] 在人口众多、经济发展水平较低的情况下,教育要大规模地发展,就必须采取多种形式,学制不能单一化。高增长必然要求不断扩大教育规模,以满足人口的教育需要。但是,如果人口出生率降低出现诸如学校资源过剩、班额过小等问题,这就需要进行教育布局调整,以应对所面临的问题。

2. 人口质量对教育的制约

人口质量又称人口素质,主要包括人的身体素质、文化素质和思想道德素质。人口质量影响教育质量,主要表现为直接影响和间接影响两个方面。直接影响是指入学者已有水平对教育质量的总影响,人口总体素质水平影响总体教育质量。间接影响是指上一代人的教育水平影响下一代人的教育素质,关系到一代一代之间的教育衔接。年长一代不仅通过遗传和对青少年的养育过程来影响受教育者,还通过对学校教育的期望和协调程度来影响学校教育的目标、内容、方法等。总之,学校教育质量不仅取决于教育者一方,还与受教育者的初始水平有关,与社会、家庭对学校的期望、支持与协作程度有关,与现有社会的人口质量有关。

---

① 叶澜.教育概论[M].北京:人民教育出版社,2006:100.

3. 人口结构对教育的制约

人口结构是指各人口在总体人口中的组成部分及其比重或比例关系。其类型非常复杂，主要包括人口年龄、性别和人种等自然结构；人口产业、行业、职业、收入和消费类型等经济结构；人口民族、宗教、语言和婚姻家庭等社会结构；人口文化教育、身心等素质结构；人口行政区划、城乡等地域结构。[①] 人口结构对教育的影响主要表现为两个方面：人口年龄结构影响各级各类学校在学校教育系统中的比例；人口就业结构制约教育发展。

人口年龄结构影响各级各类学校在学校教育系统中的比例。不同的人口年龄结构对教育发展提出的要求是不尽相同的。有什么样的人口年龄结构，就会有什么样的教育结构。比如，在人口年龄结构中，学龄人口的基数多、比重大，中小学等基础教育在教育体系中的比重就必然会提高；反之，如果成人人口比重大，教育的重心就会转移到成人教育上。

人口就业结构制约教育发展。人口就业状况取决于一定地区的生产力发展水平，特别是产业结构和技术结构，这又必然会对教育发展产生影响。比如，如果生产力发展水平低，大多数劳动者集中在第一产业、第二产业，此时教育发展水平就十分有限，教育类型结构也比较单一；反之，如果生产中的科技含量加大，劳动人口流向第三产业，教育发展就必然有良好的外部环境和条件，教育类型和结构也必然呈现出多样化的特点。

（五）科学技术对教育的制约

科学技术是自然科学技术和社会科学技术的总和。科学是人类在长期认识和改造世界的历史过程中，积累起来的认识客观事物的知识体系。技术是指人类根据生产实践经验和应用科学原理而发展的各种操作方法和技能，以及物化的各种生产手段和物质装备。科学技术对教育发展的影响主要表现在以下三个方面。

1. 科学技术影响教育观念

科学技术影响教育者的教育观念，促进教育内容和教育手段与方法的更新，制约教育者的教育能力和对教育规律的认识。传统社会把人的一生分为两段，前一段主要是接受教育，后一段从事工作。"信息社会，如果教育想一劳永逸地培养一定规格的青年，这是不可能的了……教育正在日益向着包括整个社会和个人终身的方向发展。"[②] 现代教育面临两大观念的革新：终身学习和学习化社会。科学技术的飞速发展使这两大教育观念成为现实。

随着科学技术的飞速发展，教育过程在本质上成为一种选择过程。电脑、网络以及其他多媒体设备成为教育的中介，教师通过信息技术呈现、发送信息，学生通过信息技术接收信息。教师的"呈现""发送"包括从声音、文字、图像、演示、讨论到模拟仿真等多种形式；学生的"接受"包括从不同程度、速度、时间、指向方面的主动选择，包括"生机"、生生、师生的个别的和群体的相互论辩。传统意义上的固定场地、固定班级、固定活动的学校教

[①] 何爱霞.人口结构类型与成人教育关系探论[J].江苏技术师范学院学报（职教通讯），2008(01)：63-67.
[②] 联合国教科文组织国际教育发展委员会.学会生存——教育世界的今天和明天[M].华东师范大学比较教育研究所，译.北京：教育科学出版社，1996：200.

育形式,成为学生进行社会交往的场所,而知识的学习让位给不受时间和地域限制的科学技术。

2. 科学技术影响受教育者的数量和教育质量

科学技术日益发展不断揭示教育对象身心发展的规律性,从而使教育教学活动更加遵循该规律性,并使受教育者的受教育能力得以扩展。科学技术的发展及其在教育教学上的广泛运用,不仅提高了教育教学的质量,也使受教育者的数量、视野和实践经验得以扩大。网络信息技术的发展为受教育者的主体生长提供土壤,使受教育者的自主参与成为网络媒体教学的基本学习形式,这种学习形式将使受教育者由被动地接收信息转变为主动地获取信息。在网络媒体学习过程中,受教育者有了更大的学习自由度和自由活动空间,师生之间、生生之间的交流机会也增多了。

科学技术对教育教学的影响是巨大的,历经了三次革命性的突破。第一次是电报、电话和无线电的诞生与推广应用。第二次是电视机、计算机和人造卫星的发明与应用。这两次革命性的突破,使得从幻灯、录像机到VCD、电脑、视频会议等信息技术革命的成果在教育中被广泛应用。自20世纪80年代以来,人类又在迎接第三次信息技术革命,即以计算机和网络技术为标志的信息技术时代,其对教育的影响是根本性的,教育开始迈向网络时代及人工智能时代。

3. 科学技术影响教育的内容和方式方法

科学技术是人类现代文明进步的重要标志。当人们还没有来得及尽情享受工业文明所带来的变化时,时光又把人类带入了信息时代。在信息时代,以多媒体和网络技术为核心的信息技术,改变了我们的生活方式。同样,科学技术也对教育产生了深刻的影响。

在人类社会的教育发展史上,每一次科学技术水平的提高,都会促使教育观念、教育内容、教育方法与途径产生重大变化。科学技术渗透到教育活动的所有环节,为教育资料更新、发展提供各种必要的思想基础和技术条件。学校类型、规模的扩大,教育设施的兴建,教育内容的记载与表达方式的更新,教学用具与器材的制造等,都离不开科学技术的作用。

科学技术应用于教育教学中,有助于改变传统的教育教学手段。教学不再局限于简单的教学用具,网络、多媒体和计算机技术综合运用于教育教学。借助网络构建"网络学校",集教学手段、教学内容、教学方法于一体,可为学习者提供前所未有的开放学习环境。网络学校不受时间、空间和地域限制,可扩展至全社会的每一个角落。这使得工作与学习完全融为一体,每个个体可以在任意时间与地点通过网络自由地学习、工作和娱乐,实现真正意义上的自由学习。这种教学模式可按照学习者的意愿选择教学内容、时间、方式、指导教师等,能为学习者提供图文声像并茂、丰富多彩的交互式人机界面,提供符合人类联想思维与联想记忆特点的,按照文本结构组织的大规模知识库与信息库,因而易于激发学习者的兴趣,并为学习者实现探索式、发现式学习创造有利条件。[①]

---

① 吕炳君.教育学基础理论与实践[M].北京:北京师范大学出版社,2017:55.

二、教育的社会发展功能

教育作为一种特殊的社会实践活动，并不只是被动地受各种社会要素的制约。它对社会各构成要素的发展变化也会产生反作用，这就是教育的社会发展功能。教育的社会发展功能主要探讨教育对社会各要素所产生的影响和作用。

（一）教育的政治经济功能

一定社会的政治经济制度对教育具有制约作用，但是，教育并不是消极地适应政治经济制度，它对政治经济制度有着积极的反作用，促使其维持、巩固和发展。

1. 教育为政治经济制度培养所需要的人才

从古至今，任何社会政治经济制度的建立、巩固和发展，都是以一定的人才作为支柱的。学校作为培养一定社会所需人才的专门机构，当然也为政治经济制度的发展输送人才。学校按照社会政治经济制度的要求，向下一代传递该社会政治经济制度所要求的经济、科学技术、法律、宗教，以及思想、道德、价值观等方面的知识，传授历代社会总结的治国安邦的经验教训，并通过各种教育活动，对其进行公民训练，使其按照一定社会所要求的方向，具有一定的政治立场和政治能力，从而成为一定政治经济制度所需要的人才。学校培养出来的这类人才，其中一部分直接进入上层建筑领域，为维护和巩固政治经济制度服务，成为国家各级各部门的政治领导者。西方学者把这种运用教育力量把年轻一代培养为具有特定社会政治思想意识的人的过程，称为"政治社会化"。

在我国古代，"学而优则仕"，学校实际上是一种官吏养成所，学生寒窗苦读主要是为了获得做官从政的本领。现代社会的一些专门学校或学院，如政治院校、军事院校等，其目的就是培养政治领导者。此外，随着社会政治经济的发展，现代社会已成为科学、技术、管理三者密不可分的整体。其中，管理已经成为一门专门的学科领域。

从世界范围看，各个国家政治集团核心人物的学历层次以及各方面的素养都在不断提高，这表明教育的影响亦相对增强。例如，英国历史上50多位首相中毕业于牛津、剑桥大学的就达30多位；早在1977年的调查显示，英国各部门的官员中毕业于牛津和剑桥的，外交官中占75%，内部长官中占70%，高级法官占85%，大银行行长占58%；1979年的资料表明，当年英国399位保守党议员中有75人毕业于剑桥大学，94人毕业于牛津大学。其他国家同样如此，在美国，其高级政治人才大多毕业于哈佛、耶鲁、普林斯顿等世界一流大学；在日本，有70%的高级文职人员毕业于东京大学。

2. 教育是一种影响政治经济的舆论力量

教育既是培养人的工具，也是宣传思想的工具。教育通过传播一定思想意识影响社会舆论和道德风尚，达到为政治经济服务的目的。积极的社会舆论有利于巩固、维护社会政治经济制度，是促进社会发展不可缺少的思想力量。

教育领域既是一个知识分子集中的地方，也是思想活跃的青年人聚集的场所，他们对各种政治经济能迅速做出反应，并通过各种言论和行动行为方式交流、宣传其思想、看法，形成一定的舆论。比如我国著名的"一二·九"学生运动和大学生志愿者行动等。

学校尤其是高等学校是中级或高级专业技术人员集中的地方,通过科学研究等方式,他们可为国家重大政治经济决策提供理论基础和实践参考。现代国家都把大学看成重要的咨询机构,聘请各领域的专家作为政府部门的顾问,征询来自高等学校方面的意见或建议已经成为各国制定各种政策不可缺少的依据。因此,高等学校已成为各种政治经济新思想、新思潮的策源地和"集散地",成为社会发展的"晴雨表"。

3. 教育可以促进政治民主化

民主是社会进步与文明程度的重要指标,是现代政治的核心与实质。政治民主化是现代政治发展的必然趋势。虽然一个国家的政治民主化程度直接取决于该国的政体,但是与该国人民的文化程度和教育事业发展程度密切相关。教育普及的程度越高,国民的知识越丰富,他们就越能认识到民主的价值,增强权利意识,推崇民主政策,推动政治改革和进步。

历史上的政治与教育关系的演进,实质上就是政治民主化与教育民主化发展的过程。封建社会的教育具有等级性、专制性、道统性及刻板性,这是特权阶级利益与专制统治的产物。封建社会教育的反民主性是封建社会政治独裁与专制的折射。资本主义社会提出了自由、平等等民主政治口号,这是新兴资产阶级为顺应商品经济发展需要自由劳动力及进行平等、自由的经济竞争而提出的。我国作为社会主义国家,自中华人民共和国成立以来为了真正实现广大人民当家作主的愿望,非常重视提高人民的政治文化素质,一直把发展教育事业、改变劳动人民文化落后面貌放在重要的位置。这既是发展经济的需要,也是实现社会主义政治民主化的需要。

总之,一定社会的政治经济制度制约着教育发展,教育对政治经济制度有积极的反作用。随着现代化进程的加快,政治经济与教育之间的相互作用作为促进社会进步的力量,变得越来越重要。但是,教育作用的发挥不能超越一定的政治经济制度,只有在一定的社会政治经济制度基础上教育作用才能发挥。我们应该客观地看待教育对政治经济制度的作用,教育对政治经济制度的变革不起决定作用,不能解决政治经济发展中的根本问题。

(二) 教育对生产力的促进作用

教育对生产力的促进作用主要通过教育再生产劳动力而实现。生产力的发展取决于生产过程中的诸因素——劳动力、生产工具、劳动对象等,其中,劳动力是生产中最活跃、最重要的因素。只有劳动力同其他因素相结合,才能创造出价值和使用价值,实现生产力的发展。这里的劳动力,是指具有一定生产劳动能力的人。不具有从事生产所需要的知识和技能的人,只是一种"可能的劳动力"。通过教育可以把可能的劳动力转化为现实的劳动力。正如马克思说:"要改变一般人的本性,使他获得一定的劳动技能和技巧,成为发达的和专门的劳动力,就要有一定的教育和训练。"[①]通过教育可以使人掌握从事生产所必需的科学知识、劳动技术和生产经验,从而形成新的生产能力,促进社会生产的发展。因此,教育担当起

---

① 中共中央马克思恩格斯列宁斯大林著作编译局.马克思恩格斯全集(第二十三卷)[M].北京:人民出版社,1972:195.

了再生产劳动力的重任。具体而言,教育对劳动力的再生产主要表现在五个方面。①

1. 教育能把潜在的生产力转化为现实的生产力

现代经济生活中,科学技术已成为经济活动能否取得成效的决定性因素。但科学技术是属于知识形态的生产力,在没有运用于生产过程之前,只是潜在的生产力。要将这种潜在的生产力转化为现实的生产力,就必须依靠教育。通过教育,将科技成果加以推广和普及,并对劳动者进行技术培训,实现生产力的转化。人只有掌握了一定的科学技术知识和相应的劳动能力后,才有可能成为生产力中的劳动力要素。而科学技术知识和劳动能力也只有内化为劳动者的素质,才有可能转化为现实的生产力。

2. 教育能把一般性的劳动者转变为专业化的劳动者

普通教育担负着提高劳动者素质,提高整个民族科学文化水平的任务。一般意义上,普通教育培养的劳动者是作为劳动的后备力量。教育中的专业教育和职业教育就是在普通教育的基础上,把一般性的劳动者进一步转化为某一领域、某一行业以至某一工种的专业的劳动者。这种劳动者对于经济活动来说,更具有直接和现实的意义。

3. 教育能把较低水平的劳动者提升为较高水平的劳动者

劳动者的素质都有一个从低水平向高水平提高的过程。在现代社会,生产的技术水平不断提高,生产方式和劳动工艺不断革新,都对劳动者的素质不断提出新的要求。这就要求劳动者必须不断接受教育,而且必须终身受教育。教育已成为不断提高劳动者素质和促进劳动者进行纵向社会流动的基本手段。

4. 教育能把一种形态的劳动者转换为另一种形态的劳动者

古代社会的劳动主要凭借个体经验,加之行业之间的相互封锁,一个人要想从一种劳动转换到另一种劳动中去会困难重重。现代社会是社会化大生产,改行转业、更换职业和工种,无论是被动的还是主动的,都已逐渐成为习以为常的事情。同时,由于现代化生产主要是依靠科学技术,只要劳动者掌握了生产和工艺的一般原理,就能顺利地从一个生产部门转移到另一个生产部门,从一种形态的劳动者转换为另一种形态的劳动者。

5. 教育能把单维度的劳动者改变为多维度的劳动者

传统经济学意义上的劳动者几乎就是一个纯粹的劳动者、一个做工的工具,其发展和需求都是单维度的。现代经济学要求劳动者不仅要掌握科学技术知识和具有劳动能力,而且也要具备一定的文化素养、思想修养、职业道德、心理素质、创新精神、合作意识等品质,这种劳动者的发展和需求都是多维度的。与单维度的劳动者相比,多维度的劳动者的生活不仅仅从属于劳动,而且具有更高的层次和境界、素质和劳动能力。因此,现代教育越来越注重对未来劳动者进行多维度的培养。

(三) 教育的文化功能

文化是人类创造的产物,文化的创造过程本身就是教育过程。人类的文化一旦被创造,

---

① 邹群,王琦.教育学原理[M].沈阳:辽宁师范大学出版社,2009:58-59.

就成为外在于人的客观存在。教育对于文化传递、保存与发展的作用,构成了教育的文化功能,具体表现在以下四个方面。

1. 教育的文化保存和延续功能

在一般意义上,文化可分为物质文化、制度文化和精神文化。对于前两种文化,可以借助物质实体,如衣食住行、器物、名胜古迹等符号形式把人类的精神以外在化的方式保存下来。但仅有物质文化是不够的,因为物质文化和制度文化的存在还需要人的理解,特别是人类文化的核心——精神文化,尤其是民族的文化传统、思维方式等,只能通过人的培养,以文化人的方式内化到每个个体的思想意识和认识中。所以,无论是哪一类型文化的保存,都离不开教育对人的培养,教育成为文化保存和延续的主要手段。

教育的文化保存和延续功能主要有两种方式:一是纵向的文化传承,表现为文化在时间上的延续,在同一社会文化共同体内文化的代际传递;二是横向的文化传播,表现为文化在空间上的流动,即跨社会文化共同体的传输,使人类文化保持着某种同一性,即文化传播。正如人类学家马林诺夫斯基所言,教育就是指一个文化体系的传递、传播和融合的过程。[①] 当今世界各民族文化呈现出多元化与全球化的趋势,便是各民族文化传播、交流的结果。教育作为培养人的活动,它以文化为中介,客观上起着文化传承和文化传播的功能。正因为教育的文化传承和传播功能,才使人类积累的文化代代相传,并且由少数人传向多数人,由一个地域传向另一个地域。

2. 教育的文化选择功能

文化选择作为文化变迁、发展的起始环节,表现为对某些文化要素的自动选择或扬弃。没有选择的文化传承,就不称其为教育。教育作为一种特定的文化现象,必须对浩如烟海的文化做出选择,选择文化是教育的应有之义。教育选择文化不只是促进文化的变迁与发展,更重要的是提升受教育者文化选择的能力,以人类文化的精华促进人的发展。

进入教育传承过程的文化是经过层层筛选后保留下来的人类文化精华。第一,教育对文化的选择是根据社会发展和个体身心发展的需要进行的。社会需要体现在社会人才培养规格上,即教育目的;个体身心发展需要则要求选择出来的文化应有利于个体的智力发展和完善人格的形成。第二,教育文化选择的标准及选择的文化应该是科学的、时代的、优秀的,对过去具有诊断性,对现实具有指导性,对未来具有预见性。第三,教育的文化选择是通过多种途径实现的,主要包括通过培养目标选择文化,通过课程、教材选择文化,通过课程专家、教师选择文化。第四,教育的文化选择又是动态的。伴随着时代发展、社会需要的变化以及文化研究的深入,选择的范围逐渐扩大,由窄到宽,由区域到世界;选择的重点逐渐转移,由宗教文化到世俗文化,由古典文化到现代文化;选择的结构逐渐完善,由典章制度到社会生活,由社会科学到自然科学等。经过层层选择后的人类文化,更易传承。[②]

---

① 郑金洲.教育基础[M].上海:华东师范大学出版社,2012:103.
② 石佩臣.教育学基础理论[M].北京:教育科学出版社,2018:66.

3. 教育的文化融合功能

文化是特定时期、特定地域人们思想、行为的共同方式，因此文化具有地域性和封闭性。然而，人类社会存在大量的社会活动和人口的自然流动，尤其随着现代社会政治、经济和文化活动的活跃，文化必然会打破封闭的地域性而走向开放，在这个过程中实现不同文化的相互交流和融合。文化的交流和融合，具体表现为文化从一个区域传到另一个区域，从一个社会传到另一个社会的流动。

文化融合离不开一定的交流手段和交流方式。教育对于实现文化交流有着得天独厚的优势，主要通过两种方式促进文化交流和融合。一方面，教育活动过程本身对不同文化的吸收借鉴，按照社会发展需要和人发展需要继承以往的文化，改造旧的文化，整合形成新的文化；另一方面，通过教育交往活动促进文化的交流和融合，如学术交流、访问讲座、交换生制度等，促进不同文化的相互理解和相互吸收。每个国家在教育事业发展过程中，必然会借鉴吸收其他国家教育发展的成功经验。

教育过程作为文化学习的过程，不是对文化的简单认可和复制，而是对文化的选择、重构和创造，这一过程实现了文化的融合。文化的融合，不是不同特质文化的简单相加，也不是一种文化对另一种文化的取代，而是以某种文化为主，吸收其他文化的有益成分，引起原质文化的变化。不同文化的交流、融合，不仅促进了世界文化的发展，而且也促进了本民族文化的繁荣。[1]

4. 教育的文化创造功能

人类文化的发展不仅需要传递和保存已有文化，更需要创造新文化。没有文化的创新，就没有文化的真正发展。教育的文化功能，最根本的就是实现文化的创新与发展。

第一，教育通过对文化的选择、批判与融合，使其得以不断地更新和发展。教育选择总是着眼于古为今用、洋为中用，取其精华、去其糟粕，适应社会发展变化的需要，构建新的文化特质和体系。通过教育文化批判，对社会现实的文化状况进行分析，做出肯定性和否定性评价，引导社会文化向健康方向发展。[2] 教育不仅要培养对社会文化起到继承和发扬作用的人才，更要培养具有批判意识和创新精神的人才。

第二，教育创造新的文化。教师在教育教学活动中不只是知识的传播者，也是知识的创造者、新文化的生产者。教师的职责不仅限于将知识转化为学生可接受或易于接受的形式，还表现为通过科学研究创造新知识。教师的科研活动、研究性教学、师生的创作、科研论文的指导与撰写、科研项目的研究等，都直接创造着新的科学文化知识。

第三，教育通过培养创造性人才来间接地创造文化。教育通过传授人类文化的精华，培养人的个性和创造力，并将这种创造性人才输送到社会的各行各业。这些人才在各自的岗位上直接从事文化创造活动，从而使教育系统就像一个能量丰富的文化创造源，间接地实现文化创造的"辐射"和"裂变"效应。

---

[1] 全国十二所重点师范大学联合编写组.教育学基础(第3版)[M].北京：教育科学出版社,2014：53-54.
[2] 冯建军.现代教育原理[M].南京：南京师范大学出版社,2001：366.

(四) 教育的人口功能

人口是社会的人力基础,社会的民主、经济的发展、文化的繁荣、文明的发达都取决于人口素质。教育对提高人口素质、改善人口结构、促进人口迁移具有重要的作用,这就是教育的人口功能。

1. 教育提高人口质量,提升全民素质

人口质量是一个用以表明人口各方面素质综合发展水平的概念,通常包括人口身体素质、科学文化素质和思想品德素质。教育作为促进人的德智体美劳全面发展的活动,其直接的效果就是提高人口质量。

人口身体素质是指人的身体健康状况和大脑的功能状况。它取决于两个因素:一是先天遗传;二是后天的营养、保健和锻炼。一般来说,受过较高水平教育的人,大多具有一定的优生学和遗传学知识,懂得近亲结婚及各类遗传病对新生一代的危害,能有意识地注意女性孕期的保健卫生,尽量减少因用药不慎、疲劳过度、神经紧张等给胎儿带来的不利影响,从而大大减少了先天愚型儿和先天残疾儿的出生率。

教育对人口科学文化素质的影响更为明显和直接。人口科学文化素质的高低主要取决于教育的好坏。世界上通常用下列指标来衡量人口的科学文化素质,如文盲率或识字率、义务教育普及程度和提高程度、就业人口的平均受教育年限等。

人口思想品德素质的提高也有赖于教育。可以说,有什么样的教育环境就会培养出什么品质的人。一个文化素质较高、文化氛围较浓的家庭,以及良好健全的学校教育和社会教育的环境,对提高人口思想品德素质的作用是不容忽视的。[1]

2. 教育可使人口结构趋向合理化

教育可以调整人口结构。人口结构包括人口的自然结构和社会结构。自然结构是指人口的年龄、性别等方面的比例。社会结构是指人口的阶级、文化、职业、地域、民族等方面的比例。人口结构的合理化就是指人口结构有利于社会生产和人口的自然平衡。

从教育与性别的关系看,教育有助于解决性别比例失调等问题。我国传统的男尊女卑思想容易导致人口性别结构的失衡,并由此引发一系列的社会问题。要改变这种状况,需要通过教育逐渐改变和影响民众的生育观念,从而达成人口性别比例的自然均衡化发展。受过一定教育的女性已摆脱重男轻女的传统意识,从而降低了女胎流产率,进而调整着新生儿的性别结构。

从教育与人口的城乡结构来看,教育有助于改变城乡人口比例。人口的城乡结构实际上就是城镇人口的比重。城镇人口比重的大小是衡量一个国家经济发展水平特别是工业发展水平高低的重要标志。教育通过提升人的文化水平和就业水平,改善偏远山区的人口素质,引导人口结构地域分配的合理化。我国要从农业国向工业国转变,就要提高人口素质,大力发展农村教育。

---

[1] 柳海民.教育学原理(第2版)[M].北京:高等教育出版社,2019:84.

此外，教育影响人口的文化结构和职业结构。从自然人成长为社会人，需要借助专门的教育获得相关科学文化知识和各项生存技能、职业技能。学校教育通过各种课程的开设、活动的组织来引导民众提升文化素质，同时也通过高等教育与职业教育为社会发展提供各行各业所需要的人，改善就业群体的职业结构。

3. 教育有利于人口迁移

教育改变人们对外部世界的态度，引导人们生活态度和生活期望的改变，同时从文化和能力等方面提供条件，从而促进人口的迁移。人口迁移是指人口从一个地点向另一个地点的迁居活动。人口有计划地合理迁移，对适应生产力发展和资源开发，促进地区间文化技术的交流、合作与发展都具有积极意义。影响人口迁移的因素很多，其中教育对人口迁移的影响主要表现在以下两个方面。

第一，教育本身就实现着人口的迁移。现代学校特别是现代高等学校如同人才集散地，把各地区的人才收拢其中并加以培养，然后根据社会发展的需要、学习者的志愿和特长，再把他们输送出去，从而实现跨区域的人才流动。

第二，受过教育的人口更容易进行远距离迁移。这是因为受过良好教育的人不易受本土观念的束缚，他们更想到最适合发挥自己才能的地方去工作。此外，受过良好教育的人通常是一些具有一定专业技术水平的人，他们迁入的城市大多是以资本密集型和知识密集型产业或是第二产业、第三产业、第四产业为经济主体的城市。

（五）教育的科学技术功能

科技水平是衡量一个国家国力的重要标志，而教育则具有促进科技发展的功能。科学技术的创新依赖于人才的创新，而人才的创新无疑依赖于教育。今天的教育内容，正是昨天的科技成果；今天的科技成果就是明天的教育内容。教育内容的更新与教材的改革，重要的一点就是以新的科技成果取代已被淘汰落后的内容。新的科技成果正是通过对教育内容的渗透而得到最大范围的传播，并由此产生后劲无限的社会效应。

1. 教育具有科学知识再生产功能

科学知识作为人们社会实践活动的经验成果，是一种精神产品，在未应用于生产之前只是一种潜在的、知识形态的生产力。将科学知识应用于生产过程，能极大地促进生产力的发展。马克思曾指出："生产力里面也包括科学在内。"[①]邓小平认为："科学技术是第一生产力。"要想把潜在的劳动力转变为现实的劳动力，必须依靠科学知识、技能的教育和训练。在此过程中，科学知识也从上一代传递到下一代，实现了教育对科学知识的再生产。

教育对科学知识的再生产，具有以下两个特点。第一，它是一种扩大的再生产。在科学知识再生产过程中，科学知识为更多的人所掌握，扩大了科学知识的横向传播范围。第二，它是一种高效的再生产。再生产的过程是在专业人员指导下，以最有利于学习者理解和掌

---

① ［德］马克思.政治经济学批判大纲（草稿）（第三分册）［M］.刘潇然，译.北京：人民出版社，1963：350.

握的方式进行的,是一种纵向的代际传承,大大缩短了再生产知识所需的劳动时间。正因为教育在科学知识的再生产上的优势,所以教育成为推广先进技术、普及科学知识、提高社会生产力水平的重要途径。

科学知识的再生产有多种途径,其中学校教育是科学知识再生产的最主要途径。这是因为学校教育所进行的科学知识再生产,是一种有计划、有组织、高效率的再生产。它是在具备一定专业素养、知识经验丰富的教师的指导下,将前人的科学成果进行合理编制,通过有效的组织形式,选择最合理的方法,在较短的时间内传递给学习者。

教育作为科学知识的再生产,一方面能促进科学技术知识的积累与继承,把前人创造的科学技术知识加以总结和系统化,一代一代地传递下去;另一方面可以促进科学知识的扩大再生产,把前人创造的科学知识传授给新的一代,使他们能够站在前人的肩膀上,有所发现、有所创新,生产出更新的科学成果。

2. 教育促进科学知识的发展创新

科学知识的生产是直接创造新科学的过程。科学知识的再生产则是将科学生产的主要产品经过合理的加工和编排,传授给更多的人,尤其是传授给新一代人,使他们能充分地掌握前人创造的科学成果,为科学知识再生产打下基础。教育不仅能对人类已有的科学知识进行再生产,而且能对已有科学知识进行发展创新,从而产生新的科学技术知识。

教育对科学知识的发展创新在高等教育中尤为凸显。教学与科研不可分割,教学促进科研,科研提高教学,历来是世界各国高等学校办学的基本准则。由于高等学校学科领域齐全,专家云集,科研力量相对集中,有利于开展综合性及交叉科学研究,因此已成为国家出人才、出成果的重要基地。例如,英国剑桥大学闻名于世的原因之一是它的卡文迪许实验室,培养出了数十位诺贝尔奖获得者;20 世纪 60 年代至 90 年代,共有 149 位科学家获得诺贝尔奖,其中有 118 位(占总数的 79%)是在美国大学学习并获得博士学位的;日本占全国总数 40%以上的科研人员来自各大学。此外,许多国家的高等学校不仅重视科学知识的发展创新,而且也直接参与物质生产过程,建立"教学·科研·生产"联合体已成为众多高校发展的方向。

3. 教育具有推进科学研究体制化的功能

人类早期的科学研究只是少数人的智力游戏活动。17 世纪以后,出现了职业科学家和专门的科学研究机构,这被称为"科学体制化"。它与高等教育有着密切的关系。如早在 1986 年就有统计,美国 40%的科学家被大学聘用,大学担负了全国基础研究的 60%、应用研究的 15%;日本的基础研究也主要由大学承担,国立研究机构承担应用研究,民间企业承担开发研究。高校教师队伍的知识优势与人才优势,使其成为高科技研究的主力。从教育的科技功能出发,在教育目标上要贯彻"科技兴国""科教强国"理念,注重对学生科学知识与实践操作能力的培养,注重对科学世界观、科学态度、科学道德、科学献身精神的培养,以及创造性思维与科学创造能力的培养。

思考题

1. 如何理解教育活动的基本结构?
2. 简述个体身心发展的一般规律。
3. 简要分析影响个体发展的主要因素。
4. 简述教育对个体发展的主要功能。
5. 简述教育与政治经济制度的关系。
6. 论述教育的文化、人口及科技功能。

参考文献

1. 《教育学原理》编写组.教育学原理[M].北京:高等教育出版社,2019.
2. 全国十二所重点师范大学联合编写组.教育学基础(第3版)[M].北京:教育科学出版社,2014.
3. 袁振国.当代教育学(第4版)[M].北京:教育科学出版社,2010.
4. 柳海民.教育学原理(第2版)[M].北京:高等教育出版社,2019.
5. 石佩臣.教育学基础理论[M].北京:教育科学出版社,2018.
6. 吕炳君.教育学基础理论与实践[M].北京:北京师范大学出版社,2017.
7. 庞守兴.教育学基础[M].北京:北京大学出版社,2015.
8. 郑金洲.教育基础[M].上海:华东师范大学出版社,2012.
9. 任平,孙文云.现代教育学概论(第三版)[M].广州:暨南大学出版社,2018.
10. 叶澜.教育概论[M].北京:人民教育出版社,2006.
11. 冯建军.现代教育原理[M].南京:南京师范大学出版社,2001.
12. 王道俊,扈中平.教育学原理(第3版)[M].福州:福建教育出版社,2013.
13. 张文新.青少年发展心理学[M].济南:山东人民出版社,2002.
14. [美]约翰·杜威.民主主义与教育(第2版)[M].王承绪,译.北京:人民教育出版社,2001.

第三章
教育目的与教育制度

学习目标

1. 掌握教育目的、培养目标的含义。
2. 掌握马克思主义关于人的全面发展学说的基本观点。
3. 理解德育、智育、体育、美育、劳动教育的含义及相互关系。
4. 熟悉学校教育制度的含义,了解我国现行学制的形成和发展。
5. 掌握现代学校制度改革和发展趋势。

本章导览

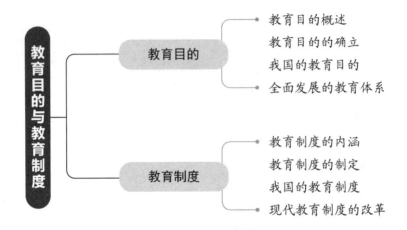

教育目的是关涉教育能够培养什么样的人的根本问题。教育目的既是教育活动的出发点,也是教育活动的归宿。准确认识、理解教育目的,对于教育理论和实践活动都极为重要。马克思主义关于人的全面发展学说,是中国特色社会主义教育目的确立的理论基础。我国始终坚持全面发展的教育目的。党的二十大报告明确提出培养什么人、怎样培养人、为谁培养人是教育的根本问题,科学回答了新时代中国特色社会主义教育培养人的质量和规格要求。

教育制度是一个国家各级各类教育机构及其运行规则的体系。现代教育的发展,突出表现为现代学校制度的普遍建立和发展。教育现代化的推进,必然伴随教育制度的改革和发展。我国在推进社会主义现代化进程中,始终将教育事业放在全面建设社会主义现代化国家的基础性、战略性地位,不断完善中国特色社会主义教育制度,深入推进教育体制机制改革,加快建设高质量教育体系和教育强国,办好人民满意的教育。

第一节　教育目的

人的一切有意识的活动(包括教育活动)都是有目的的。教育目的规定了教育对象的发展方向和结果,支配并指导着教育活动的全过程。无论是教育政策与制度的制定、教育内容的选编,还是教育方法的选择、教育效果的考评,都受到教育目的的制约。教育目的的制定受社会和个体发展的影响,不同历史时期的教育目的必然有所不同。我国当代的教育目的是以马克思主义人的全面发展学说为指导的全面发展的教育目的。

一、教育目的概述

(一)教育目的的含义

无论是人类社会早期融入社会活动之中的低水平教育活动,还是现代社会纷繁复杂的高水平教育活动,无不蕴含着人类的教育目的。广义的教育目的是指人们对受教育者通过教育在身心诸方面发生何种变化的期望,如各类教育机构、学生的家长、学校的教师对学生寄予的期望。狭义的教育目的是指国家对人才培养的质量和规格的总体要求。一般说来,一个国家的教育目的具有同一性,不论是什么级别与类型的学校,都必须努力使学生的发展符合国家提出的总要求。

教育目的由两部分组成:一是阐明教育培养的人应具备什么样的社会功能和性质;二是规定教育应培养何种身心素质的人。比如,我国的教育目的是培养德智体美劳全面发展的社会主义建设者和接班人。其中,社会主义建设者和接班人明确了培养人才的社会性质,德智体美劳全面发展则体现了人才培养的素质要求。

教育目的不同于教育方针。教育目的是学术界常用的概念;教育方针则更多出现在国家各类政策、文件中。教育目的是一个国家一定时期对教育培养人的总要求。教育方针是国家为实现教育目的所规定的教育工作总方向,包括三个组成部分:教育的性质和方向;教育目的;实现教育目的的途径。一般说来,教育目的指向人才的培养,具有相对稳定性;而教育方针会根据特定时期社会政治、经济的要求及时调整,具有易变性。但因为教育方针包含教育目的,所以我们在说教育目的时经常以教育方针来代替。

(二) 教育目的的层次结构

教育目的作为国家人才培养的质量标准和规格的宏观要求,最终要落实到学校的微观活动中。从宏观到微观的转化,这就决定了教育目的系统的层次性。

1. 国家的教育目的

居于最高层次的国家教育目的一般体现在国家的教育法令和制度中,具有强制性、指导性、方向性、概括性等特点,各级权力机构是实施的支持与保障。各级各类学校必须以其为主要依据来制定具体的培养目标。不管学校要培养什么类型与特点的人才,也不论学生的年龄阶段如何,其培养目标都必须符合国家的教育目的。

2. 各级各类学校的培养目标

居于国家教育目的之下的是各级各类学校的培养目标,它是根据国家教育目的而制定的某一级或某一类学校、某一种专业对人才培养的具体要求,是国家教育目的在不同级别或类型学校的具体表现。教育目的和培养目标是一般与特殊的关系。培养目标从级别上看,包括初等、中等、高等教育培养目标;从类型上看,包括普通教育、职业教育、特殊教育的培养目标。学校的培养目标会因不同学校类型和级别而有所差异。

3. 课程目标

学校培养目标的实现要依靠学校设置的课程与活动。课程是实现培养目标的载体,每门课程都承担着实现培养目标的部分任务,当一门门的课程完成后,培养目标也应该水到渠成地实现。作为培养目标的下位概念,课程目标是受教育者在学习完某一类课程以后,在身心各方面所能达到的发展水平。2001年开始的新课程改革提出了知识与技能、过程与方法、情感态度与价值观的三维课程目标,改变了以往只注重认知与成绩的误区。2014年,《教育部关于全面深化课程改革落实立德树人根本任务的意见》提出"各学段学生发展核心素养体系,明确学生应具备的适应终身发展和社会发展需要的必备品格和关键能力",之后初等、中等教育课程标准都围绕核心素养对课程目标做了调整。

4. 教学目标

课程必须通过教学来实施,一门课程的内容往往需要一个学期以上的教学活动来完成,所以,课程目标必然会具体化为一个单元或一节课的教学目标。所谓教学目标,是指"教育者在教育教学过程中,在完成某一阶段工作时,希望受教育者达到的要求或产生的变化结果"。"教学目标是课程目标在每一个教学时段的分解和具体化,众多的教学目标聚合完成课程目标。"①美国教育心理学家布卢姆建立了包含认知、情感和动作技能三个领域的教育目标分类系统,对教学目标的研究与实践影响较大。

在教育目的系统中,教育目的是对人才的总要求,较为抽象;培养目标把抽象的教育目的与具体的学段、学校类型联系起来;而课程与教学目标则是具体的,能在实践层面上进行操作和实施的。

(三) 教育目的的功能

教育目的是教育工作的出发点和归宿,贯穿于教育活动的全过程,对一切教育工作具有指导价值。

1. 导向功能

教育目的一经确立就如同灯塔、靶子一样,有了方向性的意义,它通过为谁培养人、培养什么样的人之规定,为教育活动指明了方向、预定了发展结果。教育的一切工作都要围绕教育目的展开,无论是教育环境的营造还是教育方法的选择、教育评价的实施,都指向同一个目标——教育目的的落实。在教育活动实施前,教育目的能整合教育各要素使之相互配合;在教育活动实施中,能对不符合教育目的的发展给予引导,使受教育者的发展与预定的方向相一致。教育目的的导向功能,可以避免教育活动发生方向性偏差。

2. 激励功能

明确的目标可以调动人的积极性,使人们为实现目标而付出持续的努力。教育目的本质上作为一种教育理想,对教育过程中的人具有激励作用。美国学者布鲁巴克认为:"目标就是价值,假如目标有价值,并且人愿意获得它(实现它),那么,它便能使学习者付出为达到该目标所需的力量。"②在教育活动中,教育目的越明确具体,就越能调动人的积极性。在教育目的系统中,相对于教育目的和培养目标,课程目标和教学目标更为具体,对教育者和学习者的激励作用也更明显。

3. 评价功能

教育目的作为人才培养的质量和规格的设想,是评价教育质量和效果的依据与标准。无论是宏观还是中观、微观教育活动,教育目的都是其衡量标准。无论是评价学校的办学水平、教育工作的质量,还是考核教师的教学效果、学生的学业成绩,都以教育目的为根本标准和依据。在教育评价体系中,目标游离性评价只是偶然的,目标参照性评价才是主导;无论是过程性评价,还是终结性评价,都不能离开目标这个参照标准。一旦发现教育活动偏离了教育目的预期的结果,必须采取措施予以纠正。

二、教育目的的确立

教育目的的确立不是个人主观意志的表现,而是受到多重因素的制约。教育目的也不

---

① 《教育学原理》编写组.教育学原理[M].北京:高等教育出版社,2019:124.
② 陈桂生.教育原理[M].上海:华东师范大学出版社,1993:219.

是一个超社会、超历史的永恒范畴,它具有一定的时代性,总是反映着一定时代的社会政治经济条件和人的身心发展水平的要求,并受到社会文化传统和价值取向的影响。

(一) 教育目的确立的依据

1. 社会依据

(1) 社会物质生产和科技水平。不同社会的生产力和科技发展水平不同,对人才规格、类型的需求也有所不同,这必然导致教育目的的不同。古代社会,由于整个社会生产力水平低下、发展缓慢,教育与生产劳动是相脱离的,社会生产所需要的劳动能力一般不需要学校进行专门的培养和训练。大工业生产兴起后,新的生产方式要求工人必须接受基本的文化教育,以便为资本家创造更多财富。当代社会,随着科技的进步和生产力的迅猛发展,教育和生产劳动的关系越来越紧密,尤其是知识经济和信息化社会来临后,社会生产日趋科学化、信息化、智能化,对劳动者的质量规格提出了前所未有的要求。许多国家都在根据这种要求重新制定教育目的,以培养能够适应未来社会发展需要的人。

由此可见,社会物质生产和科技水平为教育发展提供必需的物质基础,也要求教育目的必须回应社会物质生产和科技发展的需求。只有契合社会物质生产需求的人,才能投入生产过程,也才能满足社会物质生产的需求。需要注意的是,教育目的的制定不仅要考虑当下社会物质生产的需求,更要考虑未来社会物质生产的需求,因为教育不仅为当下培养人才,也为未来的社会培养人才。

(2) 社会政治经济制度。教育发展的历史表明,教育目的的性质和方向是由政治经济制度决定的。不同的社会、阶级、政治经济制度,便会有不同的教育目的。在阶级社会里,教育目的首先反映的是统治阶级的利益,集中体现统治阶级对人才培养的根本要求。比如,我国奴隶社会时期学校的目的在于"明人伦",教育人明贵贱、别尊卑,培养维护宗法制度的统治人才;古希腊时期,奴隶主贵族专制的斯巴达培养的是军人、武士,奴隶主民主政体的雅典培养的则是有学识的政治家及商人。中世纪的欧洲,在政教合一的社会背景下,教会学校的教育目的是培养教士,世俗学校的教育目的则是培养骑士。近代资本主义社会,由于生产力的发展及机器大工业的出现,伴随义务教育在各国的推行,劳动人民子弟有了一定的接受学校教育的权利,学校教育成了每个人都能享受到的普遍"权利"。但双轨制教育目的的明显不同告诉我们,阶级性只是更隐蔽,并未真正消失。社会主义社会的性质发生了根本的变化,生产资料公有制为工人阶级和广大劳动人民当家作主提供了制度保证,使教育真正为工人阶级和劳动人民服务,教育目的变成了培养为社会主义现代化建设服务的劳动者和各种专门人才。

总之,政治经济制度直接决定了教育目的的性质与方向,无论什么社会或阶级,都需要通过教育来造就合格的公民和政治人才,从而使受教育者具备一定阶级所希望的政治立场、观点和思想意识。所谓超阶级、超政治的教育目的,是不存在的。

(3) 社会文化传统。文化传统是一个民族、一个国家、一个地区世代沿袭下来的文化特质或文化模式。文化对教育具有重要的影响,一个国家与民族的教育理念、目标与模式总是带有文化传统的烙印,进而导致不同文化背景下的教育目的各不相同。比如我国传统文化凸显"尚德"的特征,从古代社会培养道德完善的圣人、君子,到当代社会的立德树人,在历史发展的许多时期都影响了教育目的的确立;英国传统社会的"绅士"文化,使其教育特别重视文化素养、人格陶冶,注重培养有教养的人;德国注重科学技术教育,要求培养的人具有创新思想和开拓精神。这些差异反映出不同的文化背景与传统对教育目的的影响。

2. 人的依据

教育总是指向处于一定发展阶段的人,旨在使其身心发展达到预期的目标。心理学研究表明,人的身心发展具有阶段性和顺序性、稳定性和可变性、不平衡性和差异性等特点;不同发展阶段,人的身心发展特点和水平有所不同,接受程度和发展速度也各不相同。这是各级各类教育确立目的时必须把握的前提。具体来说,在制定各级各类学校的培养目标、课程目标、教学目标时,必须考虑教育对象能够发展的可能性,既不能超出学生发展的可能范围,又要在学生的最近发展区内,使学生获得最大的发展空间;既要考虑教育对象的年龄特征,又要考虑其未来发展的可能性与速度,还要照顾不同教育对象间的个别差异。唯有如此,才能使教育活动符合学生身心发展的特点和水平。如果不考虑学生的身心发展规律,势必导致教育活动脱离其身心发展水平,难以有效地促进学生发展。

(二) 教育目的确立的价值取向

价值取向是指主体处理各种矛盾、关系时所持的基本价值立场、态度和取向。人们对教育活动的价值选择,历来有不同的见解和主张。英国教育家约翰·怀特曾这样描述教育目的的价值取向,"一些人认为教育应当从其自身出发提高学生的理解力;另一些人则认为,教育应当帮助每个学生充分发挥自己的潜力。有些人把'个性'和'自治'看作头等重要的东西。有些人相信全面发展,相信在理论知识和实践成就之间,在艺术和科学之间达成某种平衡;另外一些人则更重视在一些专门领域中取得杰出成绩。有一些人提倡社会的需求,一些人强调艺术与文化,另一些人强调人的道德品质。总之,教育目的之多几乎无穷无尽"[①]。由此可见,关于教育目的的看法众说纷纭,从未达成一致意见。人类教育史上出现的影响教育目的的价值取向,主要有以下两种。

1. 个人本位论

个人本位论主张个人决定社会,而非社会决定个人,因而教育的个人价值高于社会价值;教育目的不应根据社会需要制定,而应根据个人发展需要制定;人生来就有健全的本能,教育目的就是使这种本能顺利地得到发展;一个人应为他自己受教育,而不是为社会需要受教育。个人本位论的主要代表人物有法国的卢梭、瑞士的裴斯泰洛齐、美国的帕克、瑞典的爱伦·凯等。

---

① [英] 约翰·怀特.再论教育目的[M].李永宏,等译.北京:教育科学出版社,1997:185.

18世纪法国启蒙思想家、教育家卢梭主张以儿童本性的自然发展为教育目的,提倡教育"遵循自然",认为"出自造物主之手的东西,都是好的,而一到了人的手里,就全变坏了"①。他强调,大自然希望儿童在成人以前就要像儿童的样子,"从我的门下出去,我承认,他既不是文官,也不是武官,也不是僧侣;他首先是人"②。瑞士教育家裴斯泰洛齐进一步发展了卢梭的学说,认为"儿童生来就蕴藏有各种能力和力量的种子,教育就是促使儿童各种天赋才能的种子得到和谐发展,使儿童成为一个幸福的人"③。19世纪末20世纪初,随着欧洲新教育运动和美国进步主义教育运动的兴起,有"进步主义教育运动之父"之称的美国教育家帕克继承了卢梭的思想,力主顺应儿童的自然倾向进行教育,认为"一切教育的真正目的,是人,即人的身体、思想和灵魂的和谐发展",并首次提出"教育要使学校适应儿童,而不是使儿童适应学校"的原则。瑞典教育家爱伦·凯指出:"教育的本职,是要在小孩子的内心和外界创造出一个美丽的世界,进而让他在那里面长大,让他在这世界里面悠悠自在,直到他进社会而与他人的权利的永存的界限相接触,这便是未来的教育目的。"④

个人本位论的提出,从维护新兴资产阶级的利益出发,在教育上反对宗教对人的思想禁锢,反对封建主强加于人的教育要求,提出人的个性解放,尊重个人价值,在自由资本主义形成时期具有历史的必然性和合理性。但由于它在对个人主体性张扬的同时,把社会制度与个体对立绝对化,忽视了个体存在的社会制约性,使得这种教育目的在现实社会根本无法实现。

2. 社会本位论

社会本位论认为社会价值高于个人价值,个人的存在和发展依赖并从属于社会,评价教育的价值只能以其社会效益来衡量。教育应当服务于社会的需要,教育目的应当根据社会的要求来确定。教育的目的是把受教育者培养成符合社会准则的公民,促进受教育者社会化,保证社会生活的延续和稳定。社会本位论的主要代表人物有古希腊的柏拉图、19世纪法国的社会学派等。

古希腊哲学家柏拉图认为,国家是大写的人,教育应按照社会的需要来造就个人,教育的目的在于培养"哲学王"——国家最高统治者,以培养未来统治者为目的的教育乃是实现理想的正义国家的工具。19世纪下半叶,西方社会出现了以孔德、那笃尔普、涂尔干、凯兴斯泰纳为代表的社会学派,认为"真正的个人是不存在的,只有人类才存在,因为不管从哪方面看,我们个人的一切发展,都有赖于社会"。"在教育目的的决定方面,个人不具有任何价值,个人只不过是教育的原料,个人不可能成为教育的目的。"⑤法国社会学家涂尔干深刻论述了教育目的的社会制约性,认为教育目的在于塑造"社会我",而不是"个体我"。凯兴斯泰纳倡

---

① [法]卢梭.爱弥儿:论教育[M].李平沤,译.北京:商务印书馆,1978:5.
② [法]卢梭.爱弥儿:论教育[M].李平沤,译.北京:商务印书馆,1978:13.
③ 陈佑清.教育目的论[M].武汉:湖北教育出版,1994:68.
④ 冯建军.现代教育学基础(第3版)[M].南京:南京师范大学出版社,2007:107.
⑤ 南京师范大学教育系.教育学[M].北京:人民教育出版社,1984:160-161.

导公民教育,认为国家的教育制度只有一个目标,就是造就公民。

涂尔干提出塑造"社会我"的教育目的,凯兴斯泰纳提出培养"公民"的教育目的,都强调社会的价值和社会稳定。在当时的历史条件下,从维护垄断资产阶级的利益出发,倡导教育应规范个人认同社会,也是历史的必然。但社会本位论将教育目的的社会需要置于绝对高度,看不到个人的情感、身心和谐健康发展的需要,必然导致教育世界中"人的空场"。

综上,我们认为在处理社会和个人关系的问题上,不应割裂个人价值与社会价值的关系,而应按照马克思主义的观点,将社会发展和个人发展辩证统一起来。这是因为,一方面,个人的生存与发展离不开社会,个体发展必须以社会发展为基础,服从社会发展的需要;另一方面,社会是由个体的人组成的,社会发展并不排斥个人的兴趣爱好和才能的发展,离开了人自身的发展,教育也就失去了促进社会发展的路径。

三、我国的教育目的

(一) 我国教育目的的理论基础

教育目的既受客观历史条件的制约,也来自一定的教育理念。不同国家的教育目的具有不同的理论基础。马克思主义关于人的全面发展学说,是制定我国教育目的的理论基础。

1. 人的发展与社会生产的发展是一致的

马克思主义认为,物质生产活动是人类最基本的社会实践活动,也是人类自身赖以发展的基础。"个人是什么样的,这取决于他们进行生产的物质条件。"[1]也就是说,个人怎样发展、发展到什么程度,不是由个人意愿决定的,而是由社会生产力的发展状况与水平决定的。人的发展与社会生产发展是一致的,人的发展应当以人生活于其中的社会生产力和生产关系为出发点。

2. 旧的分工是造成人片面发展的根源

社会分工既是促进生产力发展的杠杆,也易于把个人固定在一个孤立的活动范围内,造成人的片面发展。马克思和恩格斯通过对社会发展史的考察,指出第一次社会大分工,即城市和农村的分离、脑力劳动和体力劳动的分离,造成了人的片面发展,表现为"使农村人口陷于数千年的愚昧状况,使城市居民受到各自的专门手艺的奴役。它破坏了农村居民的精神发展的基础和城市居民体力发展的基础"[2]。到了资本主义手工工场时期,由于工人整天从事某道工序的局部操作,严重摧残了其智力和体力的全面发展。正如恩格斯所言:"由于劳动被分成几部分,人自己也随着被分成几部分,为着训练某种单一的活动,其他一切肉体的和精神的能力都成了牺牲品。"[3]马克思也指出:"工场手工业把工人变成畸形物,它压抑工人的多种多样的生产志趣和生产才能,人为地培植工人片面的技巧。"[4]

---

[1] 中共中央马克思恩格斯列宁斯大林著作编译局.马克思恩格斯文集(第1卷)[M].北京:人民出版社,2009:20.
[2] 中共中央马克思恩格斯列宁斯大林著作编译局.资本论(第23卷)[M].北京:人民出版社,2004:534.
[3] 中共中央马克思恩格斯列宁斯大林著作编译局.资本论(第23卷)[M].北京:人民出版社,2004:534.
[4] 中共中央马克思恩格斯列宁斯大林著作编译局.资本论(第1卷)[M].北京:人民出版社,2004:417.

3. 大工业生产对人的全面发展提出要求并提供可能

当社会生产力由手工工场发展到机器大工业时，人的全面发展就成了现代生产发展的客观要求。因为"大工业的本性决定了劳动的变换、职能的更动和工人的全面流动性"，"从而承认工人尽可能多方面的发展是社会生产的普遍规律"①。生产技术的不断更新、社会流动的不断加速，必然造成个人职业的变换和职能的更动，使个人被迫终身从事一种职业或一种操作的现象逐渐减少。现代生产必然要求以全面发展的个人来代替仅承担社会局部职能的个人。在机器大生产的条件下，如果劳动者不能成为"各种能力得到自由发展的个人"，就不能适应现代生产的"交替变换职能"和"极其不同的劳动需要"。所以，马克思把人的全面发展看成是关系到现代生产"生死攸关"的事情。

大工业生产也为人的全面发展提供了条件和可能性。因为自然科学和工艺学在工业生产中的广泛运用，使劳动者有可能了解整个生产系统，并掌握生产过程的基本原理和技能，从而可以轻松适应劳动的变化、职能的变动。先进的科学技术应用于机器大工业生产，能使劳动生产率大大提高，使工人的劳动时间缩短、闲暇时间增多，能有充分的时间从事自己爱好的活动并全面发展自己的才能。

4. 教育与生产劳动相结合是实现人的全面发展的根本途径

生产力的高速发展，社会财富的极大丰富，劳动时间的进一步缩短，为人的全面发展提供了物质基础和条件，但只有在消灭剥削制度后人的全面发展才可能实现。通过什么途径和方法才能实现人的全面发展？马克思和恩格斯认为，只能通过教育与物质生产相结合的方式。"未来教育对所有已满一定年龄的儿童来说，就是生产劳动同智育和体育相结合，它不仅是提高社会生产的一种方法，而且是造就全面发展的人的唯一方法。"②

马克思主义关于人的全面发展的学说确立了科学的人的发展观，指明了人的发展的必然规律，把人的全面发展既看成现代化大生产的客观要求，又视为对共产主义新人的理想蓝图的描绘。

（二）我国教育目的的历史演变

中华人民共和国成立以来，教育事业首次被赋予了社会主义的性质和要求。随着经济社会的发展和科技变革，教育事业获得了长足的发展，教育目的也随之不断调整变化。

1949年9月29日，中国人民政治协商会议通过了起临时宪法作用的《中国人民政治协商会议共同纲领》，其规定："人民政府的文化教育工作，应以提高人民文化水平，培养国家建设人才，肃清封建的、买办的、法西斯主义的思想，发展为人民服务的思想为主要任务。"1957年2月，毛泽东在最高国务会议上提出："我们的教育方针，应该使受教育者在德育、智育、体育几方面都得到发展，成为有社会主义觉悟的有文化的劳动者。"③这一教育方针是在生产资料所有制的社会主义改造基本完成以后提出的，体现了社会主义建设的要求。1981年，《关

---

① 中共中央马克思恩格斯列宁斯大林著作编译局.马克思恩格斯全集(第二十三卷)[M].北京：人民出版社，1972：649.
② 中共中央马克思恩格斯列宁斯大林著作编译局.马克思恩格斯全集(第二十三卷)[M].北京：人民出版社，1972：535.
③ 中共中央文献编辑委员会.毛泽东著作选读(下册)[M].北京：人民出版社，1986：780-781.

于建国以来党的若干历史问题的决议》深刻全面地反思了中华人民共和国成立以来的教育目的,提出了"坚持德智体全面发展、又红又专、知识分子和工人农民相结合、脑力劳动和体力劳动相结合的教育方针"。1982年,第五次全国人民代表大会通过修订后的《中华人民共和国宪法》,首次在法律上对教育目的作出规定:"国家培养青年、少年、儿童在品德、智力、体质等方面全面发展。"1985年,中共中央作出《关于教育体制改革的决定》,明确提出"教育要为国家培养成千上万的各级各类人才,这些人才都应该有理想、有道德、有文化、有纪律,热爱社会主义祖国和社会主义事业,具有为国家富强和人民富裕而艰苦奋斗的献身精神,都应该不断追求新知,具有实事求是、独立思考、勇于创造的科学精神"。1986年《中华人民共和国义务教育法》提出了我国义务教育阶段的教育任务,要求"义务教育必须贯彻国家的教育方针,努力提高教育质量,使儿童、少年在品德、智力、体质等方面全面发展,为提高全民族的素质,培养有理想、有道德、有文化、有纪律的社会主义的建设人才奠定基础"。1993年,《中国教育改革和发展纲要》提出:"各级各类学校要认真贯彻'教育必须为社会主义现代化建设服务,必须与生产劳动相结合,培养德、智、体全面发展的建设者和接班人'的方针。"1995年,第八届全国人民代表大会第三次会议通过了《中华人民共和国教育法》,规定教育要"培养德、智、体等方面全面发展的社会主义事业的建设者和接班人"。1999年,中共中央、国务院在《关于深化教育改革全面推进素质教育的决定》中提出,教育要"以培养学生的创新精神和实践能力为重点,造就'有理想、有道德、有文化、有纪律'的,德、智、体、美等方面全面发展的社会主义事业建设者和接班人"。这是我国在社会主义初级阶段对人才培养的总的规定与要求。2006年,第十届全国人民代表大会常务委员会修订通过的《中华人民共和国义务教育法》规定:"义务教育必须贯彻国家的教育方针,实施素质教育,提高教育质量,使适龄儿童、少年在品德、智力、体质等方面全面发展,为培养有理想、有道德、有文化、有纪律的社会主义建设者和接班人奠定基础。"2010年,《国家中长期教育改革和发展规划纲要(2010—2020年)》重申"坚持教育为社会主义现代化建设服务,为人民服务,与生产劳动和社会实践相结合,培养德智体美全面发展的社会主义建设者和接班人"的教育方针,同时,结合现阶段社会发展的要求和教育中存在的问题,提出"要促进学生全面发展,着力提高学生服务国家服务人民的社会责任感、勇于探索的创新精神和善于解决问题的实践能力",坚持"德育为先""能力为重""全面发展"。2012年,党的十八大报告指出:"全面贯彻党的教育方针,坚持教育为社会主义现代化建设服务、为人民服务,把立德树人作为教育的根本任务,培养德智体美全面发展的社会主义建设者和接班人。全面实施素质教育,深化教育领域综合改革,着力提高教育质量,培养学生社会责任感、创新精神、实践能力。"2015年,新修订的《中华人民共和国教育法》规定:"教育必须为社会主义建设服务、为人民服务,必须与生产劳动和社会实践相结合,培养德、智、体、美等方面全面发展的社会主义建设者和接班人。""教育应当坚持立德树人,对受教育者加强社会主义核心价值观教育,增强受教育者的社会责任感、创新精神和实践能力。国家在受教育者中进行爱国主义、集体主义、中国特色社会主义的教育,进行理想、道德、纪律、法治、国防和民族团结的教育。"2022年,党的二十大报告强调,"培养什么人、怎样培养人、为谁培养人是教育的根本问题。育人的根本在于立德",并重申"全面贯彻党的教育方针,落实立德树人根本任务,培养德智体美劳全面发展的社会主义建设者和接班人"。我国当前的教育目的得以确立。

(三) 我国教育目的的精神实质

纵观我国不同时期的教育目的,可以看出,虽然表述时有变化,但基本精神是一致的。

1. 坚持人才的社会主义性质

就其社会性质而言,我们培养的是社会主义事业的建设者和接班人,这是从中华人民共和国成立后教育目的一直坚守不变的宗旨,从根本上保证了我国教育发展的社会主义方向。

2. 培养德智体美劳全面发展的人

就人才培养的质量和规格而言,我国的教育目的强调学生德智体美劳的全面发展。从1957年毛泽东在最高国务会议上提出的教育方针,到1981年《关于建国以来党的若干历史问题的决议》提及的教育方针,到1993年颁布的《中国教育改革和发展纲要》中重申的教育方针,再到2015年新修订的《中华人民共和国教育法》中规定的教育方针,德智体等全面发展是从未改变的要求,这一要求是建立在马克思主义关于人的全面发展的理论基础之上的。

3. 以教育与生产劳动相结合为根本途径

教育与生产劳动相结合是提高社会生产力的重要方法,也是培养全面发展的人的唯一方法。中华人民共和国成立后我国不同时期的教育目的都体现了这一精神,把教育与生产劳动相结合作为实现教育目的的根本途径。如1993年颁布的《中国教育改革和发展纲要》重申:"教育必须为社会主义现代化建设服务,必须与生产劳动相结合,培养德、智、体全面发展的建设者和接班人。"2010年《国家中长期教育改革和发展规划纲要(2010—2020年)》重申"坚持教育为社会主义现代化建设服务,为人民服务,与生产劳动和社会实践相结合,培养德智体美全面发展的社会主义建设者和接班人"的教育方针。

4. 体现人才素质的时代性要求

社会主义的性质和德智体美劳全面发展的要求,是中华人民共和国成立后教育目的的根本要求。但因不同时期有不同的政治、经济任务和发展特点,教育方针和目的的表述也有所不同。1957的教育方针对人才培养提出"有社会主义觉悟的有文化的"的要求。1981年的教育方针中增加了"又红又专、知识分子和工人农民相结合、脑力劳动和体力劳动相结合的"的论述。1985年提出了"有理想、有道德、有文化、有纪律,热爱社会主义祖国和社会主义事业,具有为国家富强和人民富裕而艰苦奋斗的献身精神,都应该不断追求新知,具有实事求是、独立思考、勇于创造的科学精神"。2006年的《中华人民共和国义务教育法》提出"实施素质教育"的理念。2010年提出"要促进学生全面发展,着力提高学生服务国家服务人民的社会责任感、勇于探索的创新精神和善于解决问题的实践能力",坚持德育为先、能力为重、全面发展。2012年党的十八大报告指出:"全面贯彻党的教育方针,坚持教育为社会主义现代化建设服务、为人民服务,把立德树人作为教育的根本任务,培养德智体美全面发展的社会主义建设者和接班人。全面实施素质教育,深化教育领域综合改革,着力提高教育质量,培养学生社会责任感、创新精神、实践能力。"2015年新修订的《中华人民共和国教育法》规定:"教育应当坚持立德树人,对受教育者加强社会主义核心价值观教育,增强受教育者的社会责任感、创新精神和实践能力。国家在受教育者中进行爱国主义、集体主义、中国特色社会主义的教育,进行理想、道德、纪律、法治、国防和民族团结的教育。"

四、全面发展的教育体系

人的全面发展是马克思主义教育理论的核心内容和理想追求,人的全面发展需要德智体美劳全面发展的教育。德智体美劳构成了我国全面发展教育的主要内容,它们相互之间既各有侧重、各有分工,又紧密相连、互为促进。

(一) 德育

德育是全面发展教育的重要组成部分,是培养学生政治意识、思想观念和道德品质的基本途径。广义的德育指社会有目的地对其成员的政治、思想与道德等施加影响的活动,主要包括社会德育、社区德育、学校德育、家庭德育、网络德育等;狭义的德育即学校德育,是学校中教育者有目的、有计划、有组织地对学习者施加思想、政治和道德等方面的影响,引导学习者形成优良品德的教育活动。我国中小学德育主要包括政治教育、思想教育、道德教育、法治教育、心理健康教育。

德育作为五育之首,是实现教育目的、促进学生全面发展的根本保证,为国家培养高素质的社会主义合格公民奠定了政治、思想、道德基础。

(二) 智育

智育是教育者有计划、有组织并系统地向学习者传递科学文化知识和技能、发展学生的智能、培养学生的创新精神和实践能力的社会活动。智育为促进人的全面发展提供知识基础,也是全面发展教育的重要保证。智育通过对个体心智能力的培养,进而促进社会和科技的发展与进步。中小学智育的主要目标包括传授基础知识和基本技能,发展智力,培养实践能力,培养创新精神。

(三) 体育

广义的体育指根据人体生长发育、技能形成和机能完善规律,有目的、有组织地开展身体运动与健康活动,以促进个体全面发育、提高身体素质和运动能力、增强体质、改善生活方式、提高生活质量的社会活动,包括体育教育、竞技运动和身体锻炼三个方面;狭义的体育指学校体育,是教育者有目的、有计划地促进学生身体全面发展,增强学生体质,学习体育知识、技能和锻炼意志力等品质的教育活动。[①] 学校体育作为国民体育的基础,一方面可以促

---

① 《教育学原理》编写组.教育学原理[M].北京:高等教育出版社,2019:172.

进学生身体生长发育，另一方面为智育、德育、美育、劳动教育奠定基础。习近平总书记在2018年全国教育大会上的讲话强调："要树立健康第一的教育理念，开齐开足体育课，帮助学生在体育锻炼中享受乐趣、增强体质、健全人格、锤炼意志。"

教育部颁布的《义务教育体育与健康课程标准（2022年版）》规定了学校体育的目标：掌握和运用体能和运动技能，提高运动能力；学会运用健康与安全的知识和技能，形成健康的生活方式；积极参与体育活动，养成良好的体育品德。课程内容分为基本运动技能、体能、健康教育、专项运动技能和跨学科主题学习五部分。

（四）美育

美育是培养学习者审美情趣和审美能力、发展其表现美和创造美的能力的教育活动。美育是全面发展教育的重要组成部分。习近平总书记在2018年全国教育大会上的讲话强调："要全面加强和改进学校美育，坚持以美育人、以文化人，提高学生审美和人文素养。"

学校美育的目标是帮助学生树立正确的审美观点，提高审美能力；培养健康的审美情趣，陶冶高尚的道德情操；激发想象力和创新意识，培养表现美和创造美的能力。美育的内容主要包括艺术美、社会美、科学美和自然美。美育活动的有效开展有助于扩大学生的知识视野，发展学生的智力和创新精神；有助于净化心灵、培养高尚道德情操；有助于促进学生身体健美发展；有助于培养和形成学生正确的审美观点。

（五）劳动教育

劳动教育是指学校向学生传授生产劳动的基本知识和技能，培养学生正确的劳动观念和劳动习惯的活动。教育与生产劳动相结合是培养全面发展的人的根本途径。劳动教育作为全面发展教育的重要组成部分，能够更好地促进学生的全面发展，也有助于培养学生的创新精神和实践能力，增强其社会责任感，形成初步的职业意识和能力，为未来专业教育和职业教育奠基。习近平总书记在2018年全国教育大会上的讲话中强调："要在学生中弘扬劳动精神，教育引导学生崇尚劳动、尊重劳动，懂得劳动最光荣、劳动最崇高、劳动最伟大、劳动最美丽的道理，长大后能够辛勤劳动、诚实劳动、创造性劳动。"

2015年7月，教育部、共青团中央、全国少工委印发《关于加强中小学劳动教育的意见》指出，通过劳动教育，提高广大中小学生的劳动素养，促进其形成良好的劳动习惯和积极的劳动态度，使其明白"生活靠劳动创造，人生也靠劳动创造"的道理。2020年7月教育部印发实施《大中小学劳动教育指导纲要（试行）》，提出劳动教育的总目标，"准确把握社会主义建设者和接班人的劳动精神面貌、劳动价值取向和劳动技能水平的培养要求，全面提高学生劳动素养"，使学生树立正确的劳动观念、具有必备的劳动能力、培育积极的劳动精神、养成良好的劳动习惯和品质。劳动教育的内容主要包括日常生活劳动、生产劳动和服务性劳动中的知识、技能与价值观。

德智体美劳五育各有特定的任务和功能，对社会发展和个体发展的价值也各不相同；但五育彼此之间相互渗透、相互促进，彼此是互为目的和手段的关系。

第二节　教　育　制　度

在现代社会,教育事业的发展与教育系统功能的彰显,离不开现代教育制度的普遍建立与发展。同时,国家通过调整和变革现代教育制度,满足社会对人才培养的多方面需求,促进社会的稳定和进步。

一、教育制度的内涵

（一）教育制度

在日常生活中,人们总是谈及政治制度、经济制度、文化制度、法律制度等。但在不同学科中,制度仍是一个缺乏共识性的概念。《现代汉语词典》将制度定义为:"要求大家共同遵守的办事规程和行为准则。"《辞海》将制度定义为:"要求成员共同遵守的、按统一程序办事的规程。"这是界定制度及相关概念的基础性和常识性认识。从广泛意义而言,制度是指约束和规范个体和集体行动的一系列规则的总称。一个国家在一定历史条件下形成的所有政治、经济和文化体系也属于制度的范畴。

何谓教育制度？《中国大百科全书·教育》将教育制度界定为:"一是根据国家性质制定的教育目的、方针和实施的总称;二是指各种教育机构体系。"对比来看,第一种解释过于泛化,基本上涵盖了全部的教育内容,将教育理论、思想、方针、政策、体制和设施都包含在内。第二种解释得到了相对广泛的认同,但这种界定仍显得模糊不清,需要在此基础上进行更为明确的界定。

所谓教育制度,是指国家为实现教育目的所设置的各级各类教育机构与组织的体系及其管理规则。教育制度主要包括两方面的内容。一是各级各类教育机构与组织的体系,既包括教育管理机构,如教育行政部门（如教育委员会、教育局等）、设置在不同学校内的行政组织（如教务处、政教处、行政办公室）等,也包括不同层级和类别的学校等教育实施机构。当代社会,越来越多的家庭教育机构、社区教育机构和社会教育机构出现,成为学校教育的重要补充力量,这些非正式的教育机构也属于教育实施机构。二是教育机构与组织体系运行所依赖的全部规则,如教育规章、法律、政策和条例等。教育制度对教育个体行为和组织行为具有规范、约束功能。不同教育制度具有不同的规范性。《中华人民共和国教育法》对一切教育组织和机构具有普适性,而某个具体学校的规则只对该校师生具有规范性。当然,具体学校的规则不能违反《中华人民共和国教育法》的基本规定。

（二）学校教育制度

学校教育制度是教育制度的核心。广义的学校教育制度是指国家针对学校教育的所有制度总和,包括学校层级与类别、办学、入学与修业年限、学校管理等制度安排;狭义的学校教育制度，简称学制，是指各级各类学校的系统，规定了各级各类学校的性质、任务、入学条件、学习年限及相互关系。学制为具体教育目的的实施提供制度化保障。

就结构而言，学制包含纵向的学校层级和横向的学校类别。学校层级一般包括初等教育学校（幼儿园和小学）、中等教育学校（初级中学和高级中学）、高等教育学校（高等专科学校和高等本科学校）。学校类别一般分为普通学校和职业学校。如不同类别的学校还可以进一步细分，如按照办学主体不同，可分为民办学校和公办学校。高等院校按照专业特色不同，可分为农林院校、师范院校、政法院校等。

不同的学制类型，由纵向学校层级和横向学校类别的不同组合构成。典型的学制类型主要有以下三种。

一是双轨制，横向划分的学校类别占据绝对优势，以西欧学制为代表。双轨制是按照不同教育对象规定教育权力，贵族出身和平民出身的学生分别在不同的教育轨道接受教育。上层社会和贵族出身的学生，初中毕业后可以直接进入高等教育接受教育；而平民出身的学生，在小学毕业后多进入中等职业教育，缺少接受高等教育的机会。

二是单轨制，纵向划分的学校层级占据绝对优势，以美国学制为代表。19世纪末，美国构建起自学前教育到高等教育的完整学制。单轨制是对教育特权文化的摒弃。"一个系列、多种分段"是其基本特点。

三是分支型学制，在双轨制和单轨制的基础上形成，以苏联学制为代表。这种学制在小学阶段实行单轨制，到初中教育阶段形成多轨并行，具有上通下达、左右畅通的优点。

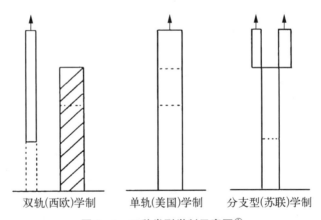

图3-1 三种类型学制示意图[①]

二、教育制度的制定

（一）教育制度的制定依据

教育制度与不同社会的政治、经济、文化和教育发展态势密切相关；同时，教育制度受时代发展，以及教育思想和教育观念的深刻影响。

---

① 黄济，王策三.现代教育论[M].北京：人民教育出版社，1996：269.

1. 社会生产力

社会生产力的发展水平为教育制度提供物质基础，并提出客观要求。古代教育很少传授与生产相关的知识，这与当时落后的生产力发展水平相关。劳动人民不需要通过专门的教育机构来掌握生产知识。现代生产力水平高速提升，新兴行业、产业不断出现，要求更多掌握科技知识的专门人才和高级人才。相比古代教育的单一形式，现代教育系统和教育类别发生了重大变化。专门的职业学校、研究院校，更为灵活的教育方式、网络学习形式，对教育结构、人才培养模式产生了影响，必然要求教育制度做出相应的更新。

2. 政治经济制度

一个国家的政治经济制度，规定人才培养的基本要求。古代社会，教育具有阶级性。教育为统治阶级的利益服务，教育内容、目标均反映统治阶级的政治要求和生产关系。同时，统治阶级也利用教育作为重要手段，在教育目的、学制设立、教育内容、入学资格及教育评估等方面融入自身的利益和要求。进入现代社会，随着民主、平等社会理念的普及，建立民主、平等的教育体制成为教育制度变革的要求。

3. 教育对象身心发展的特点

教育制度必须反映教育对象身心发展的特点。不同类型的教育要考虑教育对象的能力发展水平。各级各类学校系统的划分，不同阶段教育目标的设立、课程和教学的要求、人才评估的标准等，均需考虑教育对象的年龄特征，尊重不同年龄青少年身心发展规律，符合青少年智力、体力和心理发展的要求。此外，不同类别的教育尤其是职业教育、专业教育、特殊教育，还要考虑教育对象的职业与专业等特点。

4. 教育思想和教育观念

教育思想和教育观念影响教育制度的制定、变革与发展。当今社会，终身教育思想早已改变一次性教育的传统观念，网络、新媒体等教育形式，已成为教育系统的重要组成部分，对现代学制变革产生重要影响。构建终身教育体系，需要将以学历为主的学校教育系统、以职业资格教育为主的行业教育系统、以文化学习为主的社会教育系统进行横向沟通与纵向交叉。未来社会的教育系统，应是能够满足不同主体随时随地学习需求的纵横交织的学习网络。这必然会对教育制度的变革提出更高的要求。

（二）教育制度的形成与发展

教育制度随着社会的发展而变化，在不同的社会阶段呈现出不同的发展样态。

原始社会和古代社会没有完善的教育制度体系。古代社会生产和社会生活的第一次分离，产生简单的学校系统和教育制度。但学校类型较少、层次简单，也不存在明确的学习年限规定，更多的是学校管理方面的制度规程，谈不上统一的教育制度体系。

现代教育制度的形成与现代学校的出现密切相关。随着现代社会的进一步分化，教育从社会生产和社会生活中第二次分离，现代学校由此产生。社会生产力的发展和科学技术的复杂化，要求现代学校不仅培养统治阶级需要的统治、管理人才，还需要培养科技、经济管理人才和更多有文化、高素质的生产工作者。这就决定了现代学校教育在培养目标、人才质量规格、教育内容等方面发生分化。现代学校的规模、结构、层级和类别随着社会要求不断变革,促使现代教育制度不断走向系统性、规范性和协同性。教育制度体系形成,出现明确的大、中、小学的层级区分以及普通教育与职业教育类别分化,最终形成了完整的学校教育系统。

现代学校系统的形成和发展基本按照两条路线展开:一条是自上而下发展,以中世纪大学和现代大学为顶端,自上而下延伸至大学预科性质的中学,形成现代学校教育系统的中学和大学教育阶段;另一条则是自下而上延伸,最开始是国家为满足社会生产要求设置的国民小学和初等职业学校,后逐渐向上发展,出现了普通中学和中等职业学校以及带有职业培训性质的短期大学,最终形成学前—小学—中学—大学的教育系统。

三、我国的教育制度

(一) 我国教育基本制度

我国教育基本制度,在《中华人民共和国教育法》[①]第二章作了专章专门规定。

1. 国家实行学前教育、初等教育、中等教育、高等教育的学校制度

这是对我国学校教育制度及学校层级划分的基本规定。学制系统内的学校和其他教育机构设置、教育形式、修业年限、招生对象、培养目标等,由国务院或由国务院授权教育行政部门规定。学前教育的实施机构包括幼儿园、学前班等,年限从1年到3年不等。初等教育是指小学教育,实施机构主要为普通小学。中等教育包括中等普通教育和中等职业教育,实施机构包括普通初中、普通高中和初等、中等职业学校。高等教育包括高等专科教育、本科教育和研究生教育,实施机构包括大学、独立设置的学院、高等专科学校,以及高等职业技术学院和成人高等学校等。

2. 国家制定学前教育标准,加快普及学前教育,构建覆盖城乡,特别是农村的学前教育公共服务体系

学前教育即幼儿教育,是对3—6岁儿童所实施的教育。发展学前教育,坚持公益性和普惠性并重的原则,努力构建覆盖城乡,特别是农村的学前教育公共服务体系。各级人民政府应当采取措施,为适龄儿童接受学前教育提供条件和支持,完善以促进幼儿身心健康全面和谐发展为导向的学前教育质量评估体系。

3. 国家实行九年制义务教育制度[②]

义务教育是所有适龄儿童、少年必须接受的教育,是国家必须予以保障的公益性事业。义务教育具有强制性、公平性和普及性的特点。义务教育是我国的基本教育制度,在现代国民教育体系中占据先导性、基础性和战略性位置。实施义务教育制度,不收学杂费用。国家

[①] 1995年,第八届全国人民代表大会第三次会议审议通过《中华人民共和国教育法》。这是1949年后的第一部教育大法。《中华人民共和国教育法》于2009年、2015年和2021年进行三次修订,所述内容引自2021年最新修订版本。
[②] 1986年,《中华人民共和国义务教育法》首次颁布,并分别在2006年、2015年和2018年进行修订,为保障义务教育制度的实施提供法律规范。

建立义务教育经费保障机制,保障义务教育制度的实施。各级人民政府和教育行政机构有责任和义务保障适龄儿童、少年接受义务教育的权利。我国的适龄儿童、少年,依法享有平等接受义务教育的权利,并具有履行完成义务教育的义务。

4. 国家实行职业教育制度和继续教育制度

职业教育是让受教育者获得某种职业或生产劳动所需要的职业道德、知识和技能的教育。职业教育包括初等职业教育、中等职业教育、高等职业教育(包括专科、本科和研究生层次)。继续教育是有别于普通全日制教学形式的教育形式,不限制受教育者的年龄和性别,其实施机构主要包括各类成人学校。国家鼓励发展多种形式的继续教育,使公民接受适当形式的政治、经济、文化、科学、技术、业务等方面的教育,促进不同类型学习成果的互认和衔接,推动全民终身学习。

5. 国家实行国家教育考试制度

国家教育考试由国务院教育行政部门确定种类,并由国家批准的实施教育考试的机构承办。根据有关法律规定,属于"法律规定的国家考试"主要包括:普通高等学校招生考试、研究生招生考试、高等教育自学考试、成人高等学校招生考试和中央和地方公务员录用考试。此外,由中央和地方主管部门以及行业组织的国家考试种类丰富,如国家法律职业资格考试、国家教师资格考试、注册会计师全国统一考试等。

6. 国家实行学业证书制度

经国家批准设立或者认可的学校及其他教育机构,按照国家有关规定颁发学历证书或者其他学业证书。学业证书准确而完整地标示一个人受教育的状况。学业证书是指经国家批准设立或者认可的学校及其他教育机构,对在该教育机构正式注册并完成规定学业的受教育者颁发的凭证。学校教育按照所属的学制阶段,颁发毕业证书或肄业证书等学历证明,其他教育机构按照国家法律规定颁发非学历性质的学业证明。

7. 国家实行学位制度

学位是评估专业人才学术水平的重要标准。学位的授予建立在严格的学术训练和考核基础上。我国现行学位制度包括三级学位:学士、硕士和博士。其中,博士是最高学位。高等教育机构或学位授予单位依法对达到一定学术水平或专业技术水平的人员授予相应的学位,颁发学位证书。通过自学形式,学业水平达到相应的学位标准,可以向相关教育单位申请授予相应学位。《中华人民共和国高等教育法》规定,高等教育采用全日制和非全日制教育形式,国家支持采用广播、电视、函授及其他远程教育方式实施高等教育。

8. 各级人民政府、基层群众性自治组织和企业事业组织应当采取各种措施,开展扫除文盲的教育工作

按照国家规定具有接受扫除文盲教育能力的公民,应当接受扫除文盲的教育。在我国,扫除文盲教育属于宪法规定的任务。我国通过成立补习学校、岗位培训、继续教育和在职学历教育等形式,开展扫除文盲的教育。2011年,我国全面完成普及九年义务教育和扫除青壮年文盲的战略任务。但文盲的概念随着时代的发展不断更新。联合国定义新世纪的文盲包括：一是不能读写识字的人(传统意义的"老文盲")；二是不能识别现代社会符号的人；三是不能使用计算机进行学习、交流和管理的人。我国现存文盲人口的绝对数量还较大，扫盲教育仍是一项长期性和基础性的教育工作。

9. 国家实行教育督导制度和学校及其他教育机构教育评估制度

教育督导制度属于政府行政监督行为，监督的对象主要包括下级人民政府、教育行政部门和相关职能部门，还包括对学校及其他教育机构的监督。监督的内容主要是普通中小学教育、学前教育及相关教育工作。现阶段我国教育督导的重点是九年义务教育和扫除文盲教育。教育评估制度是指教育行政部门或其他经过法定认可的社会组织，对学校及其他教育机构进行综合或单项考核、评定的制度。评估的内容包括学校的办学水平、办学质量、办学条件等。

（二）我国的学校制度

我国的现代学制可追溯至1904年清政府颁布的《奏定学堂章程》(即"癸卯学制")，该学制以日本学制为蓝本。1922年，北洋政府进行学制改革，颁布"壬戌学制"，该学制以美国学制为蓝本，成为我国现代学制的基本框架。1949年中华人民共和国成立后，我国学制历经多次革新。

表3-1 中华人民共和国成立至今学制变革的政策性文本一览表

时间	政策性文件	颁布部门
1951年	《关于改革学制的决定》	中央人民政府政务院
1958年	《关于教育工作的指示》	中共中央、国务院
1985年	《中共中央关于教育体制改革的决定》	中共中央
1993年	《中国教育改革和发展纲要》	中共中央、国务院
1995年	《关于深化高等教育体制改革的若干意见》	国务院办公厅
1998年	《面向21世纪教育振兴行动计划》	教育部
1999年	《中共中央国务院关于深化教育改革全面推进素质教育的决定》	中共中央、国务院
2001年	《国务院关于基础教育改革与发展的决定》	国务院
2004年	《2003—2007年教育振兴行动计划》	国务院
2010年	《国家中长期教育改革和发展规划纲要(2010—2020年)》	中共中央、国务院
2017年	《关于深化教育体制机制改革的意见》	中共中央办公厅、国务院办公厅
2019年	《中国教育现代化2035》	中共中央、国务院

1. 1951 年学制

1949 年，中华人民共和国成立后，我国的社会政治经济制度发生了根本性变化，学制改革势在必行。1951 年，针对我国原有学制的诸多缺陷，中央人民政府政务院颁布《关于改革学制的决定》，对学校组织系统予以调整。1951 年学制是"533 学制"①，具体为：幼儿教育，包括幼儿园；初等教育，包括小学和成人初等学校；中等教育，包括中学、工农速成中学、业余中学和中等专业学校；高等教育，包括大学、专门学院、研究部和各级政治学校、政治训练班。此外，还有各级各类的特殊学校、补习学校和函授学校。

1951 年学制标志着我国现代学制进入新阶段。首先，学制继承老解放区学制的优良传统，贯彻落实"教育为工农服务、为生产建设服务"的教育方针，保障人民接受教育的平等权利。其次，学制既坚持各级各类学校相互衔接的单轨制传统，同时突出职业教育的重要地位，重视培养各种专业性的建设人才和技术人才，体现从单轨制向分支型学制的改革方向。最后，学制充分考虑国情和学情，重视不同群体教育的特殊性，如对工农干部实行速成教育、对工农群众开展业余教育，以特殊学校、函授学校、补习学校等形式补充普通学校的不足。

2. 1958 年的学制

1956 年我国完成社会主义改造，进入社会主义建设新时期。1958 年，中共中央、国务院颁布《关于教育工作的指示》，确立"教育为无产阶级政治服务，教育与生产劳动相结合"的教育方针。

一方面，制定教育事业发展需依据"三个结合"和"六个并举"的原则。"三个结合"是指统一性和多样性相结合、普及和提高相结合、全面规划和地方分权相结合。"六个并举"是指在办学形式上，各地要采取国家办学与厂矿、企业、农业合作社办学并举，普通教育与职业、技术教育并举，成人教育与儿童教育并举，全日制学校与半工半读、业余学校并举，学校教育与自学（如广播学校、函授学校等）并举，免费教育与不免费教育并举，由此确立了"两条腿走路"的办学方针。

另一方面，发展三类学校，包括全日制学校、半工半读学校和业余学校。其中，全日制学校是指有完备的课程，以教学为主的学校，包括全日制大中小学和中等专业学校。半工半读学校实行教学与生产并重的原则，学生需一边学习一边参与劳动。业余学校是指在广大劳动群众工作之余进行学习，为他们提供相应的课程或训练。

3. 改革开放以来的学制改革

（1）1985 年学制改革。1985 年颁布的《中共中央关于教育体制改革的决定》，成为改革现代学制的纲领性文件。教育体制改革的根本目的是，提高民族素质，多出人才、出好人才，贯彻教育为社会主义建设服务，教育与生产劳动相结合、德智体全面发展的方针。改革的要点主要包括：第一，加强基础教育，有步骤地实施九年制义务教育；第二，调整中等教育结构，大力发展职业技术教育；第三，学校教育实行分级管理；第四，改革高等教育招生与分配制

---

① "533 学制"是中华人民共和国成立后实施的一种特殊学制。该学制规定：小学的修业年限为 5 年，实行一贯制，取消初、高级的分段制；中学的修业年限为 6 年，分初、高级，修业年限各为 3 年，因此 1951 年学制可以简称为"533 学制"。

度,扩大高等学校办学自主权。

(2) 1993年《中国教育改革和发展纲要》。该纲要提出了教育发展的总目标:全民受教育水平有明显提高;城乡劳动者的职前、职后教育有较大发展;各类专门人才的拥有量基本满足现代化建设的需要;形成具有中国特色的、面向21世纪的社会主义教育体系的基本框架。

(3) 1998年《面向21世纪教育振兴行动计划》。该行动计划的主要目标是:到2010年,在全面实现"两基"目标的基础上,城市和经济发达地区有步骤地普及高中阶段教育,全国人口受教育年限达到发展中国家的先进水平;高等教育规模有较大扩展,入学率接近15%,若干所高校和一批重点学科进入或接近世界一流水平;基本建立起终身学习体系,为国家知识创新体系以及现代化建设提供充足的人才支持和知识贡献。

(4) 2010年《国家中长期教育改革和发展规划纲要(2010—2020年)》。该纲要提出:实施科教兴国战略和人才强国战略,优先发展教育,完善中国特色社会主义现代教育体系,办好人民满意的教育,建设人力资源强国。全面贯彻党的教育方针,坚持教育为社会主义现代化建设服务,为人民服务,与生产劳动和社会实践相结合,培养德智体美全面发展的社会主义建设者和接班人。

(5) 2017年《关于深化教育体制机制改革的意见》。该意见规定的主要目标是:到2020年,教育基础性制度体系基本建立,形成充满活力、富有效率、更加开放、有利于科学发展的教育体制机制,人民群众关心的教育热点难点问题进一步缓解,政府依法宏观管理、学校依法自主办学、社会有序参与、各方合理推进的格局更加完善,为发展具有中国特色、世界水平的现代教育提供制度支撑。

(6) 2019年《中国教育现代化2035》。该规划指出:到2035年,总体实现教育现代化,迈入教育强国行列,推动我国成为学习大国、人才资源强国和人才强国……建成服务全民终身学习的现代教育体系、普及有质量的学前教育、实现优质均衡的义务教育、全面普及高中阶段教育、职业教育服务能力提升、高等教育竞争力明显提升、残疾儿童少年享有适合的教育、形成全社会共同参与的教育治理新格局。

四、现代教育制度的改革

随着人类社会向信息化时代迈进,已有的教育体系和教育制度无法完全适应社会需要。富有创新意识和创造能力的个性化人才培养,要求教育制度体系做出更新和变革。总体而言,现代教育制度改革呈现如下态势。

(一) 义务教育年限的延长

义务教育是现代化建设的根基。随着当代儿童身心发展的变化,小学教育年限缩短,中学教育年限延长。各国根据本国的实际情况,实行差别化延长义务教育制度。义务教育延长的阶段一般都在初中阶段,如英国从4年延至5年,德国从3年延至5—6年。

我国义务教育制度始于清末民初,但真正的普及和发展是在中华人民共和国成立之后。

2008年年底,我国已经实现义务教育的全面普及和全面免费。2010年至今,促进义务教育均衡发展成为改革重点。2012年,《国务院关于深入推进义务教育均衡发展的意见》要求率先在县域内实现义务教育基本均衡发展。2017年,中共中央办公厅、国务院办公厅印发《关于深化教育体制机制改革的意见》,强调完善义务教育优质均衡发展体制机制。义务教育从促进基本均衡阶段进入促进优质均衡阶段。

(二) 普职教育综合化

为适应社会分工和学生择业需求,中等教育阶段开始出现普通教育和职业教育的分化。中等学校类型包括普通初高中、职业高中、中等专业学校和技工学校等。普职分轨带来教育实践中对于普通教育和职业教育等次、未来愿景的差距,引发教育公平性的质疑。普通教育和职业教育综合化改革、构建一体化学制发展方案,已成为世界教育改革的重要趋势。《国家中长期教育改革和发展规划纲要(2010—2020年)》明确了我国普职融通在学制中的地位。2019年,《国家职业教育改革实施方案》提出:鼓励中等职业学校联合中小学开展劳动和职业启蒙教育。同年,《关于新时代推进普通高中育人方式改革的指导意见》提出,鼓励普通高中与中等职业学校课程互选、学分互认、资源互通。总体而言,我国的普职综合化还处于起步阶段,如何完善具有中国特色的普职融通方案,仍是改革重点。

(三) 非正规教育复兴

非正规教育由美国学者菲利普·库姆斯在20世纪60年代提出。他认为,非正规教育是业已建立的正规体制以外的有组织的教育活动,试图为某些相同的学习者和学习目的服务。[1]《国际教育标准分类法(2011)》提出,非正规教育和正规教育一样(而并非非正式的、顺带的或无约束的学习),是指通过教育提供者进行的有制度、有计划的教育。其突出特点是在个人一生学习过程中对正规教育的追加、替代和补充。非正规教育以在线课程、研讨班或讲座为主,内容主要以个人需求和兴趣为基础。随着多媒体、人工智能、互联网+等科技的发展,教育媒介和教育传播手段日益多元,教育节目、电视广播(公共和私人)、远程学习课程、课外学术支持、各种文化活动等都成为人们接受非正规教育的途径。近些年,我国教育政策关注儿童发展的多元需求,通过鼓励和支持家庭教育、劳动教育、课后服务等,发挥非正规教育在人才培养中的作用和价值。

(四) 高中多样化、特色发展及其与大学的衔接

高中教育的多样化、特色化有助于满足学生全面发展的人才培养需求。从20世纪80年代开始,许多国家推行了一系列高中教育改革举措,主要是通过从校际分轨到校内分轨,对分轨制教育予以完善。校内分轨主要通过设置多种特色课程,增加高中教育的综合性、多样性,突出学科特色。我国的高中教育模式也在不断变革中,名校集团化办学、大学附属高中、高中自主办学等多元模式不断出现,以外语、科技、体育、艺术等为主的特色高中不断涌现。

---

[1] [瑞典] T.胡森,[德] T.N.波斯尔思韦特.国际教育百科全书(第6卷)[M].李进本,主编译.贵阳:贵州教育出版社,1990:390-391.

2022年,党的二十大报告提出,坚持高中阶段学校多样化发展,指向整体高中教育发展的多样化。

此外,随着教育普及化不断向更高层次延伸,高中教育与高等教育的衔接也成为改革的重点,许多国家推出促进教育衔接的政策,在教学和管理中加强高中与大学的衔接。比如,美国的"K-12"课程,通过加强高中与大学的合作与协调,为高中生提供大学入学准备;日本的第一学年课程和升学指导,在职业生涯规划、社会选择等方面保障学生从高中到大学的过渡。在人才选拔制度上,欧美国家的大学录取标准走向多元化,在评价标准上加入非智力因素、课堂表现和人生经历等内容。

(五) 高等教育的大众化

美国社会学家马丁·特罗以高等教育毛入学率为指标,将高等教育发展分为精英、大众、普及三个阶段。当一个国家高等教育适龄人口的入学率(毛入学率)在15%以下时是精英教育阶段,超过15%时是大众化教育阶段,超过50%时进入普及化教育阶段。一些发达国家基本上已经实现了高等教育大众化。如美国、日本的毛入学率已超过80%。发展中国家正在为进入大众化而努力。我国从20世纪90年代开始进入高等教育大众化快速发展阶段;2002年,我国高等教育开始进入高等教育大众化时代;2012年,我国高等教育毛入学率为30%;2019年,我国高等教育开始进入普及化阶段;2021年,我国高等教育毛入学率达到57.8%。这意味着,我国高等教育已经从大众化阶段进入普及化阶段,普及化的步伐仍在不断提速。目前,我国已经建成了世界最大规模的高等教育体系。

(六) 终身教育体系的建构

终身教育包含从出生到生命结束的教育的所有方面和内容,以及不同教育阶段之间的有机联系。随着信息技术时代的来临,知识更新换代的速度已超过预期。传统学校教育已经无法适应时代和社会的需求,构建终身教育体系已成世界教育改革的主流趋势。法国于1971年颁布《终身教育范围内的职业继续教育组织法》,设立了诸多终身教育机构,建立了国家资历框架制度,规定无论是普通教育、职业教育或继续教育证书,在就业市场都具备同等效力。德国终身教育体系包含国民教育体系和人民大学教育,前者包含学术教育和技术教育两种,在完成小学教育后,学生可选择进入文科中学或实业中学;后者主要担负继续教育任务,通过线上线下协同授课,服务于终身化的教育需求。美国主要通过社区学院开展终身教育服务,实施开放式招生,采用"学分银行"和"弹性学制"激发人们继续学习的积极性。我国终身教育发展历经改革开放至今的四十多年,探索了一条从成人教育到终身教育并面向终身学习的改革之路。2010年成立上海开放大学,定位是面向每个人终身的一种新型教育实践形态。上海市在2012年开设教育学分银行,试图在各类学历和非学历学习成果之间建立制度沟通的桥梁。社区教育也取得实质性进展,各类实验创新项目不断出现。福建、上海、河北等地通过《终身教育促进条例》,为国家层面终身教育的立法提供保障。

思考题

1. 何为教育目的？教育目的确立的依据是什么？
2. 马克思主义关于人的全面发展学说有哪些基本观点？
3. 我国教育目的的精神实质是什么？
4. 何为教育制度和学制？教育制度制定的依据有哪些？
5. 我国的基本教育制度有哪些？
6. 为什么终身教育会成为现代教育制度改革的趋势？如何构建我国终身教育体系？
7. 参照现代教育制度改革趋势，分析我国教育制度需要进行哪些改革。

参考文献

1. 黄济,王策三.现代教育论[M].北京：人民教育出版社,1996.
2. 《教育学原理》编写组.教育学原理[M].北京：高等教育出版社,2019.
3. 全国十二所重点师范大学联合编写组.教育学基础(第3版)[M].北京：教育科学出版社,2014.
4. 石佩臣.教育学基础理论[M].北京：教育科学出版社,2018.
5. 吕炳君.教育学基础理论与实践[M].北京：北京师范大学出版社,2017.
6. 扈中平.教育学原理[M].北京：人民教育出版社,2008.
7. 杨兆山.教育学原理简明教程[M].长春：东北师范大学出版社,2005.
8. 冯建军.现代教育学基础(第3版)[M].南京：南京师范大学出版社,2007.
9. 陈桂生.教育原理[M].上海：华东师范大学出版社,1993.
10. [英]约翰·怀特.再论教育目的[M].李永宏,等译.北京：教育科学出版社,1997.

第四章

课程论基础

学习目标

1. 理解课程的含义,了解不同类型课程的内涵。
2. 掌握课程的表现形式,了解课程标准和教科书的特点与作用。
3. 分析课程的构成要素,掌握课程的关键概念。
4. 掌握课程开发、实施、评价的主要模式。
5. 掌握新课程标准中的新理念。
6. 理解课程改革,把握课程改革的趋势与方向。

本章导览

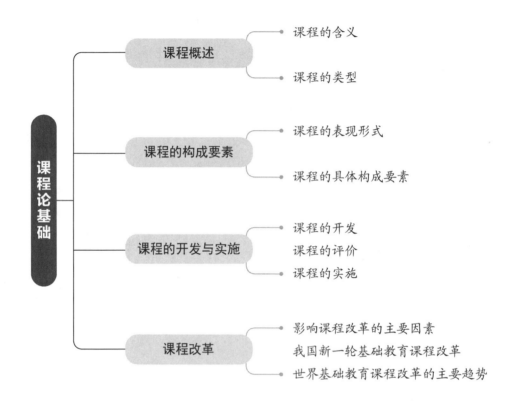

第一节 课程概述

进入全面深化课程改革阶段以后,课程改革的核心就是落实好立德树人根本任务。课程是教育思想、教育目标和教育内容的主要载体,是教育教学活动的基本依据,直接影响学校的育人质量。

一、课程的含义

在中国,"课程"一词最早出现在南北朝时期。北魏凉州沙门慧觉翻译的《贤愚经·阿难总持品第三十八》中曰:"恒以严敕,教令诵经。日日课程。其经足者,便以欢喜。若其不足,苦切责之。"①这里的"课程"指检查诵经功课的分量、内容和进程。唐朝孔颖达主持编纂的《五经正义》将《诗经·小雅·巧言》中"奕奕寝庙,君子作之"一句注释为,"以教护课程,必君子监之,乃得依法制也"②。此处的"课程"是中国古代严格意义上的课程术语来源,但其含义与我们通常说的"课程"相差甚远。③ 到了宋朝,朱熹在向弟子讲授为学与读书之法时多次使用"课程"一词,比如"小作课程,大施功力""宽着期限,紧着课程"等。这里的"课程"指学习或读书的分量、内容及进程。此后,"课程"逐渐成为学校教育领域的专门术语,用于特指学习功课及其进程。

在西方,"课程"(curriculum)从拉丁语 currere 一词派生而来,意思是"奔跑"或"跑道",后引申为"学习的进程"。17 世纪初期,苏格兰一些大学开始使用 curriculum 表示"大学或学院为学习者设置的学习内容"。因此,英语中的 curriculum 通常被认为是"学校开设的教学科目及其进程"。19 世纪中期,这一概念被英国教育家斯宾塞引入教育学研究领域。在《什么知识最有价值》一文中,斯宾塞将 curriculum 指称"专门设计和系统组织的教学内容"。

从词源分析上看,课程主要指学校为学习者设置的学习科目及其进程。20 世纪初期,课程开始成为一个独立研究领域,课程论应运而生。随着课程研究队伍的不断壮大、课程理论研究的不断创新,关于课程的定义也变得纷繁复杂。关于课程定义最具代表性的观点有:课程即教学科目;课程即有计划的教学活动;课程即预期的学习结果;课程即学习经验等。表 4-1 详细列举了几种较有代表性的课程定义。

---

① 姜国钧."课程"与"教学"词源小考——兼与章小谦先生讨论[J].华东师范大学学报(教育科学版),2006(04):68-71.
② 章小谦,杜成宪.中国课程概念从传统到近代的演变[J].华东师范大学学报(教育科学版),2005(04):65-74.
③ 李森,陈晓端.课程与教学论[M].北京:北京师范大学出版社,2015:4.

表4-1 课程定义的梳理

代表性定义	举 例
课程即教学科目	1. 课程必须由5种大范围的学科学习组成：母语、数学、科学、历史和外国语。[1] 2. 课程可以理解成：为了实现各级学校的教育目标而规定的教学科目及其目的、内容、范围、分量和进程的总和。[2]
课程即有计划的教学活动	1. 课程是一种学习计划。[3] 2. 课程是一个有意图而可修订的计划，亦是学习活动的计划或蓝图，包含正规及非正规的内容和过程；课程也是有组织的意图，其要素诸如目标、内容、评鉴等彼此是关联的，且为一致连贯的整体。[4]
课程即预期的学习结果	1. 课程所处理的是期待与意向，更具体地说，即处理通过教学，亦即通过经验的提供，通过所发生的事情及学习者的所为而达成的预期的学习结果。[5] 2. 课程是一种预期教育结果的重新结构化序列。
课程即学习经验	1. 课程是儿童在教师指导下所获得的一切经验。[6] 2. 课程是指学生通过学校教育环境获得的旨在促进其身心全面发展的教育性经验。[7]
课程即社会文化的再生产	课程是再生产社会文化的手段和工具。
课程即社会改造	课程的使命不是要使学生适应或顺从社会文化，而是要刺激和发展社会文化。

综而观之，每一种课程定义都具有一定的指向性——指向特定社会历史条件下课程所面临的问题。每一种课程定义都隐含一定的哲学假设、价值取向和教育信念，反映着作者不同的课程观。[8]

目前国内学界较为一致的看法是，课程有广义和狭义之分。广义的课程是指各级各类学校为实现培养目标而选择的学习内容及其进程的总和，主要包括学校开发和设置的所有科目和有目的、有计划、有组织实施的教育性活动。狭义的课程是指某一门学科的学习内容及其进程，主要体现在课程计划、课程标准和教科书中。

二、课程的类型

根据不同的标准，可把课程划分为不同的类型。

---

[1] 江山野.简明国际教育百科全书·课程[M].北京：教育科学出版社,1991：64.
[2] 陈侠.课程论[M].北京：人民教育出版社,1989：13.
[3] H. Taba. Curriculum Development: Theory and Practice[M]. New York: Harcourt, Brace & World, 1962: 214.
[4] 李子健,黄显华.课程：范式、取向和设计[M].香港：香港中文大学出版社,1994：21-22.
[5] Johnson M. Appropriate research directions in curriculum and instruction [J]. Curriculum Theory Network, 1970(6): 25.
[6] Casweel H, Campbell D. Curriculum development[M]. New York: American Book Company, 1935: 66.
[7] 靳玉乐.现代课程论[M].重庆：西南师范大学出版社,1995：65.
[8] 施良方.课程理论：课程的基础、原理与问题[M].北京：教育科学出版社,1996：10.

(一) 学科课程与活动课程

根据课程的固有属性,可以将课程分为学科课程与活动课程。

学科课程是以人类对科学知识的学科分类为基础,按照一定的价值标准,从特定的学科领域选择一定的内容,并根据学科自身的逻辑组织形成的课程。它是一种历史悠久、应用广泛的课程形态,具有简约性、逻辑性、系统性等特征。其优点主要表现在三个方面:第一,学科课程以浓缩的形式汇集了人类在各学科领域探索的智慧成果,有利于人类文化知识遗产的系统传承;第二,强调按照学科知识逻辑循序渐进地编制课程,符合儿童认识发展阶段的特点,能够保证学生系统全面地掌握学科知识体系;第三,以掌握学科的基础知识、基本规律以及相应的技能为目标,既容易组织教学,也便于进行评价,从而保证教学效率。但学科课程的缺点也是显而易见的,具体表现为:一方面,学科课程不重视学科之间的横向联系,容易造成和加深学科之间的割裂;另一方面,内容较为抽象和理论化,往往与学生的生活实际分离,不太能引起学生的学习兴趣,容易导致过分重视知识的死记硬背与技能的机械训练,不利于学生全面且富有个性的发展。因此,有必要对学科课程进行改革。

活动课程也称经验课程、儿童中心课程,是以学生的兴趣、需要和能力为出发点,由一系列密切联系学生生活实际和社会实践的活动组织而成的课程。活动课程是以学生的主体性活动经验为中心组织的课程,具有主体性、开放性、实践性、过程性等特征。它尊重学生的主体地位,重视学生的兴趣和需要,强调学生通过自己的实践活动获得的直接经验,有助于激发其学习热情与积极性,发展其问题解决能力、实践能力以及创新精神,从而全面提升学生的综合素质。但它也有以下局限性:第一,过于强调学生的活动、体验、经验,如课程设计或实施不当,容易陷入形式主义误区;第二,缺乏严格的计划,容易导致学科知识学习的碎片化,不利于学生掌握系统的学科知识;第三,对教师的专业素质以及相关教学设备要求较高,从而增大了实施难度。

学科课程与活动课程各有其独特属性和功能。学科课程以学科知识为中心,强调以理论知识为基础的间接经验的学习,注重"知"的一面;活动课程以学习者为中心,强调以学习者主体性活动为基础的直接经验的学习,注重"行"的一面。同时,二者并不对立,而是相辅相成、融为一体。活动课程是学科课程发展到一定阶段的必然结果,是对学科课程的超越。学科课程与活动课程的结合,使学科逻辑与经验逻辑得以整合、理论与实践融为一体,有利于学生实现学科知识学习和经验生长的有机融合,进而真正发挥学科育人功能。

(二) 分科课程与综合课程

按照课程内容的组织方式,可以将课程分为分科课程与综合课程。

分科课程是由各自具有独立的知识体系、彼此缺乏联系的学科所组织的课程。分科课程是一种单学科的课程组织形态,强调学科内部逻辑体系的完整性与严密性,注重以分科形式向学生传授系统的学科知识。分科课程有利于保证学生在有限时间内全面系统地掌握学科知识体系。但是,分科课程容易造成各学科之间彼此割裂,同时过度专精的分科容易导致学生视界窄化、思维刻板化,不利于学生综合素养的培育。

综合课程是指打破分科课程的界限,有机整合两个或两个以上相关学科领域而形成的课程。综合课程是一种多学科的课程组织形态,它并不是简单机械地将传统学科知识拼凑到一起,而是强调学科之间的相互交叉、渗透与整合,追求内容、结构和价值上的完美融合,使之一体化。综合课程强调学科之间的横向整合,有效弥合了分科课程对知识的割裂;综合课程符合学生的认知特点,有利于培养学生多视角分析和解决问题的品质,形成整体把握事物本质的能力。但是,综合课程也有一定的局限性:第一,容易忽视每门学科自身的知识逻辑结构;第二,在开发、实施与评价上相对比较困难,对教师的要求也比较高。

总之,分科课程和综合课程各有其价值,完全取消分科课程或将分科课程唯一化都是不科学的,而取消综合课程或不加限制地扩大综合课程也是不恰当的。分科课程与综合课程是相互联系、相互补充、相互协调的,二者的整合有利于促进学生的认知发展。

(三) 必修课程与选修课程

根据课程计划中对课程实施的要求,可以将课程分为必修课程与选修课程。

必修课程是国家、地方或学校规定学生必须修习的课程。必修课程的本质特性是强制性,是国家和社会权威在课程中的体现,其主导价值在于培养和发展学生的共性,体现对学生的基本要求。18世纪以前,世界各国普遍采用全必修的课程制度,即所有学生必须学习国家规定的完全同样的课程,没有选择余地。这种课程制度与当时的经济发展水平和教育发展水平是相适应的。但是,随着时代的发展,这种过分追求整齐划一的课程制度逐渐暴露出弊端,如人才培养规格单一、缺少差异化、不适应社会经济科技发展需要等。

选修课程是为了适应学生的兴趣、学术取向及生涯规划的需要而开设的,允许学生按一定规则自由选择修习的课程。与必修课程不同,选修课程是适应学生的个别差异而开设的课程,强调尽可能地满足学生多样化的学习需求,发掘每个学生的多元潜能,为其提供最佳学习机会。因此,选修课程有利于开阔学生的学术视野,促进其差异化、个性化发展。

当前,世界各国大多采用必修与选修相结合的课程制度,我国也不例外。其中,必修课程是选修课程的基础,选修课程是必修课程的发展和补充,二者相互依存、相辅相成。只有必修课程而没有选修课程,学生个性化学习需求就难以得到满足;只有选修课程而没有必修课程,教育的质量无法得到保证。因此,合理地开设必修课程与选修课程是现代课程论和课程改革实践的重要课题。[①]

(四) 国家课程、地方课程与校本课程

国家课程、地方课程与校本课程属于课程建设范畴,三者因课程设置、开发主体的不同而有所差别。

国家课程是指由国家统一组织开发并在全国范围内实施的课程。国家课程具有统一规定性、强制性等特征。它面向全体学生,由国家教育行政部门采用自上而下的改革路线在全国范围内强制实施,以保证所有学生享有基本的学习权利。在我国,"国家课程是由国务院

---

① 王本陆.课程与教学论(第3版)[M].北京:高等教育出版社,2017:40.

教育行政部门统一组织开发、设置,所有学生必须按规定修习的课程"①。国家课程是为落实国家教育方针、培养德智体美劳全面发展的社会主义建设者和接班人而制定的具体的教育内容,体现了国家意志。② 因此,地方各级教育行政部门、中小学校必须高质量落实国家课程。

地方课程是由地方教育行政部门基于地方政治、经济、文化发展水平及其对人才的特殊要求,充分利用地方特色教育资源组织开发和实施的课程。在我国,"地方课程由省级教育行政部门规划设置,原则上在部分年级开设"③。地方教育行政部门必须充分挖掘和利用本地自然风貌、区域经济、优势科技、特色文化、革命遗址等资源的育人价值,以实践性、体验性、选择性为原则开发地方课程,促进学生认识家乡,涵养家国情怀,铸牢中华民族共同体意识。

校本课程是学校结合本校的实际情况,依托本校特色教育资源自主开发和实施的课程。在我国,"校本课程由学校组织开发,立足学校办学传统和目标,发挥特色教育教学资源优势,以多种课程形态服务学生个性化学习需求"④。校本课程在原则上由学校自主开发实施,旨在不断激发学生的潜能,满足学生多样化的兴趣与需求。

在我国,国家课程、地方课程与校本课程各有其独特的育人价值。其中,国家课程面向全体学生,旨在培育全体学生都必须具备的核心素养;地方课程强调课程与地方经济社会文化的联系,引导学生认识家乡、认识中国,涵养家国情怀,铸牢中华民族共同体意识;校本课程则注重课程与学生个人生活实际、经验世界的联系,立足满足学生发展的多样化需求。因此,国家课程是奠定共同基础的主体课程,而地方课程与校本课程是国家课程的拓展和补充。⑤

第二节 课程的构成要素

一、课程的表现形式

(一) 课程标准

1. 课程标准的内涵

课程标准是确定一定学段的课程水平及课程结构的纲领性文件。课程标准一般包括课程标准总纲、各科课程标准两部分。前者是对一定学段的课程进行总体设计的纲领性文件,规定了各级学校的课程目标、学科设置、各年级各学科每周的教学时数、课外活动的要求和时数以及团体活动的时数等内容;后者则是根据人才培养方案(教学计划)具体规定各科教学目标、教材纲要、教学要点、教学时数,以及编订教材的基本要求等细则。

---

① 中华人民共和国教育部.义务教育课程方案(2022年版)[M].北京:北京师范大学出版社,2022:6.
② 顾明远.树立科学的教育质量观 使每个孩子享有公平而有质量的教育[N].中国教育报,2019-07-12(02).
③ 中华人民共和国教育部.义务教育课程方案(2022年版)[M].北京:北京师范大学出版社,2022:7.
④ 中华人民共和国教育部.义务教育课程方案(2022年版)[M].北京:北京师范大学出版社,2022:6.
⑤ 柳夕浪.推动地方课程、校本课程与国家课程协同育人[J].人民教育,2023(11):19-21.

2. 课程标准的作用

课程标准是国家对基础教育课程的基本规范和要求。《基础教育课程改革纲要(试行)》明确指出,课程标准是教材编写、教学、评估和考试命题的依据,是国家管理和评价课程的基础。[1] 课程标准的重要性不仅体现在对学科内容的规范和指导上,更在于其为教学提供了坚实的基础,推动了教育质量的提升和学生全面发展的实现。

课程标准在教育体系中的作用主要体现在以下三个方面。第一,课程标准是编写教科书和教学的直接依据。教科书作为学生学习的主要工具,需要紧密契合课程标准,以确保教学内容的准确性、全面性和符合教学目标。教师在进行教学设计时,也可借助课程标准明确教学方法和评价标准,以提高教学效果。第二,课程标准能够帮助教师理解所教学科的属性,理解所任教学科的教学目的、任务,以及知识的范围、深度和结构。第三,课程标准为学习评价提供重要的指南,成为衡量各科教学质量的重要标准。基于核心素养的课程改革就是要用核心素养指导课程标准的修订,包括制定教学目标、结合核心素养要求安排学科知识结构;提供机会标准,教学建议要以促进学生形成核心素养为目的。[2]

(二) 教科书

教科书是国家意志、民族文化、社会进步和科学发展的集中体现,是培养目标最直接的载体。[3] 教科书作为师生进行教学活动的主要媒介,具有直接影响学生、传递知识、熏陶情感、培育价值观的重要功能。同时,它也是教师开展教学的"蓝本"。通过规范的编写,教科书能够在学生和教师之间建立起共同的语言和理解,为教学提供有力的工具。它不仅是读者最多、最特殊的文本,也是读者最信赖,甚至最依赖的资源。

1. 教科书的内涵

教科书也称课本、教材,是根据课程标准或教学大纲专门编写的教学用书。教科书在教育中扮演着重要角色。在中国传统社会,著名的蒙养教材,如《三字经》《弟子规》《千字文》等教科书,为一代代中华儿女的成长提供了最基础的文化和道德教育资源。作为师生教学的主要材料,教科书不仅是考核教学成绩的主要依据,也是学生拓展学习的重要基础。[4]

综合起来,教科书是基于课程标准编写的、在师生教学过程中起关键作用的基础性教育资源。它包括课文、习题、注释、插图、附录、实验等多种内容,其中课文是教科书的主体。教科书通常按学年或学期进行分册,并按学科逻辑划分成若干章节或单元,以有序呈现知识体系。

2. 教科书的特点

第一,教科书是课程标准的直接体现。课程标准是教科书编写的指南和评价依据,而教科书则是课程标准最主要的实现载体。在教科书编写过程中,必须紧密遵循课程标准的基

---

[1] 崔允漷.国家课程标准与框架的解读[J].全球教育展望,2001(08):4-9.
[2] 辛涛.学业质量标准:连接核心素养与课程标准、考试、评价的桥梁[J].人民教育,2016(19):17-18.
[3] 石鸥,石玉.论教科书的基本特征[J].教育研究,2012,33(04):92-97.
[4] 顾之川.新编语文教育术语手册[M].上海:上海交通大学出版社,2018:35.

本精神和要求,确保思路、框架、内容与课程标准保持一致。教科书内容既要满足课程标准的基本要求,又不能过度提高难度,应根据学生的实际水平合理设置内容难度,以促进学生的有效学习。

第二,教科书要体现素养导向的内容设计和呈现方式,凸显以学习为中心的理念。编写教科书需要遵循学科知识发展和学生身心发展的规律,需要理顺学科内部知识的逻辑关系,确保内容的有机衔接和连贯性。[1] 同时,也要考虑学生的认知水平和心理特点,合理安排学习内容的难度和深度,以促进学生的有效学习,达到核心素养培养的目的。

第三,教科书是学生学习知识、掌握技能、培养价值观的重要载体。教科书是对科学知识的高度凝练,它不仅包含基础知识理论、实践技能,还蕴含学科精神。学生通过对教科书的学习,可以系统地掌握知识与技能,获得能力的提升,还可以感悟学科的科学精神与时代内涵。运用教科书既能对学生进行专业教育,又能启迪学生进行精神内化。

第四,教科书是动态和静态知识与信息的结合体。动态方面体现在它是一种创造和再创造的活动,需要不断更新,以适应教育发展和社会变革的需求;而静态表现在教科书通过图片、文字、视频等形式呈现。因此,科学地理解教科书对于教学内容的精准定位和教学内容作用的充分发挥至关重要。

(三) 学校层面的课程方案

为落实立德树人根本任务,办好人民满意的教育,2023年教育部印发了《基础教育课程教学改革深化行动方案》,要求"在课程实施过程中,切实加强国家课程方案向地方、学校课程实施规划的转化工作"[2]。课程方案作为国家课程育人的蓝图,为地方教育行政部门加强课程教学建设和管理提供了指引。各地各校要做好课程实施规划,规范课程管理行为,科学谋划课程实施活动,切实提高育人水平,促进学生德智体美劳全面发展。

学校层面的课程方案主要有学校课程规划、学年/学期课程纲要、单元设计方案、教案/学历案等。

1. 学校课程规划

在学校层面,学校课程规划或实施方案扮演着统领和规范学校课程与教学发展的重要角色。在我国基础教育阶段,学校课程规划或实施方案是根据教育部或上级教育行政部门颁发的《义务教育课程方案》《普通高中课程方案》,以及学校教育资源,对学生在特定学段要学习的全部课程进行的整体规划。[3]

学校课程规划方案具有长远性、全局性、战略性和方向性。它不仅是对学校层面开发的校本课程的规划,也涵盖了国家规定的基础课程在学校层面的规划。学校课程规划或实施方案的主要目的在于为学校提供一个清晰的教育方向和实施路径,以确保学生能够在特定学段内获得全面而均衡的教育。它不仅规定了学生需要学习的基础课程内容和教学目标,

---

[1] 范智,林家勤.现代教学基础理论[M].合肥:合肥工业大学出版社,2022:35.
[2] 李泽林.有效推进课程方案转化落地规划行动[J].人民教育,2023(17):67-71.
[3] 吴刚平,郭文娟,李凯.课程与教学论[M].上海:华东师范大学出版社,2023:127-129.

还提供了教学方法、评价标准以及课外活动等方面的指导。

2. 学年/学期课程纲要

学年/学期课程纲要是教师以一学年或一学期为单位,对学生要学习的某门课程进行整体规划的重要文件。在制定学年/学期课程纲要方案时,教师需要思考和回答学习目标、学习内容、学习方式以及评价方法等关键问题。与学校课程规划方案相似的是,学年/学期课程纲要适用于国家规定的基础课程和学校自主开发的校本课程。它既是对国家课程标准的具体实施,又是学校教学活动的指导和保障。通过制定和实施学年/学期课程纲要,教师能够更好地组织和管理教学工作,提高教学效果,促进学生全面发展。

3. 单元设计方案

单元设计在教学中鼓励教师摒弃传统的"课时主义",祛除将教学内容碎片化处理的固有观念,从全局性的角度思考前后教学课时之间的联系。[①] 单元设计方案并非简单地将几个教学课时简单并列,而是通过寻找能够串联几个课时的线索,如共同主题或议题、大概念等,将学习目标、知识内容等有意识地整合在一起。

单元设计方案是一种整合的学习方案,有助于帮助教师实现教学的连贯性和深度,有利于帮助学生更好地理解和应用所学知识。一般而言,教师通过研究课程标准、分析教材,挖掘课程中的主题、概念或关键问题,从而将教学内容组织成一个完整的教学单元,而不是简单地将知识点逐一呈现。借助于高质量的单元设计,教师可以更加灵活地架构教学内容,因材施教,培养学生的批判性思维、问题解决能力和合作精神。

4. 教案/学历案

教案/学历案是学校层面课程与教学方案中的最小单位,也是教师在日常课堂教学活动中最常用的工具。它以课时为基本节点,由教师根据特定的学习目标、学习内容、学习方式以及评价任务进行设计与撰写。

教案/学历案是一种更为微观、更为聚焦的学习方案样态,呈现的细节也更为丰富。从服务学生学习的视角,教师应合理规划课堂层面的教学内容、教学步骤、教学方法和学生活动,以确保教学过程的顺利进行。在教案/学历案中,课堂时间的合理安排是教师需认真思考的问题。教案/学历案涵盖了学习目标、学习内容、学习方式或活动、评价任务等内容。

二、课程的具体构成要素

(一) 课程目标

1. 课程目标的内涵

课程目标是对学习者完成课程学习后应达到的学习结果的期望,它关注的是学习者学到了什么,是学生身心素质发展的预期结果。随着教育实践的深入,人们愈益认识到,课程目标是对学生需要掌握和形成的一系列能力、态度、习惯、鉴赏和知识形式的综合要求。随

[①] 钟启泉.单元设计:撬动课堂转型的一个支点[J].教育发展研究,2015,35(24):1-5.

着时代的变迁,人们对课程目标含义的理解愈加深入。奥利瓦提出了两个层次的课程目标定义:课程目的是用没有成就标准的一般性术语表述的取向或结果。课程规划者希望学生在完成了一个特定学校或学校系统的课程计划的部分或全部后,达到这一取向或结果。与此同时,他认为:"课程目标是用具体化的、可以测量的术语表述的取向或结果。课程规划者希望学生在完成了一个特定学校或学校系统的课程计划的部分或全部后,达到这一取向或结果。"①

课程目标是教育体系中的关键要素,旨在引导学生在一定教育阶段内达到国家期望的素质要求。课程目标的本质在于四个方面:一是时限,即课程目标在一定的教育阶段内实现;二是学生的最终发展状态与发展水平,即课程目标与学生的发展息息相关;三是国家的期望,即课程目标与国家教育政策和发展目标密切相关;四是学生的主动发展,即强调学生在学习过程中的积极参与与主动性。课程目标是学校课程旨在促进学生身心发展所要达到的预期程度,突出了学生的综合发展与课程目标的紧密联系,强调了课程目标的时限性和与学生发展的相关性。课程目标具有时限性、具体性、预测性和操作性特征,这些特征确保了目标的实际可行性和有效性。②

课程目标是学生学习所要达到的结果。课程目标作为教育活动的指导性准则,其本质在于为学生的学习提供方向和标准。因此,课程目标可以理解为课程规划者预设的学生学习的取向或结果。课程目标在引导学生学习方向、塑造学生综合素养方面具有关键作用。课程目标通过一般性的、抽象的或具体化的、可以测量的形式呈现,帮助学生更好地达成课程计划中的学习任务。

2. 课程目标的确定

确定课程目标需要从多个方面进行深入思考和研究。确定课程目标是课程设计的关键步骤,需要综合考虑教育目的、学生需求和学科发展等多个方面,以确保课程设计的科学性、有效性和实践性。③

课程目标与国家的教育目的、培养目标具有重要的衔接关系,是上位目标的具体化。课程目标应该与国家的教育目标相一致,并与课程标准所要求的培养目标相契合。课程目标的确定要考虑学生的特点,通过对学生的特点、社会对人才的需求以及学科发展的分析,有助于确定有效的课程目标,并确保课程内容的时效性和实用性。明确的课程目标对于教师的教学大有裨益,有助于教师高质量地组织教学活动,设计教学内容,选择教学方法,并进行有效的评价和反馈,从而臻达立德树人的目标。

(二) 课程内容

1. 课程内容的内涵

课程内容是指各门课程中特定的事实、观点、原理和问题及其处理方式。明确的课程目

---

① 全国十二所重点师范大学联合编写组.课程论[M].北京:教育科学出版社,2007:105.
② 廖哲勋,田慧生.课程新论[M].北京:教育科学出版社,2003:144.
③ 施良方.课程理论:课程的基础、原理与问题(第 2 版)[M].北京:教育科学出版社,2020:86.

标一定程度上为课程内容的选择和组织提供了方向。课程内容是实现课程目标的手段,课程内容直接指向"应该教什么"的问题。

一般认为,人们对课程内容的解释大多基于三种不同的取向:知识取向,课程内容即教材;社会的价值取向,课程内容即学习活动;人的价值取向,课程内容即学习经验。

2. 课程内容选择的准则

在选择和组织课程内容时,除了要考虑其与目标的相关性,还要考虑课程内容的科学性和有效性、对学生和社会的实际意义、能否为学生所接受、是否与学校教育的基本任务相一致等问题。人们对课程内容的解释,往往是与各自对课程的界定联系在一起的。从课程内容选择的准则而言,需要关注以下方面:注重课程内容的基础性;课程内容应贴近生活;课程内容要与学生和学校教育的特点相适应。

3. 课程内容组织的原则

拉夫尔·泰勒在20世纪四五十年代提出的课程设计的三个基本准则,即连续性、顺序性和整合性,对课程设计产生了重要影响。连续性是指在课程设计中要实现直线式地陈述主要的课程要素;顺序性强调每一后继内容要以前面的内容为基础,并对有关内容进行深入、广泛地展开;整合性强调各种课程内容之间的横向联系,以便学生能够获得一种统一的观点,并将所学的课程内容与个人行为统一起来。① 总体而言,这三个基本准则为课程设计提供了指导,在当前教育实践中仍然具有启发性。组织课程内容时应正确处理以下三组关系。

(1) 纵向组织与横向组织。纵向组织,又称为垂直组织,是指将课程内容各要素按照纵向的先后顺序进行排列,以确保其整体的连贯性和逻辑性。人类的学习过程通常是由简单到复杂逐步推进的,新知识和技能的习得往往建立在已经掌握的知识和技能之上。课程设计中采用纵向组织的原则,可以帮助学生按照递进的顺序系统地学习,逐步拓展知识和技能的深度和广度。横向组织则是将各种课程内容的要素按横向关系进行组织,其基本标准是整合性。这种组织方式强调不同课程内容之间的联系和互动,将不同学科或领域的知识和技能进行跨界整合。通过横向组织,学生能更好地理解知识之间的关联性,培养综合思维能力和跨学科解决问题的能力。

纵向组织课程内容按照知识的逻辑顺序排列,从已知到未知、从具体到抽象;横向组织则跨越学科界限,根据学生发展阶段和关注的问题组织内容。在课程设计中,二者应相辅相成,相互促进,以实现教学目标的最大化,使课程内容更加有机,从而提升学生的学习效果和综合素养。

(2) 逻辑顺序与心理顺序。逻辑顺序与心理顺序是两种不同的课程内容组织方式。逻辑顺序是根据学科的体系和知识的内在联系来组织课程内容的方式,是传统教育派的主张。在逻辑顺序中,教师将课程内容按照学科的逻辑结构和知识体系进行组织,强调知识的连贯性和内在逻辑的构建,使学生能够理解学科的体系结构和知识之间的相互关系。与之相对,

---

① 施良方.课程理论:课程的基础、原理与问题(第2版)[M].北京:教育科学出版社,2020:106-111.

心理顺序是根据学生心理发展规律组织课程内容的方式,是现代教育派的主张。心理顺序更注重学生的发展阶段和心理需求,将课程内容与学生的心理发展阶段相匹配,以促进学生的有效学习和发展。这种方法强调教学内容的设计应考虑到学生的认知水平、兴趣和心理成熟度,以便更好地满足其学习需求和发展特点。

在教育实践中,逻辑顺序与心理顺序并不是相互排斥的,而是相互共生的。教师既需要考虑学科知识层面的逻辑性,又要考虑学生心理发展的规律,以便设计更具针对性和有效性的课程内容。

(3) 直线式与螺旋式。直线式就是把一门课程的内容组织成一条在逻辑上前后联系的直线,前后内容基本上不重复。[①] 在这种课程设计中,知识和技能的学习呈现出明确的顺序,每个知识点通常是逐步递进的,学习的内容和顺序非常清晰,一步一步地推进。其优点是能较好地反映一门学科的逻辑体系,避免课程内容的不必要的重复;其缺陷是不能恰当体现学生认知发展的特点,不适应接受能力较慢学生的需要。螺旋式是指在不同阶段上使课程内容重复出现,并逐渐扩大范围和加深程度。在这种课程设计中,学习内容并不是一次性的线性学习,而是通过不断地复习和深化,使学生能够在不同阶段接触和理解相同的概念,但随着学习的深入,难度和复杂度会逐步增加。其优点是能够将学科逻辑与学生的心理逻辑较好地结合起来;其缺陷是设计和实施较为复杂,需要对课程进行精心规划,容易造成学科内容的臃肿与不必要的重复。

直线式课程与螺旋式课程是两种不同的教学设计理念,各自有着不同的结构和学习路径,但在教学理论中也有交集和联系。准确掌握二者之间的关系,核心在于深入理解其设计理念及其优势所在,并在实际教学过程中,根据不同的学习需求和学科特性,灵活设计。直线式课程设计更适合于基础知识的教学,而螺旋式课程设计则更有利于深化知识理解及扩展知识应用。通过科学的教学设计、灵活的调整与结合,教师能有效地帮助学生掌握知识、培养深度理解,并促进其综合能力的提升。在具体实施过程中,教师应依据学科特点、学习目标以及学生需求,灵活运用这两种课程模式,以优化学习成效。

(三) 课程实施

人们对课程实施有不同的理解,有学者认为课程实施是教师将规划好的课程方案付诸实际的教学过程,也有学者认为课程实施除学校/课堂层面的教学外,还包括地方层面的课程推广。课程实施是课程论的重要范畴。

人们对课程实施的本质有着不同的理解,主要涉及三种观点。第一,课程实施是将方案付诸实践的过程。该观点强调了实践过程中对于改革的实际执行和影响因素的重要性。[②] 课程实施不仅仅是采用某项改革,更关键的是在实践中对改革的程度和影响进行观察和评估。第二,课程实施就是教学。这一观点认为按照教育部颁布的课程标准进行的

---

① 施良方.课程理论:课程的基础、原理与问题(第 2 版)[M].北京:教育科学出版社,2020:110.
② 施良方.课程理论:课程的基础、原理与问题(第 2 版)[M].北京:教育科学出版社,2020:121.

教学就是正常化的教学,任何未按照课程标准施教的都是不正常的,需要进行改变。此观点强调了规范化教学的重要性,认为教学活动应该基于统一的标准,以保证教育质量和教学效果。① 第三,课程实施是缔造新的教育经验的过程。课程并不是在实施前就固定下来的,而是在教师与学生共同缔造的教育经验中产生的。课程实施被看作是师生在具体教育情境中共同缔造新的教育经验的过程。课程计划和教学策略只是这个经验缔造过程所选用的资源和工具。② 此观点强调了教师和学生的主体性和参与性,在教学实践中共同创造教育价值和意义。

综上所述,无论是将课程实施视为方案付诸实践的过程、教学的执行,还是将其看作教师与学生共同缔造新的教育经验的过程,都反映了人们对教育实践的不同理解角度。在实际教学中,教师可根据具体情况灵活运用不同的观点,以更好地推动课程实施,确保课程实施的质量。

(四)课程评价

1. 课程评价的内涵

自泰勒评价模式提出以来,课程评价作为一门新兴的专业领域逐渐崭露头角,并取得了丰硕的成果。人们从不同的角度对课程评价予以界定,并构建了各自的评价模式,呈现出多样丰富的面貌,出现了五种比较有代表性的课程评价定义。③

一是将教育或课程评价等同于教育测量和测验。课程评价被简单地视为对学生学习成就与表现的测量和评估过程。在实践层面表现为考试即评价,借助考试带来的量化数据与测试结果来衡量学生的学习进展和教学效果,容易造成唯分数论的风险。

二是将课程评价视为学生成就、表现和某种特定目标的符合程度。课程评价的重点在于对学生是否达到课程设定目标的评估。这种类型的评价聚焦于检查学生在课程中所获得的技能、知识和能力,以及这些成就与设定目标的符合程度。

三是将评价视为寻找证据、让决策人员从事有效决策的过程。将评价视为搜集和提供信息的过程,以支持决策者进行有效的教育决策。评价的目的在于为教育管理者和政策制定者提供可靠的数据和信息,以支持其决策过程。

四是将评价视为专业人员的判断,对优点和价值的评估。评价被视为专业人员对课程的优点和价值进行评估的过程。评价者通过专业判断和分析,评价课程的质量、效果和价值,以指导教育实践的改进和提高。

五是将评价视为一种政治活动。评价不仅检视课程的效率和管理课题,也理解评价所涉及的道德及美学含义,并探讨谁会从中受益。这一观点将评价看作是一种政治活动,涉及课程效率、管理问题,以及与评价相关的道德和美学问题。评价被认为是一种权力和利益的分配过程,需要考虑各方的利益和关注点。

---

① 李臣之.课程实施:意义与本质[J].课程·教材·教法,2001(09):13-17.
② 周海银.学校课程管理运作过程[M].济南:山东人民出版社,2009:157.
③ 徐继存,张广君.当代课程论文选[M].济南:山东教育出版社,2013:440.

2. 课程评价的功能

人们对课程评价功能的认识不尽相同。美国课程专家克龙巴赫在 1963 年梳理了课程评价的三种主要功能。(1) 课程改进功能,借助课程评价可以判断教材和教法的适当性、不足和改进方向。通过分析评价结果,教育者可以识别出教学中的弱点和不足,从而采取相应的措施来提高教学质量和效果。(2) 课程评价有助于教师的教学决策,表现为教师借助评价手段诊断学生的需求,以便规划适用于不同学生的教学方法和内容。(3) 课程评价有助于评估良好的学校体制和优秀教师的特征。[①]

艾斯纳认为,课程评价具有多方面的功能。(1) 诊断功能,课程评价能够诊断现有课程和正在研制的课程中存在的问题及其原因。(2) 改革功能,课程评价有助于揭示现有课程的弊端和问题,为决策者提供课程改革方向和可能采取的方案的有益信息。(3) 比较功能,通过课程评价,可以进行跨国、跨地区、跨学校的课程比较,评估不同课程和课程改革的优劣,有助于从全局角度了解不同教育体系之间的异同,为经验分享和最佳实践提供参考。(4) 估计教育需要。课程评价可以收集大量关于课程对社会的影响与社会对教育的需要的资料和数据,有助于教育决策者合理预测课程的教育需要。(5) 确定预期目标是否达成以及达成目标的程度。课程评价通过判断分析大量信息和数据,帮助确定教育目标是否达成以及达成目标的程度,有助于评估课程的有效性和质量,为未来的教学提供指导。[②]

第三节 课程的开发与实施

一、课程的开发

(一) 课程开发的基本模式

课程开发模式是在课程开发过程中根据特定的思想和理论,选择和组织课程内容、教学方法、管理手段,制定课程评价原则而形成的系统形式。具有代表性的有泰勒的目标模式、斯腾豪斯的过程模式和施瓦布的实践模式等。

1. 泰勒的目标模式

目标模式以杜威的实用主义哲学、行为主义心理学为指导,构建了一个具有明确目标和实用导向的课程开发框架。这一模式在理论基础、方法论和实践经验等方面都体现了其独特性和影响力。第一,始终秉承实用主义的价值准则,将社会生活的实际需求作为基本立足点。通过杜威的实用主义理念,目标模式确定对社会有实用价值的学习目标。这意味着课程的设计不仅考虑知识的传递,更注重培养学生应用知识解决实际问题的能力。第二,在方法论上深受行为主义心理学的影响,强调了行为目标的确立。从确定行为目标到选择和组织课程内容再到课程的评价,目标模式形成了经典的程序。特别是

---

① 钟启泉.现代课程论(新版)[M].上海:上海教育出版社,2015:399.
② 丁念金.课程论[M].福州:福建教育出版社,2007:440.

行为目标的确立成为目标模式的逻辑起点,强调了对学生实际行为的可观察和可测量的期望。

博比特在目标模式的发展中提出了活动分析法,通过详细阐述课程开发过程和方法,为目标模式的形成奠定了基础。[①] 威瑞特·查特斯则通过"工作分析"强调了确定课程目标的科学性。对于课程研究而言,具有重要意义的美国课程史上的"八年研究"标志着课程的科学化研究在实践中正式展开。在这一运动中,泰勒总结了科学化课程开发的经验,创立了"泰勒模式",被认为是目标模式经典形态的标志。在《课程与教学的基本原理》中,泰勒明确了四个问题:学校应该达到哪些教育目标;提供哪些教育经验才能实现这些目标;怎样才能有效地组织这些教育经验;怎样才能确定这些目标正在得到实现。[②] 这一系列问题形成了"泰勒原理",成为20世纪五六十年代全球课程开发的主导思想,对各国课程改革产生了深远影响。

2. 斯腾豪斯的过程模式

在20世纪五六十年代后,英国课程理论家斯滕豪斯对目标模式进行了深入的分析和批判,并在此基础上构建了过程模式的理论框架。

斯腾豪斯过程模式受进步主义教育和认知心理学的影响,从思想层面强调教育要注重个体的发展和自由,尤其是强调教育应当致力于培养学生的全面发展。同时,认知心理学为斯腾豪斯的过程模式的构建发挥了重要作用。以皮亚杰等为代表的认知心理学派的研究揭示了学习过程中个体的认知发展规律,强调了学生的主动参与和自主学习。此外,结构主义哲学也对过程模式的形成产生了影响。结构主义强调系统和结构的重要性,但与目标模式强调确定性和预设目标不同,过程模式更关注学习过程中的动态调整和灵活性。

1960年,斯腾豪斯在《课程研究与课程编制入门》中对目标模式进行了批判,提出了课程开发的过程模式,并从课程实施的角度首倡了"教师作为研究者"的理论。斯腾豪斯认为,在以过程原则为基础的课程中,教师应该扮演学习者和研究者的角色。与目标模式相比较,课程开发的过程模式反映的是一种更加普遍的教育原则或者价值,教师不再仅仅是传授知识和指导学生的角色,而是与学生一起探究、学习,并以研究者的姿态出现。[③] 目标模式误解了知识的本质和教育实践的本质,将知识视为一种被动接受的对象;而过程模式则认为知识的本质在于可以通过学习过程中的思考和创造进行构建和发展。教师作为研究者的角色要求教师采用探究的方法,而不是传统的讲授和指导法。教师需要与学生共同探索知识,引导学生自主思考,促进其学习兴趣和能力的提高。这种新的角色定位突破了教师仅仅是知识传授者的传统观念,强调了教师在学习过程中的主动性和引导性。此外,目标模式强调预设目标的达成;而过程模式则强调教育过程中的灵活性和个体化,鼓励教师发展批判性思维和反思能力。

[①] 高有华.国际课程专家的课程视野[M].合肥:安徽师范大学出版社,2012:73.
[②] [美]拉尔夫·泰勒.课程与教学的基本原理(英汉对照版)[M].罗康,张阅,译.北京:中国轻工业出版社,2014:2.
[③] 范敏,刘永凤.斯腾豪斯对课程开发"过程模式"的诠释[J].外国教育研究,2017,44(06):108-117.

3. 施瓦布的实践模式

1969—1984 年,美国著名的课程论专家施瓦布在芝加哥大学发行的《教育学》杂志上发表了题为《实践》的四篇论文,系统阐发了关于实践的课程开发模式,引起了课程领域的极大反响,从而掀起了自 20 世纪 70 年代以来影响深远的走向实践运动。施瓦布的《实践:课程的语言》对课程理论产生了深远影响,引发了对传统课程探究模式的批判。其间,有人对施瓦布怀疑理论的作用提出了批评。为了回应批评,施瓦布发表了《实践:择宜的艺术》,专门探讨了如何通过择宜的艺术来发挥理论的作用。然而,对施瓦布的批评并未止步于此。有人指出施瓦布没有具体说明集体审议如何在课程领域中运行,因而怀疑其理论的实际价值。为了回应这一批评,施瓦布发表了《实践:课程的转化》,详细阐述了如何通过集体审议将学术知识转化为具体的课程内容。① 通过这一系列的回应和论述,施瓦布强调了理论与实践的紧密联系,并提出了一种新的课程开发方法,即通过择宜的艺术和集体审议来充分发挥理论的作用,确保课程内容的实际价值和可操作性。这为课程理论的发展提供了新的思路和方法,对于课程开发领域的实践具有重要的指导意义。

首先,施瓦布的实践模式倡导的实践的课程探究是对理论的课程探究,强调了实践与理论并非对立,而是相辅相成的关系。施瓦布认为课程理论为实践提供了框架和指导,而课程实践则是理论的验证与应用。其次,施瓦布的实践模式强调课程理论的重建与发展。课程层面的关键议题不是简单的"教什么"和"学什么",而是涉及"应该教什么"和"应该学什么"的复杂性问题。因此,解决课程问题需要实践推理,而非简单的逻辑推理。实践模式反对建立在单一形式逻辑上的大一统课程理论,主张在多元背景下寻求多元理论,以适应不同情境下的教育需求。最后,施瓦布的实践模式强调课程决策过程是一种自下而上的过程,课程开发的主体不只是课程专家或学科专家,"课程集体"或"审议集体"也成为课程开发的主体。在"课程集体"或"审议集体"中,教师和学生是核心。②

(二) 课程开发的关键概念

1. 校本课程开发

校本课程开发意味着由学校内部的教育工作者以及其他相关利益方共同参与课程的设计、开发和评估。校本一词即以校为本、以学校为基础、学校本位。它包含三个方面的含义:为了学校;在学校中;基于学校。③ 校本课程是相对于国家课程和地方课程而设的一个概念。在此理念下,教师基于国家和地方课程的前提,通过科学评估本校学生的需求、充分利用当地社区和学校的课程资源,开发出多样性且可供学生选择的课程。首先,校本课程的"为了学校"表明其目的是满足本校学生的特殊需求和教育目标。理解学生的背景、兴趣和学科水平,有助于开发出更具适用性的校本课程,更精准地定制教育内容。其次,校本课程的"在学校中"强调了课程的实施主体是学校内部的教师和教育管理者。"在学校中"的内生性的设

---

① 施良方.课程理论:课程的基础、原理与问题(第 2 版)[M].北京:教育科学出版社,2020:191.
② 樊文娟,潘洪建,韦冬余.施瓦布"实践取向"课程思想研究五问[J].全球教育展望,2023,52(07):16-23.
③ 吴刚平.校本课程开发[M].成都:四川教育出版社,2002:10.

计使得制定的校本课程能够契合学校的文化传统、教育价值观念和学校特色。最后,校本课程的"基于学校"意味着其开发是基于学校的独特情境和资源,特别是注重学校内外教育资源的发现和挖掘,注重与社区、专业人才的合作,以及获得其他教育机构的支持,从而更好地满足学生的多元需求,提供更具实际意义的学习体验。

总之,校本课程的理念强调了教育的本地化、个性化和实用性,突出了对学生需求的满足,旨在培养具有创造力和适应性的个体,从而为教育体系的不断发展提供了有益的思路和实践基础。我国校本课程理论与实践的发展,与教育权力下放和办学多样化改革进程相伴随。[①] 特别是 20 世纪 90 年代后期,学校课程多样化建设的步伐开始明显加快。从上海市先行探索必修课、选修课、活动课三个板块课程改革,到 1999 年国家决定试行三级课程,2001 年开始正式确定国家、地方和学校三级课程管理作为基本课程政策,由此开启了我国中小学校本课程 20 年的发展道路,形成了丰富多彩的理论成果与实践智慧。

2. 课程内容结构化

《义务教育课程方案(2022 年版)》确定了"三有"培养目标,提出以核心素养统领各门学科的课程目标、课程内容、课程实施、学业质量等的设计,对各门课程内容进行结构化整合。其主要目的在于"探索大单元教学,积极开展主题化、项目式学习等综合性教学活动,促进学生举一反三、融会贯通,加强知识间的内在关联,促进知识结构化"[②]。

课程内容结构化是教材编制的专业原则,也是实现核心素养目标的必然诉求。其本质在于将学习经验进行结构化,即探究课程内容各要素之间的相互关系。其价值功能体现在三个方面:秉持课程思维,实现专业引领;基于结构化视角,平衡组织逻辑;建立多样联结,整合课程内容。这种结构化方法有助于教材编制更贴近学生需求,提升学习效果,为教育实践提供了重要指导。[③]

新义务教育课程标准的修订强调了所有学科课程内容的结构化,其核心表现在以主题、项目、任务来统筹学科内容。这种结构化并非简单地减少内容或删减知识,而是以学科主题、核心概念、项目和任务等为纽带,有序编排内容,使之形成一个相互关联的整体。以义务教育科学课程为例,其设置了 13 个学科核心概念,这是所有学生在义务教育阶段应该掌握的科学课程核心内容。此外,还有 4 个跨学科核心概念,依托学习 13 个学科核心概念来实现。这些学科核心概念与跨学科核心概念相互联系,共同构成了科学课程的横向内容结构,既保证了课程内容的科学性、时代性,又促进了学生核心概念的形成和核心素养的发展。

通过主题、项目、任务的统筹,以及学科核心概念与跨学科核心概念的相互联系,课程内容得以更好地服务于学生的学习需求,为其未来的学习和生活奠定坚实基础。有机的课程结构的生成需要通过主题、项目、任务对于课程内容的架构和统筹,从而使学生能够在学习中更好地理解知识之间的内在联系,并将所学知识应用到实际问题解决中。结构化的课程

---

① 吴刚平,陈华,徐晨盈,等.校本课程开发 20 年[J].全球教育展望,2021,50(12):3-18.
② 中华人民共和国教育部.义务教育课程方案(2022 年版)[M].北京:北京师范大学出版社,2022:14.
③ 张紫红,崔允漷.论课程内容结构化:内涵、功能与路径[J].课程·教材·教法,2023,43(06):4-10.

设计能够实现学习内容的"少而精",减少学生学习过程中的冗余知识和碎片化信息,使得学习更有针对性和高效率。通过明确的学科核心概念和跨学科核心概念,学生能够更好地理解课程的重点和主线,从而更好地掌握和运用知识。[1]

二、课程的评价

(一)课程评价的基本模式

1. 目标评价模式

目标评价模式是建立在泰勒的评价原理、课程原理基础上的一种教育评价方法。泰勒的评价原理着眼于评价的目标设定和实现,其核心思想是以目标为中心展开评价活动。该评价原理包括七个步骤:确定教育计划的目标;根据行为和内容来界定每一个目标;确定使用目标的情境;设计呈现情境的方式;设计获取记录的方式;确定评定时使用的计分单位;设计获取具有代表性的样本的手段。[2] 每一步都是为了确保评价过程能够全面、系统地达到既定的目标。

泰勒的目标评价模式的重点在于明确目标、设计合适的评价方法和标准,有效地收集、分析评价数据,从而为教育实践改进提供重要的指导。同时,该模式也为评价者和决策者提供了科学依据,帮助他们更好地制定教育政策和实施教育改革。泰勒原理重视课程目标的关键地位,强调确定课程目标是整个课程设计的首要步骤,课程的内容选择、组织和评价都是围绕着目标展开的。泰勒原理的核心思想是确保课程设计与实施的一致性和有效性,以达到既定的教育目标。在评价层面,泰勒原理强调了评价过程应当围绕着明确的目标展开,旨在使评价活动更有针对性、科学化和有效性。

2. CIPP 模式

CIPP 模式是背景评价(context evaluation)、输入评价(input evaluation)、过程评价(process evaluation)、成果评价(product evaluation)的简称。该模式是由斯塔弗尔比姆提出的,旨在为课程决策提供有用的信息,使评价不仅仅局限于目标达成的程度,而更关注对课程决策提供支持和指导的过程。

首先,背景评价是 CIPP 模式的第一步,目的在于明确课程计划实施机构的背景情况,确定评价对象及其需求,诊断基本问题并判断目标是否满足这些需求。通过背景评价,评价者能够更好地了解课程所处的环境和背景,为后续的评价提供合理的基础。其次,输入评价是为了帮助决策者选择达到目标的最佳手段。这一步骤涉及对各种可选择的课程计划进行评价,以确定哪种方案更符合实际需求和实施条件。输入评价的关键在于为决策提供关于不同方案的全面信息,以支持最佳选择的制定。再次,过程评价旨在通过描述实际过程来确定或预测计划本身或实施过程中存在的问题。这一步骤需要对计划的实施情况进行检查,以确保课程的执行符合预期,同时发现可能存在的问题,为及时调整提供基础。最后,成果评

---

[1] 吕立杰.加强知识整合,促进课程内容结构化[J].人民教育,2022(09):24-26.
[2] 施良方.课程理论:课程的基础、原理与问题(第2版)[M].北京:教育科学出版社,2020:144.

价是 CIPP 模式的最后一步,其目的在于测量、解释和评判课程计划的成绩。通过收集各种有关描述和判断,将其同目标、背景、输入和过程方面的信息联系起来,并对其价值和优点进行解释。该步骤目的在于全面评估课程实施的效果,并为之后的改进提供依据。①

3. 目标游离模式

目标游离模式是美国教育学家迈克尔·斯克里文于 1967 年提出的。斯克里文认为,教育活动不仅仅会达到预期的效果,还会产生各种非预期的效应,即副效应。这些效应可能包含积极的方面和消极的方面,而仅仅衡量教育活动是否达到预期目标是不够全面的。因此,目标游离模式提倡在评价中考虑活动的全部效果,包括可能出现的相反效果,并在此基础上做出综合的价值判断。斯克里文主张,评价活动应减少方案、计划制定者的主观意图对评价的影响。为此,评价者不应事先知晓方案及计划制定者的目标,从而将评价的重点由"方案预期达到何种目标"转变为"方案实际产生了什么效果"。这样的评价更趋向于客观、无偏见,并使评价者能够自由地判断教育活动的实际成果。

目标游离模式的核心思想在于将评价活动与预定目标相分离,将活动参与者的意图作为评价的依据。其突出特点在于拓宽了评价的范围,不仅关注教育活动达到的目标,还关注活动参与者的意图,包括可能的积极和消极效果。这种评价方法开阔了评价者的视野,使其能够更全面地理解教育活动的影响。

值得注意的是,目标游离模式并没有形成正式的定义,也缺乏一套完整的评价步骤或程序。因此,它更多地被看作是一种评价的指导思想或原则,而非具体的评价模式。然而,这一理论对教育评价的理论和实践产生了较大的影响,促使评价者更注重教育活动的实际效果,而不仅仅是关注能否达到预定目标。目标游离模式在一定程度上发展了泰勒倡导的现代教育评价理论,或弥补了泰勒评价模式的不足。②

(二)课程评价的关键概念

1. 学业质量标准

教育部发布的 2022 年版义务教育各学科课程标准首次引入了学业质量标准,标志着义务教育课程教学改革的新起点。学业质量标准的制定以学科核心素养为基础,将学科核心素养的概念贯穿其中,成为其研制的依据。学业质量标准作为学科核心素养的具体表现,承载着素养的实践应用和展示。③

在学科核心素养中,应知和应做是关键术语。应知回答了学生应该掌握的理论知识、概念和基本原理的问题,而应做揭示了学生应具备的能力、技能和实践经验。学业质量标准将学生应知和应做的素养目标要求具体化与量化,为学生的学习过程提供重要的导向作用。学业质量标准是教师课程实施的重要参照,能够优化课堂教学内容和学习活动,更好地满足学生的学习需求,促进其全面发展和综合素质的提升。学业质量标准是指学生在完成各学

---

① 施良方.课程理论:课程的基础、原理与问题(第 2 版)[M].北京:教育科学出版社,2020:146.
② 刘宝存.国际基础教育质量评价标准与政策[M].上海:上海教育出版社,2020:439.
③ 汤雪平,武凤霞.让素养可见:学业质量标准及其教学导向[J].中小学管理,2023(08):54-57.

段基础教育时应该具备的基本素养及达到的具体水平的明确界定和描述。①

2. 表现性评价

表现性评价是一种考查学生在真实或模拟情境中运用先前学到的知识完成任务或解决问题的评估方式。② 这种评价形式旨在全面了解学生对知识和技能的掌握程度，以及在问题解决、交流合作和批判性思考等方面的发展情况。与传统的标准化选择题测验相比，表现性评价更注重考查学生在实际生活中应用所学内容的能力，因而也被称为真实性评价。③

传统测验通常只能测试学生的低水平知识和单一技能，而无法全面考察其真实世界中的综合成就和情感表现。表现性评价能够更全面地捕捉学生的学科能力和情感态度，使评价更加丰富和有深度。其中，创设真实情境是实施表现性评价的关键因素。借助真实性情境，能够有效提升学生的知识迁移和问题解决能力。在真实情境中的问题解决，可以更准确地反映学生在实际应用中的表现，从而更全面地评估他们的能力水平。表现性评价也被称为替代性评价，强调其在替代传统标准化测验方面的作用和意义。通过引入表现性评价，教育体系能够更好地满足学生的实际需求，培养他们更全面、灵活和更具创造性的能力。

3. 增值性评价

增值性评价源于经济学中增值的概念，要求在评估产出时考虑投入的多少，降低成本、提高收益，追求增值最大化。④ 1992年，美国田纳西州政府率先采用增值评价系统作为州教育促进法案的一部分。增值性评价被视为一种更为科学和客观的评价方法，能够更准确地衡量学校和教师的教育效果，因此备受青睐。随着《不让一个孩子掉队》法案的出台，增值性评价逐渐成为美国教育评价的主流方式。

在教育评价领域中，增值性评价是一种追踪学生学业表现的方法。它通过追踪学生在一段时间内不同时间点上的标准化测验成绩，进行纵向比较，并考虑其他不受学校或教师控制的因素对学生成绩的影响，如学生的原有成绩水平、人口学因素、家庭背景信息以及学校周围地区的经济发展水平等。通过使用多水平模型对数据进行统计分析，增值性评价能够将上述因素对学生成绩的影响与学校或教师对学生成绩的效应分离开来，从而追踪学生在一段时间内学业上的变化，并考察学校或教师对学生学业成绩影响的净效应。这种方法能够实现对学校或教师效能的较为科学和客观的评价，为教育政策制定提供重要依据。⑤ 把增值性评价引入教师评价体系中，并将教师效能与其他教师评价指标结合起来，有助于取长补短，建立更为科学、合理、公平的教师评价体系。

---

① 杨向东.基础教育学业质量标准的研制[J].全球教育展望,2012,41(05):32-41.
② 赵德成.表现性评价：历史、实践及未来[J].课程·教材·教法,2013,33(02):97-103.
③ [美]波帕姆.促进教学的课堂评价[M].国家基础教育课程改革"促进教师发展与学生成长的评价研究"项目组,译.北京:中国轻工业出版社,2003:137.
④ 边玉芳,孙丽萍.教师增值性评价的进展及在我国应用的建议[J].教师教育研究,2015,27(01):88-95,112.
⑤ 辛涛,张文静,李雪燕.增值性评价的回顾与前瞻[J].中国教育学刊,2009(04):40-43.

三、课程的实施

(一) 课程实施的取向

1. 课程实施的经典取向

课程实施取向是对课程实施过程本质的不同认识以及支配这种认识的相应课程价值观的总称。这一理念深刻地反映了对于如何有效地进行教育实践的不同看法。美国学者斯奈德提出了三种主要的课程实施取向,即忠实取向、相互调适取向和创生取向。①

忠实取向强调课程实施是按部就班地执行预定课程方案的过程。忠实取向将预定课程方案的实现程度视为衡量课程实施成功与否的主要标准。如果课程方案能够严格按照设计执行,就被认为是成功的;反之,则被看作是失败的。忠实取向的课程实施者注重忠实执行,强调按部就班,很难接受对课程方案进行实质性变革的观念。

相互调适取向认为课程实施是预定课程方案与学校情境相互适应的过程。这种适应包括两个方面:一是对具体学校或班级的实际情况进行调整,涉及课程目标、内容、方法和组织形式等方面的调整;二是学校实际情境为适应课程方案而发生的变化。该取向的实施者强调课程实施是一个"协调中的变革"过程,在实施中可能需要对课程方案进行修订或变更,以更好地适应实际情况。

创生取向强调课程实施是师生在具体情境中共同创造新的教育经验的过程。在此取向下,预定的课程方案被看作是一种材料或背景,而师生通过创生的过程不断变化和发展;课程本身也在这个过程中不断生成。创生取向的实施者注重教育经验的共同创造,强调师生之间的互动和共同发展。

2. 课程实施的新取向

根据课程改革的实践,可将我国课程实施归纳为三种类型:基于教师经验的课程实施;基于教科书的课程实施;基于课程标准的课程实施(教学)。这三种类型的课程实施取向,反映了我国课程理念和课程实践的迭代升级。课程实施的新取向在于从基于教师自身经验或教科书的课程实施,走向基于课程标准的教学,即教学目标源于课程标准、评估设计先于教学设计、指向学生学习结果的质量,以及如何设计基于课程标准的教学,希望教师能够"像专家一样"整体地思考标准、教材、教学与评价的一致性问题。②

随着社会的发展,人们对教育的期望和需求也发生了巨大变化。随着教师专业化水平的不断提高,人们开始期待教师不再仅仅是传授知识的教书匠,而是能够更深层次地理解教学目标、方法和效果,以及教育的意义和价值。在此背景下,我国在最新一轮课程改革中推出了国家课程标准,倡导基于课程标准的教学。

课程标准作为国家对学生在校期间学习成果的统一要求的表述,涵盖了知识、技能、过程、方法、情感态度和价值观等方面。因此,课程标准的设定是为了规定学生的学习结果,而非直接规定教学内容。基于课程标准的教学过程主要包括确定教学目标、设计评价方式、组

---

① 黄甫全.现代课程与教学论(第三版)[M].北京:人民教育出版社,2014:269.
② 崔允漷.课程实施的新取向:基于课程标准的教学[J].教育研究,2009(01):74-79,110.

织教学内容、实施教学活动、评价学生学习情况和改进教学方法等环节。这种教学方式既确立了教学的质量底线,又保留了一定的灵活性,使教师可以根据具体情况灵活调整教学内容和方法。

(二) 课程实施的关键概念

1. 跨学科主题学习

《义务教育课程方案(2022年版)》明确要求各门课程原则上要用不少于10%的课时设计跨学科主题学习。跨学科主题学习是基于学生的知识基础,围绕某一研究主题,以某一学科课程内容为主干,运用并整合其他课程的相关知识和方法,开展综合学习活动的过程。跨学科主题学习具有综合性、实践性、探究性、开放性和可操作性等特点。[1]

要确保跨学科主题学习既符合课程政策要求,又能够落到实处,应注意两个基本的操作策略:一是跨学科主题学习任务化;二是跨学科主题学习与学科主题学习交融互渗。其中,跨学科主题学习的实现需要在两个方面进行综合。[2] 一方面,综合学习内容是至关重要的。这涉及以学习任务为核心的内容聚合机制,旨在打破分科教学的学科壁垒。综合学习基于问题解决的需求,考虑学生的年龄特点以及不同学科的性质,通过合并、重构跨学科知识和技能的结构来形成综合内容,主要包括整合多种思考方法、探究方式和价值观念,以及嵌套跨学科知识图谱。综合学习可以形成综合内容组织和学习活动单位,进而开发基于跨学科核心素养的大观念、大主题和大任务的主题学习内容,确保其"少而精"。另一方面,综合学习方式同样至关重要。这一方面以学习任务为动机激发机制,旨在转变传统的师生授受式教学形态。通过探索任务型、项目化、主题式和问题解决等综合教学方式,使学习过程更多地体现"做中学、悟中学、用中学、创中学"的理念。这意味着学生在学习过程中不再是被动接受知识,而是积极参与、动手实践,在解决问题和完成任务中培养创造性和批判性思维。

2. 学科实践

学科实践作为学科育人和实践育人的重要途径,在核心素养时代为解决如何有效育人提供了新路径。学科的确立离不开专业的实践,而学科的不断发展也是在实践的基础上展开的,其终极目标是促进人类实践的进步与改善。学科实践指的是具有学科内涵的典型实践,即学科专业共同体在追求共同的愿景和价值观的指引下,运用学科的概念、思想与工具,整合心理过程与操作技能,解决真实情境中的问题,形成一套典型的实践方法。[3]

学科实践作为一种学习方式,是获取知识和技能,培养学生实践能力、创新意识和问题解决能力的重要途径。它至少需要回答四个关键问题:学习是什么、学习为了什么、学什么、如何学。首先,学科实践需要明确学习的本质,即将理论知识与实际应用相结合,通过实践获取知识、技能和经验,并将其应用于问题的解决。其次,学科实践要确定学习的目的,即培养学生的专业素养、实践能力和创新思维,使其具备解决实际问题的能力和动力。再次,学

---

[1] 孟璨.跨学科主题学习的何为与可为[J].基础教育课程,2022(11):4-9.
[2] 吴刚平.跨学科主题学习的意义与设计思路[J].课程·教材·教法,2022,42(09):53-55.
[3] 崔允漷,张紫红,郭洪瑞.溯源与解读:学科实践即学习方式变革的新方向[J].教育研究,2021,42(12):55-63.

科实践要明确学习的内容,即依据学科特点和实际需求,选取相关概念、理论和技术,通过实践活动进行深入学习和应用。最后,学科实践需要探索适合的学习历程,即通过任务驱动、问题导向等方式,激发学生的学习兴趣和动力,引导其参与到学科实践活动中去。

3. 大概念教学

大概念的内涵主要表现为三个方面。第一,大概念是抽象概括出来的概念。大概念是在经验和事实的基础上形成的,通过对概念与概念之间关系的抽象概括而得到的,是对具体经验和实际情境进行抽象提炼的结果,具有一定的普适性和概括性。第二,大概念是整合概念的概念。这突显了大概念的整合性质,将其看作是概念的集合,能够将各种相关概念和理解有机地联系成一个连贯的整体。大概念不是孤立存在的,而是在认知结构中形成相互关联的网络,有助于促使个体更全面地理解和应用知识。第三,大概念是能广泛迁移的概念。大概念具有广泛适用性,超越了个别的知识和技能,具有在更大范围内迁移运用的能力。大概念的灵活性使其不仅在特定情境下有用,还能够跨足不同领域,为个体应对多样化的认知任务提供支持。[①]

在信息过载时代,培育核心素养的教学不是碎片化知识的死记硬背与重复刷题,而是注重真实情境的问题解决与迁移。大概念的引入和应用为课程建设提供了新的视角,为转变知识本位的教学方式、架构学习内容及革新课堂教学实践提供了有价值和可操作的概念工具。从某种意义上来说,大概念教学的引入和应用促进了育人方式的转变。[②]

第四节 课程改革

课程改革是教育改革的核心领域和关键环节。课程改革是为了不断适应社会经济、科学技术以及人的发展的需要,对课程体系、目标、内容等方面进行的有目的、有计划地改造或创新活动。21世纪,世界各国纷纷掀起了创新性人才培养的新一轮基础教育课程改革的浪潮。

一、影响课程改革的主要因素

(一)政治因素

任何社会的课程改革都不可能超越特定的政治范畴,不可能不体现特定阶级阶层或社会集团的政治立场、价值观念以及意识形态。在不同历史时期,政治观念的变迁、政治制度的变革、政治局势的波动,对于课程改革有着极为重要的影响。"尤其是当政治变革影响到教育的根本性质时,这种影响就更为强烈。"[③]可以说,政治因素对课程改革的影响是深刻的、

[①] 李松林.以大概念为核心的整合性教学[J].课程·教材·教法,2020,40(10):56-61.
[②] 李凯,吴刚平.为素养而教:大概念教学理论指向与教学意蕴[J].比较教育研究,2022,44(04):62-71.
[③] 全国十二所重点师范大学联合编写组.教育学基础(第2版)[M].北京:教育科学出版社,2008:177.

直接的、多层面的,它制约着课程改革目标的厘定、课程改革的内容选择、课程的编制过程等,以确保课程体现统治阶级的意志和人才培养要求。[①]

(二) 经济因素

经济因素对课程改革有着直接的决定性作用。经济体制的变化、经济发展水平的提高、经济政策的调整等都会引起课程领域的改革。具体而言,经济因素对课程改革的影响主要表现在三个方面。第一,经济领域劳动力素质提高的要求制约课程目标。经济发展必然带来对劳动力素质要求的改变,而这个新的要求必将带来教育领域培养目标与课程目标的变革。第二,经济发展的地区差异性制约课程改革。经济发展的地区差异要求课程改革必须适应当地经济发展水平,同时因地制宜地为经济发展服务。第三,市场经济体制对课程改革产生影响。在我国,社会主义市场经济体制的建立,要求课程改革必须提出符合适应社会主义市场经济发展需要的新理念、新体系、新内容,如促进学生全面发展、重视培养学生的实践能力、提升创新精神和社会责任感等。[②]

(三) 文化因素

文化是制约和影响课程改革的重要因素。第一,文化模式对课程改革具有影响和制约作用。"课程改革总是处于特定文化环境之中,根植于本民族、本地区的历史文化传统。"[③]文化模式不仅为课程改革提供了特定背景与特色的课程资源,而且从多方面制约和影响课程改革。学校在进行课程改革时,必须依据特定的文化模式,立足特色文化传统,否则无法保证教育质量。第二,文化变迁对课程改革具有影响和制约作用。作为传播、传递和创造文化的载体,课程必须随着文化变迁做出调整;同时,课程改革也必须适应文化变迁的形势。第三,文化多元对课程改革具有影响和制约作用。不同文化之间不是孤立存在的,而是相互影响、融合发展的。如何在遵循求同存异、取长补短的原则的基础上,包容多元文化,树立文化自信,已成为课程改革面临的现实问题。[④]

(四) 科技因素

科技的进步与革新对课程改革有着直接的影响作用,具体表现在以下三个方面。第一,科技革新影响课程改革的目标。从历史上看,科技革新对劳动力需求的变化必然带来各级各类学校培养目标与课程目标的变革。第二,科技革新推动课程结构的变革。其中,课程的科目设置及内容的选择与科学技术门类的演变直接相关。同时,科技革新影响自然科学和人文科学在课程结构中的比例、地位与相互关系。第三,科技革新影响课程变革的速度。在科技革新速度加快的情况下,学校课程改革速度也将加快,同时改革的规模更为宏大。[⑤]

---

① 全国十二所重点师范大学联合编写组.教育学基础(第 2 版)[M].北京:教育科学出版社,2008:177.
② 全国十二所重点师范大学联合编写组.教育学基础(第 2 版)[M].北京:教育科学出版社,2008:178-179.
③ 张华,刘宇.试论课程变革的文化问题[J].教育发展研究,2007(01):17-21.
④ 全国十二所重点师范大学联合编写组.教育学基础(第 2 版)[M].北京:教育科学出版社,2008:179-180.
⑤ 全国十二所重点师范大学联合编写组.教育学基础(第 2 版)[M].北京:教育科学出版社,2008:180-181.

(五) 学生发展

学生发展对课程改革的影响表现在以下三个方面。第一，学生身心发展的特征影响课程改革。学生身心发展的特征表现为整体性、连续性、阶段性和个别差异性。为此，必须从"为了每一个学生发展"的价值观出发，明确课程目标，优化课程结构，创新课程实施方式方法，完善课程评价与管理制度，建立契合学生身心发展特征，体现学生全面发展、整体发展、个性化发展要求的课程体系。第二，学生需要影响课程改革。课程改革必须满足学生身心发展的全面需求，促进学生身心的全面发展。具体来说，既要注重满足学生认识自然、认识世界、认识自我的需要，开设促进学生全面发展的一系列课程，又要满足学生直接体验与实践的需要，开设促进学生身心主动发展的多种活动课程。第三，课程改革应着眼和立足学生的最近发展区。课程内容必须是超越学生既有发展水平的内容，但同时又必须是经过教师指导后学生凭借已有经验、知识与能力可以解决的问题。[①]

二、我国新一轮基础教育课程改革

面对经济、社会、科技发展的迅猛形势，新世纪初，在"为了中华民族的复兴，为了每一个学生发展"的理念下，我国启动了素质教育工程，拉开了新一轮基础教育课程改革的序幕。

（一）全面推进阶段

2001年，教育部正式启动新一轮基础教育课程改革，先是颁布《基础教育课程改革纲要（试行）》，研究制定义务教育阶段课程设置实验方案、课程标准实验稿以及配套实验教材，并于同年9月开始在全国38个国家级试验区开展义务教育课程实验。2004年，全国普通高中新课改在广东、海南、宁夏、山东4省份率先开始，同时颁布高中各个学科课程标准。到2007年秋季，全国共有16个省份实施高中新课程，并于2010年在全国全面推开。

全面推进阶段的课程改革十分重视顶层设计、课程教材建设及课程实验，明确了"为了每一个学生的发展"的价值观，系统调整和改革基础教育课程体系、结构、内容，初步建构了符合素质教育要求、具有中国特色的基础教育课程体系。课程改革目标主要包括：第一，注重学生在知识与技能、过程与方法、情感态度与价值观"三维"课程目标上的全面、和谐发展；第二，重建具有均衡性、综合性、选择性的课程结构；第三，加强课程内容与学生生活、现代社会和科技发展的联系，关注学生的学习兴趣和经验，精选终身学习必备的基础知识和技能；第四，课程实施从接受学习转向建构式学习，倡导自主学习、合作学习及探究学习；第五，树立发展性评价理念；第六，实行国家、地方、学校三级课程管理，增强课程对地方、学校及学生的适应性。上述目标成为这一阶段我国课程改革的主要内容与成果。

（二）全面深化阶段

为深入贯彻党的十八大提出的"把立德树人作为教育的根本任务"的战略部署，2014年教育部颁布《关于全面深化课程改革落实立德树人根本任务的意见》，标志着新一轮基础教

---

① 全国十二所重点师范大学联合编写组.教育学基础(第2版)[M].北京：教育科学出版社，2008：181-182.

育课程改革进入全面深化阶段。这一时期的改革重点聚焦在目标、教材、教学、考试评价等关键领域上。2016年9月，教育部委托北京师范大学，联合国内高校近百位专家历时3年完成的《中国学生发展核心素养》成果发布。2017年秋季，义务教育道德与法治、语文、历史三科统编教材在义务教育阶段起始年级投入使用，标志着三科教材由"一纲多本"变为统编、统审、统用。2018年1月，教育部印发《普通高中课程方案和语文等学科课程标准（2017年版）》，并于2018年秋季开始执行。2019年6月，中共中央、国务院印发《关于深化教育教学改革全面提高义务教育质量的意见》，国务院办公厅印发《关于新时代推进普通高中育人方式改革的指导意见》，进一步明确五育并举的育人理念，深入推进课堂教学改革。

深化阶段的课程改革在延续前期课程改革主体框架的基础上，进一步凸显了课程在立德树人中的核心作用，并提出新时期深化基础教育课程目标、课程实施、课程管理、课程评价等改革的新举措。在课程目标上，研制中国学生发展核心素养总体框架，凝练普通高中学科课程培育的核心素养，以挖掘学科课程的育人价值。在课程实施上，明确课堂是培育学生的主阵地，进一步深化课堂教学改革，积极开展启发式、互动式、探究式教学，探索基于学科的课程综合化教学，组织学生开展研究性、项目化、合作式学习。在课程管理上，对语文、历史、德育三科教材进行统一编写、统一审查和统一使用，强化了国家对三科等课程的管理和控制。在课程评价上，强化考试招生和评价的育人导向。

（三）持续深化阶段

2022年4月，教育部印发《义务教育课程方案和课程标准（2022年版）》，标志着义务教育阶段的课程改革全面迈入核心素养时代。《义务教育课程标准（2022年版）》明确提出素养导向、综合育人、实践育人的改革理念，为新时代深化课程改革提出了纲领性的要求。[①] 2023年5月，教育部出台《基础教育课程教学改革深化行动方案》，为落实立德树人根本任务、办好人民满意的教育、有组织地持续推进基础教育课程教学深化改革绘制了行动蓝图。

为深入落实立德树人的根本任务，培养德智体美劳全面发展的社会主义建设者和接班人，持续深化阶段的课程改革建构了核心素养导向的新目标、新内容、新教学与新评价。[②] 具体表现为以下四个方面。

第一，明确新目标，强调由"三维目标"走向核心素养。新课程标准围绕全面落实习近平总书记关于培养担当民族复兴大任时代新人的要求，结合各学科课程性质与课程理念，进一步明确各学科应着力培养的核心素养，综合构建了素养型课程目标体系与学业质量体系，进一步明确了素养导向的育人目标。

第二，建构新内容，强调由零散知识点走向课程内容结构化。《义务教育课程方案（2022年版）》提出，基于核心素养培养要求，明确课程内容选什么、选多少，注重与学生经验、社会生活的关联，加强课程内容的内在联系，突出课程内容结构化，探索主题、项目、任务等内容

---

① 崔允漷.借助"新方案""新课标"开创义务教育课程改革新局面[J].中国基础教育，2022(10)：66-70.
② 崔允漷.义务教育新课程修订有哪些要点[J].中国民族教育，2023(Z1)：11-14.

组织方式。原则上,各门课程用不少于10%的课时设计跨学科主题学习。[①] 这就必须要改革碎片化、孤立化、零散化的课程内容组织方式,加强跨学科知识之间的联系、学科内知识间的联系,以及学科知识与学生经验、社会生活之间的联系。

第三,催生新教学,强调由接受学习走向学科实践与综合学习。《义务教育课程方案(2022年版)》强调,"坚持素养导向,强化学科实践,推进综合学习,落实因材施教"。其中,学科实践与综合学习体现了新方案修订的综合性与实践性的精神,是推进新教学的重要抓手。[②] 学科实践要求注重"做中学",引导学生参与学科探究活动,像学科专家一样经历发现问题、解决问题、建构知识、运用知识的过程,体会学科思想方法。综合学习注重知识学习与价值教育的有机融合,旨在通过主题化、项目式学习等综合学习活动,促进学生举一反三、融会贯通,加强知识间的内在关联,促进知识结构化。[③]

第四,倡导新评价,强调由育分导向走向育人导向。要更新教育评价观,注重核心素养立意的教学评价,倡导评价促进学习的理念,发挥评价的导向、诊断、反馈作用,实现以评促教、以评促学,促进学生全面发展;创新评价方式方法,改进结果评价,强化过程评价,探索基于证据的评价、增值评价、协商式评价、表现性评价,着力推进评价方式方法改革;提升考试评价质量,充分发挥考试评价的科学育人功能。[④]

总之,新一轮课程改革为基础教育领域带来了生机与活力,显示出了不可估量的价值与意义。"这场在960万平方公里土地上展开的新的教育革命,改变了教育教学方式,确立了全新的教育管理制度框架。重塑了1 700万教师的教育生活方式,改变了2.8亿学生的学习方式,甚至还在以更深的力量改变着国家的未来。"[⑤]但是,我们必须清晰地认识到,课程改革是一项复杂且艰巨的任务。在推进教育现代化、建设教育强国的时代背景下,高质量的教育需要进一步深化课程教学改革,转变育人方式。因此,课程与教学改革只有起点,没有终点。

三、世界基础教育课程改革的主要趋势

21世纪是知识经济、全球化、信息化的时代,科技创新加速,国际竞争加剧。在此背景下,基础教育课程改革在世界范围内受到前所未有的重视,呈现出如下发展趋势。

(一)强调素养导向的整体性课程目标

世界各国的课程改革大都遵循整体主义的课程取向,强调能力、素养、态度和价值观的整体、均衡、可持续发展。面对日新月异的经济与社会变化,世界各国都在思考面向21世纪的未来公民培养问题,以使其更好地实现个人终身发展、适应未来的工作和生活。其中,经

---

① 中华人民共和国教育部.义务教育课程方案(2022年版)[M].北京:北京师范大学出版社,2022:11.
② 崔允漷.义务教育新课程修订有哪些要点[J].中国民族教育,2023(Z1):11-14.
③ 中华人民共和国教育部.义务教育课程方案(2022年版)[M].北京:北京师范大学出版社,2022:14.
④ 中华人民共和国教育部.义务教育课程方案(2022年版)[M].北京:北京师范大学出版社,2022:14-15.
⑤ 康丽.新课程改革击中了教育的"靶心"[N].中国教师报,2021-01-06(02).

济合作与发展组织于 1997 年提出"核心素养"概念,并从交互使用工具的能力、在异质群体中有效互动的能力、自主行动能力三个维度开发核心素养框架。随后,世界许多国际组织、国家或地区相继提出核心素养框架,并以此推进基础教育课程改革,提升基础教育质量。当然,由于社会文化背景的差异,不同的国际组织、国家或地区使用了不同的表达方式。例如,欧盟的"核心素养"、美国 21 世纪技能合作组织的"21 世纪技能"、芬兰的"横贯能力"、澳大利亚的"通用能力"、日本的"资质与能力"、联合国教科文组织"12 项素养"等。

(二)强调课程设置的综合性和多样性

一方面,从分科化走向综合化是当今世界基础教育课程内容改革的主要趋势。比如,美国从科内整合、科际整合、跨学科整合、超学科整合四个层面出发,构建了多层次、立体化的综合课程体系,并发展出了全语文、社会科、STEM、21 世纪主题等多种具有代表性的综合课程形态。另一方面,当前世界课程改革越来越注重多元化的课程设置。当代,世界各国的课程改革都非常重视"选修制""活动课程""国家课程""校本课程""综合课程",以增强课程对学生的适应性,满足不同学生的学习需求。比如,芬兰实施的"现象教育课程",法国实行的"个人实践活动课程",英国推行的"实验与探究课程"等。

(三)重视课程内容的基础性、时代性与生活化

面对全球化、信息化、知识经济等时代背景,世界各国基础教育课程改革都注重核心概念与学科发展的关系,强调把握学科课程的时代性,充分吸收新成果与新学习资源,加强学科课程内容与学生生活、社会实践之间的联系,增加生存教育、生态环境教育、数字素养教育、新媒介素养教育等与现代社会生活密切相关的主题。

(四)力求学习方式的多样化、泛在化与个性化

在信息社会、知识社会、学习型社会的背景下,学习方式变革已成为当前国际基础教育课程改革的核心内容之一。开发"以学生学习为中心"的课程,促进学生学习方式由被动接受学习转向主动建构学习,由线下学习转向混合式学习、泛在学习,同时强调学习的实践性、合作性、研究性、个性化,提升学生的终身学习能力,已成为世界各国课程改革的共同选择。

(五)注重课程评价的发展性与多元化

当前,从课程评价的价值取向上来看,目标取向的评价正在被过程取向的评价和主体取向的评价所超越。对学生发展的评价成为课程评价的有机组成部分。[①] 在课程评价的改革实践中,世界各国致力于贯彻多元化的评价原则,强调评价内容、评价主体、评价方式方法、评价标准的多元性。同时,注重改进结果评价,强化质性评价和过程评价,探索增值评价和循证评价,利用人工智能、大数据等技术支持课程评价改革。这些都成为世界范围内课程评价改革的创新点与发展趋势。

---

① 全国十二所重点师范大学联合编写组.教育学基础(第 2 版)[M].北京:教育科学出版社,2008:181-182.

思考题

1. 课程的含义和类型如何影响教育体系的多样性和适应性?
2. 试述课程标准和教科书的作用及其关联性。
3. 简述几种具有代表性的课程开发模式。
4. 为实现预期的教育目标,如何保证课程内容与教学方法的有效匹配?
5. 试分析课程评价在课程改革中扮演的角色。
6. 教师如何应对不断变化的学科发展以推动课程的创新和更新?
7. 试述世界基础教育课程改革的主要趋势。

参考文献

1. [美]拉尔夫·泰勒.课程与教学的基本原理(英汉对照版)[M].罗康,张阅,译.北京:中国轻工业出版社,2014.
2. 李森,陈晓端.课程与教学论[M].北京:北京师范大学出版社,2015.
3. 中华人民共和国教育部.义务教育课程方案(2022年版)[M].北京:北京师范大学出版社,2022.
4. 王本陆.课程与教学论(第3版)[M].北京:高等教育出版社,2017.
5. 吴刚平,郭文娟,李凯.课程与教学论[M].上海:华东师范大学出版社,2023.
6. 施良方.课程理论:课程的基础、原理与问题(第2版)[M].北京:教育科学出版社,2020.

第五章

教学论基础

学习目标

1. 理解教学的含义,掌握教学的结构。
2. 把握教学过程的新特点,理解建构主义教学设计、逆向教学设计、大单元教学的要求。
3. 了解教学模式的发展历程,理解教学模式的发展趋向。
4. 理解教学原则确定和教学方法分类的依据,掌握主要的教学原则和教学方法。
5. 把握班级授课制的特点,理解现代教学组织形式的改革趋势。
6. 理解教学评价的含义、功能和类型,了解教学评价的改革进展。

本章导览

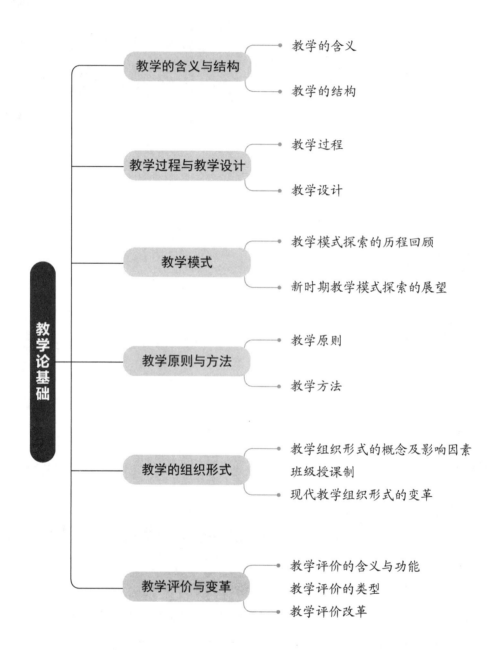

教学论是教育学体系的重要内容,主要回答教学的含义与结构、教学过程与教学设计、教学模式、教学原则与方法、教学的组织形式、教学评价与变革等问题。通过对这些问题的探讨,可以深化对教学各要素的理解,树立正确的教学观,把握教学改革与发展的最新动态。

第一节 教学的含义与结构

在教师的日常话语中,教学是每天都会提及的概念,但要对教学概念予以合理界定,属实不易。那么,教学究竟有何本质内涵及其结构?这是本节主要探讨的问题。

一、教学的含义

对于"什么是教学"这一问题,人们见仁见智,各从不同角度对其进行分析。一般认为,"教学"二字最早见于《尚书·兑命》中的"敩学半",这里的"敩"所指的便是今天的教。唐代孔颖达认为,"敩学半者,上学为教者,音敩(xiào)"。到了宋朝,欧阳修在为胡瑗所作墓表中指出,"先生之徒最盛,其在湖州之学,弟子去来常数百人,各以其经转相传授。其教学之法最备,行之数年,东南之士,莫不以仁义礼乐为学"。这里的"教学"已具有现代教学的涵义了。

及至今日,不同教材都对教学的含义予以界定。比如李秉德认为:"'教学'就是指教的人指导学的人进行学习的活动。进一步说,指的是教和学相结合或相统一的活动。"[①]王策三认为:"所谓教学,乃是教师教、学生学的统一活动;在这个活动中,学生掌握一定的知识和技能,同时,身心获得一定的发展,形成一定的思想品德。"[②]李秉德对教学含义的界定侧重教与学活动的统一,认为只有教或者只有学的片面活动抑或只是两者相加,都不能称之为是教学活动。王策三对教学含义的界定不仅强调了教学是教与学相统一的活动,而且还特别指出教学的目的,即学生在知识与技能、身心发展、思想品德方面的发展。还有其他学者对教学含义的界定,这里不一一类举。在分析比较不同教学含义的基础上,我们拟从以下五个方面对教学的含义予以解析。

第一,教学是教与学相统一的活动。教学中教师的教是指向学生学的教学,学生的学是教师指导下的学习,两者对立统一、不可分离。比如,一个教师在没有学生的教室里按照自己的教学计划实施了整个教学过程,这便称不上是教学,只能称之为试讲。又如,一个教师在坐满学生的教室里讲课,按照自己的教学计划实施了整个教学过程,但是学生都在睡觉或者做别的事情,没有实质参与到教学过程中,也不能称之为教学。所以,判断教学的依据不

---

① 李秉德.教学论[M].北京:人民教育出版社,2000:2.
② 王策三.教学论稿(第二版)[M].北京:人民教育出版社,2005:87.

在于教师是否实施了教学行为,而在于教师的教是否引起了学生的学,学生的学是否推动了教师的教,二者缺一不可。

第二,教学是有意向的教学活动。教师要有激发学生学习兴趣、引导其参与教学过程的意向,学生要有积极配合教师教学、主动参与教师教学过程的意向。即是说,教师和学生在教学过程中不是被动的,而是主动的,不是单向的,而是双向的。只有这样,师生才能共同促成教学的产生。如果一位教师的教学是主动的,学生的学习却是被动的,那么教师就不得不占用本属于教学的时间来管理学生的行为,这样做就破坏了教学的完整性和持续性,影响教学的成效。

第三,教学是有目的的活动。教师在教学之前要预设教学的目的,在教学过程中要关注生成的教学目的,在教学过程结束后要评估教学目的的达成情况。学生也是如此。学生在参与教学之前也会有自己的学习期望,在教学过程中对学习期望进行调整,在教学过程结束后对自己的学习进行总结。需要指出的是,教师和学生的目的不是分离的,是统一在教学过程中的,当共同的目的达成之后也就实现了教学相长。

第四,教学需要借助一定的方式方法来实现。脱离教学的方式方法来谈论教学只能是一种空谈,因为失去了方式方法的支撑,教学就成了空中楼阁。所以,对教学方式方法的探索一直是教学探索的重要内容,比如启发教学、讲授教学、对话教学等。

第五,教学是在特定场域中开展的。如果说教师和学生是教学活动的主角,那么教学环境就好比是他们活动的舞台。缺乏这样的舞台,师生的活动就失去了依托。[1] 所以,教学环境是教学开展的基础性条件,它对教学活动的开展具有重要意义。现在很多学校致力于构建全环境育人的教育场域,通过优化教学环境来提高教学质量。

二、教学的结构

学界围绕着教学结构曾经有一场激烈的争论[2],有些学者对教学结构定义的内涵和本质,尤其是教学结构和教学模式之间的关系进行了讨论。目前对教学结构的定义也比较多元,比如,有学者认为教学结构是"教师为了达成特定的教学目标,对于可能影响教学实现的各相关要素,如教学内容、活动方式、时间与空间分配等,进行系统组织与安排后所呈现出的表现形式"[3]。有学者认为教学结构是"教学过程中各种要素相互联系、相互作用的方式,它具有层次性、基础性、功能性、整体性四大特性"[4]。一般认为,教学结构是由教师、学生、内容和媒体四种要素组成的稳定结构,各要素并不是相互孤立的,而是根据一定的教学理论型构出特点各异的交互关系,形成不同类型的教学结构。[5]

---

[1] 李秉德.教学论[M].北京:人民教育出版社,2000:266.
[2] 相关争论的文献主要发表在《电化教育研究》上,主要有邱崇光的《"教学结构"和"教学模式"辨析——与何克抗教授商榷》《对我国教育技术学科研究现状的冷思考——从"教学结构"与"教学模式"争论谈起》,余胜泉等人的《论教学结构——答邱崇光先生》《论教学结构的实践意义——再答邱崇光先生》。
[3] 沈书生.从教学结构到学习结构:智慧学习设计方法取向[J].电化教育研究,2017,38(08):99-104.
[4] 李怡明,李森.论课堂教学结构异质化变革[J].课程·教材·教法,2014,34(06):16-22.
[5] 于翠翠.信息技术驱动的课堂教学结构变革[J].课程·教材·教法,2018,38(03):117-125.

(一) 指向教师教的教学结构

这种教学结构强调教师的主导作用,认为教学中各要素主要服务于教师的教,由教师根据教学需要调配各要素之间的关系。其中,以教学内容的讲授为主线,教学内容的提供方是教师,知识的接受方是学生,媒体发挥着辅助教学的功能,这是一种知识单向传递的结构。受应试评价和班级规模的影响,为提高教学内容传递的效率,教师将学生视为一个整体进行讲授,无法兼顾到学生个体的差异。有学者将其称为同质化的教学结构,即"在这种教学结构中,不论学生的数量是多少,教师均把他们'同质'为一个学生,进而将教学简化为一个教师与一个学生的一对一教学"①。这种同质化的教学结构虽然保证了教学的效率,使知识能够在短时间内完成传递,但因无法很好地体现出学生的主体性和差异性而广受质疑,尤其是在由教师的教转向学生的学之新教学理念出现后,这一教学结构成了批判和变革的对象。

(二) 指向学生学的教学结构

这种教学结构是在教学理念从教师的教向学生的学转向中形成的,强调的是学生的主体作用,认为教学中各要素主要服务于学生的学。在此教学结构中,教师发挥组织者、引导者的作用,以激发和调动学生主动学、自觉学、合作学为目标来调配教学各要素之间的关系。这种教学结构以学生的学为中心,教师的教是为了引起学生的学,教学内容基于学生的学来选择,媒体发挥着促进学生学的作用。这种教学结构构建的是一种双向传递的交流通道,虽然学生的学习内容依然由教师提供,但在选择和确定内容时,要充分考虑学生的差异化需要,提高内容的针对性和适切性,而不是仅从教的便利来考虑,或者针对整体的抽象的学生群体来确定。也就是说,指向学生学的教学结构注重对学生个体学习需要的关注,体现出"一对多"的异质化结构,这与当前以学生为主体、尊重学生的主体性的教学改革趋向是一致的。

(三) 以技术为"底座"的教学结构

这种教学结构是随着技术在教学中的应用由辅助到融入的过程中形成的,强调技术对教学的支撑作用,认为教学中的各要素因为技术的融入而产生了新的联系,其角色和功能也发生了新的变化。在这一教学结构中,技术的作用已不是可有可无的辅助作用,而是必不可少的支撑作用,没有了技术的融入,整个结构就会"崩塌",为此,技术被视为教学的"底座"。"对于教学结构性变革而言,技术并不是可有可无的粉饰性存在,而是作为教学准备、实施与评价的场域和条件,通过营造、创设、建构有利于学习的教学情境,助力课堂教学的重构。"②在技术"底座"的助力下,教学的各要素不是被取代或弱化,而是被赋权增能。除教师外,智能导师将成为新的教学内容的提供者和传递者,使学生在接受知识的同时还可以生产知识、共享知识、传播知识;媒体也不再是传统意义上的多媒体,而是变得更为智能,具有更强的交互能力和情境营造能力。

---

① 李怡明,李森.论课堂教学结构异质化变革[J].课程·教材·教法,2014,34(06):16-22.
② 于翠翠.信息技术驱动的课堂教学结构变革[J].课程·教材·教法,2018,38(03):117-125.

第二节 教学过程与教学设计

教学过程与教学设计是教学论中的重要论题。对教学过程的探讨可以拓展教学的视角,避免单纯追求教学结果的偏颇,从而有意识地关注教学各要素在不同教学环节中的作用,以及师生所实现的成长与发展。对教学设计的探讨可以优化教学过程,使教学各要素之间的关系更趋紧密协调,产生更强的育人合力;还可以使教学过程更能体现出艺术性和美感。

一、教学过程

顾名思义,教学过程就是教学活动的展开过程,是教学要素相互联系发挥作用的过程。"学问思辨行"是我国本土产生的对教学过程的认识,来源于孔子的学思行相结合思想,形成于《中庸》的系统论述,即"博学之,审问之,慎思之,明辨之,笃行之",发展于程朱理学与阳明心学。朱熹特别推崇《中庸》对教学过程的概括,将其作为《白鹿洞书院揭示》,认为"学问思辨行"是为学之序;王阳明则将"学问思辨行"诠释为学习做事的五个过程,即"以求能其事而言,谓之学;以求解其惑而言,谓之问;以求通其说而言,谓之思;以求精其察而言,谓之辨;以求履其实而言,谓之行。盖析其功而言,则有五。合其事而言,则一而已"[①]。赫尔巴特关于教学过程的观点也具有重要影响,他通过对兴趣的心理特征进行分析,提出课堂教学的形式阶段论,即明了、联合、系统、方法。巴班斯基则从教学过程最优化的角度,认为教学过程中的人(教师和学生)、条件(物质条件、卫生条件、道德心理条件)、教学过程结构(包括教学目的和任务、教学内容、教学方法、教学组织形式、教学结果)及教学实施的基本环节构成了教学系统,要实现教学过程最优化,就要对构成该系统的有机联系的各组成部分进行综合考察。[②] 这些探讨对新时期深化教学过程的认识依然具有重要的借鉴意义。随着当前教学改革新理念和新动态的出现,教学过程呈现出一些新特点。

(一)教学过程要体现以学生为本

以学生为本是当前教学改革的核心理念。教学过程要体现以学生为本,可从三个方面入手:其一,教学过程是面向全体学生开展的过程,要平等对待所有学生,而非根据学习成绩的优劣区别对待学生;其二,教学过程要关注每个学生的发展,每个学生都具有个性化的学习需要,也有差异化的学习进程和学习效果,教学过程关注的不仅是学生的知识习得情况,还包括创新思维、文化素养、价值观等方面的发展;其三,教学过程对学生的评价应该是多元的,除传统的结果性评价外,还要结合形成性评价、表现性评价、增值性评价等不同的评价方式对学生进行多元评价,对学生参与教学的过程进行记录和指导,尽量避免单纯以分数为标

---

① 杨道宇.学问思辨行:一种本土特色的教学过程思想[J].湖南师范大学教育科学学报,2016,15(04):79-84,110.
② 王春华.巴班斯基教学过程最优化理论评析[J].山东社会科学,2012(10):188-192.

准的评价。

(二) 教学过程要发挥教师的创造性

以学生为本并不是轻视教师的作用,而是对教师提出了更高的要求。教师不能再因循原有的教学流程或教学习惯开展教学,需要发挥自身的创造性,创新教学方式,不断优化教学过程。教师要不断更新教学观念,关注教学改革的动态和趋向,熟悉新修订课程标准中的教学理念和教学要求,比如应掌握 2022 年新修订的各学科课程标准中大单元教学、大概念教学、任务群学习等理念。教师要根据学情诊断和现有教学资源做出教学决策、设计教学进程、选择教学方式,并根据教学目标将这些环节融合在一起,形成一个高质量的教学过程。教师还要对教学内容进行创新性解读和分析。教学过程不只是传统意义上的传递和执行课程的教学内容的过程,更是课程的教学内容在活化的基础上不断创生的过程。[①]

(三) 教学过程要强调技术的融入

2018 年,教育部印发的《教育信息化 2.0 行动计划》明确指出,"坚持信息技术与教育教学深度融合的核心理念","发挥技术优势,变革传统模式,推进新技术与教育教学的深度融合,真正实现从融合应用阶段迈入创新发展阶段,不仅实现常态化应用,更要达成全方位创新"。当代社会,教学过程已无法脱离技术的影响和应用,技术已作为一个核心要素融入教学过程。但技术的融入并不是单一、静态、线性的,需要基于过程的、生成的立场采用综合的、非线性的设计思路与方案。需强调的是,教师拥有用或不用技术、用的方式方法、用的时机、顺序等变通的权利,力争做到技术特别是信息技术在教学中用得适宜、适时、适当。[②] 翻转课堂、在线教学等所体现的都是技术融入的教学过程。未来随着人工智能、教育元宇宙等新技术在教学中的融入,相信还会有更多新的教学过程得以创生和开展。

二、教学设计

关于教学设计的含义,学界曾有多种界定,比如"计划说""方法说""技术说""过程说"等,也曾围绕教学设计与教学论之间的关系产生过争论[③],以至于"当下教学设计理论与教学论几乎是一致的,难以划清边界"[④]。在信息技术深度融入教学过程的际遇下,无论是教学论还是教育技术领域,对教学设计的探讨已很难划清边界。教学设计就是对教学活动进行的具体规划和安排,以使教学活动运行更流畅,效果更优良。

我国对教学设计的探索早已有之。比如,汉代董仲舒最早采取了"弟子以次相授"的方式进行教学,即教师先对一部分学生进行面授,然后让这部分学生将所授知识传递给其他学生。汉代出现了"会讲"的教学组织形式,类似于"班级授课制",即将学生召集在一起进行集

[①] 沈建民.论基于新课程的教学过程及设计[J].课程·教材·教法,2003,23(09):25-28.
[②] 卢强.技术融入教学的实践逻辑、现实冲突与未来走向[J].电化教育研究,2016,37(02):10-17.
[③] 参见李秉德的《"教学设计"与教学论》(发表在《电化教育研究》2000 年第 10 期)、何克抗的《论论教学设计与教学论——与李秉德先生商榷》(发表在《电化教育研究》2001 年第 4 期)等文献。
[④] 杨开城,许易,何文涛.再论教学设计理论与教学论的关系[J].电化教育研究,2015,36(04):54-58.

中授课,在当时的太学中主讲的博士称为"都讲",所以又称"大都授",它因顺应太学的发展而得到广泛使用,并延续到明清的书院教学。近代以来,"分团教学法""设计教学法""道尔顿制""文纳特卡制"等西方教学设计方式相继被引进,斯金纳的程序教学思想,泰勒、马杰、布卢姆等的目标理论,加涅、格莱瑟等的教学设计模式等教学设计理论成果不断被引入我国,又与我国原有的经验性教学设计观念相融合,使我国的教学设计理论呈现出丰富多元的繁荣景象。① 目前,影响较大的教学设计理念主要有建构主义教学设计、逆向教学设计和大单元教学设计等。

(一) 建构主义教学设计

建构主义是20世纪90年代末对我国教学设计产生重要影响的一种教学理念,可将其主张概括为十大理念:(1) 知识的获得是建构的,而不是接受传输而来的;(2) 知识的建构来源于生活,知识存在于活动之中;(3) 学习活动的情境是知识的生长点和检索线索;(4) 意义存在于个人的心智模式中;(5) 人们对现实世界的看法是多元的;(6) 问题性、模糊性、不一致性、非和谐性是引发意义制定的触点,学习者是否拥有问题意识是产生意义建构的关键;(7) 知识的建构需要对所学内容进行阐释、表达或展现;(8) 意义可以与他人共享,因而意义的建构可以通过交流来进行;(9) 意义制定存在于文化交流、工具运用和学习共同体活动中;(10) 并非所有的意义建构都是一样的。② 与倾向于知识传播、重视控制和测评的系统教学设计理念不同,建构主义教学设计并不要求学生对所学知识产生统一、标准化的答案或者结论,而是通过给学生提供一定的方法、资料,引导学生对所学知识建构自己的认识和理解。

在建构主义教学设计观看来,教学任务要立足于学习者对问题更深层次的探索活动,引导学习者通过推理、探索、解惑、预言等活动,促进学习者能力的广泛迁移。在教学目标上,不赞同对学生行为的量化处理和控制,认为个人建构的知识是千差万别的,教学不能按照统一的知识分类来进行评价。在教学策略上,认为教师不应将现成的知识提供给学生,而应鼓励其利用相关方法、工具和资料,自己去建构知识和安排学习任务,同时给予其充分的空间促进其形成新的认识和理解。在教学评价上,认为评价的焦点放在学习情景的结果上,即学习者建构了什么,每个学习者建构的东西可能是各不相同的,所以评价的重点应放在学习获得行为的过程上,而非预设的知识和技能目标上。③

(二) 逆向教学设计

1999年,美国课程与教学专家格兰特·威金斯和杰伊·麦克泰在反思传统教学设计不足的基础上提出逆向教学设计理念。在对一堂课进行设计时,逆向教学设计先明确预期结果,再确定预期结果达到的证据,把评价设计提到教学活动设计之前,使评价嵌入教学过程,

---

① 孙宽宁.我国教学设计研究40年审思与展望[J].课程·教材·教法,2018,38(11):39-45.
② 钟志贤.建构主义学习理论与教学设计[J].电化教育研究,2006,27(05):10-16.
③ 李康.系统教学设计与建构主义教学设计——两种对立的教学设计观[J].电化教育研究,2003,24(10):23-27.

成为诊断和驱动教学的工具。教学成为分析证据的过程,评价不再只是教学结束后的终结性检测,两者形成"教学—评价—教学"的螺旋式上升环,并不断促进目标的达成。① 逆向教学设计的引入,推动了新的教学设计改革热潮。2022年新修订的课程标准对核心素养、教学评一致性等新理念的强调,进一步推动了逆向教学设计的应用和发展,使很多中小学教师也开始了逆向教学设计的实践探索。

我们可从以下三个阶段的设计来呈现逆向教学设计的观点。② 第一个阶段,明确预期的学习结果。教师需要预判学生在单元学习之后能够运用所学知识做什么,教学目标所指向的是学生学习之后能完成怎样的挑战性任务,也就是说,预期的学习结果不是对知识的识记,而是在理解的基础上对知识的应用。第二个阶段,确定可靠的评估证据。逆向教学设计中的评估不是对知识的量的评估,而是对知识的理解和迁移水平的评估。传统的纸笔测试已不适用,需要指向预期学习结果的真实的表现性任务,基于学生学习的行为表现和行为水平来进行评估。第三个阶段,规划一致的学习过程。从目标到评估再到活动,保持整个设计的一致性是逆向教学设计的重要特点,强调学习过程要基于预期的学习结果进行设计,所指向的是表现性评估标准。

(三) 大单元教学设计

随着2022年新修订课程标准的颁行,核心素养本位的教学改革渐成主流。基于这一趋向,教学设计由设计一个知识点或者课时转变为设计一个大单元。大单元教学进入师生的视野,成为备受关注的一种新的教学设计理念。大单元教学是"为了在单元中凸显素养的整合性特征,本土教学实践强调以高站位驱动知识迁移与思维训练,主张借助大概念、大任务、大问题或大项目(统称为'统摄中心'),按照学习逻辑构建相对独立且完整的学习事件,在知识体量、持续时长以及活动架构上都体现出'大'的特点"③。当然,大单元教学设计并不刻意追求各个层面的"大",而是通过设计使得相关概念、任务、问题、项目在培养学生核心素养方面产生实效,促进学生核心素养的提升和发展。

大单元教学设计涉及如何确定大单元、如何设计一个大单元的学习、如何介入真实情境和任务三个关键问题。④ 确定大单元时需注意三个方面:一是通过研读分析教材、课程标准的内容结构及相关要求,基于学情分析及课程资源利用情况,按照规定课时来确定本学期本学科的单元数;二是依据学科核心素养的相关要求,厘清某学期该学科的大单元逻辑及单元名称;三是依据某个核心素养的要求,结合教材内容,按照一定的逻辑将单元知识和内容结构化。在设计一个大单元的学习时,需要将单元名称与课时、单元目标、评价任务、学习过程、作业与检测、学后反思等问题解释清楚;还需要正确理解真实情境和任务中"真实"的意涵,把真实情境与任务背后的"真实世界"当作课程的组成部分,实现课程与生活相连接,引

---

① 叶海龙.逆向教学设计简论[J].当代教育科学,2011(04):23-26.
② 李春艳.中学地理逆向教学设计:释义与策略[J].天津师范大学学报(基础教育版),2022,23(04):75-80.
③ 雷浩,李雪.素养本位的大单元教学设计与实施[J].全球教育展望,2022,51(05):49-59.
④ 崔允漷.学科核心素养呼唤大单元教学设计[J].上海教育科研,2019(04):1.

导学生学以致用、知行合一,通过知识在真实情境中的应用来生成并深化自身的感受和理解,从而为学生学习提供充分机会和真实情境。

第三节 教学模式

教学模式是在一定教学理论指导下建立起来的较为稳定的教学活动结构框架和活动程序。[1] 任何一种教学模式都有其理论基础、教学目标、操作程序、实现手段、评价方式。它是开展教育教学活动的一整套方法论体系,是多种教学方法的组合及系统化,是教学理论的具体化。[2] 回顾中华人民共和国成立以来我国对教学模式的探索历程,并以此为基点进行反思总结,对探索富有本土特色的教学模式具有重要意义。

一、教学模式探索的历程回顾

中华人民共和国成立以来,我国对教学模式的探索大致经历了三个发展阶段,每一阶段都呈现出不同的特点。

(一) 苏联教育学影响下的教学模式探索

20世纪50年代,我国教学理论以学习苏联为主,不仅开设了大量的学习苏联教育学的辅导和讲座,还派出访苏教育代表团和留苏学生赴苏联学习苏联教育学,同时邀请苏联教育专家来华讲学。在所引入的苏联教育理论中,凯洛夫的《教育学》影响最大。"在基层教师的潜意识里,学习凯洛夫《教育学》就等同于学习苏联教育学"[3],"不仅全国普遍采用凯洛夫教育学的通用教学模式,而且对教师教案格式、学生评分及课堂提问等具体教学行为都有着严格要求"[4]。在苏联教育学的影响下,当时的教学模式以教师系统讲授为主,重视系统科学知识的学习,强调教师主导作用的发挥,注重课堂纪律,提高了教学的规范性,发挥了教学理论对教学实践的指导作用。1956年之后,我国开始对学习苏联先进教育经验中的教条主义进行反思。毛泽东在《在普通教育工作座谈会上的讲话》中指出,希望教育"要来一个改革,不要照搬外国的、一定要符合中国的情况,并且还要有地方特色"[5],主张学校可以办农场、办工厂,开设生产劳动课程,学生到工厂、农场参与劳动生产,接受劳动教育,在生产劳动中开展教学活动,开始结合本土实际情况开展教学模式探索。

(二) 一线教师开展的教学模式探索

进入20世纪80年代,广大一线教师深感现有教学模式与新时期教育发展的新要求不相适

---

[1] 冯克诚,西尔枭.实用课堂教学模式与方法改革全书[M].北京:中央编译出版社,1994:4.
[2] 张媛,蔡明.教学方法研究[M].开封:河南大学出版社,2001:113.
[3] 周谷平,徐立清.凯洛夫《教育学》传入始末考[J].浙江大学学报(人文社会科学版),2002,32(06):115-121.
[4] 和学新,田尊道.论凯洛夫教育学中国化的经验及其启示[J].西南大学学报(社会科学版),2015,41(06):89-98.
[5] 周谷平,徐立清.凯洛夫《教育学》传入始末考[J].浙江大学学报(人文社科学版),2002,32(06):115-122.

应,希望通过创新教学模式来解决教学中存在的问题,开展了一系列教学模式探索。比如,钱梦龙从教师的"导"和学生的"读"入手,探索了以"学生为主体,教师为主导,训练为主线"及"自读课、教读课、复读课"三种基本课式为主要内容的"三主三式"语文导读教学模式。[①] 李吉林将观察与儿童语言发展结合起来,探索出了形式新颖、让学生乐于表达的语文情境教学模式。[②] 20世纪90年代,国家大力提倡素质教育,为教学模式的探索营造了宽松的环境,一线教师开展教学模式探索的主动性被充分激发出来。很多一线教师开始注重自身理论素养的提高,尝试对所探索的教学模式进行理论提升和体系构建,构建了各具特色的教学模式理论体系。比如,钱梦龙在被问及"在长期教学研究中体会最深的一点是什么"时,指出"要善于对自己的实践进行理论概括,并把概括的结果尽可能简明地表述出来,或使之浓缩为一个理论术语"[③]。通过理论提炼,钱梦龙在教学模式探索过程中形成了"三主"教学观。李吉林也在该时期完成了从情景教学到情境教育的跨越,逐步形成情境教育的实践基础与理论构想,形成一定的理论框架。[④]

(三)基层学校推行的教学模式探索

自20世纪90年代末到21世纪初,新一轮基础教育课程改革启动实施,提出了"先实验,后推广"的教学改革原则,引导基层学校整体开展教学模式探索。比如,洋思中学的"先学后教、当堂训练"教学模式、东庐中学的"讲学稿"教学模式和杜郎口中学的"三三六"教学模式,成为引领基层学校主导下开展教学模式探索的"三驾马车"。这三所学校在探索各自富有特色的教学模式之前,都是名不见经传的普通学校,经过积极探索,在较短的时间内"得到了教育行政部门的肯定与支持,获得了来自家长和社会的高度赞誉,形成了品牌效应,成为我国基础教育改革的典范和样板学校"[⑤]。这三所学校在教学模式探索上的成功产生了"磁石"效应,涌现出一批致力于教学模式探索的典型学校。比如,河北围场天卉中学的"大单元"教学模式、山东省昌乐二中的"271"教学模式、辽宁省立人学校的"124"教学模式等。基层学校主导下所开展的教学模式"可以说完全是学校内部的一场自上而下的改革,即它是由学校管理者——具体来说,就是由校长直接推动的"[⑥]。与一线教师开展的教学模式探索相比,校长通常发挥关键作用,教师主要充当执行者的角色。近些年,在基层学校推行的教学模式探索中开始注重赋予一线教师一定的自主探索权,将学校行政推动与一线教师自主开展结合起来,既可提高模式推行的效率,也能激发一线教师参与探索的积极性。

二、新时期教学模式探索的展望

教学模式的探索是一个长期的过程,不同时期面对的教学情况不同,需要解决的教学问

---

① 钱梦龙.为了"不需要教"——语文导读法的前世今生[J].中国教师,2017(12):38-42.
② 李吉林.40年情境教育创新之路带来的6个甜果子[J].人民教育,2018(24):23-29.
③ 钱梦龙.关于教学观的对话——《答中学语文教学》杂志问[J].中学语文教学,1998(02):8-13.
④ 李吉林.从"情景教学"到"情境教育"的探索与思考[J].中国教育学刊,1994(01):24-26.
⑤ 洪明,余文森."先学后教"教学模式的理念与实施条件——基于杜郎口中学、洋思中学和东庐中学教学改革的思考[J].中国教育学刊,2011(03):47-50.
⑥ 洪明,余文森."先学后教"教学模式的理念与实施条件——基于杜郎口中学、洋思中学和东庐中学教学改革的思考[J].中国教育学刊,2011(03):47-50.

题也不一样。在新时期,教学模式的探索主要呈现出如下三种趋势。

(一) 调动基层学校和一线教师探索教学模式的积极性

如今,教学模式探索已经逐步回归到以学生为中心、以促进学生的发展为指向的宗旨上来,各主导力量间不再是非此即彼的关系,而是走向协调配合。具体来说,国家宏观教育政策要与时俱进,在推进教育综合改革的过程中做好教学模式探索的规划与引导。同时,各级教育管理部门要为一线教师赋权增能,赋予其在课堂教学中开展教学模式探索的自主权,增强其独立或者协作开展教学模式探索的能力,为教师主动积极地参与教学模式探索提供宽松的空间与政策支持。对于学校整体推行的教学模式,应给予一线教师意见表达权和对教学模式的改造权,尊重教师基于任教学科特点、个人教学风格、班级学情等所做出的教学选择,允许并鼓励教师探索新教学模式。另外,基层学校应重塑以培养名师引领学校发展的办学思路,通过组织教研力量帮助一线教师对所探索的教学模式进行提炼,并在具体的教学管理制度、教师培训、对外宣传等方面予以全面支持。对于一线教师来说,应充分发挥自身主动性,开展反思性教学实践,在课堂教学中总结、提炼行之有效的方法,形成具有创新性的教学模式。

(二) 基于教育传统开展体现特色追求的教学模式探索

从中华人民共和国成立以来的教学模式探索证明,教学模式只有根植于传统的文化土壤,结合本土的教学实际,才能体现出应有的特色,也才能得到广大一线教师的认同和接受。因此,教学模式的探索应摒弃简单用"新"与"旧"或"先进"与"僵化"来张贴标签的做法,避免进行非此即彼的判断。立足于传统开展教学模式探索,需要深入研究传统文化,尊重并提炼传统教学思想,在解决教学问题中体现中国智慧,探索中国方案。当然,立足于传统并不意味着排斥外来的教学模式,而是强调在面对外来的教学模式时能保持一种主体的意识,坚持"为我所用"而不是"为其所惑",这样才能根据本土教学需要借鉴其精要之处,开展体现特色追求的教学模式探索。比如,李吉林的情境教学模式探索便在这方面树立了很好的典范。情境教学一开始就从中国古代文论"境界说"中吸取了丰富的营养,理出了"物"激"情"、"情"发"辞"、"辞"促"思"的客观外物与儿童情感、语言及思维之间的相互作用的联动关系,在探索的过程中"把西方先进的教育理论融入自己的教学实践中,在实践中本土化并予以丰富和拓展"[1],经过四十余年的持续性探索,最终成为我国当代最具影响力且彰显本土特色的教学模式之一。

(三) 重视教学模式的理论研究

一种教学模式只有通过对内蕴其中的教学思想的深度研究,才能在教学观念层面而非外在的教学程序行为层面影响教师,进而引导教师"从自己的成功实践经验出发,提升出符

---

[1] 王玉娟.情境教育学派的本土建构与发展——"李吉林情境教育思想研讨会"综述[J].课程·教材·教法,2012,32(04):125-126.

合课程改革价值追求的理念,并使之进一步系统化、规范化,然后重新去观照自我的实践"①。简言之,教学模式探索追求的不是将已有的操作体系强加给其他教师以在更多的课堂中进行重复性实践,而是通过求变的探索精神和求新的理论追寻来引导其他教师开展以自我为主体的生成性教学实践。而要实现这一点,单靠教师群体是远远不够的,这就需要教育研究者及时介入,引导教师开展具有理论支撑的教学模式探索,直接参与到相关教学模式的理论建构中来。再以李吉林情境教学模式探索为例,在四十余年的探索中,她一方面在柴崇英、杜殿坤等学者的引导下主动进行理论建构,另一方面围绕着情境教育的"中国智慧""本土特色""国际比较"等方面进行了深度解读,最终才完成了中国情境教育学派的创建,发出"回应世界教育改革的中国声音"②。这对教育理论研究来说是一个新的挑战,不仅要从认识上重视教学模式研究,主动去关注教学模式探索的实际动态,并与相关模式探索者合作开展研究,更重要的是要提高理论的解释力,摆脱对外来教学理论的"迷信心理",改变照搬移植外来理论来包装本土教学模式的做法。只有根植于本土传统,关切本土教学实践,建构本土学术话语体系,并在研究过程中"扎扎实实地从事对问题的原生性深耕研究,创生出对本土实践更具有解释力、亲和力的概念或分析框架"③,才能在国际教学模式探索中占有一席之地,从而传播中国经验,提升教育自信。

第四节 教学原则与方法

一、教学原则

(一) 教学原则的概念

教学原则是教师在教学工作中应当遵循的基本要求,是教师教学规律的反映和教学实践经验的综合概括。一般认为,教学原则是人们根据一定的教学目的和对于教学过程的规律性的认识,制定出来以指导教学实际工作的基本要求。④

教学原则的内涵可从三个方面理解。第一,反映人们对于教学规律的认识。在人类历史发展过程中,对于教学的实践和积累的经验丰富多样,但对之进行筛选、提炼和概括却是一个漫长、艰难的过程。第二,服务于一定的教学目的。一方面,教学原则具有历史性和时代性,不同时代的教育目的不同,相应的教学目的也有所不同;另一方面,人们在教学活动中选择教学原则时以教学目的为主要指向,教学活动的目的性决定了教育者需要选择与之适应的教学原则。第三,对教学活动有指导作用。教学原则有助于教学活动的顺利进行,为教师在教学过程的各个环节提供依据和参照,对教师创设学习环境、选择教学材料、安排教学

---

① 段冰.教师课程观的局限与突破[J].教育发展研究,2009,29(06):54-57.
② 叶水涛.教育实践的"中国智慧"——李吉林情境教育理论的创建[J].中国教育学刊,2018(08):67-71.
③ 孙元涛.论中国教育学的学术自觉与话语体系建构[J].教育研究,2018,39(12):30-39.
④ 王策三.教学论稿(第二版)[M].北京:人民教育出版社,2005:147.

环节、选择教学方法、处理师生关系等都有指导作用。

(二) 教学原则的演变

我国最早的有关教学原则的论述源自《论语》，比如"不愤不启，不悱不发，举一隅不以三隅反，则不复也。"战国时期的《学记》是世界上最早对教学原则进行专门论述的文献，指出教学成功的关键在于"禁于未发之谓豫，当其可之谓时，不陵节而施之谓孙，相观而善之谓摩"。

西方对于教学原则的系统论述，最早可追溯自17世纪夸美纽斯的《大教学论》。他在该书中详尽地阐述了教和学的普遍原则和方便性、彻底性、简明性和快速性的诸原则，共计37条原则。[①] 此后，德国教育家第斯多惠在《德国教师培养指南》中，分别从学生、教材、教学条件和教师课堂教学等方面，总结出33条教学原则。至20世纪，苏联的凯洛夫和赞科夫，以及美国的罗杰斯、斯金纳、布鲁纳等人也依据不同的理论基础提出了对于教学原则的主张，如表5-1所示。从七种教学原则的论述可见，每种观点都基于不同的哲学认识论，每一条教学原则都体现了对教学活动某个方面或要素的不同理解，且教学原则的条目数量也因之有较大差异。

表5-1 国外七种教学原则的观点及代表人物

代表人物	国家/年代	代表著作	理论基础	教学原则
夸美纽斯	捷克 1592—1670	《大教学论》(1632)	启示性认识论 自然科学	普遍原则(9条)，方便性(10条)、彻底性(10条)、简明性和快速性(8条)诸原则，共37条
第斯多惠	德国 1790—1866	《德国教师培养指南》(1835)	民主主义认识论	从学生主体(13条)、教材(12条)、教学条件(3条)、教师课堂教学(5条)等方面提出33条原则
凯洛夫	苏联 1893—1978	《教育学》(1948)	马克思主义认识论	直观性原则、自觉性与积极性原则 巩固性原则、系统性与连贯性原则 通俗性与可接受性原则
赞科夫	苏联 1901—1977	《教学与发展》(1975)	马克思主义认识论 社会文化心理学	以高难度进行教学的原则 以高速度进行教学的原则 理论知识起指导作用的原则 使学生理解学习过程的原则 使全体学生都得到发展的原则
罗杰斯	美国 1902—1987	《自由学习》(1969)	人本主义心理学	以学生为本原则 让学生自发学习原则 排除学习者自身的威胁原则

---

① [捷克] 夸美纽斯.大教学论·教学法解析[M].任钟印,译.北京：人民教育出版社,2006：104-166.

续表

代表人物	国家/年代	代表著作	理论基础	教学原则
斯金纳	美国 1904—1990	《科学与人类行为》(1953)	行为主义心理学	积极反应原则、小步子接近原则 即时反馈原则、自定步调原则 最低的错误率原则
布鲁纳	美国 1915—2016	《教育过程》(1963)	认知心理学	结构原则、动机原则 程序原则、反馈原则

（三）教学原则确立的依据

教学原则条目的数量与内容的确立，应该遵循一定的标准，不是数量越多越好，也不应该将教学原则泛化，随意将教学要求称为教学原则。教学原则体现的是对教学过程中各要素及其关系的认识。教学过程包括三个构成要素：教师、学生和教学内容。确立教学原则应遵循指向全面、内容独立和条目简洁三个标准。

指向全面是指各条目的内容指向应覆盖教学过程的各个要素，比如第斯多惠的教学原则，分别对应学生、教材、时间地点和教学条件的社会关系、教师课堂教学等四个方面。内容独立是指各教学原则的内容应彼此独立，避免矛盾、交叉或重复，如凯洛夫的系统性原则、直观性原则、可接受性原则、自觉性原则、巩固性原则，分别从教学内容、学生已有认知、学习效果等方面予以概括，各条目内容相互补充、彼此独立，在逻辑上是可以并列存在的。条目简洁是指教学原则的条目应少而精，不能数量太多，在表述上也应词句凝练，避免采用较长的语句，不然会过于繁杂，不便于指导教学。但夸美纽斯的教学原则表述多达37条，且不少条目语句较长，比如教与学的简明性和快速性的诸原则第7条"每门学科的教授应有明确划分的步骤，使一天的功课是前一天的功课的扩展，并能引导到明天的功课"，给人冗长拖沓之感。

（四）中小学常用的教学原则

我国著名教育理论家王策三先生将教学原则概括为八个：思想性和科学性统一的原则（或称方向性原则）、理论联系实际原则、教师主导作用和学生主动性统一的原则（或称启发性原则、自觉性原则）、系统性原则（或称循序渐进原则）、直观性原则、巩固性原则、量力性原则（或称可接受性原则）、因材施教原则。[①] 这些原则对于中小学课堂教学具有较强的指导价值。为便于理解每条原则的含义，需要对每条原则内蕴的教学要素及向度加以分析。图5-1呈现的是八个教学原则所对应的不同向度及教学过程的三个要素（教师、学生和教学内容），其中，四个教学原则指向教学内容向度，分别是理论联系实际原则、系统性原则、直观性原则和量力性原则；因材施教原则和巩固性原则指向学生要素，分别对应个体差异向度和学习效果向度；启发性原则对应师生关系向度；方向性原则对应价值观向度。

---

① 王策三.教学论稿(第二版)[M].北京：人民教育出版社,2005：155-157.

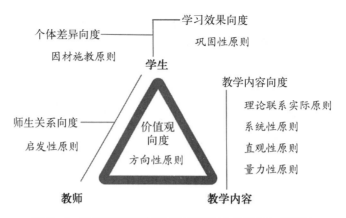

图 5-1 教学原则在教学过程各要素上的对应向度图示

1. 方向性原则

方向性原则又称思想性和科学性统一的原则,指教学时应力求将价值观引导与传授知识、培养能力等相结合。这一原则属于价值观向度,是高于教学过程三个要素的,因为价值观在教育教学过程中始终应处于统领性位置。《义务教育课程方案(2022年版)》中培养目标规定:"义务教育要在坚定理想信念、厚植爱国主义情怀、加强品德修养、增长知识见识、培养奋斗精神、增强综合素质上下功夫,使学生有理想、有本领、有担当,培养德智体美劳全面发展的社会主义建设者和接班人。"[1]贯彻这一教学原则,教师应注意:第一,思想教育与价值引导应融合在教学内容和教学过程中,不应强行灌输或机械生硬地植入;第二,教师应具有价值意识,对教学内容所蕴含的价值与思想内涵保持敏感。

2. 启发性原则

启发性原则又称教师主导作用和学生主动性统一的原则或自觉性原则,指教学时应尽量平衡教师指导与学生自主学习的关系。这一原则属于师生关系向度,因为它是针对教学过程中教师和学生的互动、共生关系而提出的。自第八次基础教育课程改革以来,中小学一直注重改变课堂教学方式,倡导并鼓励学生"自主、合作、探究"学习,但自主学习并不等于教师完全放手,是需要教师引导才可以实现的。在教与学的过程中,教师主导与学生自主不是矛盾的,但如何才能做到互相协调却很困难。贯彻这一教学原则,教师应注意:第一,教师应学习适当让位,由"我要求""我计划"学生学习,转变为思考学生应该学什么,可能希望怎样学;第二,教师应总结指导学生自主学习的方法和经验,将教授重点由学科知识、内容转变为教授学习的策略。

3. 因材施教原则

因材施教原则指教学时应关注学生的个体差异,对不同程度、不同特点的学生给予不同的指导。这一原则属于学生要素中的个体差异向度,是古今中外都注重的教学原则,由于学生的个体发展具有多样性,如何既照顾个体又面向群体进行教学,是教师面临的普遍挑战。

---

[1] 中华人民共和国教育部.义务教育课程方案(2022年版)[M].北京:北京师范大学出版社,2022:2.

贯彻这一原则，教师应注意：第一，多方面、多途径了解学生，既要了解学生的学习程度、已有知识储备，又要了解学生的兴趣、情感及性格等情况，还需要了解学生的生活环境、家庭关系、成长经历等社会状况；第二，根据学生的个体多样性，在教学过程中创造多种机会，满足不同学生的学习需要；第三，灵活处理个体与群体的关系，在班级教学的环境中，不能因为照顾个别学生的需要而占用大多数学生的时间，应合理分配教学时间和空间。

4. 理论联系实际原则

理论联系实际原则指教学时应考虑教学内容所涉及的理论知识与现实生活、实践应用的联系。这一原则属于教学内容向度，是针对教学中理论脱离实际的现象提出的。理论与实际相脱节有两种表现：一种是偏重理论学习，只注重抽象的知识学习，忽视与现实生活的联系；另一种是偏重实践，只注重学生动手实践，忽视理论知识的学习，为设计活动或开展综合实践而忽略了相应的理论指导的形式主义做法。贯彻这一原则，教师应注意：第一，思考理论知识与现实的可关联之处，将所要教授的知识尽可能地与生活情境、实践应用相融合；第二，在联系生活组织实践活动之前，先考虑活动内容会关联到哪些学生所学的理论，结合已有的理论知识学习，设计能真正激发学生运用已有知识框架的活动内容。

5. 系统性原则

系统性原则又称循序渐进原则，指教学时应注重教学内容的前后关联和整体结构，所传授的知识应符合一定的学科逻辑，顺序合理。这一原则属于教学内容向度，提醒教师在安排教学内容时，应关注所教学科知识框架的整体性和内部结构关系。认知心理学的建构主义学习理论，从学生学习的角度，揭示了学生掌握知识、习得技能的主动性，强调学生获得新知识的过程与教师所预设的知识结构不一定完全一致。贯彻这一原则，教师应注意：第一，熟练掌握所教学科的知识体系和结构，教师应具备更多教材分析、比较能力及课程设计能力，才能在更高的层次上理解所教学科的知识结构、理解不同教材编写上的异同，在此基础上灵活使用教材；第二，观察、了解学生的认知发展过程，借鉴学习心理学理论，基于学生的已有知识基础和学习条件，组织与学生认知结构相匹配，易于他们掌握和接受的知识框架。

6. 直观性原则

直观性原则指教学时对于一些抽象概念或理论，应充分利用形象思维，调动学生的直接经验，借用直接的事物或形象帮助学生理解。这一原则属于教学内容向度。对于教学中出现的学生难以理解的概念、术语或专有名词等，教师应采用适当的方法，借助生动、真实的媒介帮助学生领会。贯彻这一原则，教师应注意以下两方面。第一，选择适当的直观方式，具体包括实物直观、模像直观和言语直观等。教师需根据不同的教学内容、学生的年龄特点及教学情境，调动学生的多种感官共同参与，充分运用视觉、听觉、味觉、触觉等，激发学生的直观感受，丰富学生的直观体验，达成对所学内容的理解。第二，避免直观方式的泛用、滥用。随着教学手段和电子科技的发展，当前的中小学课堂，尤其是低年级教学，选用视频、音频材料，图片、电子屏互动已成为课堂的常态，教师需要谨慎选用，甚至需要思考减少不必要的直观内容和手段，评估真正的学习是否发生。

7. 量力性原则

量力性原则又称可接受性原则,指教学时应选择与学生接受水平接近的内容。这一原则属于教学内容向度,是针对教学内容难度的把握而提出的。尽管教材已经对教学内容进行了筛选和精心组织,但在实际的教学中,教师还需要综合考虑学生的水平,才能最终决定每堂课的教学内容和重难点。贯彻这一原则,教师应注意：第一,充分了解和分析学生的发展水平,找准最近发展区,让学生在自己能力范围内得到发展和进步；第二,充分把握和分析教材,创造性地使用教材,以学生的实际为依据,而不拘泥于教材或既定教学辅助材料,选择最有利于学生学习的内容。

8. 巩固性原则

巩固性原则指教学时应注重学习新知与复习旧知,让学生有机会将所学内容及时练习、迁移运用,最终达到熟练掌握。这一原则属于学生要素的学习效果向度,所谓"温故而知新"。学习新知识固然重要,学习之后的融会贯通、灵活应用更加重要,不断温习巩固,在不同的情境中练习,加深印象,是有效学习的重要保证。贯彻这一原则,教师应注意：第一,巩固不是推行题海战术,当前中小学普遍存在频繁刷题、以测代学的现象,周测、月考、单元测试等占据很多课时,学生淹没在试卷和作业之中,学生学习机械化、程式化严重；第二,为学生创设多样的学习情境,让学生在分析问题、解决问题的过程中运用新知识,使其感受到学习的意义,体会到学习的成就感和乐趣。

二、教学方法

(一) 教学方法的概念

教学方法是指在教学过程中师生为达到一定的教学目的、完成教学任务而采取的各种教学方式的总称。教学方法通过教师和学生的相互作用得以体现。

教学方法不同于教学原则。教学原则体现普遍的教学规律,是对所有教学活动的基本要求；但教学方法具有可选择性,没有一种教学方法能够适用于所有的教学内容、满足任何教学的需要,教学需要根据实际需要选取适当的方法。

教学方法不同于教学模式。教学模式是基于一定的教学思想或理论形成的相对稳定的教学活动程序；但教学方法相对来说更加灵活,没有必须依照的活动步骤。

(二) 教学方法的选择

教学方法的产生和发展与科技的发展紧密相关。在现代科学发展之前,以讲授、读书、讨论、谈话等方法为主。随着科学技术的飞速发展,教学方法渐趋多样,教师选用适当的方法,需要考虑的方面也相应增多。

教学方法的选择,应依据教学内容、教学任务、教学环境、学生特点和教师特点等进行综合分析。在具体的课堂教学活动中,形式多样的教学方法都具有独特性,教师只有对各种因素进行全面考量,才能决定采用哪一种或几种教学方法。所以,不同的教师来执教同一节课,或者同一位教师在不同的班级上课,都可能会采用不同的教学方法。

教师选择教学方法,除需要了解以上提到的各种依据外,还需要了解有哪些教学方法可供选择,对不同教学方法适用的范围、条件及注意的事项有全面且深入的掌握,这样才能够最终决定哪些方法更加适当。

(三) 中小学常用的教学方法

根据教学过程中教师和学生的相互关系,以及信息传递渠道、所使用的教学资源和条件的不同,可把中小学常用的教学方法分为三大类:以语言传递为主的教学方法、以直接感知为主的教学方法和以实践训练为主的教学方法。

1. 以语言传递为主的教学方法

以语言传递为主的教学方法是指在教学过程中,教师和学生主要通过口头语言和书面语言进行信息传递与相互交流,教学环境较少受硬件或物理条件制约的教学方法,具体包括讲授法、谈话法、讨论法和自学辅导法等。

讲授法是指主要通过教师的语言讲授传递知识、观点和价值的教学方法。教学内容和教学任务的不同,要求教师灵活掌握并运用多种讲授方法,比如讲述、讲读、讲解、讲评等。讲授法是历史最悠久、使用最普遍、最充分体现教师主导地位的一种教学方法,也是最能够体现教师教学语言技能,对教师语言素养要求最高的一种教学方法。讲授法由于缺少与学生的互动,可能会导致学生接受兴趣较低、偏离学生实际需要、教学气氛沉闷等情况。

谈话法也称问答法,是教师根据一定的教学目的,预先设计或根据教学进展生成的话题或问题,通过师生的语言交流,帮助学生理解学习内容的教学方法。谈话法在一定程度上关注学生的主动参与,有助于教师及时了解学生在学习过程中的想法、理解及掌握程度,或者存在的困难等,及时进行点拨疏导。使用谈话法,教师需要提前预备话题或问题、组织谈话的过程并进行小结等。这一系列环节,都要求教师有较高的驾驭、把控师生谈话的能力,包括对谈话内容、谈话方式(比如语气、语调、语速的把握等)、谈话时间等的及时调控。

讨论法是教师组织学生围绕教学内容中的一些特别问题进行探讨、辩论,以达到对问题的多方面分析、认识与理解的教学方法。在讨论的过程中,学生的参与占主导地位,组织形式可能是小组内讨论、组间讨论或全班自由讨论等,要求教师发挥更多指导作用。在使用讨论法时,教师在讨论组织方式、讨论进程和讨论时间等方面都需要提前预备。需要注意的是,讨论的目的不是达成共识或得到标准答案,而是培养学生的分析问题能力、逻辑思维能力、合作与组织能力等,切忌让讨论沦为学生自由发言、自由发挥。因此,教师的引导和评价是至关重要的。

自学辅导法也称为读书指导法,是教师指导学生运用一定的阅读策略、自主阅读学习材料、主动完成一定学习任务的教学方法。自学辅导法为学生自主学习提供了充分的机会,需要学生综合运用多种阅读策略,对所学材料进行提取信息、分析比较、理解总结和评价。因此,自学辅导法需要教师在适当的时机,根据学生的学习程度和内容特点,谨慎选用。自学辅导法使用的前提,是学生已经具备了一定的自主学习能力,或者教师需要逐步培养学生的自主学习能力。自学辅导不是完全放手让学生去学,也不是教师不加指导和反馈。

2. 以直接感知为主的教学方法

以直接感知为主的教学方法是指教师调动学生多种感官,通过实物、教具等教学辅助材料,进行示范或亲临现场观察、体验的教学方法。这类教学方法有助于学生形成更丰富的学习经历,并体会到所学知识与生活实践的紧密联系,容易激发学生的学习兴趣,获得更深刻的学习体验。以直接感知为主的教学方法主要包括演示法和参观法。

演示法是教师通过实物、教具或现代化教学手段,使学生通过多种感官参与,直观获得知识的教学方法。演示法借助丰富的教学辅助材料进行,具体包括实物、标本、模型;图片类材料,如挂图、照片、地图等;实验演示;各类音频或视频资料等。使用演示法时,教师要对学生有具体明确的要求,比如观察什么、怎么观察等。演示法的应用要紧密联系教学目标,及时关注学生的学习投入情况。

参观法是教师根据学科内容的特点和需要,组织并带领学生到大自然中或到特定的社会场所深入观察、接触客观事物或社会现象,获得知识并巩固验证知识的教学方法。根据不同的教学目的,参观可分为准备性参观、并行性参观和总结性参观;根据不同的学科特点和教学内容需要,参观可分为生产性参观、科学性参观和人文历史性参观等。当前很多中小学组织的研学旅游,就是在参观法的基础上发展而来的。运用参观法,需要教师提前预备,周密安排,合理组织,有意识地培养学生的自我管理能力、团队协作能力。

3. 以实践训练为主的教学方法

以实践训练为主的教学方法是指教师指导学生运用所学到的知识,通过实践活动形成技能、技巧和行为习惯的教学方法。这类方法旨在促进学生理论联系实践,达到学以致用的目的,主要包括练习法、实验法、角色扮演法、情境模拟法和实习法等。

练习法是指学生根据教师的要求、运用所学的知识、反复完成一定的任务或活动,从而形成一定技能技巧和行为习惯的教学方法。根据教学内容及学科特点,可以把练习分为三类:心智技能类、动作技能类和行为习惯类。所谓熟能生巧,练习法之所以被广泛采用,是因为任何知识的学习都需要多次反复地练习,才能够被熟练掌握和灵活应用。但教师在使用时,需要精心筛选练习的材料,合理安排练习的时间和分量,并及时跟进学生的练习效果。

实验法是指学生在教师指导下使用一定的仪器设备和材料,观察和探究事物的变化或产生的现象,以获取知识或验证假设并形成操作技能的教学方法。实验法通常在专门的实验场所进行,教师需要预先对学生进行安全教育和指导,让学生认识实验材料、仪器的各种性能,以及了解实验步骤和注意事项,保证实验的顺利进行。根据不同的组织形式,实验可分为个人单独实验和小组实验;根据学科的不同,实验可分为物理实验、化学实验、生物实验等。

角色扮演法是指学生在一个教师要求的假设环境中,将自己置身于一定的角色身份参与各种活动和任务,达到对所学知识深入领会并获得技能的教学方法。角色扮演法适用于人文社会科学类的相关学科,有助于学生对社会环境及不同人物角色之间相互关系的分析和理解。角色扮演法有助于激发学生的学习兴趣,培养学生的分析能力、思维能力、交际能力、组织能力和合作能力。为此,教师需要合理分工,组织学生全员参与,并采用一定的方式给予学生全面的反馈和评价。

情境模拟法是指学生在教师指定的情境任务中,充分展示自己在某项工作中所掌握的知识和技能的教学方法。情境模拟法主要是为了考查学生在具体情境中分析问题和解决问题的能力。在情境模拟法中,学生需要面临较为复杂多样的任务情境,综合运用多种技能、工具或手段,来完成特定的任务。

实习法是指学生根据教师或实践导师的指导,在校内外的指定工作场所,运用所学知识进行动手操作和实践的教学方法。实习法有助于培养学生的独立处理问题的能力。实习场所可以是工厂、车间、农场、实验园地等。教师需要事先与实习场所的工作人员联系,共同商定实习目的、任务和要求,并请其在实习过程全程参与指导学生,提高学生的制作、生产、创造等多种实践能力。

第五节 教学的组织形式

一、教学组织形式的概念及影响因素

教学组织形式是指为完成特定的教学任务,基于一定的要求将教师和学生进行组合的方式或结构。教学组织形式的要素包括人员、结构、时间、场所几个方面。不同的教学组织形式,在各要素的考虑和安排方面表现出不同程度的差异。

教学组织形式的影响因素主要包括物质资源状况、师生比、教学目标和内容、学生发展的需要等。物质资源状况决定了教学所具备的外部物质条件,比如硬件设备、环境设施和空间布局等,影响人数及教学材料的分配和使用等。师生比直接关系到班级的规模和教师需要指导的学生数量,以及是否可以开展个别教学等。教学目标和内容要求教师对教学组织形式进行变化和选择,有些内容适合集体进行,有些内容需要考虑分组或一对一指导,如实践操作类或创作类学习任务。学生发展的需要既包括个体的发展也包括群体的发展,这是一对矛盾结合体,每一个学生都有个体发展的独特需要,同时又需要在群体中和同伴共同学习,才能发展协作、组织及领导等能力。概言之,在教学过程中,教学组织形式是丰富多样的,教师需要综合考虑各种因素加以选择使用。

二、班级授课制

教学组织形式经历了一个漫长的发展过程。15世纪之前,我国及欧洲各国绝大多数都采用个别教学的形式。随着工业的兴起和现代科学的发展,15世纪后半叶至17世纪西欧一些国家如荷兰、法国、英国、苏格兰的部分学校尝试采用分班、分组教学,至17

世纪捷克教育家夸美纽斯基于这些探索和个人的学校管理经验,系统论述了一种新型的教学组织形式——班级授课制[①];后经德国教育家赫尔巴特和苏联教育家凯洛夫提出教学过程阶段理论和课型与结构等概念,使得班级授课制在理论上日趋完善,成为当今世界各国最广泛采用的教学组织形式。我国最早采用班级授课制始于1862年开办的京师同文馆。

班级授课制的特征体现在三个方面:以班为单位授课、以连续的课节授课、以固定课时授课。第一,以班为单位授课,把学生按照年龄和学习程度分到不同的班级,由一位教师使用同样的教科书,教授整班学生。第二,以连续的课节授课,"将学科划分成递进的阶段"[②],循序渐进地安排每个年级的各个科目,使进度由易到难,按照详细的学习计划实施教学。第三,以固定的课时授课,"将所教的学科加以区分,使每年每月每周每天甚至每小时都有明确规定的功课"[③],应严格遵守学科和课时计划,不能遗漏或变换已规定的顺序。

班级授课制的优势在于:(1)一名教师可以同时教授一班学生,提升了教学效率;(2)全班学生使用同样的教科书,所学知识系统、有序,有助于发挥教师的主导作用;(3)学生在班级中学习,有助于培养集体意识。但同时也存在着如下弊端:(1)无法保证全班学生都按同一个进度学习;(2)难以照顾个别学生的特殊学习兴趣和需要;(3)忽视了学生的主动性;(4)学生之间缺乏交流与合作,学生不能真正地体验个人与集体的关系等。

三、现代教学组织形式的变革

随着班级授课制弊端的日益凸显,自19世纪末开始,一些新的教学组织形式开始出现,在教师配置、学生人数、学习材料、学习时间等方面,对班级授课制的各个要素进行重新安排,以期解决或改善因整班学生统一授课而忽略学生个体发展的不足。

(一)个别化教学

个别化教学是指为了满足个别学生的学习需要,根据学生不同的兴趣、能力和学习进度而采取的不同于班级授课制的组织形式。比较有影响的个别化教学形式主要包括设计教学法、道尔顿制、文纳特卡制、程序教学法和个别辅导等。

1. 设计教学法

1896年,美国著名教育家杜威在他所创设的芝加哥实验学校首次采用设计教学法(project method of teaching)。基于他的"从做中学"的教育观,杜威主张学生应该从实践中学习,学校应该为学生提供社会生活的真实情境;学生需要在情境中解决真实的问题,经历真实的解决疑难问题的思维过程。所以,在他的学校中没有班级,学生以解决问题的活动为目的,由不固定的混龄学习小组组织在一起,没有固定的课堂和课时。

---

① [捷克]夸美纽斯.大教学论·教学法解析[M].任钟印,译.北京:人民教育出版社,2006:译序第7页.
② [捷克]夸美纽斯.大教学论·教学法解析[M].任钟印,译.北京:人民教育出版社,2006:164.
③ [捷克]夸美纽斯.大教学论·教学法解析[M].任钟印,译.北京:人民教育出版社,2006:159.

2. 道尔顿制

道尔顿制(Dalton Plan)由美国的柏克赫斯特于1920年在马萨诸塞州的道尔顿中学首次采用。其最主要的特点是教师通过和学生"签约"的方式,指导学生自学。与班级授课制相比,其唯一的相同之处在于都采用分科学习,但道尔顿制没有年级、班级和课时的划分,每个学生可以根据自己的学习进度、学习兴趣,在自习室独自安排自己的学习,遇到疑难再去请教指导老师。合约期限和内容由学生自己决定,签订的合约完成之后,再继续完成下一份学习合约。只有音乐、体育、美术等极少数科目的学习以班级形式进行。

3. 文纳特卡制

文纳特卡制(Winnetka Plan)是美国的华虚朋于1919年在芝加哥的文纳特卡镇公立学校开始的教学实验,其特点是兼顾学生的学科知识技能和社会意识的培养与发展。该实验将学生所学内容分为两类:一类是知识技能类学科,如读写算及历史地理等采用学生自学、教师指导的形式进行,学生使用固定的教材自学,由教师先对每位学生的程度水平进行诊断来决定学习的进度,学生自学之后通过测试,进入新内容学习;另一类是团体活动类,主要采用集体的方式,由学生自治进行表演、讨论、集会、开办商店等团体活动。

4. 程序教学法

程序教学法(programmed instruction)是在美国20世纪30年代出现,至20世纪50年代流行的一种教学方法,其最大特点是将原有的课本内容继续细化。借助学习机器或程序课本,学生的学习不再受课时和班级的限制,可以自己决定学习的内容和进度。其理论基础来自斯金纳的行为主义心理学。尽管程序教学法呈现出学习内容线性化、学生缺少主动选择的机会等弊端,但随着科学技术的日益发展,程序教学被越来越多地运用于计算机辅助学习的软件和在线课程中。

5. 个别辅导

个别辅导即一对一辅导,是指教师根据不同学生的学习状况,从多个方面对学生进行有针对性辅导的形式。个别辅导最常见的形式是课后功课补习。除校内任课教师外,担任个别辅导的人员构成多样,比如家长或另外聘请的辅导教师。近十余年,国内外相关研究逐渐成为热点,研究者以"影子教育"指称各种形式的校外有偿个别辅导,对世界各国的发展趋势及相关政策展开研究。我国是世界上中小学生参与影子教育比例最高的国家之一[1],而在有些国家,课外补习常被认为是"正常的实践活动",已经"成为常态",或正在"走向繁荣"[2]。

(二)分组教学与小组合作学习

分组教学与小组合作学习的主要特点在于,学生人数的分配以小组为单位。它们是介于班级授课和个别辅导之间的一种学生组合方式。在具体操作中,又体现出对教师人数及指导方式的不同安排。

---

[1] 潘冬冬,王默.改革开放以来我国影子教育的发展演变与反思[J].教育学术月刊,2020(09):12-18.
[2] [美]马克·贝磊.欧洲地区影子教育研究:发展态势、动因及政策启示[J].全球教育展望,2020,49(02):35-61.

1. 分组教学

分组教学也称小队教学(team teaching)或特朗普制,20世纪50年代中期兴起于美国。其主要特点是组建教师团队共同指导学生学习,教师小队安排一名负责人统筹协调,分别对学生进行个人自学、小组教学和大组教学。每位教师被委任以不同的身份,比如首席教师、普通教师、高级教师、助教等,分别对学生进行不同方面的指导。其目的是既能够照顾学生的不同学习需要,又能够协助教师的自我专业发展。

2. 小组合作学习

小组合作学习或称合作学习(cooperative learning)是20世纪70年代兴起于美国,至今仍被世界各国广泛采用的一种教学组织形式。我国于20世纪80年代末开始小组合作学习的实验,取得了不错的教学效果。其主要特点是将班级学生分为若干小组,以小组为单位进行教学。小组合作学习的组织形式,希望能够有更多机会激励学生的学习兴趣,培养学生的交际能力、合作能力及主动参与意识等。但在实施过程中,小组合作学习也需要教师处理诸如安排小组座次及位置、关注及评价每位学生在小组中的表现、学生在小组内独断或产生矛盾、平衡各小组学习进度等问题。

(三) 分层教学与走班制

分层教学的主要特点是根据学生的能力程度编班,以解决班级授课制班级内学生能力程度差异太大与教师无法有针对性地指导的局限。分层教学自出现至今经历了较为曲折的发展过程,典型的实施方式主要包括分层教学(活动分团制)和走班制。

1. 分层教学(活动分团制)

分层教学的雏形早在19世纪后期就已经出现,由美国的哈里斯创建,被称为活动分团制(banding)或弹性进度制(flexible system)。教师根据学生的不同学习程度,将其分在甲、乙、丙三个不同层级进行教学,安排学习程度较好的两组自行练习,对能力较低的学生进行专门指导。我国自20世纪初开展复式教学的试验,主要由于教师短缺和教学资源缺乏,将两个以上的年级编在同一个班级,教师对不同年级的学生分别轮流教学及布置练习等,它是分层教学的一种实施方式。20世纪30至50年代,分层教学遭受到一些质疑。但自20世纪60年代以来,分层教学再次被关注并呈现出多元发展。我国自20世纪80年代末重新开始分层教学的实验。

2. 走班制

1959年,美国课程专家古德莱德在中学倡导实施走班制(non-graded)学校,也称为无年级学校,其初衷是为了发展学生的多元学习兴趣,满足学生不同的发展需要,特点在于突破年级和班级的局限,学生可以自由选择多种课程。[①] 我国在20世纪80年代开始走班制的探索。2014年新一轮高考改革的启动,要求学生选科参与高考,大大推动了高中走班制的实践。但由于高考突出的选拔功能,导致走班制产生很多弊端。比如学生首先考虑自己擅长

---

① 纪德奎,朱聪.高考改革背景下"走班制"诉求与问题反思[J].课程·教材·教法,2016,36(10):52-57.

的科目,以及如何保证自己在高考中的得分优势,决定自己的选修科目,应试的需要远大于发展自己的兴趣爱好。

(四) 在线学习

随着网络科技的发展,21 世纪已成为全面在线学习(E-learning)的时代。借助互联网,通过虚拟教室进行远程视频教学,是在线学习的主要特征。各种新兴的教学组织方式层出不穷,泛在学习、混合式教学、翻转课堂等成为与学校班级授课制并行的常态化教学组织形式。

1. 泛在学习

泛在学习(ubiquitous learning)的"泛在"一词源于计算机科学的泛在计算一词[①],指的是任何人可以在任何地方和任何时刻获取所需要的任何信息的学习方式,因此也称 4A(anyone, anywhere, anytime, any device)学习。泛在学习是在线学习的最核心理念和目标,是网络时代借助科技实现的新型学习方式,正在越来越多地影响和冲击着传统的学校教育观。

2. 混合式教学

混合式教学(blending learning)指线上、线下相结合的教学方式。它是伴随网络技术的发展,融合传统的在校课堂学习和开放式的网络学习优势而产生的一种新型教学形式。近 20 年来,出现了多种混合式教学软件及平台,如制作网络课程的软件包 Moodle(Modular Object-Oriented Dynamic Learning Environment)、大型开放在线课程 MOOC(Massive Open Online Course)、小规模限制性在线课程 SPOC(Small Private Online Course)等。冯晓英等人将混合式教学区分为三个不同的发展阶段:技术应用阶段、技术整合阶段和"互联网+"阶段,并对混合式教学概念的演变特点进行了比较分析[②],如表 5-2 所示。

表 5-2 混合式教学概念的演变及特点比较

时期	20 世纪 90 年代末—2006 年	2007—2013 年	2014 年至今
阶段	技术应用阶段	技术整合阶段	"互联网+"阶段
物理维度	在线与面授的结合	明确在线的比例	移动技术、在线、面授的结合
教学维度	技术的应用	教学策略与方法混合	学习体验
关注重点	信息技术	交互	以学生为中心
关注角度	技术的视角	教师的视角	学生的视角

3. 翻转课堂

翻转课堂(flipped classroom)可以视为一种混合式教学方式,由美国科罗拉多州林地

[①] 杨孝堂.泛在学习:理论、模式与资源[J].中国远程教育,2011(06):69-73.
[②] 冯晓英,王瑞雪,吴怡君.国内外混合式教学研究现状述评——基于混合式教学的分析框架[J].远程教育杂志,2018,36(03):13-24.

公园高中的两位化学教师伯格曼和萨姆斯在 2007 年开始尝试使用。起初，他们是为了帮助那些由于因距离学校太远而缺勤的学生，使用视频软件录制教学 PPT，并上传到网络，让学生在家中在线观看教学视频。随后逐渐发展为学生先在家看视频学习，教师再在课堂上进行问题辅导，并取得了意想不到的良好效果。借助网络的迅速传播，翻转课堂的教学模式由此在全球受到关注。我国的中小学也进行过一些推广和实践。与班级授课制相比，其主要区别在于突破了课堂和课时的限制，使学生可以借助电子设备多次反复学习课堂内容。这种方式既需要教师具备较强的设计教学课件的能力，也需要学生具备较强的自学能力。

第六节　教学评价与变革

一、教学评价的含义与功能

（一）教学评价的含义

教学评价是以教学目标为依据，按照科学的标准，运用一切有效的技术手段，对教学过程及结果进行测量并给予价值判断的过程。教学评价包括对教师的教和对学生的学的评价，即课堂教学评价和学生学业评价两大部分。课堂教学评价是提高课堂教学质量的关键环节，是促进教师专业发展、保障育人目标顺利实现的重要手段。[①] 课堂教学评价的时间范围包括教学前、教学中和教学后的不同阶段，具体内容包括教师的教学目标制定、教学方法运用、教学过程、教学基本功等。学生学业评价是以培养目标及教育教学目标为依据，对学生的发展变化达成既定目标程度进行评判的过程。它是对学生学习与发展情况进行分析、评判及反馈的手段，是教育教学过程中不可或缺的环节。[②]

（二）教学评价的功能

教学评价对教师的教和学生的学具有重要作用，主要具有四个功能：导向功能、诊断功能、反馈功能和调节功能。

1. 导向功能

教学评价所依据的评价标准，直接影响教学的方向，对教学发挥着最实际的指导作用。人们日常生活中所说的"高考指挥棒"就是对教学评价导向功能的最典型描述。评价者依据怎样的评价理念和理论基础，采用怎样的评价方案或指标，收集哪些类型的评价材料，最终都会通过教师的课堂教学和学生的学习结果得到间接体现。

2. 诊断功能

教学评价通过对教师和学生在课堂教学和学业水平各方面的表现进行分析和描述，从

---

① 郝志军.中小学课堂教学评价的反思与建构[J].教育研究,2015,36(02):110-116.
② 赵德成."双减"政策背景下学生学业评价问题的若干思考[J].课程·教材·教法,2022,42(01):140-146.

而对教学进行一定的价值判断,有助于教师和学生了解教学过程中的得失,发现存在的问题。比如,学校通过展示课的形式对新入职教师进行课堂教学技能的评价,可以及时发现他们需要提升的方面,并了解他们具备的教学技能和整体素质。学生所接受的每一次学业水平测试,可以通过量化或质化的形式,对他们的综合水平给予判定。

3. 反馈功能

教学评价是对教师和学生一定阶段的教学总结。教师和学生获得来自不同群体的评价者对课堂教学和学业水平的评定,依据这些评定,对自己在教和学过程中的态度、知识、能力、价值观等进行对照和反思,这一过程形成评价者和被评价者之间的互动。在有些情况下,这种互动会以现场交流对话的形式进行,比如课堂观摩研讨活动等。

4. 调节功能

教学评价的结果为教师和学生提供了后续改进与完善的重要依据。教师和学生需要借此全面检视自己的表现,寻找可能的方法提升教学的效果。所谓评价不是目的而是手段,强调的就是评价的调节功能,以评促教,以评促学,就是教学评价调节功能的体现。教师和学生通过教学评价,总结经验,长善救失,实现自我改进。

二、教学评价的类型

依据不同的分类标准,教学评价可以区分为不同的类型。我们主要介绍四种不同的分类方式。

(一) 依据评价对象分类

教学评价的对象主要有两个:教师和学生。依据评价对象,教学评价可分为教师教学评价和学生学业评价两类。这也是采用最多的一种分类方式。如本节前述教学评价的含义与功能以及下文的教学评价改革,都是从教师教学评价和学生学业评价予以分别阐述的。

(二) 依据评价主体分类

依据不同的评价主体,教学评价可分为自评和他评。比如,课堂教学评价,可以分为教师的自我教学评价和接受他人的教学评价。自我教学评价虽然不一定特别正式,却是每一位教师使用最频繁的一种评价方式。课堂教学结束之后,教师总会对课堂上的一些环节或者某些重要细节加以反思,这种评价方式对教师的专业发展有着很好的促进作用。来自他人的课堂教学评价,可能来源于身边的同事、教研领导或教学专家等。学业评价也是同样的道理,每个学生的学习过程,都伴随着自我的评价和他人的评价。他人的评价可能是教师、家长,或各种层级的测评。

(三) 依据评价作用分类

依据不同的评价作用,教学评价可分为诊断性评价、形成性评价和终结性评价。诊断性评价是一种前置性评价,其作用是为了了解教学的先备基础,提前获知能力和知识水平等,为后续的教学提供参考,比如学期开始进行的摸底考试。形成性评价也称为过程性评价,其作用是及时掌握教学的动态性信息,积累和记录教师和学生的平时表现状况,便于发现问题并及时纠正,比如教师的教学设计档案或学生的成长记录册等。终结性评价是在某个较长的教学阶段结束之后对教学效果进行的检测和评价,比如学期末的教学考核或期末考试。

(四) 依据评价标准分类

依据不同的评价标准,教学评价可分为相对评价、绝对评价和个体内差异评价。相对评价又称常模参照评价,其基准来自受评价群体内部,评价的结果可使学生了解自己在群体中的位置,甄选性强,多用于一些选拔性评价。绝对评价又称目标参照性评价,绝对评价的基准与受评价群体无关,评价结果说明受评价者的达标程度,如高考即属于绝对评价。个体内差异评价是以评价对象个人的情况为基准,比如兴趣、态度、成绩、条件等,对评价对象进行价值判断。将被评价者与自己以往的表现进行纵向比较,或者将自己同一时间在不同方面的表现进行横向比较,比如一位同学在某次考试中不同学科的成绩或态度等。

三、教学评价改革

中华人民共和国成立以来,我国课堂教学评价标准的发展经历了四个主要阶段,分别表现为知识主导、思想主导、能力主导和素养主导。课堂教学的评价理念不断趋向育人本质,评价内容日益全面细化,评价形式更加灵活。第一阶段是知识主导阶段(1949—1957 年),这一阶段受苏联影响较大,评价标准侧重知识的讲解和传授。第二阶段是思想主导阶段(1958—1976 年),此阶段片面夸大思想在课堂教学中的作用,侧重加强政治思想教育。第三阶段是能力主导阶段(1977—2000 年),这一阶段开始注重师生在教学过程中所表现出的能力,其主要目的是甄别教师的工作水平,对学生能力发展关注相对较少。第四阶段是素养主导阶段(2001 年以来),关注学生能力、综合素养及核心素养。[①]

教学评价的一个新的发展趋势是借助人工智能进行课堂教学评价。人工智能背景下的课堂教学评价,与传统课堂教学评价在评价主体、评价内容、评价方式和评价结果上都有着显著的不同。人工智能参与的课堂教学评价,从主体来看,能够辅助智慧评价的高效开展;从内容来看,能够更多关注情感信息的动态变化;从方式来看,能够还原真实课堂的精准采集;从结果上来看,可以实现师生成长的轨迹追踪。人工智能背景下的课堂教学评价系统架构主要包括对象层、数据层、技术层和应用层四个层面,其中,对象层包括教师和学生两个群体;数据层分别从声音、姿态、面部表情、生理信号等方面提取信息;技术层要对自然语言进行处理,并对语音、姿态、表情和基于脑电的情绪进行识别;应用层借助课堂语言、行为和情感的分析,共同构建课堂教学评价体系,详见图 5-2 所示。[②]

---

① 罗祖兵,郭超华.新中国成立 70 年课堂教学评价标准的回顾与展望[J].中国教育学刊,2020(01):55-61.
② 吴立宝,曹雅楠,曹一鸣.人工智能赋能课堂教学评价改革与技术实现的框架构建[J].中国电化教育,2021(05):94-101.

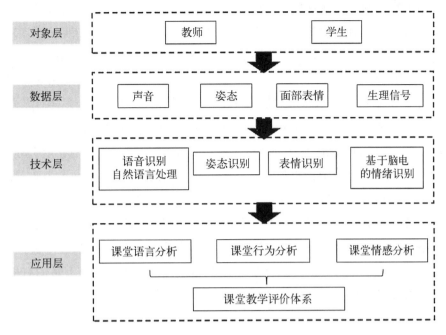

图 5-2 人工智能背景下课堂教学评价系统架构

近年来,国家陆续出台多个文件,明确了教学评价改革的方向。2014 年教育部印发《关于加强和改进普通高中学生综合素质评价的意见》,该意见包括重要意义、基本原则、评价内容、评价程序、组织管理五部分。其中,评价内容要求反映学生全面发展情况和个性特长,注重考察学生社会责任感、创新精神和实践能力,主要包括思想品德、学业水平、身心健康、艺术素养、社会实践等五个方面。

学生发展核心素养,主要指学生应具备的、能够适应终身发展和社会发展需要的必备品格和关键能力。中国学生发展核心素养,以科学性、时代性和民族性为基本原则,以培养"全面发展的人"为核心,分文化基础、自主发展、社会参与三个方面。综合表现为人文底蕴、科学精神、学会学习、健康生活、责任担当、实践创新六大素养,具体细化为国家认同等十八个基本要点。核心素养的公布,对之后的课程标准修订、课程建设、学生评价,尤其是高考改革面临的综合素质评估,具有直接指导作用。

2020 年 10 月,中共中央、国务院印发《深化新时代教育评价改革总体方案》,明确了五个方面的重点任务:改革党委和政府教育工作评价,推进科学履行职责;改革学校评价,推进落实立德树人根本任务;改革教师评价,推进践行教书育人使命;改革学生评价,促进德智体美劳全面发展;改革用人评价,共同营造教育发展良好环境。该方案要求探索增值评价,健全综合评价,充分利用信息技术,提高教育评价的科学性、专业性、客观性。2022 年 4 月,教育部印发义务教育课程方案和语文等 16 个课程标准(2022 年版),此次修订进行了系统性设计,明确提出以素养为导向的评价。16 门学科的课程标准都详细阐述了各学段学业质量标准。

学生学业评价根据其功能定位，可以分为三种：对学习的评价，为学习的评价，作为学习手段的评价。中小学教师对学生学业评价的探索多从评价内容、评价主体和方式方法等方面展开，积累了一些经验，但也存在一些问题。教师在日常教学中经常使用多种方法收集评价数据，但并没有充分发挥其评价功能，存在为改革而改革、评价设计复杂化的倾向，主要问题包括：评价内容过于全面细致，片面强调评价主体多元化，评价方法为多样而多样。[①]

增值性评价是当前教学评价改革的热点话题和发展方向，这一概念源于1966年的科尔曼报告，提倡不以学生的考试成绩作为评价学校和教师的唯一标准，目的在于引导学校多元发展。开展增值性评价有助于分析教师对学生成长发展的影响，也有助于为政策制定者和教师教育领导者提供有用信息。

有学者对增值性评价应用于我国的教学评价做出如下展望：建设师生匹配的大规模追踪数据库，为探索增值性评价提供数据支持；结合实验或准实验设计，保证增值性评价的可靠性；引入多维学生发展指标，全面评价教师质量；推进增值评价与传统评价的有机结合，构建综合的教师质量评价框架；揭示影响教师质量的构成要素，助力教师质量改进；建设专业、开放的增值评价系统平台，增加学术研究与管理实践的联系。[②] 由此可见，随着教育改革的不断深入，教学评价也会做出相应的变革。

思考题

1. 教学的结构有哪几种类型？
2. 常见的教学设计理念有哪些？如何理解？
3. 谈谈你对当前流行的教学模式的认识。
4. 教学原则和教学方法的分类依据分别是什么？
5. 请选取一种现代教学组织形式，简述其与班级授课制的不同。
6. 教学评价的功能有哪些？

参考文献

1. 王策三.教学论稿(第二版)[M].北京：人民教育出版社，2005.
2. [捷克]夸美纽斯.大教学论·教学法解析[M].任钟印，译.北京：人民教育出版社，2006.
3. 崔允漷，王涛，雷浩.义务教育课程方案(2022年版)解读[M].北京：北京师范大学

[①] 赵德成."双减"政策背景下学生学业评价问题的若干思考[J].课程·教材·教法，2022，42(01)：140-146.
[②] 梁文艳.探索教师质量的增值性评价：国际经验与本土展望[J].教育科学研究，2022(04)：91-96.

出版社,2022.

4. 史晓燕.教师教学评价：主体·标准·模式·方法[M].北京：北京师范大学出版社,2018.

5. [美]格兰特·威金斯,[美]杰伊·麦克泰格.追求理解的教学设计（第二版）[M].闫寒冰,宋雪莲,赖平,译.上海：华东师范大学出版社,2017.

6. 钟启泉.深度学习[M].上海：华东师范大学出版社,2021.

第六章

德育论基础

学习目标

1. 了解德育的概念与本质。
2. 熟悉德育过程的结构与规律。
3. 了解德育课程的类型及主要内容。
4. 掌握常用的德育方法,了解基本的德育途径和德育模式。

本章导览

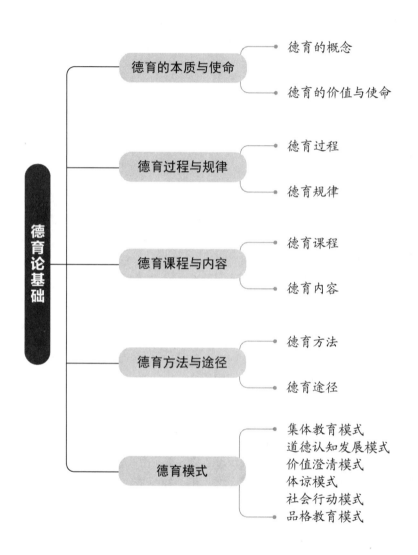

学校德育承担着落实立德树人根本任务、推进素质教育改革进程、培养德智体美劳全面发展的社会主义建设者和接班人的重要职责。正确理解学校德育的本质,全面把握学校德育的使命与价值,是认识学校德育的特殊性与复杂性、提高学校德育的实效性的重要理论前提。深刻把握德育过程与规律、熟悉德育课程与内容、掌握德育方法和途径、了解常用德育模式,对建构德育原理的知识体系、提升德育研究意识与能力、开展生动具体的德育实践,都具有重要的理论前导作用。

第一节 德育的本质与使命

德育的本质与使命问题是德育理论首先需要解决的问题,是关乎德育范畴的边界、领域、定位乃至"是其所是"的本体论问题。

一、德育的概念

概念是事物的本质反映。德育的本质,实质上就是探讨"德育是什么"的问题。简单地说,德育就是培养人的德性与德行的教育。① 但是,什么样的教育才算得上培养人德性与德行的教育? 德育应当是什么样的? 这是德育学界长期以来争论的问题。

(一) 德育的由来

"德育"是近代以来出现的新概念和新名词。在18世纪七八十年代,斯宾塞在《教育论》一书中,明确把教育划分为智育、德育和体育。从此,德育逐渐成为教育领域的一个基本概念和范畴。这一范畴在20世纪初传入我国,1912年国民政府颁布了道德教育的教育宗旨,并以实利主义教育、国民教育辅之,兼以美感教育完成其道德。这一宗旨的实施,标志着"德育"一词开始成为我国教育界通用的名称。②

"德育"作为名词是近代逐渐流行起来的,但它并非是凭空出现的。德育作为一种事实是自古便有的。中国古代教育基本上是以德育为主体的教育,故中国传统文化的核心就是道德文化。中国近现代的德育概念既保留了传统德育的内容,同时根据时代要求做了扩展。当代社会,德育概念不断泛化,它不仅指道德教育,而且还包括政治教育、思想教育、法治教育和心理健康教育等。由于德育概念的泛化,加之多学科共同研究德育,德育的外延不断扩张,最终导致人们不知道"德育是什么",德育本质的研究也陷入了尴尬境地。③

---

① 戚万学,唐爱民.德育原理教程[M].北京:教育科学出版社,2022:3.
② 黄向阳.德育原理[M].上海:华东师范大学出版社,2000:2.
③ 张忠华.德育本质研究与反思[J].江苏大学学报(社会科学版),2010(05):23-29.

有学者对我国过去半个世纪德育概念的外延的演变进行了研究,认为存在以下三个阶段的变化①:第一个阶段是从"德育即政治教育"发展到"德育即思想政治教育";第二个阶段是从"德育即思想品德和政治教育"发展到"德育即思想、政治和品德教育";第三个阶段是从"德育即社会意识教育"发展到"德育即社会意识与个性心理教育"。以上这些对德育的界定都是一种颇具特色的"大德育","大德育"虽然"大",但它的基本格局不外乎是政治教育、思想教育和道德教育三大块。

(二) 德育的概念

1. 广义德育

1982年,李道仁针对德育本质纷乱不一的现状指出,德育是教育者根据社会向人们提出的思想言行规范,对受教育者提出要求,使受教育者自觉地选择、消化、吸收、运用这些要求,并转化为个人的要求,形成个人品德的具有自身特殊性的矛盾运动。② 他进而提出德育的外延应包括政治思想、世界观和道德教育。这种界定为尔后流行的所谓"大德育"概念提供了某种依据。王道俊与王汉澜在其《教育学(新编本)》中,将德育界定为"有目的、有计划、系统地对受教育者施加思想、政治和道德影响"的教育活动。③ 胡守棻在其《德育原理(修订本)》中提出:"德育就是把一定社会的思想观点、政治准则和道德规范,转化为受教育者个体的思想品德的社会实践活动。"④胡厚福提出,德育的"德"是相对于体育、智育、美育的体、智、美而言的,德育的本质是"育德",是培养人的品德。⑤ 鲁洁和王逢贤提出,"德育是教育者根据一定社会和受教育者的需要,遵循品德形成的规律……发展受教育者的思想、政治、法制和道德几方面素质的系统活动过程"⑥。这些界定都明确了道德品质教育在德育范畴中的本体含义,同时又把思想、政治、法制、道德等纳入德育外延之中。

把德育作为一种"大德育"来看待,已成为国内学界的一种传统。"大德育"存在的合理性在于:道德教育、政治教育和思想教育是密不可分的。在学校生活中,绝对独立的道德教育是不可能存在的,因为道德教育必然要与思想教育和政治教育发生某种联系,而且它们之间没有严格和明确的界限;在学校生活中并不存在纯粹的道德教育,各种政治思想因素必然要渗透到道德教育中去。"大德育"界定与当前国际教育改革的趋势是吻合的,在德育过程中要保持所谓的"价值中立"和"政治中立"是虚伪和根本不可能的。也有人认为,把德育视为思想教育、政治教育、法治教育、道德教育的总称,这样,德育的外延宽广,涵盖齐全,界限明确严整,可以减少歧义。如果在德育决策和实践中通用广义的德育概念,使德育各个构成部分都能得到实施,坚持德育的全方位教育,就能充分发挥其间的互补功能,相互促进,减少

---

① 黄向阳.德育原理[M].上海:华东师范大学出版社,2000:6-7.
② 李道仁.德育本质问题的探讨[J].华中师院学报(哲学社会科学版),1982(06):105-110.
③ 王道俊,王汉澜.教育学(新编本)[M].北京:人民教育出版社,1989:333.
④ 胡守棻.德育原理(修订本)[M].北京:北京师范大学出版社,1989:3.
⑤ 胡厚福.关于德育本质几个问题的初步探讨[J].北京师范大学学报,1991(06):21-28.
⑥ 鲁洁,王逢贤.德育新论[M].南京:江苏教育出版社,2000:319-321.

内耗,全面提高德育的质量。总之,把德育界定为"大德育"是学界的一种主流范式。①

2. 狭义德育

针对"大德育"导致概念泛化的弊端,有学者提出不要过于宽泛地定义德育概念。钟启泉与黄志诚认为,德育是培育人的德性的教育,即通过培养道德情感、道德判断力、道德实践动机与态度,提高道德实践的能力与素质的教育,谓之德育,一般与道德教育同义。② 班华也认为,德育即育德,即有意识地实现社会思想道德的个体内化,或者说有目的地促进个体思想品德社会化。③ 檀传宝认为,德育是教育工作者组织适合德育对象品德成长的价值环境,促进他们在道德认知、情感和实践能力等方面不断建构和提升的教育活动。④ 简言之,德育是促进个体道德自主建构的价值引导活动。

持狭义德育观点的学者认为,应将德育概念的外延限定在道德教育上,使之与政治教育、世界观人生观教育等区别开来。⑤ 首先,在全球化的时代背景下,"小德育"的定义有利于我们同国际教育界接轨,在同一语义背景下去讨论研究德育。其次,把"德"定义为思想品德,反映了德育工作者职责的本质和核心内容,这更有利于我们明确德育的方向,加强道德在其他意识形态教育中的基础和核心的作用;把德育概念的范围定义在道德教育,也给政治教育等其他教育一定的发展空间,符合教育研究中意识形态概念不断细化的趋势。⑥

对概念解释的不同,实际上反映了人们对于德育范畴理解的角度和价值取向上的不同。狭义的德育概念反映了人们对于道德教育的基础性质的强调;广义的德育概念则强调道德和思想品质、政治品质的内在联系以及社会主义制度下道德教育的思想性。鉴于此,檀传宝主张应坚持"守一望多"的立场:所谓"守一",意即严格意义上的德育只能指道德教育,强调道德教育在德育中的基础性地位;所谓"望多",即承认思想、政治等教育与道德教育有千丝万缕的联系,主张通过思想、政治等教育加强道德教育。⑦

二、德育的价值与使命

人无德不立,国无德不兴。当代中国,德育是德智体美劳全面培养的教育体系的重要成分,是落实立德树人之教育根本使命的重要路径。

(一)德育的价值

价值是主体和客体之间的一种关系,是客体的属性或功能与主体需要之间的现实关系。德育价值是作为客体的德育活动及其功能与作为德育价值主体的社会、个人的德性需要之

---

① 冯艳青.德育概念的理论分析[J].产业与科技论坛,2014(15):157-158.
② 钟启泉,黄志诚.西方德育理论[M].西安:陕西人民教育出版社,1998:1.
③ 班华.现代德育论(第2版)[M].合肥:安徽人民出版社,2001:9.
④ 檀传宝.德育原理[M].北京:北京师范大学出版社,2007:6.
⑤ 黄向阳.德育原理[M].上海:华东师范大学出版社,2000:17.
⑥ 冯艳青.德育概念的理论分析[J].产业与科技论坛,2014(15):157-158.
⑦ 檀传宝.学校德育原理[M].北京:教育科学出版社,2000:4.

间的关系。可见,德育价值具有关系属性,反映了人们对德育活动的一种主观期待,是人们理想的价值在德育活动中的投射。①

1. 德育的内在价值

德育的内在价值指德育在自身系统内直接实现的价值,是德育价值主体通过德育活动所带来的德性的完善,具体表现为教育者、受教育者和社会环境中的个人等价值主体德性的完善。②

德育有助于促进个体道德成长与品德发展。个体的思想品德并非先天就有的,也并非在环境影响下自发形成的。个体的成长与品德的发展需要教育的推动。青少年正处在长知识、长身体的关键期,他们缺乏政治经验和社会生活经验,既容易接受正确的教育,也容易受到不良的影响,具有极大的可塑性。这一时期是形成科学的世界观与人生观的关键时期,也是思想品德教育打基础的时期。为此,加强对青少年时期的道德教育,对他们整个人生具有定向和奠基的意义。③

德育有助于促进个体的智能发展。求真、崇善、向美是人超越现存、追求美好生活的基本需要。真善美的追求离不开人的智能发展水平,人的智能发展方向、效率又受到人的价值观、道德观的支配与规约。积极向上的世界观、道德观、价值观能够为个体的认知活动和智能发展提供不竭动力与热情,产生积极的激发与推动作用;反之,则阻碍或抑制个体认知发展的动力和热情。一个社会责任感缺失、科学探索欲望淡薄、科学理性精神冷漠、意志品质软弱的人,是难以获得优良的智能发展的。④

德育有助于满足个体生活的幸福与完整。道德是每个人自我完善、自我肯定、自我发展的基本需要,它既是生存的需要,也是个体精神满足的需要。根据科尔伯格的道德发展阶段论可知,儿童最初的道德规范只不过是为了博得他人的奖励和规避惩罚,这种行为具有功利性。只有在一个较为充分发展的个体身上,才能真正感受到道德对于他的精神需要与发展的满足。也就是说,人们对道德的需求经历了一个从生存价值到功利价值再到精神价值的过程。学校德育不能仅仅只满足人的生存和功利需求,而应该在提升人的精神境界方面发挥作用。德育的魅力在于对受教育者的精神援助与精神愉悦。德育能够促进受教育者学会运用道德的方式体验生活、感悟生活、享用生活、创造生活,获得某种自我肯定、自我升华的满足,从而实现个体生活的幸福与完整。⑤

2. 德育的外在价值

德育的外在价值指德育通过受教育者的活动这一中介,在德育系统之外创造的价值。主要通过具有优良德性的人才在社会政治、经济、文化生活中,在处理与自然环境的关系中

---

① 戚万学,唐爱民.德育原理教程[M].北京:教育科学出版社,2012:36.
② 李太平.德育功能·德育价值·德育目的[J].湖北大学学报(哲学社会科学版),1999(06):89-92.
③ 余文森,王晞.教育学[M].北京:北京大学出版社,2009:588.
④ 戚万学,唐汉卫.学校德育原理[M].北京:北京师范大学出版社,2012:24-25.
⑤ 戚万学,唐汉卫.学校德育原理[M].北京:北京师范大学出版社,2012:25-27.

所发挥的作用来满足社会对德性的需要。①

德育有助于促进社会的和谐发展。社会的和谐离不开道德。道德是规范人和人关系的需要,社会有交往才需要有道德。一个社会如果没有道德、没有契约、没有大家需要共同遵守的规则,那么这个社会必然是无序的,即社会生活的底线是秩序。秩序来源于法律的遵守与道德的约束。德育要求遵守底线的道德,倡导积极的公德,让每个人通过努力促进社会的公共秩序和良好风尚的形成,进而促进社会的和谐与发展,实现社会主义现代化建设。②

德育有助于实现国家的繁荣富强。德育对国家的发展、民族个性的塑造,有着非常重要的作用。一个国家有没有尊严,取决于这个国家的人民是不是高贵,取决于这个国家的人民有没有道德。当一个国家的国民走出去都能够让人家放心尊敬,这个国家就是真正的强盛。德育通过各种实践活动,能够有效地培养学生的良好行为习惯,塑造优良的民族品格。③ 近年来,我们强调将中华优秀传统文化、革命文化等重大主题教育引入课程,强调培养学生的爱国主义精神,培育学生的国家认同、文化自信等,其目的就是在于通过德育,为我国社会主义现代化建设、为中华民族的伟大复兴培养建设者和接班人。

德育有助于促进人类命运共同体建设。当代世界已经是一个地球村了,不同国家之间、整个区域之间的联系合作越来越频繁,没有一个国家可以成为一个孤岛。世界需要有些共同的人类理性,如果没有这样一个道德作为基础,没有同理心、没有公理心、没有人类和平发展的意识,那么这个世界也是不安宁的。④ 在新时代,我们借助德育课程,努力帮助学生开阔视野、拓展思路,形成人类命运共同体意识,对推动全球人类命运共同体建设具有重要意义。

(二) 德育的使命

1. 德育的根本使命

鲁洁基于生活德育理论指出,德育的根本使命就是引导人走上"成人之道",道德和道德教育的核心问题应该是"怎样去做成一个人"的根本生存方式问题,而不是具体行为规范问题。道德和道德教育的根本作为是引导我们以人的存在方式去生活,引导人去建构一种更好、更全面、丰富的生活,进而促进人的自我实现。因此,德育要使每个人的发展尽可能在他自己所建构的生活中得到充分的实现,使各具特点和差异性的个体人格得以生成,帮助学生学会关注生活、反思生活、改变生活,提高他们建构美好生活的品质和能力。⑤

2. 德育的时代使命

在不同的历史时期,面临不同的时代诉求,德育的使命不尽相同。2018年,党的十八大首次提出把"立德树人"作为教育根本任务。党的二十大报告进一步指出,教育是国之大计、党之大计。培养什么人、怎样培养人、为谁培养人是教育的根本问题。育人的根本在于立

---

① 李太平.德育功能・德育价值・德育目的[J].湖北大学学报(哲学社会科学版),1999(06):89-92.
② 朱永新.明德至善,绽放人性芬芳[J].教育研究与评论,2020(05):4-16.
③ 朱永新.新时代需要新德育[J].中国德育,2023(05):56-60.
④ 朱永新.新时代需要新德育[J].中国德育,2023(05):56-60.
⑤ 鲁洁.道德教育的根本作为:引导生活的建构[J].教育研究,2010(06):3-8.

德。要全面贯彻党的教育方针,落实立德树人根本任务,培养德智体美劳全面发展的社会主义建设者和接班人。要加强和改进未成年人思想道德建设,推动明大德、守公德、严私德,全面提高人民道德水平和文明素养。由此可知,立德树人是新时代教育的重大使命。具体来说,德育要构筑学生的共产主义理想信念,使其牢固确立社会主义核心价值观,厚植中华民族传统美德,弘扬民族精神和时代精神,树立全球观念和生态意识。让教育出来的学生永葆中国底色,热爱自己的国家,敬畏民族的历史,依恋中华文化,担当起时代重任,真正实现为党育人、为国育才。

总之,德育的使命是德育主体基于德育功能、德育任务而自主确立的价值追求。德育既要肩负起国家发展的使命,发挥德育对于民族振兴、国家富强的基础性作用,使德育工作成为中华民族不断走向复兴的重要推动力量;也要尊重人的生命发展的个体性和多样性,通过国家和社会的发展来激发个体发展的动力和活力,来引导个体发展的方向,在成就个体发展的同时促进国家和社会的进步。① 二者交织融合,共生共存,和谐共荣。

第二节 德育过程与规律

一切事物只有经过一定的过程,才能实现自身的发展。自然界、人类社会和思维领域中的一切现象都是作为一个过程而向前发展的。正是在此意义上,恩格斯指出:"世界不是既成事物的集合体,而是过程的集合体。"② 马克思主义哲学在辩证唯物主义的基础上理解和把握规律,认为规律就是事物及其发展过程中所固有的、本质的、必然的、稳定的联系。个人的道德成长是一个过程,学校德育的实施也表现为一个过程。德育过程的运行有其自身的规律。德育规律就是德育过程中诸要素之间的本质联系和发展的必然趋势,是制定德育原则、组织德育活动的基本依据。

一、德育过程

(一)德育过程的内涵

所谓过程就是事物的发生、发展和灭亡,是一个事物向另一个事物的转化或不同事物之间的相互转化。德育过程就是把一定社会的思想准则和道德规范转化为受教育者个体思想品德的过程,是教育者依据一定社会的要求和受教育者思想品德形成的规律,对受教育者有目的地施加影响,并通过受教育者能动的认识、体验和实践活动,使其养成一定社会所期望的品德的过程。

德育过程与个体思想品德形成过程既相互联系又相互区别。二者的联系表现为:第一,德育只有遵循人的品德形成发展规律,才能有效地促进人的品德形成发展,而人的品

---

① 叶飞,檀传宝.德育一体化建设的理念基础与实践路径[J].教育研究,2020(07):50-61.
② 中共中央马克思恩格斯列宁斯大林著作编译局.马克思恩格斯选集(第四卷)[M].北京:人民出版社,1972:250.

德形成发展也离不开德育因素的影响；第二，从受教育者的角度来看，德育过程是受教育者个体的品德形成发展过程，只不过是在教育者有目的、有计划、有组织、有系统的影响下，受教育者形成教育者所期望的品德的过程，是培养和发展受教育者品德的过程。

德育过程与个体思想品德形成过程的区别体现为以下两方面。第一，德育过程是一种教育过程，是一种社会现象，是教育者与受教育者双方统一活动的过程，是有目的地培养受教育者良好品德的过程。教育者根据社会发展提出的要求和受教育者身心发展的特点和规律，以适当方式调动受教育者的主观能动性，从而将相应的社会规范和道德准则转化为受教育者的品德。第二，品德形成过程是一种个体现象，是受教育者思想道德结构不断建构完善的过程，也是个体品德的知、情、意、行诸因素统一协调发展的过程。品德形成过程属于人的发展过程，其实现的因素包括生理的、社会的、主观的和实践的等方面，而德育是其中的一个因素。二者的关系实质上是教育与发展的关系。

（二）德育过程的本质

德育过程就是教育者把一定社会的思想准则和道德规范转化为受教育者个体思想品德的过程，也是教育者和受教育者共同参与的、旨在促进受教育者个体思想品德发展的社会过程。其主要任务是教育者有目的地指导受教育者学习、选择、接受既有的社会思想、政治、道德文化，同时学会自主地创立新的思想、道德范畴和道德规范。因此，德育过程的本质就是造就道德主体或再生产道德主体的过程。[①]

德育过程的主要矛盾是构成德育过程的基本要素中的教育者和受教育者之间的矛盾，是德育活动的能动主体。它具体表现为教育者代表社会对其成员提出一定社会的德育要求和受教育者思想品德现状之间的矛盾。德育过程的主要矛盾表明，德育过程就是要使受教育者形成社会所需要的思想品德，因而也就是要把已有的社会道德转化为受教育者个体的思想品德。培养受教育者具有社会所需要的思想品德，就是促使个体品德的社会化。德育过程本质上就是道德的社会传递与个体道德体验有目的地、有选择性地相统一的过程。它是受教育者通过自己的主观努力，根据自己的体验去把握已形成的思想体系、政治观点和道德规范，形成教育者所期望的思想品德。

个体道德社会化，即有意识地促使受教育者个体掌握一定的社会政治观点、思想道德准则、道德规范，使其逐渐内化为个体思想道德观点、信念，并再外化为品德行为，成为能适应和参与一定社会角色行为的人。也就是个体通过社会规范的内化，从一个道德"自然人"转变为道德"社会人"的过程。社会思想道德个体化，一方面是指社会思想、准则、道德规范转化为个体思想品德；另一方面是指每个个体形成的思想品德又因其性别、年龄、智力、性格等方面的差异而具有个性特点。德育过程就是个体思想品德社会化和社会思想道德个体化的统一过程。也就是说，德育过程是一种有目的的或有选择性的思想道德社会传递与个体思

[①] 王桂艳.德育与班级管理[M].北京：北京师范大学出版社，2015：42.

想道德体验相统一的过程。[①]

(三) 德育过程的结构

德育过程的结构是指德育过程中各个构成要素相互联系、相互作用的方式,通常由教育者、受教育者、德育影响三个相互制约的要素构成。这三个要素在德育过程中的地位和作用各不相同,彼此以一定的方式相互联系、相互作用,形成有组织的德育过程。

教育者是德育过程的组织者、领导者,是有目的地直接或间接对受教育者施加影响的个人教育者和集体教育者,是一定社会德育要求和思想道德的体现者,在德育过程中起主导作用。教育者应根据社会发展的要求和受教育者思想品德发展的实际,促进受教育者思想品德的形成与发展。受教育者指接受德育影响的个人或集体,既是德育的客体(作为德育对象),又是德育的主体(接受德育影响,进行自我品德教育)。只有调动受教育者的主动性和自觉性,发挥其接受德育影响和进行自我教育的主体作用,才能达到培养受教育者品德的目的。德育影响主要包括德育内容、德育方法、德育组织形式等,是教育者用以影响、作用于受教育者的中介,是纯客体的存在。以上三个基本要素在德育活动中相互联系、相互制约,形成德育过程内部矛盾运动。

在德育过程结构诸要素中,教育者与受教育者是最基本的要素,它们相互联系、相互作用,共同推动着教育活动的开展。因而可以说,教育者与受教育者均是德育过程中的活动主体,离开了教育者与受教育者的相互作用,就无法构成教育活动。德育影响是将二者联结起来的中介因素。正是有了教育者、受教育者、德育影响,最基本的德育活动才能开展。

二、德育规律

规律就是事物及其发展过程中所固有的、本质的、必然的、稳定的联系,决定着事物发展的必然趋向。规律是客观的,不以人的意志为转移。德育规律是德育过程中诸要素之间的本质联系和发展的必然趋势。只有了解并遵循德育规律,才能促进学生品德更好更快地发展。

(一) 德育过程是促进学生的知、情、意、行统一的过程

德育过程是培养学生思想品德的过程,是教育者将一定社会的思想、道德、政治、法制准则和规范内化为学生个体思想感情并外化为行为方式的过程,是形成学生个体品德或完整品德结构体系的过程。学生的品德主要包含道德认识、道德情感、道德意志和道德行为四个因素,简称为知、情、意、行。德育过程是培养学生知、情、意、行,并促进其相统一的过程。

"知",即道德认识,是指人们对社会思想准则和法纪道德规范及其意义的理解与掌握,以及在此基础上形成的思想观念和对人对事做出是非、善恶、美丑的认识、判断与评价能力。

[①] 王桂艳.德育与班级管理[M].北京:北京师范大学出版社,2015:43.

"知"是在社会环境和教育的影响下，在社会生活实践中逐步形成和发展起来的，是人们确定对客观事物的主观态度和行为准则的内在依据。"知"在道德形式结构中是关键性因素，道德认识水平的提高可以调节人的行为，加深情感体验，增强意志和信念。

"情"，即道德情感，是指人们对现实生活中的社会思想道德和人们行为的爱憎、好恶等情绪态度，是在社会生活实践中人们的道德需要是否得到满足或进行道德判断时所产生的一种内心体验。"情"作为人所特有的一种高级情感，是伴随着道德认识而产生和发展的，并对道德认识和道德行为起激励和调节作用。道德情感一经形成，就会成为一种稳定的强大力量。当人们的道德认识与相应的道德情感发生共鸣时，便形成道德信念。道德信念是道德行为的强大动力。

"意"，即道德意志，是指人们在形成一定的道德行为过程中，克服一切内外的阻力和困难所做出的自觉的积极进取或坚韧自控的不懈努力，是做出抉择的力量和坚持精神，是调节道德行为的精神力量。"意"常常表现为用正确动机战胜错误动机、用理智战胜欲望、用果断战胜犹豫、用坚持战胜动摇，排除来自主客观的各种干扰和障碍，按照既定目标把品德行为坚持到底。

"行"，即道德行为，是指人们在一定的道德认识、情感、意志的支配和调节下，按照一定道德规范，对他人、对社会、对自然做出的反应和采取的行动。"行"是实现内在的道德认识和情感，以及由道德需要产生的道德动机的行为本身及其外部表现，是通过训练和实践形成的。道德行为是一个人道德形成发展的外在表现和客观标志，是衡量一个人道德修养水平的重要标志，也是德育的最终目的。道德行为与道德认识、情感和意志密切联系，受道德认识、情感和意志的指导、控制与调节，同时又影响着道德认识的巩固和发展、道德情感的加深和丰富以及道德意志的锻炼。

在道德教育过程中，要注意兼顾知、情、意、行四个要素，重点培养学生的道德判断力、道德敏感性和道德行动力。要注意晓之以理、动之以情、持之以恒、导之以行，把四个要素统一起来，更好地发挥整体功能。一般而言，人的道德是在活动和交往的基础上沿着知情意行的顺序形成发展的。然而，四个要素的发展往往又是不平衡的。在德育过程中，培养学生的道德可以从提高道德认识开始，可以从陶冶道德情操开始，可以从锻炼道德意志开始，也可以从训练道德行为开始。德育过程有多种开端，应具体问题具体分析，以达到知、情、意、行统一与和谐发展的目的。

（二）德育过程是学生在活动和交往中形成思想品德的过程

学生的品德是在积极的社会活动和交往中，在形成社会实际关系中，在改造客观世界、主观世界及其相互关系中形成和发展的。其中，活动和交往是学生思想品德形成与发展的基础及源泉。只能在人与人的交往中、在形成社会关系中、在接触所要传递的社会思想道德的某种物化形式的活动中，才能将社会思想道德传递给学生，并通过品德内部矛盾运动而形成或改变一定的品德或品德结构体系。因此，从品德产生的根源上说，活动和交往是学生品德形成的基础。不仅如此，学生的品德只有在活动和交往中才表现出来并受到检验。活动和交往是学生内在品德认识与情感外化为相应的品德外显行为表现的桥梁。只有在活动和交往中产生的品德认识、情感、行为外化为外部行为表现,并形成一种稳定的行为方式或特征的时候,才称为真正的完整的品德。检验、评价学生的品德发展程度及其优劣的真正标准,主要看其在社会活动和交往中的行为表现。学生形成一定品德的主要目的是更好地适应和参与社会新生活的创造。

德育过程中的活动和交往较之一般的活动和交往更能对学生的品德形成产生重要作用。第一,德育过程中的活动和交往是在教育者的引导下开展的,是服从德育目标要求的,具有明确的引导性、目的性和组织性。第二,德育过程中的活动和交往的内容与形式主要在德育实践中展开,不同于一般的活动和交往。第三,学校德育过程中的活动和交往是按照学生品德形成发展规律及教育学、心理学原理组织的,能更有效地影响学生的品德形成,具有科学性和有效性。[①] 因此,教育者应有目的、有计划地按照学生思想品德形成和发展的规律,组织与指导学生进行社会活动和交往,以充分发挥各种活动和交往的育德作用。

(三) 德育过程是促进学生思想品德内部矛盾积极转化的过程

学生的品德形成和发展离不开外部德育的影响,外部德育影响只有通过主体品德内部矛盾斗争才能发挥作用。心理内部矛盾是学生思想品德发展的动力。主体品德内部矛盾表现为,教育者代表社会对其成员提出一定社会的德育要求和学生思想品德现状之间的矛盾。它是个体思想形成和发展的基本动力。把一定社会的德育要求转化为学生个体的思想品德,是内外因素相互作用的结果。思想品德现状即所谓的品德内部环境,有其相应的品德结构。从根本上说,它也是在外部环境和教育影响下形成的。当德育影响反映到学生的主观世界,便与已有的品德状况或结构形成矛盾关系,矛盾的解决过程就是学生思想品德提高的过程。例如,学生是朝气蓬勃、好学上进、视野宽广、开放自信的,但在多元、多样、多变的现实场景和网络场域影响下,学生的一些需要背离了培养德智体美劳全面发展的社会主义建设者和接班人的教育目标诉求。信仰淡化、价值物化、行为异化导致部分大学生将物质化消费、庸俗化展演、叛逆性行动作为时尚性需求。[②] 当教育目标诉求与时尚性需求发生矛盾时,如果学生经过思想斗争达到教育目标诉求而战胜了时尚性需求,那么其思想品德也由原有水平提高到了一个新的水平。新的教育目标诉求与学生时尚性需求会不断产生矛盾运动,这样经过周而复始,学生的思想品德就会得到不断地提高和发展。

因此,教育者的任务是要自觉地运用主体品德内部矛盾斗争的规律,根据学生已有的品德状况和内部矛盾以及学生的实际情况,有目的、有计划地提出系统的教育要求,以引起学生主体品德内部的系列化和不断深入的矛盾运动,并充分发挥学生的积极性和主动性;掌握其矛盾转化的时机和条件,促进、加速学生品德内部矛盾斗争及其顺利转化,发挥其自我品德教育的作用,促使学生的品德发展和完善。

---

① 王桂艳.德育与班级管理[M].北京:北京师范大学出版社,2015:46.
② 蒲清平,何丽玲.新时代大学生思想政治教育内部矛盾的新变化与新应对[J].思想教育研究,2018(07):113-117.

（四）德育过程是长期的反复的逐步提高的过程

根据否定之否定规律，事物的发展是前进性与重复性的统一，表现为螺旋式或波浪式的发展过程。学生思想品德的形成和发展也是在肯定—否定—否定之否定的发展周期中随着自身的成长、成熟不断深化发展的，是一个长期的从量变到质变的过程，是螺旋式上升的过程。

一个人良好品德的形成和不良品德的矫正，都要经历一个反复的培养教育或者矫正训练的过程，这是一个无止境的认识世界、认识自我的过程。学生品德是在行为中表现出来的稳定特征和倾向，要经过长期的、反复的培养、教育或矫正、训练，才能形成优良的道德品质。这主要是由于这个过程不但要提高道德认识，形成正确的道德观念和道德判断能力，而且还要形成相应的道德情感、道德意志和道德行为。在多元价值理念的社会里，学生在选择、形成、提升思想品德时会出现不稳定性。处于成长时期的学生，思想不成熟、生活经验缺乏，易受到不良思想和道德品质的影响，出现优良品德与不良思想品德的曲折斗争过程。这说明学生思想品德的形成具有反复性，但总体是一个螺旋式的不断深化、逐步提高的过程。

根据学生品德形成的长期性、反复性、逐步提高的规律，教育者应对学生思想品德的培养做好长期的思想准备。有计划、有目的、有组织地对学生实施道德教育，不能"毕其功于一役"。教育者要用耐心和不放弃的态度正确看待学生思想行为上的反复现象，以冷静的头脑，正确的方法经常抓、反复抓，一抓到底，持之以恒。

在德育过程中，教育者应认识到学生的品德是知、情、意、行的统一发展过程；应该组织形式多元的活动和交往，使学生的品德逐步形成、发展并表现出来；要根据一定社会德育要求，向其施加系统的和不断提高社会思想道德规范的影响，以引起学生主体品德内部系统化的和不断深化的矛盾斗争；要认识到学生的品德在长期的、反复的过程中逐步培养，从而使其品德不断向前发展。

第三节 德育课程与内容

德育课程与内容是学校德育目的的主要实现形式，集中体现了德育目的和要求，是实现德育目标的保证，也决定着德育的教学方法和教学组织形式。德育课程与内容向学习者传递社会价值和规范，是实现个体社会化的重要途径。

一、德育课程

从教育目的和结果看，凡是对学生价值观念和德性成长产生影响的内容都是德育课程。全面把握德育课程的概念与内涵是了解德育课程的基础。德育学科课程、德育活动课程和隐性德育课程是当前我国学校德育课程的三种主要形态，理解这三种课程形态有助于全面了解德育课程、有效开展德育工作。

(一) 德育课程的内涵

学界对课程的定义不同,课程作为学科、目标或计划、经验或体验的提法都有;相应地,不同德育学者对德育课程的理解也存在差异。尽管人们对于德育课程的定义不同,但也存在一些共识。当前德育学界对德育课程的主要观点表现在两个方面:一是德育课程面向受教育者,并能够引导其品德的发展;二是德育课程有自身的目标、特定的经验以及组织形式,教育者借助这些经验,有组织、有计划地加以实施,满足青少年儿童的道德发展需要,帮助其形成正确的道德信念以及实践这些信念的生活与行为方式。① 我们认为,德育课程就是促进学生思想品德发展的道德教育内容与学习经验的总和。一般认为,德育课程的特点包含以下三个方面。②

第一,从教育目标上看,德育课程不仅是传授某一方面的知识,其目标旨在帮助学生形成正确的价值观念、生活态度以及践行这些观念态度的行为方式。德育课程的目标是综合性的实践智慧。德育课程既要重视道德认知能力的发展、道德知识的获得,更要重视道德情感、理性和行为的养成,特别关注它们之间的有机联系和协调一致。

第二,从教育内容上看,德育内容来源广泛,既可源于家庭、学校,也可源于社会。从内容涉及的范围看,德育内容主要包括政治、思想、道德、心理、法治、安全等。也正是这些丰富的教育内容的存在,才使得德育课程的类型极为丰富,如综合课程、活动课程、隐性课程等。

第三,从教学方式看,德育课程有着自身独特的要求。德育不仅要让学生了解"关于道德观念"的知识,还需要学生能够结合自己的生活实现真实的领会与亲身实践,主动、自觉地表现出相应的稳定行为。因此,要充分利用课堂乃至多样化的活动形式,让学生充分参与到课堂和活动中,通过与自己、他人、群体的对话与互动,不断领会与践行,不断养成将观念、情感、理性与行为相统一的实践智慧。

(二) 德育课程的类型③

根据当前我国德育理论发展状况,结合当前我国德育实践,同时考虑到对德育课程分类的简化,以便于对德育课程的操作,我们可把德育课程分为三类:德育学科课程(认识性德育课程或认知性德育课程)、德育活动课程(实践性德育课程)和隐性德育课程。

德育学科课程是以学科为中心来组织的课程,主要分为两类。第一类是德育学科课程,也叫直接德育课程或专设德育课程,指学校专门开设的以培养学生的道德认识和道德实践能力为目标,向学生系统传授道德知识、观念和价值体系的课程。它是学校进行德育的主要渠道,如西方国家的公民教育课程、道德课等,我国义务教育阶段的道德与法治及高中阶段的思想政治课程等,都是显性的、直接的德育学科课程。第二类是包含德育因素和任务的其他学科课程,我们称之为学科德育课程,如语文、数学、英语、历史、地理、物理、化学等学科课程。

---

① 戚万学,唐爱民.德育原理教程[M].北京:教育科学出版社,2022:150-151.
② 戚万学,唐爱民.德育原理教程[M].北京:教育科学出版社,2022:151-152.
③ 戚万学,唐爱民.德育原理教程[M].北京:教育科学出版社,2022:152-167.

德育活动课程是以培养学生的道德实践能力而非道德知识的传授为指向的课程。同时,德育活动课程并非是自发的,而是在遵循学生意愿的基础上有组织、有计划、有目的地活动的。因而,德育活动课程是指"学校从学生的需要、兴趣出发,有目的、有计划、有组织地设计各种活动,并引导学生主动参与,以增进学生的道德理智和道德实践能力,改善学生道德生活的课程类型"①。

隐性德育课程有广义与狭义之分。广义的隐性德育课程是指存在于学校内的一切现象、事物、活动等所隐含的德育因素;狭义的隐性德育课程是指学校内存在的有目的、有计划,以简洁、内隐的方式对学生品德的形成和发展产生潜在的、无意识影响的一切教育因素或经验。

二、德育内容

(一) 德育内容的内涵

党的二十大报告提出:"教育是国之大计、党之大计。培养什么人、怎样培养人、为谁培养人是教育的根本问题。育人的根本在于立德。全面贯彻党的教育方针,落实立德树人根本任务,培养德智体美劳全面发展的社会主义建设者和接班人。"②这就涉及德育内容的问题。所谓德育内容,是指在德育活动中用什么样的道德价值和道德规范来培养学生。它关系到应选择什么样的理想信念、道德规范、世界观、人生观、价值观,以达到教育学生的目的。

选择德育内容,首先要依据教育目的和德育目标。德育内容是教育目的和德育目标最直接的体现,是为达到预期的德育目标服务的,必须根据教育目的、学校德育目标来确定。其次,要依据学生品德形成发展的规律和身心发展特征。德育内容应遵循学生品德形成规律和身心发展特征,使德育内容的深度和广度与学生品德发展的"最近发展区"相耦合。再次,依据当前的时代特征和学生思想实际。不同的时代德育工作要求不同,相应的德育内容要主动适应时代的变化。最后,根据学生思想实际,有针对性地选择德育内容,有效推动社会发展和学生品德发展。

(二) 德育的基本内容

1. 政治教育

政治教育是对学生进行政治方向、政治立场、政治态度的教育。要培养学生爱党爱国爱人民,增强国家意识和社会责任意识,教育学生理解、认同和拥护国家政治制度,了解中华优秀传统文化和革命文化、社会主义先进文化,增强中国特色社会主义道路自信、理论自信、制度自信、文化自信。对学生进行全面贯彻党的路线、方针、政策,学习贯彻习近平新时代中国特色社会主义思想主题教育,为全面建设社会主义现代化国家、全面推进中华民族伟大复兴而团结奋斗。

2. 思想教育

思想教育是指对学生进行以辩证唯物主义和历史唯物主义为指导思想,以对整个自然

---

① 戚万学,唐汉卫.学校德育原理[M].北京:北京师范大学出版社,2012:209.
② 习近平.高举中国特色社会主义伟大旗帜 为全面建设社会主义现代化国家而团结奋斗——在中国共产党第二十次全国代表大会上的报告[M].北京:人民出版社,2022:34.

界与人类社会发展规律的认识为基础的,科学的世界观、人生观和价值观教育,培养学生勇于实践的精神、实事求是的态度和科学的思想方法。在掌握知识的基础上,通过实践获得经验和体验,并使之转化为观点和信念;开展社会主义核心价值观教育,引导学生在实际生活中形成具体的生活态度和理想。

3. 道德教育

道德教育就是指对学生进行生活的道德意识与行为习惯的个人私德教育;进行国家与社会公共生活的道德意识,以及符合国民公德和社会公德的行为习惯的公德教育;进行学生职业生活的道德意识,以及合乎职业道德规范的行为习惯的职业道德教育。对学生进行道德教育,就是要提高其道德认识、陶冶其道德情操、锻炼其道德意志、树立其道德榜样、培养其道德行为,最终使其行为符合社会所倡导的道德规范和准则。

4. 法治教育

法治教育就是对学生进行社会主义民主和法律的基础知识教育,以宪法教育为核心,以民法典教育为重点,结合党史、新中国史、改革开放史、社会主义发展史教育,深入开展法治宣传教育,使他们从小就受到民主的训练和守法的教育,懂得和善于履行社会主义公民的权利和义务,增强法治观念,养成自觉遵守法律的行为习惯。

5. 心理健康教育

心理健康教育是指通过教授学生心理健康知识和技能,培养其良好的心理素质,对学生开展认识自我、尊重生命、学会学习、人际交往、情绪调适、升学择业、人生规划以及适应社会生活等方面教育,引导学生增强心理保健、调控心理、自主自助、危机预防、应对挫折、适应环境的能力,培养学生健全的人格、积极的心态和良好的个性心理品质。①

6. 生态文明教育

生态文明教育是指对学生进行加强节约教育和环境保护教育,开展大气、土地、水、粮食等资源的基本国情教育,帮助学生了解祖国的大好河山和地理地貌,开展节粮节水节电教育活动,推动实行垃圾分类,倡导绿色消费,引导学生树立尊重自然、顺应自然、保护自然的发展理念,养成勤俭节约、低碳环保、自觉劳动的生活习惯,形成健康文明的生活方式。②

第四节 德育方法与途径

一、德育方法

德育方法是德育理论和实践中的一个重要问题,是联系德育主体和德育活动的中介,在德育活动中居于枢纽环节。德育方法是德育目标的依托,是形成德育活动具体形态的基本工具,也是提高德育实效的关键。德育方法是德育过程中教师和学生为达成德育目标、完成

---

① 教育部关于印发《中小学德育工作指南》的通知[J].中华人民共和国教育部公报,2017(10):27-34.
② 教育部关于印发《中小学德育工作指南》的通知[J].中华人民共和国教育部公报,2017(10):27-34.

德育任务而采用的具有一定内在联系的活动方式与手段的组合。我国中小学常用的德育方法主要有说服教育法、情感陶冶法、实践锻炼法、榜样示范法、品德评价法、自我教育法等。这几类方法既包括基于教师的角度采用的方法，也包括基于学生道德学习采用的方法，同时也考虑到了师生互动的方式。

（一）说服教育法

说服教育法是通过摆事实、讲道理，启发诱导，使学生通晓道理，明辨是非，提高道德认识、形成正确观点的一种德育方法。说服教育是对学生进行德育的基本方法，其主要功能是提高受教育者思想、政治、道德的认识，形成正确观点，通过讨论、谈话、讲解、报告、阅读等提高受教育者思想辨析能力和道德评价能力。其实质在于"服"而不在"说"；其关键是教师说理，以理服人，学生心领神会、心悦诚服，重在"晓之以理"。说服教育常表现为师生对话，在关系上相互尊重、相互理解，在认识上相互沟通，在情感上得到共鸣，在行为上共同选择。①中国古代教育家早就提倡循循善诱的启发式说服教育。《礼记·学记》记载："故君子之教喻也，道而弗牵，强而弗抑，开而弗达。"②它说的就是教师要善于用说服启发的方法教育学生，引导学生而不是强制，鼓励学生而不是压抑。运用说服教育法应注意如下四个要求。

第一，明确教育的目的性。古人以眼睛为目，以箭靶的中心目标为的。射箭是为了射中目标，这就有了明确的目的性。说服教育首先要明确教育的目的何在，根据目的，结合学生思想实际、年龄特点、个性差异、道德发展水平和实际生活，针对实际要解决的问题，有的放矢，切中要害，启发和触动学生的心灵，切忌空洞冗长，模式化、一刀切。

第二，富有知识性、趣味性。说服要注意给学生以知识、理论和观点，使其受到启发，获得提高。所选的内容、表述的方式要力求生动有趣，在学生的"感点"和表达方式的"趣点"上着手。说服教育既要考虑学生的"感点"，从学生实际出发，做到以理服人、以情感人、以美怡人、以趣引人，又必须考虑活动本身的"趣点"，精心设计，把说服变得生动而富有感染力。

第三，把握教育时机。《礼记·学记》记载："当其可之谓时""时过然后学，则勤苦而难成。"③其意思就是在适当的时机进行教育叫作适时，否则错失了教育时机，事后补救，尽管勤苦努力，也较难成功。说服的成效往往不取决于花费了多少时间、讲授了多少道理，而取决于是否善于捕捉教育时机。当时机未来时要善于等待，当时机出现时要及时捕捉，拨动学生心弦，引发其情感共鸣。

第四，民主平等，以诚待人。教师对学生进行说服教育，要坚持民主平等的态度，要诚恳地对待学生，循循善诱，语重心长，与人为善，坦诚相见。只有以诚待人，教师才能叩开学生的心扉，使其在民主、和谐的氛围中自然而然地接受教师讲的道理，而不会产生逆反和抗拒心理。

---

① 王道俊,郭文安.教育学(第6版)[M].北京：人民教育出版社,2009：325.
② 礼记[M].胡平生,张萌,译注.北京：中华书局,2017：704.
③ 礼记[M].胡平生,张萌,译注.北京：中华书局,2017：703.

[案例6-1]

善待布赖恩

帮助有学习缺陷的儿童融入普通班之中,在美国是一项得到优先考虑的教育措施。某校某班,有个名叫布赖恩的9岁小男孩,他患有轻度小儿麻痹症,是全班捉弄的对象。他松不开夹克衫拉链,课间休息在操场上动作不协调,诸如此类的事情常使他遭人取笑。每当布赖恩不停地遭到嘲笑时,常见他整堂课哭哭啼啼。

有一天,布赖恩没来上学。华伦太太抓住这个机会,要求全班学生讨论一下她认为班上存在的这个严重问题。学生们听到老师说存在一个"问题"时,似乎都感到十分惊讶,但他们还是围在一起展开了讨论。

华伦太太解释说:"有的人天生就有病,不能像正常人那样运用自己的肌肉,要他们像正常人那样行动是很困难的。我不知道,如果各位自己不能做一些事情,还被其他小朋友取笑,你们会是什么样子?"

教室里一片安静。华伦太太说话的语气不愠不火,但充满了关怀和敏感性。有个女孩开始说话了:"蒂姆和杰克取笑布赖恩的时候,我感到非常难过。"杰克马上应道:"我不是想伤害他呀!"

讨论继续进行着,几乎每个学生都发了言。有些学生站在布赖恩的立场上看问题,杰夫说:"如果有人那样取笑我,我会很生气,很难过。"珍尼特提出了"公平"问题:"那不公平——就像我们做游戏时那样,故意跑得那么快,而布赖恩没有办法跑快,我们是在作弊。"

这是一场没有答案的情感性讨论。第二天,布赖恩回到学校,有好几个学生主动上前帮他拉夹克衫拉链。课间休息时,布赖恩和大家一起打球,三次安全上垒。日子一天天过去,取笑人的现象再也没有发生。

资料来源:黄向阳.德育原理[M].上海:华东师范大学出版社,2000:171-172.

(二)情感陶冶法

情感陶冶法是指教师自觉地利用创设的良好教育情境和自身的教育因素,对学生进行积极熏陶和感化,潜移默化地培养学生的一种德育方法。这种方法主要表现为非强制性、愉悦性、隐蔽性和无意识性,旨在培养学生的道德情感。通过有意识地创设教育情境,使学生置身于有教育意义的氛围,耳濡目染,不知不觉地接受影响,逐渐达到陶情冶性的目的,重在"动之以情"。陶冶法自古有之,孔子、老子等都曾倡导和践行过"无言之教"。一般来说,情感陶冶法有陶情和冶性两方面的作用机制。陶情是一种与认知活动相互联系的情感和情趣的化育过程;冶性则指与情感联系的认知上的进步,乃至人格上的提升。陶冶的过程是陶情和冶性两个作用机制的统一。[①]

[①] 王桂艳.德育与班级管理[M].北京:北京师范大学出版社,2015:65.

情感陶冶一般包括人格感化、环境濡染和艺术熏陶。人格感化是指教师利用自身的人格魅力，通过对学生的真诚热爱和期望感化学生。环境濡染是教师利用环境，营造一种像阳光和空气一样的场域精神力量，使身处其中的学生时刻感受到精神力量的濡染、辐射、感染、熏陶、陶冶、约束等影响，久而久之就形成与场域精神力量相生相向的气质。艺术熏陶是指通过音乐、美术、舞蹈、诗歌、影视等文化艺术活动，使学生潜移默化地接受影响。我国古代教育注意用音乐与诗歌陶冶学生，孟子曾说过："仁言不如仁声之入人深也。"①其意思就是有关仁德教化的言论，不如表现仁教的音乐更容易让人接受。积极健康的艺术熏陶能使学生在赏心悦目的艺术享受中，潜移默化地陶冶了性情。运用情感陶冶法应注意如下三个要求。

第一，提升教育者个人修养。通过自身的人格魅力以感化学生，要求教师必须加强道德修养，以身作则，言传身教，以优良的品德和崇高的情感感染学生，培养学生的人格、品质和情操，做到"春风化雨，润物无声"。提升教育者修养的方式主要有立志、学习、反思、慎独等。

第二，创设良好的教育情境。运用情感陶冶法的关键是要创设具有隐性教育意义的教育情境，这一情境必须能够引人入胜，具有感染力。教师可通过校园文化建设，"让学校的每一面墙壁都开口说话"，丰富校园文化生活，开展丰富多彩、积极健康的文化娱乐活动来熏陶感染学生。在情境的创设过程中，教师要积极引导学生共同参与，以创设良好的学习与生活的情境，促进学习主体与教育情境的互动，引导学生学会对环境的净化、美化和改进。

第三，注意与启发引导相结合。情感陶冶是教育意向和教育内容寓于生动形象、趣味盎然的环境与活动之中的教育。为有效地发挥情境的陶冶作用，教师要运用以境染情、以境触情、以境陶情的原理对受教育者进行耳濡目染与潜移默化，使受教育者在认识上、情感上高度统一和逐渐完善。情感陶冶还需教师配合说服教育，引导学生对其学习与生活的美好环境乐在其中，以发动和培养学生的学习动机、想象力与理解力，自觉接受情境的有益影响。

（三）实践锻炼法

实践锻炼法是指教师有目的、有计划地组织学生参加社会实践活动，使其受到实际锻炼，从而达到巩固道德信念、磨炼道德意志、形成良好行为习惯的一种德育方法。实践锻炼法主要在于培养学生的优良行为，养成良好的道德习惯，增强道德意志，培养品德践行能力，重在"持之以恒"和"导之以行"。我国古代就非常重视通过艰苦的实践锻炼，达到培养人才的目的。孟子曰："故天将降大任于是人也，必先苦其心志，劳其筋骨，饿其体肤，空乏其身，行拂乱其所为，所以动心忍性，增益其所不能。"②一个人只有经过艰难困苦的磨炼，才能坚定意志，增长才干，成为有用之才，成就大事。在艰难困苦的条件下磨炼，是成长的必经之路。这一点，对新时代青少年的成长有重要意义。《义务教育课程方案（2022年版）》提出："加强课程与生产劳动、社会实践的结合，充分发挥实践的独特育人功能。突出学科思想方法和探

---

① 钱逊.《孟子》读本[M].北京：中华书局，2010：232.
② 钱逊.《孟子》读本[M].北京：中华书局，2010：223.

究方式的学习,加强知行合一、学思结合,倡导'做中学''用中学''创中学'。"①在学生实践锻炼的过程中,应使参与实践活动与提高道德认识、丰富情感体验相结合,将培养学生行为习惯和实施教育规范相结合,坚持实践锻炼与预防、纠正不良行为习惯相结合。运用实践锻炼法应注意如下三个要求。

第一,与说服教育等方法相结合。进行实践锻炼要与说服教育等其他的德育方法相结合,使学生充分认识实践锻炼对学生品德形成的意义和价值,启发学生参加实践的积极性和主动性,端正参加活动的动机,遵守实践活动的要求,全身心投入,从而获得良好的心理效应和实际效果。

第二,常规训练中坚持严格要求。常规训练的内容主要有学生守则、学生日常行为规范、课堂纪律、卫生制度、文明习惯等。教师指导学生按照学校的常规在日常学习、生活中进行经常性的行为练习,以形成良好的道德行为习惯。在进行常规训练时,一定要严格遵守规范和要求,如果不严格遵守或只是走过场,就会流于形式,不可能使学生得到锻炼和提升。因此,常规训练中,在尊重、信任和热爱学生的同时,贵在一个"严"字,丝毫不能放松。

第三,给学生提供更多实践活动。组织学生参加各种实践活动,是实践锻炼的主要形式。这些实践活动主要包括学习活动、课外活动、劳动、社会实践活动等。学生的品德是在实践活动中形成和发展的。在实践活动中,学生可巩固加深道德认识、丰富道德情感、锻炼道德意志、培养道德习惯等。比如,很多高中学校在高一新生入校不久,就会组织全年级的学生进行一次"远足"的活动,而到了高三又会组织一次"成人礼"活动,通过多样性的班级活动,锻炼学生的意志,丰富学生的高中生活,使学生做到心中有梦、眼中有光、肩上有责、脚下有路、身上有劲,勇毅前行,不懈进取,让青春不负时代,不负华年。

(四) 榜样示范法

榜样示范法是指通过典型示范,以他者的优良品德、模范行为和卓越成就来影响学生的思想、情感和行为的一种德育方法。榜样是社会伦理道德规范的先进实践典型和崇高道德品质的鲜活生动教材。榜样示范不仅影响学生行为,让学生去效仿榜样,而且也会对学生的道德认识和道德情感产生强烈的影响。通过榜样的言行,教育者可把高深的思想、良好的道德具体化、人格化,使学生得到启迪,从而提高品德认识、陶冶品德情感,形成正确的观点、信念,增强学习的自觉性。"政者正也,子帅以正,孰敢不正?"②教育者必须带头端正自身的行为、态度,为学生树立良好的榜样。榜样的力量是无穷的,上行下效才利于品德更好地形成和发展。榜样有先进模范人物的典范、教育者的示范以及同龄人的榜样等。运用榜样示范法应注意如下三个要求。

第一,精心选树先进模范人物。中共中央、国务院印发的《新时代公民道德建设实施纲要》中指出:"以先进模范引领道德风尚。伟大时代呼唤伟大精神,崇高事业需要榜样引领。

---

① 中华人民共和国教育部.义务教育课程方案(2022年版)[M].北京:北京师范大学出版社,2022:5.
② 杨伯峻.论语译注(第3版)[M].北京:中华书局,2009:145.

要精心选树时代楷模、道德模范等先进典型,综合运用宣讲报告、事迹报道、专题节目、文艺作品、公益广告等形式,广泛宣传他们的先进事迹和突出贡献,树立鲜明时代价值取向,彰显社会道德高度。持续推出各行各业先进人物,广泛推荐宣传最美人物、身边好人,让不同行业、不同群体都能学有榜样、行有示范,形成见贤思齐、争当先进的生动局面。尊崇褒扬、关心关爱先进人物和英雄模范,建立健全关爱关怀机制,维护先进人物和英雄模范的荣誉和形象,形成德者有得、好人好报的价值导向。"[1]先进模范人物是学生道德学习中最崇高最理想的榜样。他们的高尚情操、高大形象、典型事迹能够激起学生的敬慕之情,增强学习的自觉性。先进模范人物的典范可以使学生逐步形成正确的道德认识、坚定的道德信念、树立远大的理想和形成科学的人生观、价值观和世界观。选树的榜样要具有典型性、时代性、适切性。

第二,积极发挥教育者的表率作用。教育者主要包括家长和教师。在品德培养方面,家长和教师是学生最重要的榜样,是学生学习和模仿的主要对象。学生的思想观点、道德认识、行为习惯等都深受家长和教师的影响。家庭是学生道德养成的起点,学校是学生道德建设的主阵地,因而要加强家教家风、师德师风建设,引导家长和教师以德立身、以德施教、以德育德。加强家长和教师的自身修养,提高其言谈举止、思想觉悟、道德水准、文明素养,对学生真正做到以身作则。子曰:"其身正,不令而行;其身不正,虽令不从。"[2]身正民行,上感下化,才能施不言之教,对学生产生潜移默化的影响。

第三,注重同龄人对学生的"同伴影响力"。心理学家把特定群体成员之间的相互影响称为同伴影响。[3] 皮亚杰认为,同伴影响是学生认知发展的重要源泉,也是学生最有效的学习方法之一。优秀同龄人生活在学生的群体中,是学生身边最熟悉的榜样。他们年龄相近,经历基本相同,环境影响也大同小异,这些优秀学生表现出来的好思想、好情感、好行为容易为学生理解和信服,也易于被模仿和学习,因此是教育学生最有感召力和说服力的榜样。[4]在学习同龄人时,由于比较贴近学生自身的生活,容易引起学生自身情感态度上的共鸣,从而产生道德影响。学生通过对榜样进行分析,对照自己,找出差距,不断学习榜样的优良思想品质。

|案例6-2|

"榜样"比"训条"容易

即使有些父母有时间教育自己的子女,但是青年人最好还是一起在大的班级里面受到教导,因为把一个学生作为另一个学生的榜样与刺激是可以产生更好的结果和更多的快乐的,因为做别人所做的事情,到别人去过的地方,跟在人家后面不掉队,走在人家前面不落伍,这是我们大家所最自然而然地倾心的行动路线。

---

[1] 中共中央、国务院.新时代公民道德建设实施纲要[S].北京:人民出版社,2019:11-12.
[2] 杨伯峻.论语译注(第3版)[M].北京:中华书局,2009:152.
[3] 参见焦秋秋.同伴影响、一般自我效能感与学习成绩的关系[D].北京:北京大学,2016.
[4] 王桂艳.德育与班级管理[M].北京:北京师范大学出版社,2015:68.

> 骏马有敌手要比赛或有先导马可追随的时候,才是它跑得最快的时候。
> 　　尤其是年幼的儿童,用"榜样"总比用"训条"容易领导,容易管束。假如你教给他们一种训条,它只会产生很小的印象;假如你指出别人在做某些事情,他们是不必告诉便会去模仿的。
> 　　而且"自然"常用榜样告诉我们:凡是想要大量生产的东西便得在一个地方产生出来。比如,木材在丛林里面大量生产,草在田地里大量生产,鱼在湖里大量生产,五金在地里面大量生产。
>
> 资料来源:[捷克]夸美纽斯.大教学论[M].傅任敢,译.北京:教育科学出版社,1995:35.

(五) 品德评价法

品德评价法是根据德育目标的要求,对学生的道德言行予以肯定或否定评价,以促使其品德健康成长的一种德育方法。正确的品德评价是推动学生道德规范向道德意识和道德行为转化的重要力量,可以激发学生的上进心,促进良好品德的形成和深化,抑制不良品德的蔓延和滋生。品德评价不仅有助于学生自我道德形象的确立,使其合乎实际地确立自我发展的目标和要求,还有利于及时将学生品德情况传递给家长,促进学校、家庭的相互配合,共同做好德育工作。当然,品德评价要有一定的标准,否则评价无法进行。古人云:"故绳者,直之至;衡者,平之至;规矩者,方圆之至;礼者,人道之极也。"[①]其意思是说对学生的言行进行判断和评价,要有一定的标准。在古代,懂得礼节,是做人的最高境界。现代社会对学生的言行进行道德评价使用的最一般概念就是善和恶,而善恶标准则要求学生的道德行为应促进自身德智体美劳全面发展,推进落实立德树人根本任务。运用品德评价法应注意如下三个要求。

第一,明确目的,方式多样。品德评价作为一种德育辅助手段,有明确的目的,通过对学生道德的现状、矛盾和问题进行诊断,分析原因,"对症下药",长善救失,激励学生进步;从调动学生内在积极因素出发,充分肯定成绩,诚恳适当地指出缺点,提出改进意见。品德评价的方式多样,主要包括奖励、惩罚和操行评定等方式。奖励是对学生思想品德给予肯定评价的一种鼓励方法,包括赞许、表扬和奖赏三种形式。惩罚是对学生不良思想行为的否定评价,其教育意义在于使学生认识某些思想品德的不当,促使其克服、纠正和彻底根除这些思想和行为,包括批评、谴责和处分三种形式。操行评定是在一定时期内对学生思想品德所做的比较全面的评价,是以对学生品德方面的要求为指导思想,以"学生守则"为基本内容来考察学生平时在课内外对待学习、社会生活、劳动以及对待集体和同学等各方面的表现,做出概括性总结,包括写评语和等级评定两种形式。

---

① 荀子.荀子[M].方勇,李波,译注.北京:中华书局,2011:306.

| 案例6-3 |

"线上档案袋"的使用

在"线上档案袋"的实际操作过程中,相较于传统成长档案袋,在收集和整理上更加省时省力。在"线上档案袋"平台上,学生可以随时上传自己的作品和心得,及时查看其他同学的内容。每个学生可以自主管理档案袋中的内容,教师和家长也可以随时随地查看学生的档案袋,打破了时间和空间的种种限制。

在"线上档案袋"的后台,可以对线上档案的各个项目及其得到的评价数量进行分类统计。在学校举行活动的过程中,平台后台都能及时统计全校、各年级、各班级、各小组以及每个学生的参与情况,发布的图片、视频等过程性资料的数量以及收获的评价数量,并通过直观的数据展现出来。

"线上档案袋"设置了不同等级的开放权限,评价结果以及学生的成长过程可以向其他学生、教师、家长及特邀嘉宾开放。这也让线上成长档案袋的评价结果更具多元开放态势,评价结果也更公正、全面、客观。

资料来源:赵敏."线上档案袋":德育评价的新探索[J].人民教育,2018(10):52-54.

第二,实事求是,公正合理。根据学生不同阶段身心特点,科学设计各级各类德育目标要求,引导学生养成良好思想道德、心理素质和行为习惯,传承红色基因,增强"四个自信"。通过信息化等手段,探索学生、家长、教师以及社区等参与评价的有效方式,客观记录学生品行日常表现和突出表现,特别是践行社会主义核心价值观的情况,将其作为学生综合素质评价的重要内容。比如,某省教育云服务平台中点滴记录模块就包括思想品德(典型事例)。学校要认真开展学生的品德评价活动,将其纳入综合素质评价体系,建立学生综合素质档案,做好学生成长记录,反映学生成长实际状况。评价学生要坚持从实际出发,灵活掌握评价的时机,做到公平合理,恰如其分,适时评价,该奖则奖,该罚则罚,使之与学生品德表现的好坏程度相适应;坚决防止主观臆断,感情用事,滥用评价的做法。

第三,奖惩适切,发扬民主。在运用奖励时,要恰如其分;运用惩罚时,要合理有效。操行评定切合实际,做到既能解决问题,又能感化学生。评价要抓住时机,才能收到良好效果。评价特别是重大问题的评价,要发扬民主,尽可能面向全体学生,广泛征求各方面的意见,并取得集体舆论的支持与赞同,获得学生群体的道德支持,扩大惩罚的教育面,否则,就会削弱教育作用,甚至产生不良后果。[①]

(六)自我教育法

自我教育法是在教师的启发指导下,学生为形成良好的思想品德而向自己提出任务,进行自觉的思想转化和行为控制的一种德育方法。青少年自我意识已经形成,有了自我教育

---

① 吕炳君.教育学基础理论与实践[M].北京:北京师范大学出版社,2017:332.

的自觉性和可能性。自我教育是学生个体在道德上的努力、在品德修养上自觉能动性的表现,是学生思想进步的内部动力。学生要想在道德上成长,必须把社会的道德要求内化为自身的内心信念,再外化为实践行动,也就是由道德他律到自律的过程。一种权威的外在强制的他律状态,完全被学生认同并内化为学生个人的思维、情感、意志,形成内部调控的自律机制。品德教育的目的,不仅是培养学生具有一定的品德,更重要的是提高他们自我教育的能力,学会自觉学习、自我反思和自我行为调节,成为能够独立进行自我修养、促使自身品德不断完善的人。我国古代就非常重视自我教育和修养,通过反省、修养来提升自己的品德。孔子提倡君子要注意"见贤思齐焉,见不贤而内省也"[①]。曾子倡导"吾日三省吾身"[②]。孟子主张"自反""自强"[③]。自我教育还包括立志、学习、反思、箴言、慎独等。运用自我教育法应注意如下三个要求。

第一,激发学生自我教育的自觉性。在品德培养中,强调学生的主体性,确认学生是自我活动、自我教育、自我发展创造的人,要充分培养学生学习的积极性、主动性和自觉性。道德教育过程的实质是主体道德的自我建构,如果学生缺乏提升自身道德修养的自觉性,那么任何道德知识和行为规范都无法让其真正接受。激发自我教育的自觉性首先要帮助学生明确意识社会、家庭、学校对自己提出的道德要求,其次要着重激发学生道德修养的动机,把外部道德要求转化为内心信念。

第二,培养学生建立自我教育系统。有了自我教育的愿望,就须有自我教育的行动。为保证自我教育的有效进行,教师鼓励并帮助学生制定程度适当与具体可行的修养目标、标准和计划,是避免自我教育盲目性的一个重要方式。教师还要指导学生监控和评价自己的道德表现,形成有意义的积极情感体验,推动个人修养。道德修养过程实际上是一个意志锻炼的过程,因而,教师应鼓励学生在道德实践中不断自我反思、自我监控、自我评价、自我激励,准确、恰当认识自我,形成自我教育习惯,构成完整的自我教育系统。

第三,引导学生在社会实践中进行自我修养。学生的个人修养表现在行为举止,也靠行为实践来实现。教育者要让学生积极参加各种社会实践活动,通过实践交往,帮助学生在道德实践中实现情感体验、意志磨炼及行为策略上的提升,最终达到人生修养最高阶段——慎独。慎独是自我教育的重要途径,来源于《礼记·中庸》:"是故君子戒慎乎其所不睹,恐惧乎其所不闻。莫见乎隐,莫显乎微。故君子慎其独也。"[④]慎独是一种内在的要求,只有把道德变成自己内心的一种要求,才能够真正实践慎独。

如上德育方法各有其特点和作用,它们相互补充、相互促进,构成了德育方法的完整系统。德育活动应根据实际情况,优化组合,灵活巧妙地综合运用。德育有法,但无定法,贵在得法。德育方法的选择和运用应注意如下两个方面。

---

① 杨伯峻.论语译注(第3版)[M].北京:中华书局,2009:43.
② 杨伯峻.论语译注(第3版)[M].北京:中华书局,2009:3.
③ 钱逊.《孟子》读本[M].北京:中华书局,2010:145.
④ 礼记[M].胡平生,张萌,译注.北京:中华书局,2017:1007.

一要根据德育目标和德育内容选择德育方法。这是选择德育方法的首要依据。比如培养学生的道德品质,既要使学生晓之以理,又要使学生导之以行。晓之以理就需要选择说服教育法,而导之以行则需要选择实践锻炼法、自我修养法等德育方法。德育内容的结构、特点、性质决定德育方法的选择,特定的德育内容规定着特定德育方法的选择。教师应在寻找各项德育内容及所用方法共性的基础上掌握其差异性。

二要根据学生的年龄特点和个性差异选择德育方法。学生品德的形成和发展具有顺序性、阶段性和个别差异性,学生的年龄特点、品德发展状况、知识结构等对德育方法的选择具有很强的制约作用。比如对于小学生,要尽量多地选择实践锻炼法。学生的个性差异对德育方法的选择也有较大影响,在选择德育方法时,学生已有的知识、经验、兴趣、能力、气质、性格等因素都要充分考虑。这是德育方法能否取得实效的重要影响因素。比如,对经常犯错误、挨批评的学生,当他们做了好事时应及时给予表扬鼓励;对经常受表扬的学生,应当提出更高要求;对偶犯过失与明知故犯或屡犯不改者,在处理上也要有不同的分寸,不可千篇一律、简单从事。青少年学生品德的培养,不可能通过个别方法来实现,必定是科学地综合运用各种德育方法的结果。所以,教师要熟知各种德育方法,并创造性地加以运用。

二、德育途径

德育途径又称为德育组织形式,是指教育者对学生实施德育时可供选择和利用的渠道。它是实现学校德育目标、落实德育内容的路径。学生的思想品德是在多方面教育影响下形成的,这就决定了德育途径的多样化。我国中小学德育的途径主要有:德育课程与直接的道德教学;渗透在学科教学中的道德影响;全方位德育与间接的道德教育等。

(一)德育课程与直接的道德教学

德育课程与直接的道德教学是有目的、有计划、系统地对学生进行德育的基本途径,旨在教学过程中培养学生的道德品质,实现德育目的。德育课程主要包括思想品德课和时事政治课。义务教育阶段的德育课程主要是道德与法治课程,高中阶段的德育课程主要是思想政治课程。课程是理论知识的主要体现,是学生学习理论知识和技能的重要载体和主要方式。任何理论知识的传授都必须依托于课堂教学活动。加强学生道德教育,离不开课堂教育教学活动。"要用好课堂教学这个主渠道,思想政治理论课要坚持在改进中加强,提升思想政治教育亲和力和针对性,满足学生成长发展需求和期待,其他各门课都要守好一段渠、种好责任田,使各类课程与思想政治理论课同向同行,形成协同效应。"[1]通过专门的德育课程向学生较系统地进行社会主义思想品德、政治教育、道德知识、道德观念等直接的道德教学,杜威把这种德育途径称作"关于道德的观念"的教学。开设单独的德育课程,进行直接的道德教学可以系统地向学生传授道德知识和道德理论,提高学生的认识,还可以使学校德育的实施在课程和时间上得到最低限度的保证。在我国全面推进"大思政课"建设中,聚焦

---

[1] 习近平.论党的宣传思想工作[M].北京:中央文献出版社,2020:277.

"大思政课"的"课程"属性,坚持用好思政课课堂教学这一主渠道,建构党的创新理论研究阐释和教育教学的自主知识体系、建强思政课课程群、优化思政课教材体系、拓展课堂教学内容、创新课堂教学方法、优化教学评价体系。杜威指出:"'道德课'不过是表达他人对美德和义务看法的课。只有学生们碰巧对他人的思想感情有一种郑重其事的同情性关注,并因此受到激励,道德课才会有所成效;如果学生没有这样的关注,道德课对品格的影响就微乎其微……"①直接的道德教学主要向学生传授道德知识和道德理论,难以培养学生的道德情感、道德信念和道德行为,不足以实现学校的德育目的,因此还必须使用其他更加经常性的、范围更加广泛的德育途径,如各科教学。

(二)渗透在学科教学中的道德影响

各科教学是向学生进行思想品德教育最常用的途径。教育部2017年颁布实施的《中小学德育工作指南》指出:"充分发挥课堂教学的主渠道作用,将中小学德育内容细化落实到各学科课程的教学目标之中,融入渗透到教育教学全过程。严格落实德育课程。按照义务教育、普通高中课程方案和标准,上好道德与法治、思想政治课,落实课时,不得减少课时或挪作它用。要围绕课程目标联系学生生活实际,挖掘课程思想内涵,充分利用时政媒体资源,精心设计教学内容,优化教学方法,发展学生道德认知,注重学生的情感体验和道德实践。"②赫尔巴特认为"教学永远具有教育性",各科课程中都蕴含丰富的德育内容,只要充分利用和发掘不同学科内容本身所固有的德育因素,结合不同年级和不同学科内容的特点对学生进行道德上的渗透,将德育内容有机融入各门课程教学中,把教学的科学性和思想性统一起来,就能在传授和学习文化科学知识的同时,使学生受到科学精神和社会人文精神的熏陶,形成良好品德。其他各科教学,如语文、历史、地理等课要利用课程中语言文字、传统文化、历史地理常识等丰富的思想道德教育因素,潜移默化地对学生进行世界观、人生观和价值观的引导。音乐、体育、美术、艺术等课要加强对学生审美情趣、健康体魄、意志品质、人文素养和生活方式的培养。当然,学科教学这个途径也不是万能的,只通过政治课和其他学科教学进行德育,容易使学生脱离社会生活实际。

(三)全方位德育与间接的道德教育

2017年中共中央、国务院印发并实施的《关于加强和改进新形势下高校思想政治工作的意见》指出:"坚持全员全过程全方位育人。把思想价值引领贯穿教育教学全过程和各环节,形成教书育人、科研育人、实践育人、管理育人、服务育人、文化育人、组织育人长效机制。"③通过非教学活动或课外校外社会实践等全方位对学生进行间接道德教育,是生动活泼地向学生进行德育的一个重要途径。实践育人是针对有的课堂理论联系实际不够,提出思政小课堂与社会大课堂有机结合,进一步加强和规范实践教学,明确构建实践教学工作体系,落

---

① 黄向阳.学校道德三位一体导向的间接德育论——兼析西方直接道德教学的兴衰[J].教育研究,2022(02):122-137.
② 中华人民共和国教育部.中小学德育工作指南[S].2017.
③ 中共中央、国务院.关于加强和改进新形势下高校思想政治工作的意见[S].2017.

实实践教学学时学分,组织开展多样化的实践教学,积极开发现场教学课程和资源,不断提升实践育人实效。"将课程思政融入课堂教学建设全过程……要健全高校课堂教学管理体系,改进课堂教学过程管理,提高课程思政内涵融入课堂教学的水平。要综合运用第一课堂和第二课堂,组织开展'中国政法实务大讲堂''新闻实务大讲堂'等系列讲堂,深入开展'青年红色筑梦之旅''百万师生大实践'等社会实践、志愿服务、实习实训活动,不断拓展课程思政建设方法和途径。"①

全方位育人是指充分利用各种教育载体,包括课外活动与校外活动,让学生根据兴趣、爱好自愿选择参加,自主地组织、开展丰富多彩的活动,制定并执行一定的计划与纪律,以调节自己的行为和处理人际关系。劳动教育能让学生产生对劳动、科学技术的兴趣与爱好,激发出巨大的热情与力量,经受思想与行为上的严峻磨炼,使学生在劳动中看到自己的才能和成果,从而培养爱劳动、勤俭、朴实、艰苦、顽强等品德。共青团活动、少先队活动,能激发学生的上进心、荣誉感,使他们严格要求自己,提高思想觉悟,培养良好品德。因此,班主任要做好学生德育工作,必须全面、深入地了解、研究学生,争取社会有关方面和学生家长的配合,共同对学生进行教育。班主任特别要精心组织、培养健全的班集体,并通过班集体对学生进行教育。班主任要把集体教育和个别教育结合起来。

全方位育人包括学生综合测评和奖学金评比、贫困生资助与勤工助学、学生组织建设与管理、校园文化建设、学风建设、诚信教育、社会实践等,将思想政治教育寓于其中。例如,建设特有的校园文化,努力优化育人环境,注重以文化人、以文育人,广泛开展文明校园创建,开展形式多样、健康向上、格调高雅的校园文化活动,广泛开展各类社会实践。全方位育人还包括网络空间道德建设。随着网络技术的快速发展,网络信息内容广泛影响人们的思想观念和道德行为,网络也成为德育的重要途径,为学校德育开辟了新的空间,提供了新的方法和手段。网络使用的普及性,将社会、家庭与学校对学生的道德教育连为一体,应加强网络内容建设、培养文明自律网络行为、丰富网上道德实践、营造良好网络道德环境。发展积极向上的网络文化,让正确道德取向成为网络空间的主流。建立和完善网络行为规范,培育符合互联网发展规律、体现社会主义精神文明建设要求的网络伦理、网络道德,倡导文明办网、文明上网,推进网民网络素养教育,引导广大网民尊德守法、文明互动、理性表达,自觉维护良好网络秩序。②

综上所述,不同的德育途径各有其特点和功能,它们互相联系、互相补充,共同构成了德育途径的整体。要实现德育目标,促进学生全面发展,学校应全面利用各种德育途径的作用,各门学科、各种途径协同发力,以便发挥德育途径最大的整体功能。要遵循教育规律,发挥课堂教学的主渠道作用,不断增强思政课的思想性、理论性。要挖掘其他课程和教学活动中蕴含的教育资源,根据不同课程特色,合理嵌入育德要素,通过主流价值引领使各类课程与思政课同向同行、形成协同效应。要注意教学育人环节之间的协同,把思政小课堂与社会大课堂、理论教学与实践教学结合起来,引导学生走出校门、接触社会、了解国情,在实践锻

---

① 中华人民共和国教育部.高等学校课程思政建设指导纲要[S].2020.
② 中共中央、国务院.新时代公民道德建设实施纲要[S].北京:人民出版社,2019.

炼中积累智慧、在社会熔炉中锻造品格、在搏击风浪中增长才干,做到学以致用、用以促学,实现知情意行的有机统一,培养担当民族复兴大任的时代新人。

第五节 德 育 模 式

全面贯彻党的教育方针、落实立德树人根本任务,需要创造性地开发、构建行之有效的德育模式。成熟的德育模式以一定的道德哲学、道德心理学理论为基础,包含德育内容、德育手段、德育方法、德育途径的创新。德育模式是在德育过程中道德理论与德育理论、德育内容、德育手段、德育方法、德育途径的组合。

一、集体教育模式

马卡连柯是苏联早期著名的教育实践活动家和富于创新精神的教育理论家,也是世界教育史上一位杰出的教育革新家。他在主持工读学校时,把近三千名流浪儿童和少年违法者改造成社会主义新人,创造了教育和再教育工作的经验,形成了丰富的教育思想理论体系。集体教育是其教育理论的重要组成部分。马卡连柯认为,社会主义社会不应该有生活在集体之外的任何人。他在长期探索中积累了丰富的经验,构建了系统的集体教育理论和模式。

(一)基本观点

1. 教育前提:尊重与信任

尊重与信任是教育的前提,只有从尊重与信任出发才能产生合理的教育措施,取得良好的教育效果。20世纪20年代,马卡连柯创办高尔基工学团,在对流浪儿童和少年儿童违法者实施矫正教育过程中,同样给予学生足够的尊重与信任,了解学生的基本要求,并在此基础之上发掘他们身上的积极因素,指引其在正确的学习和生活轨道中前行。他从不把失足青少年当作违法者看待,而是对他们一视同仁,并给予更多的热爱、尊重与信任,最终将三千多名失足青少年培养成为将军、医生、教师等社会有用之才,取得了教育的巨大成功。

2. 集体的性质

集体具有以下性质:第一,集体是人们在共同目的和共同劳动中形成的联合组织;第二,集体是社会的一部分,同其他集体有机地联系着;第三,集体是社会的有机体,拥有管理机构和协调机构;第四,集体应坚持全世界劳动人民统一的原则性立场,应接受共产党的领导。

3. 教育原则

第一,集体教育原则。集体教育原则即"平行教育原则"。它以集体为教育对象,通过集体而教育个人,目的在于使学生真正成为教育的主体。在集体教育原则下,教育者对集体和集体中的每一个人的影响是平行的。即是说,教师教育集体与个人是同时进行的,学生既可以从教师那里接受教育,也能从集体中获得教育。教育的对象作为一个集体,要在集体中去教育个人；个人教育也会对集体教育产生影响。通过集体活动教育个人的同时，个人又反作用于集体。

第二，前景教育原则。前景教育是指在教育过程中教育者不应过多地关注学生过去的错误，而是要给集体创设出必须经过努力才能完成的任务或学习情境，引导个人在集体中完成任务。教师通过经常不断地给集体提出新的目标以驱动、刺激集体的活力和责任感，引领学生看到美好前景的希望。前景教育包含由简到繁、由易到难的三个层次，即近景教育、中景教育和远景教育。近景教育着力于眼前学习过程，学生通过完成近景学业任务后，逐渐向中景和远景任务努力。教师要善于指导和激励学生为实现学习目标而努力。

第三，尊重与要求相结合原则。马卡连柯认为，在集体教育过程中，要求是必需的，否则就不可能建立集体和集体纪律；要尽量多地要求一个人，也要尽可能地尊重一个人；要求与尊重是一回事。

第四，培养优良作风和传统原则。培养优良的作风和传统，对于美化集体和巩固集体具有非常重要的意义。在集体主义教育中，具有决定性意义的是教师集体。任何一个坚强的学生集体都是在教师的指导下逐渐成长起来的。没有教师集体就不可能培养出学生集体。同时，教师个人的能力和才华，也只有在集体中才能充分发挥出来。马卡连柯对教师个人的作用评价很高，对教师提出了许多严格的要求，认为一个优秀的教师首先应有明确的政治目标，还要具有实际的知识、能力和高度的责任感，并掌握熟练的教育技巧。

4. 教育手段与途径：以劳动教育为主，辅以合理的惩罚

马卡连柯强调，集体教育模式的手段和途径是通过劳动教育、辅之以合理的惩罚。他认为，劳动可以培养学生的组织管理才能和主动性，在改善物质生活条件的同时，为社会创造财富；劳动教育可强化学生的组织性和纪律性，发挥其潜能和意志品质，从而有助于从事比较复杂的体力和脑力劳动。同时，对于学生的错误，合理的惩罚是有必要的。合理的惩罚不仅可以预防不良行为的发生，而且有助于形成优良的品德、保障集体的利益。因此，惩罚是教师不可推卸的责任与义务。但惩罚是有条件的：一是集体利益受到破坏时；二是破坏行为是故意的。惩罚过程中要包含对学生的尊重，即针对不同的个体审慎采取不同的惩罚措施。

（二）集体教育模式评析

集体教育模式的优点在于强调经验性学习，即通过亲身经验学习使学生深入理解和内化知识。这有助于学生将所学内容与实际生活联系起来，使学习更有意义。该模式鼓励学生积极参与课堂活动，赋予自主性，培养自我决策和问题解决能力，有助于培养学生的自主学习和批判性思维技能。该模式强调社交互动，鼓励学生与同龄人合作，分享知识和经验，从中学习，有助于培养社交技能和协作精神。

该模式的理论缺陷在于集体教育模式可能不适用于所有学科和年龄组。一些学科可能需要更多的传统教学方法，而年幼的学生可能需要更多的指导和监督。这种模式的评估可能会更加复杂，因为它注重学生的个体发展和多样化的学习路径，因而在评估学生的绩效和成就时会变得更加主观。集体教育模式需要教师成为指导者和导师，而不再是传统意义上的知识传授者,这对一些教师来说可能需要更多的培训和适应时间。

二、道德认知发展模式

认知性道德发展模式,又称发展性道德教育模式,由瑞士心理学家皮亚杰和美国心理学家科尔伯格等创建。

(一) 基本观点

1. 道德两难法

道德两难,是指个体同时面临难以兼顾的两种或多种道德规范的情境或问题。比如,不许偷盗、救人性命均为生活中应遵守的行为准则,但在"海因兹偷药"故事中,这两条规范发生了不可避免的冲突。海因兹不得不在二者之间做出抉择:遵守不许偷盗的规范意味着违背救人性命原则,重视救人性命原则就意味着必须去偷药。任何行为决断都会违背其中的一条道德规范,故称道德两难。"海因兹偷药"是道德两难情境的经典案例,科尔伯格围绕该故事提出了一系列问题让儿童讨论,以此来推究儿童道德判断的准则及道德发展水平。

海因兹偷药

欧洲有个妇女身患一种特殊的癌症,生命垂危。医生认为,有一种药也许救得了她。这种药是本城一名药剂师最近发现的一种镭剂。该药造价昂贵,药剂师还以 10 倍于成本的价格出售。他花 200 美元买镭,而一小剂药却索价 2 000 美元。这位身患绝症的妇女的丈夫名叫海因兹,他向每个相识的人借钱,但只能筹到大约 1 000 美元,只有药价的一半。海因兹告诉药剂师他的妻子快要死了,并且请求药剂师便宜一点把药卖给他,或者允许他以后再付钱。可是,这位药剂师说:"不行,我发明这种药,我要靠它来赚钱。"海因兹绝望了,想闯进那人的药店,为妻子偷药。

讨论:

1. 海因兹应该偷药吗? 为什么应该或者不应该?

2. 如果海因兹不爱他妻子,他应该为她偷药吗? 为什么应该或者不应该?

3. 假定将要死的不是海因兹妻子,而是一个陌生人,海因兹应该为陌生人偷药吗? 为什么应该或者不应该?

4. (如果你赞同为陌生人偷药)假定快要死的是海因兹宠爱的一只动物,他应该为救这只宠物去偷药吗? 为什么应该或者不应该?

5. 为什么人们应该尽其所能搭救别人的生命? 不论用什么方式都行吗?

6. 海因兹偷药是犯法的,那样做在道德上错了吗? 为什么错了或者没有错?

7. 为什么人们一般都应该尽其所能避免犯法,不论什么情况都该如此? 怎样把这一点同海因兹事件联系起来?

2. 道德发展论

科尔伯格认为,在不同的文化中,人类基本的道德教育的发展阶段都是一样的,经过三种水平和六个阶段。

水平一:前习俗水平。该水平包括两个阶段:以惩罚与服从为定向的阶段;以工具性的相对主义为定向的阶段。

水平二:习俗水平。该水平包括两个阶段:以人与人之间的和谐一致或好男孩—好女孩为定向的阶段;以法律与秩序为定向的阶段。

水平三:后习俗水平。该水平包括两个阶段:以法定的社会契约为定向的阶段;以普遍的伦理原则为定向的阶段。

个体的道德判断按三种水平和六个阶段的顺序由低到高逐阶段向上发展,既不可能跳跃,也不可能倒退。较高水平和阶段的道德推理能兼容或整合较低水平和阶段的道德推理方式,较低水平和阶段的道德推理不能兼容或整合较高水平和阶段的道德推理方式。[①]

(二) 道德认知发展模式评析

道德认知发展模式的优点在于:第一,科尔伯格关于学校道德教育的建议都是以坚实的理论为基础的;第二,把实践作为检验和完善理论的根源,从而为理论的发展注入了活力;第三,科尔伯格的道德教育模式是一个开放系统,是一个不断检验、不断修正、不断完善的系统。

道德认知发展模式的不足主要有:一是过于强调认知的作用,忽视了对道德行动的研究,而后者对道德发展至关重要;二是该模式是对男性道德发展调查研究的结果,难免带有性别偏见;三是道德判断力发展不可逆定理受到质疑;四是该模式相对忽视了道德发展中的情感因素。

三、价值澄清模式

价值澄清学派产生于20世纪70年代,代表人物有路易斯·拉思、梅里尔·哈明、悉尼·西蒙、霍华德·凯钦鲍姆。他们提出了着眼于价值观教育的价值澄清模式。1966年《价值与教学》一书的出版,标志着价值澄清作为一个模式诞生。价值澄清模式的主要目的在于,当人的价值观混乱不一时,促进其同一价值观的形成,并在此过程中有效发展学生思考和理解人类价值观的能力。价值澄清过程的目的是通过选择、赞扬和实践来增进富于理智的价值选择。

(一) 基本观点

1. 学校道德教育的作用在于帮助学生澄清价值

价值来自个人的经验,每个人都有自己的价值观,经验的变化导致价值的变化。因此,价值从根本上是个人的、相对的。道德价值观是不能教给别人的,教育不能强令儿童应该具有什么价值。学校德育的作用在于使学生掌握做出价值判断和价值决策的方法,通过分析

---

① 袁振国.当代教育学(修订版)[M].北京:教育科学出版社,1999:237-240.

和评价手段,减少价值混乱,促进同一价值观的形成,从而发展思考和理解人类价值观的能力。价值澄清模式的主要任务"不是认同和传授'正确的'价值观,其目的是帮助学生澄清他们的价值陈述与行为"①。

2. 系统提出了价值澄清的构成要素

价值澄清的要素主要包括四个环节。一是关注生活。价值澄清模式的第一步是将学生的注意力置于指示其所评价的事物方面,包括个体的行为、态度、目标、兴趣、抱负、感受、信念或担忧等。不管是个人内在的或是社会性的论题,只要与其现实生活相关联,就构成价值澄清法的论题。二是接受现实。为求价值澄清,对于别人的立场、看法应持无条件积极关怀、和而不同、不加裁断的接纳态度。接纳可协助别人接受自己,并诚实地待己待人。三是激发进一步思考。个人不仅接纳别人或自己的论点,更要对其做综合反省。四是提高个人潜能。价值澄清法不但激励个人练习澄清的技巧,而且鼓励个人思考自我指导的力量。②

(二) 实施步骤与方法

1. 价值澄清的步骤

价值澄清的完整过程可划分为选择、珍视、行动三个阶段和七个步骤。任何观念、态度、兴趣或信念要真正成为个人的价值,必须符合这七个步骤,缺一不可。

第一阶段,选择。该阶段包括三个步骤:完全自由地选择;在尽可能广泛的范围内选择;对每一个选择途径的结果加以充分考虑后的选择。

第二阶段,珍视。该阶段包括两个步骤:喜爱做出的选择并感到满足;乐于公布自己的选择。

第三阶段,行动。该阶段包括两个步骤:做出的选择行事;作为一种生活方式加以重复。

2. 价值澄清的教学方法

价值澄清模式开发了许多教学方法。拉思斯等人在《价值与教学》中提出的方法多达20种,主要包括澄清应答法、价值表填写法和价值观延续讨论法。

澄清应答法是在课堂教学中进行的最主要的一种价值澄清方法。这种方法主要是运用一些设计巧妙的应答技术,激发学生对自己的价值观进行思考。澄清应答法是以一对一的交谈方式来进行的,它是软性的、随意的或激励性的;在交谈过程中完全尊重学生意愿,保护学生隐私。

价值表填写法是在不太适合口头交流的场景或问题时所运用的一种方法。比如,性、政治信仰等问题,运用价值表填写法有利于学生在不受威胁的情况下,自由深思地做出睿智的选择,从而得到较为真实的信息反馈。这种方法要求教师设计和编制一些价值表,在学生填写价值表前,教师要首先讲述一些社会问题以引发学生思考,学生根据自己的看法,按价值澄清的过程填写。

---

① 冯增俊.当代西方学校道德教育[M].广州:广东教育出版社,1993:85.
② [美] 路易斯·拉思斯.价值与教学[M].谭松贤,译.杭州:浙江教育出版社,2003:1-2.

价值观延续讨论法是为引发学生在更大范围内讨论一些普遍问题而设计的方法。价值观延续讨论法通常由"挑选讨论话题、让学生充分思考、充分展开讨论、讨论而得到体会"四个步骤组成，旨在引发学生自由讨论，各抒己见。[1]

（三）价值澄清模式评析

价值澄清模式在价值冲突语境中具有重要意义，它是道德相对主义思潮在道德教育中的呈现，具有实用性、操作性、现实性、有效性等特点，在西方学校广泛采用。其优点有四：一是注重儿童在品德发展中的地位，尊重儿童的主体作用；二是注重发展儿童的道德意识、道德判断和价值观选择能力，促进了对传统德育硬性灌输说教方法的改造；三是注重现实生活，提高儿童感知社会问题的敏感性和适应社会生活的能力；四是具有很强的可操作性，有助于量化德育工作。该模式在道德价值观教育上采用由外化到内化、再到外化的教育路径，颇有新意。

价值澄清模式也受到了批评，主要存在三个方面的不足：第一，过分强调价值的个性特征，强调价值的并存与冲突，容易导致相对主义的价值观，从而忽略价值的客观性、稳定性、共性；第二，未能对道德价值和非道德价值加以区别，二者的形成机制和教育模式是否完全一致尚需深入探索；第三，忽视教育内容、行为训练和习惯的养成，过分强调个人的主观因素，忽视诸如榜样、说理、规范的作用。

四、体谅模式

体谅模式是英国教育学者彼特·麦克菲尔等人于20世纪60年代提出的。该模式认为道德教育的首要职责就是帮助人与人友好相处、学会爱或被爱。因此，学校应该帮助学生解决人的个性和社会关系方面的问题，而不是过分强调知识的获得。

（一）基本观点

一是满足学生与人友好相处的需要是教育的首要职责。调查结果显示，青少年学生对于人际关系中奉行坦率、互惠和关心等处事原则的反响相当积极。与人友好相处、学会爱与被爱，是人的基本需要，帮助学生满足这种需要乃教育的首要职责。

二是道德教育重在引导学生学会关心。麦克菲尔认为，人与人之间的差别是表面的，相似性是深层的，所以能够相互理解、相互体谅、相互关心。关心人和体谅人的品性是道德的基础和核心。以关心和体谅为核心的道德行为，是一种自我强化。学校德育的目的就是使学生学会体谅他人、关心他人，通过提高学生的人际意识和社会意识培养自我与他人的相互体谅。

三是鼓励青少年试验各种不同的社会角色和身份。麦克菲尔认为，青少年期是"社会试验期"，是个体对人际和社会问题的反应由不成熟迈向成熟的过渡期，也是个体学会关心的最佳期或关键期。学校应当鼓励学生自由地试验各种不同角色和身份，角色尝试有助于青

---

[1] 冯文全.论拉思斯的价值澄清德育思想及其启示[J].比较教育研究,2005(01):54-57.

少年敏感而成熟的人际意识和社会行为的发展。

四是认为教育即学会关心。麦克菲尔认为,尽管学生想自由做出选择和决定,但他们欢迎反应灵敏的成年人的帮助;他们对树立好榜样并且践履自己认可的标准的成年人表示敬佩;试图保持中立的学生喜欢自信且正直的家长和教师。行为和态度是有感染力的。学校应引导学生增强关心他人、体谅他人的人际意识,注重营造相互关心、相互体谅的课堂气氛,注重教师在关心、体谅学生方面的道德表率作用。[1]

(二) 体谅模式的教材：生命线系列教科书

体谅模式将道德情感的培养视为首要和中心的问题,并设计了学校道德教育课程。麦克菲尔和同事们开发了一套专门实施体谅模式的教材:生命线系列教科书,主要包含"设身处地""证明规则""你会怎么办"三部分。

第一部分:设身处地,包含"敏感性""后果""观点"三个单元。其中的情境都是围绕人们在家庭、学校或邻里中经历的各种共同的人际问题设计的,目的是培养学生体谅他人的动机。

第二部分:证明规则,包含"规则与个体""你期望什么""你认为我是谁""为了谁的利益""我为什么该"五个单元。情境所涉及的均为比较复杂的群体利益冲突及权威问题,旨在帮助学生形成健全的同一性意识,并把自己视为对自己的共同体作出贡献的人。在学生步入成年并即将在平等的基础上与其他成人共同生活时,可能会产生很多问题,这一部分就是给学生找出解决这些问题的方法的机会。

第三部分:你会怎么办,包含《生日》《禁闭》《逮捕》《街景》《悲剧》《盖尔住院》六本小册子。向学生展示以历史事实或现实为基础的道德困境,旨在拓宽学生超越当前社会的道德视野,形成更为深刻、普遍的判断框架。学生遇到以历史事件为基础的戏剧性的道德困境,历史上的戏剧性时刻为其道德反省提供出发点。学校可以运用描写不同的历史背景、事件的小说作为材料,扩大学生的道德视野,使之超越直接的社会,以发展一种更为深刻、更为普遍的判断结构。

(三) 体谅模式评析

体谅模式是一种侧重从情感入手的德育模式,尽管在理论上存在一些不足,但它从实证研究出发,立足于学校德育实践,以关心他人、发展利他主义观念为理论基点,是人本主义德育观在学校德育中的体现和具体化。体谅模式还提供了一套提高学生人际意识和社会意识的开放性情境教材,并且为教师理解和使用这套教材提供了指南,在西方德育实践中影响较大。生命线系列教科书是一套独具特色的德育教材,在英国课堂的2万多名学生中得到了实践检验,深受中学师生的喜爱。

五、社会行动模式

社会行动模式兴起于20世纪70年代的欧美各国,代表人物是美国的弗雷德·纽曼等,

---

[1] 袁振国.当代教育学(修订版)[M].教育科学出版社,1999:251-254.

其代表作是《公民行动教育：对中学课程的要求》《公民行动教育技巧》等。[1]

（一）基本观点

第一，道德教育重在培养学生的社会行动能力。道德行动的前提在于是否有采取行动的能力。道德教育的关键在于培养和提高学生的行动能力。纽曼强调，社会行动模式重点在于培养学生的环境能力，包括作用于客体的物理能力，如建造房屋；作用于人们的人际交往能力，如对老幼的养育和对养育关系的处理；作用于公共事业的公民的能力，如参与选举并能帮助候选人获胜的能力。

第二，社会行动是直接影响公共事务的自觉行为。

第三，社会行动模式的结构。纽曼指出，环境能力应当成为学校的一个重要目标，其他能力也不容忽视。为此，他设计了社会行动模式的基本程序：一是制定政策目标，包括道德审议和社会政策研究；二是支持目标的工作；三是解决心理哲学难题。

（二）社会行动模式评析

纽曼的社会行动模式整合了道德认知、情感和行动等多个要素，并且将其与公民投身社会变革联系起来，具有鲜明的行动取向。一方面，它提供了一套集心理学、哲学、社会学和系统科学原理于一体的新公民教育体系，在探索发展学生道德认知能力与传授道德知识以及与培养公民社会行为三者的关系上提供了不可多得的新鲜经验；另一方面，在实践上发展了一套较完整的教育实施方法和程序，并且在使道德教育与其他学科和课程有机渗透乃至使教学与社会实践融为一体方面，做了有益的尝试，尤其是把复杂的社会行为的培养演变为课堂教育过程，具有创新价值。

但我们也应注意到，纽曼的社会行动模式存在着许多问题。第一，它的理论研究尚处初步阶段，未能说明公民行动教育的理论依据，而仅仅表明遵循行为是重要的，因为任何社会行动的产生都有极其复杂的条件。第二，模式的理论假设是"被管理者的同意"这一民主社会条件，然而，假若不具备这一条件，这种教育是否还能成立、培养的人有何作为，就会成为问题。第三，公民行动教育费用太昂贵，尤其需建立设备齐全的公民实验室，这在目前大多数学校中是很难做到的。第四，该模式安排的活动繁多，势必影响其他相关学科教学，如何处理这种关系仍亟待研究。第五，评估的困难，也增加了人们对这一理论科学性的质疑。

六、品格教育模式

品格教育模式的代表人物是美国的托马斯·里考纳，该模式发端于19世纪末及20世纪上半叶，重点在于培养学生良好的行为习惯。20世纪80年代，品格教育运动在美国得以复兴并不断推进，至20世纪90年代逐渐成熟。

---

[1] 戚万学，唐汉卫.学校德育原理[M].北京：北京师范大学出版社，2012：243-247.

(一) 基本观点

第一，品格教育是理智、情感、行为的统一。里考纳承袭亚里士多德把理智和行为看成是相辅相成的观点，特别注重行为的重要性，强调社会服务学习，强调学校应为学生创造道德实践的机会。里考纳还强调理智向行为转化的中介——道德情感的作用，认为道德理智、情感、行为相统一才能构成完整的品格。

第二，品格教育的实质在于核心价值观的倡导和培育。品格教育虽然没有统一的定义，但都围绕一系列价值观展开，实质在于核心价值观的倡导和培育，其核心价值主要有：慎思、勇敢、自律、公正、关心、尊重、负责、诚实。其中，慎思、勇敢、自律、公正属于西方传统的德目；关心、尊重、负责、诚实则是针对当今社会青少年的道德现状而提出来的品格。

第三，品格教育是社会规范影响与个人自主选择的统一。关于个人与社会的关系，里考纳认为，价值澄清学派主张的个体道德观、社会化理论倡导的社会道德观，都存在缺陷。美德是人类自身幸福的需要，是社会和谐发展的需要，因而成为儿童必须掌握的道德知识。学校教育应向学生传授美德，品格教育应是社会规范影响和个人自主选择的统一，是社会的共同意志和个人自由意志、社会道德和个体内在道德的有机统一。个人和社会是相互影响、相互促进的互动关系，而非相互对立的关系。①

第四，品格教育的最终目的是形成自律道德。品格教育认为，道德教育的最终目的在于形成学生的自律道德。里考纳关于道德自律的观点与社会化理论和认知发展理论殊为不同。社会化理论认为，从他律到自律的过程是通过强制、压制实现的，强调外在权威；而认知发展理论认为道德自律是一个发展的过程，随着年龄的增长，儿童更可能做出自律的判断，它否定教育者的权威作用，尤其是道德准则的灌输。里考纳则力图平衡这两种观点，认为社会化理论和认知理论是可以相互补充、相互借鉴的。自律的实现一方面需要外部的控制，另一方面也随着儿童年龄的增长而不断发展。

(二) 品格教育模式评析

品格教育模式具有一定的时代性、合理性和超越性，对我国当前学校道德教育有许多可资借鉴之处。品格教育模式是在对西方道德教育理论和实践反思批判的基础上，通过发扬并改造传统道德教育智慧，结合时代需要，推陈出新而形成的新的道德教育思想。它既发扬品格教育的优良传统，又力图超越传统品格教育中保守、滞后的德育目的，提出尊敬、责任等反映时代要求的一系列普遍道德价值观体系。当然，品格教育模式也具有一定的保守性。尽管品格教育模式在一定程度上超越了传统道德教育而具有某些进步性、现代性，但是它的思想基础是保守的，其整个思想体系都带有明显的传统色彩。这是我们在借鉴运用这一德育模式时需要注意的问题。

---

① 唐汉卫.现代美国道德教育研究[M].济南：山东人民出版社,2010：110-112.

思考题

1. 如何理解学校德育的本质内涵？
2. 如何理解德育过程的规律？
3. 当前德育课程的分类有哪些？
4. 常用的德育方法有哪些？在实际运用中有何要求？
5. 简述德育的途径。
6. 概述国内外常用的几种德育模式，并对其进行评价。

参考文献

1. 吕炳君.教育学基础理论与实践[M].北京：北京师范大学出版社,2017.
2. 王桂艳.德育与班级管理[M].北京：北京师范大学出版社,2015.
3. 郑金洲.教育基础[M].上海：华东师范大学出版社,2012.
4. 王道俊,郭文安.教育学(第6版)[M].北京：人民教育出版社,2009.
5. 戚万学,唐爱民.德育原理教程[M].北京：教育科学出版社,2012.
6. 全国考研教育学配套教材编委会.全国硕士研究生招生考试教育学专业基础考试大纲解析[M].北京：高等教育出版社,2022.
7. 班华.现代德育论(第2版)[M].合肥：安徽人民出版社,2001.
8. 刘惊铎.道德体验论[M].北京：人民教育出版社,2003.
9. 刘济良.价值观教育[M].北京：教育科学出版社,2007.
10. 唐汉卫.生活道德教育论[M].北京：教育科学出版社,2005.
11. 黄向阳.德育原理[M].上海：华东师范大学出版社,2000.
12. 吴铎.德育课程与教学论[M].杭州：浙江教育出版社,2003.
13. 檀传宝.德育原理(第3版)[M].北京：北京师范大学出版社,2017.
14. 唐爱民.道德教育范畴论[M].北京：北京师范大学出版社,2012.

第七章

班主任与班级建设

学习目标

1. 领会班主任的作用。
2. 理解班主任的职责与任务。
3. 掌握班级建设的概念、意义。
4. 掌握班级建设的原则。
5. 理解班级建设的内容。

📋 本章导览

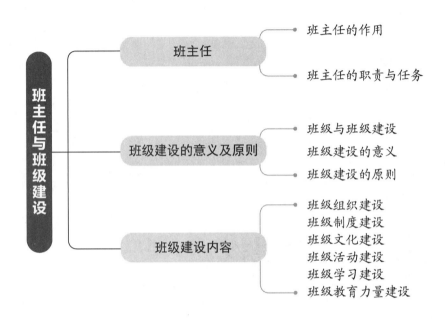

学生在学校的生活,基本上是在班级中度过的。班级生活的质量取决于班级建设的水平,班级建设在学校教育中具有十分重要的地位。班主任是班级建设的指导者,需要协调各学科任课教师,引导全班学生积极参与,争取社会和家长的支持,共同做好班级建设工作。

第一节 班 主 任

班主任是受学校委托负责班级建设的教师,是按照国家的教育目标、学校的办学要求,通过建设富有教育意义的班级生活,促进全班学生全面发展的责任教师。做好班主任工作,需要明确班主任的作用、职责与任务。

一、班主任的作用

班主任是中小学日常思想道德教育和学生管理工作的主要实施者,是中小学生健康成长的引领者。从学生的成长来看,班主任在中小学阶段对学生的成长影响非常大。班主任工作和班级建设的质量,直接关系着整个中小学教育的质量,关系到中小学教育目标的实现。下面这首《班主任之歌》,就形象地表达了班主任的作用。

> **班主任之歌**[①]
>
> 都说你是最小的主任,管着长不大的一群;
> 都说你是最棒的园丁,画出了我们成长的年轮。
> 都说你是最大的官,管着未来的部长将军;
> 都说你是最好的人,就像我们的父母双亲。
> 粉笔白白,黑板黑黑,你一笔一画,告诉我们是与非;
> 教鞭长长,讲桌方方,你一言一行,给我们谆谆教诲。
> 班主任,你给了我们真善美;
> 班主任,你让我们把理想放飞。

我国非常重视班主任工作,教育部印发的《关于进一步加强中小学班主任工作的意见》(2006年)和《中小学班主任工作规定》(2009年),都对班主任的作用进行了说明。中小学班主任的作用主要包括三个方面。

---

① 张作岭,宋立华.班级管理(第3版)[M].北京:清华大学出版社,2019:31.

(一) 班主任是学生思想道德的教育者

班主任是中小学日常思想道德教育的主要实施者。由于中小学生正处于世界观、人生观和价值观形成的关键期,加之日益多元复杂的社会环境,班主任对学生进行思想道德教育的任务更为迫切和艰巨。班主任一方面需要及时对中小学生进行正确的思想道德教育,使其明辨是非、善恶、美丑;另一方面,还需要引导学生从身边的小事做起,逐步树立社会主义核心价值观,确立远大志向、增强爱国情感、明确学习目的、端正生活态度、养成良好的行为习惯。因此,班主任是学校思想道德教育的骨干,是加强和改进未成年人思想道德建设的重要力量。

(二) 班主任是学生健康成长的引路人

班主任是学生知识的传播者、智慧的启发者、精神的熏陶者、人格的影响者和道德的教化者。学生良好的思想品德、行为习惯、心理素质的形成,主要靠班主任的启发诱导、熏陶影响。班主任像春风化雨一样,辛勤培育学生的健康成长。

班主任作为中小学生的人生导师,对每一个学生的成长和发展负有不可推卸的神圣责任。这种责任可以具体化为这样几个方面:教育的责任,即教育学生学会做人,学会做事;培育的责任,即利用和创造条件,促进学生健康和谐地发展;发现的责任,即发现学生的个性特点、兴趣爱好、特殊才能、发展的内驱力等,充分挖掘他们的潜力;激活的责任,即激发学生的主动意识和进取心,给予他们成功的体验,引发他们的合理需要,使他们形成自我教育的要求和能力;夯实的责任,即培育学生社会责任感、创新精神和实践能力等核心素养,为学生一生的发展奠定坚实的基础。[①]

(三) 班主任是班级建设的指导者

在日常教育生活中,班主任根据国家教育方针、学校办学目标以及班级具体情况,对班级发展进行谋划,主要包括班级建设目标的确立、班级发展愿景规划、学生发展前景规划、班级文化发展规划,以及实现这些规划与目标的途径、方法和工作程序安排等。因此,班主任是班级建设的指导者。

班级建设的核心是良好班集体的形成。一个良好的班集体就是一种巨大的教育力量,对于培育学生的集体主义思想、良好品德和行为习惯,发展其能力和个性、促使其身心健康和谐地发展等,都有着十分重要的意义。良好的班集体不是自发形成的,而是班主任辛勤培育和创造性劳动的结果。班主任能否善于建设班集体是衡量其工作能力的重要标志。实践表明,班主任的品德与智慧、工作热情与能力往往决定着班集体建设的水平,也对班级的教育质量产生根本性影响。

二、班主任的职责与任务

(一) 了解和研究学生

班主任既要熟悉班级发展的整体状况,也要关注每一位学生的发展,了解每位学生的优点、

---

① 全国十二所重点师范大学联合编写.教育学基础(第2版)[M].北京:教育科学出版社,2008:305-306.

特长和不足,深入挖掘每位学生的潜力,创设多样的教育环境,促进学生全面而有个性地发展。

班主任了解和研究学生的内容主要有以下三方面。第一,了解和研究学生个人,包括思想品德状况、集体观念、劳动态度、人际关系、日常行为习惯;学习态度、学习成绩、学习方法、思维特点、智力水平;体质健康状况、个人卫生习惯;课外和校外活动情况;兴趣、爱好、气质、性格等。第二,了解学生的群体关系,包括班级风气、舆论倾向、不同层次学生的结构、同学之间的关系、班干部情况等。第三,了解和研究学生的学习与生活环境,包括了解学生的家庭类型、家长的职业及思想品德和文化水平、家庭生活条件、学生在家庭中的地位、家长对学生的态度等。[①]

班主任了解和研究学生的方法主要有:通过在班级日常生活中细致观察,了解学生在各种活动中的行为表现;通过访谈学生本人、家访以及访问其他知情人,从不同的侧面了解学生,探寻学生行为的原因;通过查看、分析学生的作业、往年的学业成绩、操行评语等有关材料,了解学生成长的过程。

案例7-1

用"悄悄话"沟通你我

从一年级第一学期开始,郑丹娜老师就发给班级每位同学一个本子,叫作"悄悄话"交流本。学生可以任意写出自己的感受,体裁不限,长短不限,也可以用图画表示。郑老师看过后会及时用"悄悄话"回复,有的是鼓励,有的是提醒。如果认为问题比较严重,她还会找学生面谈,或采取相应措施。通过"悄悄话",班主任及时掌握了学生的思想动态,同时,学生的心事也能及时得到倾诉。通过这每天一次的"悄悄话",架起了师生之间的心灵沟通之桥。

资料来源:张小武.用"悄悄话"沟通你我——记全国优秀班主任、北京市朝阳区垂杨柳中心小学教师郑丹娜[J].教育,2008(19):43-45.

(二) 做好班级日常管理工作

班级日常管理不仅是落实班级工作的具体环节,也是班级集体正常运作的必要条件。班级日常管理内容主要包括日常管理目标制定、班干部队伍建设、班级常规管理、根据学生特点进行个性化教育、班级文化建设、班级总结评比、偶发事件的处理等。

班主任要做好班级的日常管理,需要注意:第一,要制定班级日常管理目标,使班级日常管理有方向、有愿景、有目标;第二,要致力于建设班干部队伍,班干部队伍是落实班级日常管理的关键;第三,要注意培养学生的规则意识、责任意识和集体荣誉感;第四,公平公正、灵活有度,积极营造民主和谐、团结互助、健康向上的集体氛围。

(三) 组织好班集体活动

丰富多彩的班级集体活动,是班级教育的经常性形式,也是促进学生全面发展的重要路径。班主任要组织、指导开展班会、团队会(日)、文体娱乐、社会实践、春(秋)游等形式多样

[①] 吕炳君.教育学基础理论与实践[M].北京:北京师范大学出版社,2017:372-373.

的班级活动,充分发挥学生的积极性和主动性,培养学生的组织纪律观念和集体荣誉感,并做好安全防护工作。

(四)做好学生的综合素质评价

综合素质评价是落实育人为本教育观的要求,是落实立德树人根本任务、发展素质教育、促进学生德智体美劳全面发展的重要保障。班主任要组织做好学生的综合素质评价,指导学生认真记载成长记录,实事求是地评定学生操行,向学校提出奖惩建议,有针对性地为学生提供指导和建议。

(五)协调校内外各种教育力量

班主任是学校教育工作最基层的协调者,是联系班级任课教师的纽带,是沟通学校、家庭、社会的桥梁。班主任要支持任课教师的教学工作,教育学生尊重所有任课教师,认真上好每位教师的课,同时把班级任课教师团结起来,建立亲密合作的教师集体。班主任要争取家长的支持和配合,利用家长会、家长学校、家长听课日、接待家长来访等形式,密切学校与家长之间的联系,形成教育合力,共同促进学生健康成长。作为协调者,班主任还要引导学生参加社会实践,争取社会教育力量的支持;利用社会资源,开展丰富多彩的班级教育活动,形成校内外教育综合网络。

第二节 班级建设的意义及原则

学生在学校教育生活基本上是在班级中度过的,班级建设的质量,对学生在学校的教育生活质量有重要的影响。因此,作为班主任,理解班级建设的意义与把握班级建设的原则,至关重要。

一、班级与班级建设

(一)班级及其特点

1. 班级的含义

班级是现代学校制度的产物,其产生有着特定的历史原因。班级教学最早产生于16世纪的欧洲,其最初形态是按照年级进行划分的,粗略地将一个年级作为一个授课单元,这就是班级的萌芽。率先使用"班级"一词的是文艺复兴时期的教育家埃拉斯莫斯。17世纪捷克教育家夸美纽斯总结了前人和自己的实践经验,在《大教学论》中对"班级"进行了阐释,从而奠定了班级教学的理论基础。他在《大教学论》中设计的学校教育方式为:"国语学校的一切儿童规定在校度过六年,应当分成六个班,如有可能,每班一个教室,以免妨碍其他班次。"[①]这里,每班就是一个年级,所以"班"和"级"是紧密联系在一起的。现代学校均有一定的规

---

① [捷克]夸美纽斯.大教学论[M].傅任敢,译.北京:人民教育出版社,1984:230.

模,一个年级就不能只是一个班,而是有若干班。"班"是学校里学生人群的单位,"级"则表明这个学生人群的发展水平。在中国最早采用班级教学的是1862年清政府在北京开办的京师同文馆。随后多处兴办新式学堂,以班级为单位进行授课与管理的形式便逐渐普及开来。

现代学校里的"班"与"级"分别有各自的含义。"班"是学校里学生群体的基本单位。"级"则表示这一群体身心所处的发展阶段。"班"与"级"连在一起使用就形成了现在意义上的班级。

所谓班级,就是学校为实现教育目标、顺利开展各项教育教学活动,将年龄相近、身心发展水平相当、文化水平大体相同的一定数量的学生组成的基层教育组织。在学校教育中,一般是在班级中以班为单位进行学科教学,组织和开展教育活动。班级既是学校组织学科教学和开展教育活动的基本单位,也是促进学生共同成长的社会组织。

2. 班级的特点

班级作为学校教育活动的基本单位和社会组织,具有目的性、限定性、可塑性、社会性和教育性等特点。

目的性是指班级的所有活动都具有明确的目的。组建班级的目的就是通过教育者有目的、有计划地组织学生进行学习,使一定数量的学生在一定的修业年限内在各方面达到一定的标准和要求。班级的目的是学校培养目标的具体化,既要符合社会的需要和学校的培养目标,也要符合班级学生的特点。

限定性是指构成一个班级的成员在年龄和文化程度上具有特殊规定性,即班级成员生理、心理发展水平大致相近,知识起点水平也大致相同。这是班级不同于其他群体的一个主要特点,也是班级教学的一个重要前提。具体来说,每一个班级有固定的学生人数,在接受某一类型教育的过程中,除特殊原因外,一个班的学生人数是相对稳定的;一个班级的组成时间有规定的年限,通常是从某一阶段教育任务的开始到完成。

可塑性是指班级群体及班级中的每个个体都有继续培养或改变的可能性与成长空间。可塑性是由赫尔巴特首先提出的。在赫尔巴特看来,"学生是具有可塑性的",这是一切教育理论的出发点。如果没有这个前提,教育将不可能发生。这一命题的提出旨在反对康德伦理学中的先验主义和宿命论。尽管赫尔巴特坚信学生发展的可塑性,但却并不认为这种可塑性对所有人、在所有方面都是等同的。从学生的年龄上看,其可塑性与年龄呈反向趋势;换言之,年龄越大,其可塑性越差,到其成年之时,则基本上不可塑造了。"成人的定型过程在其内部延续着,而教育者对此是无能为力的。"[1]

社会性是指班级乃一种社会体系,是以青少年学生为主体、以社会化学习和交往活动为特征的社会组织。美国社会学家帕森斯在《作为一种社会体系的班级:它在美国社会中的某些功能》中率先将班级看作社会系统,认为班级既是一个由师生组成的正式组织,又是一个学生群体,每个学生成员的个人情意、认同感与归属感都影响班级正式组织的活动。[2] 在班级教育实践中,学生与教师、学生与班干部、班干部与班干部等之间的相互交往,构成了班级中的种种"社会关系"网。学生

---

[1] [德]赫尔巴特.普通教育学:教育学讲授纲要[M].李其龙,译.杭州:浙江教育出版社,2002:207-208.
[2] 张人杰.国外教育社会学基本文选(修订版)[M].上海:华东师范大学出版社,2009:419.

生活在这层层的"社会关系"中得以历练与成长,逐渐走向成熟,完成社会化进程。

教育性是指班级乃一种教育组织,能够促进学生个体的健康成长。作为教育组织的班级为学生提供了各种锻炼和体验的机会和条件,有利于发挥学生的主动性、积极性和创造性。在学校中,班级是对学生影响最直接、最深刻的教育环境。社会心理学的先驱库尔特·勒温在其《拓扑心理学原理》中以"生活空间"概念来解释个人与环境间的关系,认为行为是人与环境的函数。个人行为或心理事件用 B 表示,S 用来表示人及整个的情景,其公式应为 B=f(s)。①他认为,人的心理环境是开放的,人的行为与环境存在着动力关系,所以常常受到外界的影响,而且这种影响很大,几乎到了环境决定人的行为之程度。班级是学生的一个生活空间,学生个体时时刻刻都在接受来自整个生活空间的种种影响,这些影响改变着学生个体的种种言行与习惯,并使其向着班级教育总体目标趋近。

(二) 班级建设的内涵

班级是学生在校生活的基本组织单位,也是促进学生成长的正式组织。班级建设是指班主任与全班学生一起通过建设班级生活,促进学生成长的教育实践活动。② 班级建设是教育实践中一个具有相对独立性的重要领域,与班级管理、课堂教学、德育等概念之间有差别。

班级建设不同于班级管理。班级管理是指班主任为有效实现既定目标,执行管理职能,协调班级中各种资源的活动过程。班级管理更强调作为管理者的班主任和学生干部如何建立秩序、管好班级,使班级各项工作正常开展;而班级建设则更关注每个学生在班级生活中的参与和成长,师生共同建设一个可促进学生社会性和个性发展的班级。

班级建设与课堂教学之间有相通性,也有明显的差异性。第一,在教育载体上,课堂教学以学科为载体,通过开发学科教育价值而促进学生的发展;班级建设则以班级日常生活为载体,通过班级组织建设、班级教育活动、班级文化等资源,促进学生社会性和个性的发展。第二,在主体上,课堂教学是由学科教师和学生共同构成,其中教师是课堂教学的组织者和指导者,在课堂教学中起主导作用;班级建设则是由班主任和学生为主体构成,学生及其集体在班主任指导下自主开展班级工作。第三,在教育目标上,课堂教学关注学生的学科素养,某一学科教师往往只注重学生某一方面素养的提升;班级建设则更关注学生在班级生活中德智体美劳各方面的综合发展。③ 需要指出的是,班级建设不是为课堂教学服务的附属领域,而是与课堂教学同等重要的领域。班级建设与课堂教学相互影响、相辅相成,共同构成学校教育的内容,实现学校教育立德树人的教育目标。

班级建设也不等同于德育。德育是从教育内容角度做出的一种划分;而班级建设是综合形态的教育实践,其内容不限于德育,而是涵盖德智体美劳各个方面。班级建设关注学生整个人的成长和发展,其最终目标是促进班级中每一个学生生命的成长。

---

① [德] 库尔特·勒温.拓扑心理学原理[M].高觉敷,译.北京:商务印书馆,2013:14-19.
② 叶澜.教育学原理[M].北京:人民教育出版社,2007:210.
③ 叶澜.教育学原理[M].北京:人民教育出版社,2007:216.

二、班级建设的意义

班级发挥教育价值的过程就是班级建设的过程。班级建设坚持以学生为本,增强了学生对班级的作用与力量。班级建设质量直接影响学生对学校生活的感受和参与状况,影响学生的社会性和个性的发展。因此,做好班级建设,对于学校教育教学质量的提升,以及学生的社会性和个性的发展都具有重要意义。

(一) 班级建设是学校对学生管理的主要实践活动

班级是学校组织系统中最基层的正式组织,是对学生进行管理与教育的重要渠道。以班级为载体和基本单位,通过高质量的班级建设,从而实现促进学生成长与发展的目标。班级建设是学校教育工作的基本途径。学校课堂教学的实施、各种班级活动的开展、学生组织意识的形成、社会角色意识的萌生、社会生活的准备等,都是在班级生活中、通过班级对学生的管理过程实现的。班级管理涉及学生的生活、思想、学习等各个方面,通过制定班级目标、建立组织机构、完善规章制度、培养良好的班风等多举措来实施,通过班级管理的计划、执行、检查和总结等环节来实现,最终达成学校的教育目标。[①]

(二) 班级建设是学生健康成长的组织保证

班级是学生在学校学习和生活的主要场所,是由共同的奋斗目标、相对稳定的组织结构、师生共同认可的制度规范等构成的组织。班级组织的健康发展及其对学生的积极影响是班级建设的结果。班级发展目标能够给班级每位学生指明前进的方向,激发努力的动力。班级有序、高效开展教学工作和各种集体活动,可为班级共同的目标以及每位学生的个人目标的实现提供组织保证。班级组织结构能使每位学生明确自己在班级中的角色定位和职责,并在班级生活中充分发挥自己的作用,通过把不同的同学都纳入组织结构中,保证班级各种活动有序规范开展。班级制度规范是在班主任引导下共同制定的,通过建立一系列明确、可行、可监督的班级制度规范来规范学生的言行举止。

班级环境主要包括精神文化环境和物质文化环境。在班级中,经过师生的共同努力会形成一种具有本班特色的精神文化氛围。班级舆论和班风,就是班级精神文化氛围的集中体现。班级舆论和班风主要表现为班级成员中占主导地位的群体意识、情绪状态、价值倾向和行为取向,并成为学生的一种群体压力和动力,对学生的言行具有指导和规范作用,从而影响学生个体的成长。班级物质文化环境,如教室的环境布置、黑板报、专栏等,可以扩展学生的知识面、锻炼学生的能力、展示学生的专长。班级建设也是学生优良的实践场所,使学生在接触实践中陶冶情操、提升品质、学习知识、锻炼能力等。总之,班级建设所创造的良好组织生活,可以促进学生的健康成长,有效达成育人目标。

(三) 班级建设是促进学生社会性和个性发展的过程

班级不仅是学生学习的场所,更是学生交往的基本场所。班级建设既能促进学生社会

[①] 郑金洲.教育基础[M].上海:华东师范大学出版社,2012:221.

性的发展,也能使学生形成优良的个性。班级作为一种集体生活,有助于学生社会性的发展。作为个体,需要在集体生活中成长,通过集体生活提升社会责任感,培养公民意识,发展个体的创造精神、实践能力与合作意识。这也是班级建设价值的基本体现。

承担责任是学生社会性成熟的体现,也是社会主义核心价值观的重要内容。在班级生活中,学生需要承担学习的责任,需要积极参与班级活动、承担对班级的责任,需要在班级组织机构中承担班干部或班级成员的责任,需要在更多样的活动领域中承担多种责任,需要形成对社会、对集体、对他人的责任感。

参与班级建设、形成学生与相关组织的健康关系,也是学生社会性发展的重要内容。在班级建设中,从学习小组的建立到团队小组的构成,再到班级整体合力的形成与发展,这些实践领域都包含着丰富的教育价值。在具体实践中,学生可以形成自觉的主动意识,在建设班级中形成新的自我意识。比如,作为班干部的策划、组织、调控、反思与重建能力以及交往与表达能力,作为班级成员的参与、表达与实践能力,都可以在组织建设中形成。班级建设为学生提供的参与、实践经验,将为学生参与公共生活提供有力支持。

班级建设对于学生个性的形成,也同样具有重要的价值。在班级建设中,班主任能够深入了解每位学生的生活背景、成长历程、交往方式、特长和性格等各个方面,培养学生的自主意识和自主能力,进而为其提供释放个性的空间。学生个性的发展离不开班级活动,一个充满活力的班级为每个学生提供发展的多维空间,为每个学生创造性的发展提供机遇和条件。班级生活成为学生展现、形成自己个性的舞台。因此,在一个充满成长气息的班级中,学生个体的独特性、创造性将得以充分展现,学生发展的可能性将更充分地实现。

三、班级建设的原则

班级建设的原则是在班级建设过程中必须遵循的基本要求。根据学校教育目标、学生身心发展规律以及班级建设的内在要求,班级建设需要遵循以下五个原则。

(一)发展性原则

班级建设的目的是实现教育目标,促进学生充分、全面而自主地发展。因此,班级建设中规章制度包含哪些内容、组织机构和岗位如何设置、学生承担哪些管理和服务角色等,都要以推动学生的发展为旨归。发展性原则要求班主任需要把学生成长、发展的现有状态及其问题作为工作的起点。班主任的工作思路、工作计划、具体建设举措的实施、反思与重建,都要依据这一原则。班级建设过程中必然涉及许多事务性问题,如学校布置的广播操、黑板报和日常行为规范检查,安全教育,班会,学生之间的矛盾等。班级建设要善于把事务性问题转化为教育性问题,充分发挥班级建设的发展性价值。

发展性原则要求以学生的成长需要为主线策划班级建设活动。学生成长本身也是一个过程,班级建设需要追求对学生成长持续、长效的价值,需要有长期、持续的努力。具体的班级建设工作需要将短期的举措寓于长期计划之中,改变应景性、突击性、缺乏主线的工作方式,始终关注学生的成长和发展需要,以日常、真实、有深入思考和长期设计的班级建设工作促进学生的健康成长。

> **专栏7-1**
>
> **学习纪律:从事务性问题变为教育性问题**
>
> 　　在一个实验班中,班主任老师承担着一门学科的教学任务。在调查了解该班情况时,我们发现该班学生在这门学科的学习中有非常好的表现:上课时,纪律良好,发言积极;课后,作业及时完成,而且质量颇高。此外,除了最初的两个学期,后来的期中、期末考试,该班该学科平均成绩都居于全年级七个平行班中的第一名或第二名。但是,在其他学科的学习中,该班学生的表现却不尽如人意。有的课上只有几个学生与老师互动,有的学生会在上课时打闹,有的学生不交作业或迟交作业,甚至有学生公开抄袭作业。这导致几位科任教师颇有怨言。
>
> 　　针对这种现象,班主任布置几位班干部轮流监督学生,将在课堂上不认真听讲者(打闹者、讲"小话"者、开小差者)的名字偷偷记下来,让每门课不交作业或抄袭作业的人接受惩罚(罚抄作业,有时达到20次)……
>
> 　　后来,经过与研究者和其他科任老师协商,班主任做了一些新的尝试。一是通过问卷、访谈等方式了解学生对学习纪律的看法,包括他们所见的情况、他们的理解、他们的改进建议。二是组织小组商议,并在班会中集体讨论(班会上请几位科任老师到场)。通过讨论,让更多学生明白具体情形,理解不良习惯的弊端,思考如何对自己的学习行为负责。三是师生共同总结出几项对策,并指定专门的人来检查落实。
>
> 　　这样,一个学习纪律问题就从事务性问题转化为教育性问题,让学生个体和班集体从思想到行为、从个别行为到集体行动、从认识到对策和制度的形成等方面都获得了新的发展。同时,这一解决问题的教育过程,也是让学生广泛地民主参与班级管理的过程。正是因为教师注意为学生创造民主参与的机会,学生才有可能挖掘出自己的智慧潜力,在解决问题的过程中获得成长。
>
> 资料来源:李伟胜.班级管理[M].上海:华东师范大学出版社,2010:65-66.

(二) 自主性原则

自主性原则是指在班级建设中要尊重学生的主体地位,培养学生的自主意识和能力,调动学生参与班级建设的主动性和积极性。学生是具有主观能动性、能参与教育活动和班级建设的人。这种自主参与过程具有两方面的意义,一方面可以让学生自主组织班级活动,提高班级建设的水平;另一方面可以培养学生的自主性和自主能力,拓展学生潜在发展的空间。许多教育实验已表明,即使是一年级的小学生,也具有自主发展的愿望和能力。"事实上,小学生一般都已具有自治倾向和自主意识,即使是一年级的小学生也已经具有了不少经验与知识,具有了初步的交往、合作和思考问题的能力。所以,他们既是班级的被管理者,也是班级的管理者,一旦他们能真正参与管理,班级管理效果将成倍提高,班级的发展将获得强大的动力。"①

(三) 日常性原则

班级建设是基于学生日常生活的教育。班级建设的过程就是学生每一天、每一周、每一月、每一学期的班级日常生活,需要面对学生生活中的交往问题、学习问题,会随时遭遇"告状""冲突",以及学校检查、家长访问等事件。班级建设对学生的影响也是通过日常生活实现的,而不是仅依靠课堂教学。在班级生活中,学生如何与同桌交往,如何参与班级活动,如何布置自己的教室,如何形成班级规则,如何对待班级评价等,都会潜移默化地影响学生的发展。因此,班级建设除了要重视主题性班级活动,也要加强日常性班级活动的建设。班主任只有把日常性活动与主题性活动结合起来,才能产生最佳的教育效果。

(四) 活动性原则

活动性原则是指班级建设要以实践活动为载体,通过活动提升班级建设水平促进学生发展。没有个体的活动就谈不上任何发展,个体的活动是个体发展的决定性因素。"人的生命的发展水平、丰富程度、潜在可能的开发状态、生命质量的高低,说到底是他自己的人生实践铸成的。"②无论是家长还是教师,都不能代替学生自己生活。活动性原则要求学生自主参与班级活动,并在活动过程中开展自我教育。在班级活动中,自我教育的重点在班级集体这个层次上,班主任要努力通过集体教育实现学生的教育与自我教育。

(五) 个性化原则

个性化原则是指在班级建设中既要尊重学生的个性差异、促进每个学生的充分发展,又要形成具有个性化的班级文化,并通过这种个性化的班级文化促进学生个体的发展。班级是由学生个体组成的班级集体,虽然一个班的学生年龄、智力、知识水平、心理特点大体相近,但学生之间还是有较大的差异。在班级建设中,班主任应尊重学生的个性差异,了解学生的个性特征,使每个学生都能在原有基础上发展自己的个性。一个班级应有区别于其他班级的整体性特征,呈现出班级发展的个性特点。班级要形成具有个性化的班级文化。个性化原则要求班级建设应充分体现学生的个性特征,在班级集体建设、班级环境布置、主题班会设计等方面要充分挖掘、展现学生的个性,避免因漠视学生个性而扼杀其创造性。

第三节 班级建设内容

班级建设属于一种微观、具体的学校建设层次,是以育人为目标,着眼于班级所有学生精神健康生活,使其个性获得和谐发展的活动过程。明晰班级建设的内容,既是班级建设改革实践的需要,也是班主任专业成长的需要。

---

① 叶澜."新基础教育"探索性研究报告集[M].上海:上海三联书店,1999:148.
② 叶澜,郑金洲,卜玉华.教育理论与学校实践[M].北京:高等教育出版社,2000:152.

一、班级组织建设

班级建立之初,只是一群学生的随机组合,要成为一个真正意义上的组织,还需要通过班级组织建设。班级组织建设的主要内容是培养班干部和班级岗位建设,主要目标是把班级组织建设成为集体。班干部是班级建设中承担领导责任的学生,包括班委会(中队委/团支部)和小组长(小队长);班级岗位承担者是指维护班级日常活动、承担班级各类具体事务的学生。

(一) 培养班干部

班干部是形成班级集体的核心力量,也是班级工作顺利开展的保证。选拔和培养班干部是班级组织建设的基础,班干部作用发挥程度直接影响着班级建设状况。班干部岗位也是培养锻炼学生参与集体生活、发挥先锋作用、进行民主管理、提高社会责任感的重要载体。

第一,班主任要指导学生明确班干部的职责,鼓励学生竞选班干部。以往的班级组织中,担任班干部的只是班级中的少数成员,大部分成员只是一般群众,不利于全班学生的发展。因此,在班级集体形成和稳定后,应实行班干部轮换制,让更多学生通过班干部岗位获得锻炼,提升自身的品格和能力。

第二,加强对班干部工作的过程指导。通过教师的直接指导、有经验的班干部对新任班干部的帮助、班干部之间的相互支持与协助等方式,全面提升班干部的工作能力,组织开展有质量的、丰富多彩的班级教育活动。当班干部自主地策划、组织班级活动并能主动沟通、反思重建时,班干部的综合素养就会获得全面锻炼和有效提升。

第三,强化对班干部的评价反馈。评价班干部岗位职责履行情况,有利于促进班干部综合素质的提升,提高班级建设的质量。评价要发挥促进班干部和班级发展的作用,就需要遵循如下要求:(1)评价对象不仅包括班干部个人,也包括班委会;(2)评价的目的不仅在于给出一个结果,更在于通过评价过程促进班干部和班委会反思;(3)评价结束后,评价结果要成为班干部成长过程的标志,并在后续发展中发挥启发作用,实现以评价促进发展的目的。

专栏7-2

建立"双班委制"

随着投票结果的呈现,我们看到:票数较多的是班中的几位佼佼者,他们各方面发展比较突出,但是人数不多只有三四个。接下来的却是一个相当大的群体,足有十几个人。他们票数接近,多为有特长、有个性的男生。如果按原先的设想,从中选出8名学生作为小干部的话,一方面,产生的新班委与原有的相差无几(无怪乎学生们会觉得没劲),另一方面,这个大群体中的绝大部分要落选。回想他们刚才演讲时的自信与期待,再看看现在的失落与灰心,我久久不语。这次的落选意味着他们将等待漫长的一年,然后再重整旗鼓。这一年中又存在太多的变数,一年后,他们还会这样充满信心吗?我不觉陷入深思。

忽然,一个大胆的念头从脑际闪过:如果增设一个班委会,变成两个班委会,那么就有16名学生当选,那些有个性、有特长、长期游离于"管理层"外的学生就有机会进入他神往的"组织",一展他们的风采,实现他们演讲中的设想与承诺。"双班委制"能使更多的学生参与班级管理,使传统的班级管理模式,由一成不变转向动态仿真,真可谓一举多得。于是,我当即宣布"组建两个班委会,选出16位小干部"。真是"一石激起千层浪",教室里沸腾了:有的学生手成"V"形,张口喊"ye",表示胜利;有的则为同伴的入选大声欢呼;有的互相拍手致意;还有的是满脸疑惑或惊讶……

在征求了各任课教师的意见后,我索性放手,只指定了两个中队长,其他人员和他们的分工由中队长们自己协商决定。由此,"双班委"正式产生。

竞选选出的16位小干部,组成两个班委会,每个班委会再增加一个宣传小组(4人)、一个策划小组(4人),分别由各班委自己组建,小干部不能兼职。这样每个班委会由16人组成,全班共有32位小干部。其中,宣传小组负责班级的宣传(黑板报、学习园地、英语天地)和布置(生物角、争章园地等),策划小组负责午间俱乐部、十分钟队会、新闻发布会等。

所选的两个班委会按月轮流管理班级,互相竞争,互相协助。每月的月尾召开一次小干部会议(两个班委会同时召开),让本月当值的小干部们对自己的工作开展自我批评。班主任则对大家的工作进行总结、评价(以鼓励为主),同时又对下一轮当值的小干部提出相应的要求。

资料来源:陈伶俐."双班委制"诞生记[M]//杨小微,李家成."新基础教育"发展性研究专题论文·案例集(上)——学校管理·班级建设.北京:中国轻工业出版社,2004:220-221.

(二) 班级岗位建设

班级岗位建设的目的是通过班级设计多样的岗位及其运行,给学生更多锻炼、发展、展示自我的机会。班主任可根据班级和学生实际情况,丰富班级岗位设置,充分挖掘班级各种事务的教育潜能,设置多样化的岗位。班级岗位可划分为五类:一是学习类,包括各学科课代表、学习小组长、领读员等;二是知识类,包括气象记录员、导读小先生、信息发布员、小报童等;三是活动类,包括主持人、活动策划、摄影师、联络员等;四是服务类,包括黑板报编辑、图书管理员、仪表检查员、桌椅小排长、门窗管理员、餐厅服务生等;五是行为规范类,包括护眼使者、节能小哨兵、护绿小天使、午餐管理员等。[①] 除了相对稳定的岗位,还可以设置一系列临时岗位,如在参加学校艺术节活动中,就可以根据活动需要,增设策划人、导演、主持人、摄影师、场务等岗位。班级岗位设置的最终目的不是管理上的便利,而是促进学生的发展。所以,班级岗位与班干部岗位一样,作为促进学生发展的资源,也应采用轮换制,使更多的学生参与其中,使其在多元的岗位工作中全面发展。

二、班级制度建设

班级制度是指适用于班级的、维持其活动正常秩序、保证学生健康发展的规范。它可

---

① 袁文娟."新基础教育"班级岗位建设的实践与探索(上)[J].班主任,2008(10):19-22.

以是以文字形式记录、颁布的,即成文的制度,也可以是口耳相传、习惯的或约定俗成的,即不成文的制度。成文的制度既包括班级必须遵守的学校规章制度,也包括班级自己制定的规章制度,它们均对班级建设起着规范作用;不成文的制度是班级组织在形成过程中建立的规范,常常是班级个性的体现。成文的制度管理具有普遍的规范性和约束力,是刚性的管理;不成文的制度管理则具有个别性和针对性,是柔性的管理。由于班级建设的对象是活生生的、有思想有感情的学生,所以班级建设应积极倡导以人为本的纪律和柔性管理方式。

对每个班级都必须遵守的学校规章制度,要引导学生自主理解。这些规章制度本身都有其合理性,学生往往默默接受来自外部的管束。班级建设中需要改变这种情形。无论制定这些规章的部门拥有多么高的权威,学生自身所拥有的生命尊严都不容忽视。因此,尽管要求学生遵守这些已被赋予权威的制度,但同时也要让学生主动地反思、审视这些制度的合理性,从而使其明智地理解这些制度,主动并有创造性地执行这些制度。

在班级建设过程中,班主任需要依据班级发展目标,结合班级事务整理、岗位设置,主动制定符合班级需要的有特色的班级制度。对这些规章制度,班主任要根据班级发展情况和班级发展的不同阶段做出调整,通过学生自主选择合理的、有特色的规章制度不断推动班级的发展。

在班级制度建设过程中,班主任要把学生看作有具体需要、情感、个性和潜力的人,尊重每一个学生的生命,创设有利于每一个学生生命成长的班级制度;也要改变自上而下确立班级制度,使班级制度成为外在于学生发展需要的约束方式,让学生积极参与班级制度建设中,使班级制度获得学生的认可与自觉遵守,从而转化为学生发展的内在需要。

三、班级文化建设

学生的在校生活主要是在班级度过的,学生学校生活的质量主要取决于班级生活的质量;而班级生活质量的高低主要看班级文化为每个学生提供的发展条件如何。这些条件不仅指课程计划中规定的内容,更重要的是班级共同体所创造的促进每个学生发展的文化氛围。文化不仅仅是知识形态的积淀,还是人创造出来的生活方式。班级文化是班级中师生共同创造的生活方式,包括三种状态:最为显性的班级环境布置;最为隐性的班级人际关系和班风;处于中间状态的班级制度与规范。[①]

在班级环境布置方面,应关注如何实现"让每一面墙壁都说话",发挥学生在班级环境布置中的主体性。通过班级环境布置,充分展示学生的能力与才华,营造有利于全班学生健康成长的氛围。理想的班级环境应是一个让学生始于快乐而终于智慧学习的地方。

---

① 叶澜."新基础教育"探索性研究报告集[M].上海:上海三联书店,1999:167.

案例7-2

献计献策，共同商定教室环境布置的内容

为了调动大家的参与积极性，开学第一周我们先召开了"我在班级文化建设中"的主题班会，让每个同学都谈谈自己对班级环境布置的看法以及自己在班级环境布置中该做些什么。在班会上，同学们纷纷发表了自己的意见，我也来到他们中间，和同学们一起讨论，对他们的建议适时加以补充，加以改进。在全班同学共同努力下，我们制定出了一份布置方案。

表7-1　××班环境布置方案

组别	内容	要求
板报组	黑板报，学习园地，英语天地	黑板报要围绕不同主题来组织和撰稿；学习园地和英语天地要能提高学生的学习积极性
生物组	生物角，窗台	管理好生物角的每一盆花，并使窗台也充满绿色
综合组	争章乐园，图书角，其他	争章乐园的设计必须活泼、新颖、有童趣；图书角的书籍要摆放整齐，并能得到充分利用

资料来源：范向华，等.创设五彩斑斓的教室文化[M]//杨小微，李家成."新基础教育"发展性研究专题论文·案例集(上)——学校管理·班级建设.北京：中国轻工业出版社，2004：213.

班级人际关系包括师生关系和生生关系，它不仅是知识交往的关系，还是情感上的互动关系。在班级生活中，通过直接的交往互动能够形成有利于学生发展的民主、平等、和谐的师生关系和生生关系。班级人际关系需要班主任积极营造，在很多情况下，教师心胸的宽广程度决定着学生精神生活的广度，教师言行的合理程度决定着生生交往的质量。

班风是班级稳定的具有自身特色的集体作风，表现为班级所有成员在长期交往中形成的一种共同的心理倾向。班风是班级文化建设的核心，优良的班风既体现出班级的精神面貌，也展示出学生独特而丰富的个性特征。

班级文化气息可以从窗明几净、整洁有序的环境中感受到，可以从精心设计的板报中感受到，还可以从教师精神饱满、激情飞扬的课堂中感受到，从学生意气风发、洋溢自信的笑容中感受到。班级文化建设可以使学生在丰富的精神生活中健康成长。

四、班级活动建设

班级活动是在班级建设过程中班级成员为发展班集体而开展的各种教育性活动。班级活动不同于课堂教学活动，课堂教学活动要实现教学的目标，而班级活动则要实现班级建设的目标。课堂教学活动的直接管理者是各任课教师，班主任对课堂教学活动的管理是间接的。班级活动则是在班主任的直接指导下组织实施的,是班级建设的重要内容。班级活动可以分为日常性活动和主题性活动两大类。

(一) 日常性活动

日常性活动是每天或每周都要进行的维持班级组织正常运转的活动,主要包括以下三类。

1. 晨会和班会

晨会和班会一般都列入班级课程表,晨会每日都有(时间约 15—20 分钟),班会与团队活动每周都应安排 1 课时。晨会和班会保证了班级活动的基本时间,保证了班主任和学生的密切接触与基本的共同活动时间。在班级建设中,晨会和班会不应是班主任唱"独角戏",也不能只由少数几个学生"包干",而应该和班级岗位建设一样,采取轮流方式,尽量让每个学生都有为晨会和班会作贡献、在晨会和班会上亮相的机会。这样,才能充分发挥通过晨会和班会促进班级建设和学生发展的目的。

2. 值勤

值勤是一种学生集体的自我管理活动,主要包括值日和值周。值勤不仅是维持班级正常教育教学秩序的手段,也是培养学生能力、开展相互教育和自我教育、建设和发展班集体的经常性途径。值勤也采用轮流制,使所有学生都能得到锻炼。做好各种值勤活动,努力使集体、管理、服务等理念在学生头脑中不再是空洞的语言,而是实实在在的行为和真切的感受,最终通过值勤活动培养学生为他人服务的精神和社会责任感。

3. 班级自办报刊等舆论宣传活动

班级舆论宣传活动有助于良好班风的形成,对班级成员有潜移默化的深远影响。通过舆论宣传,使班级中先进的思想和行为得到肯定和发扬;使个人感受到集体对每一个人成长的关注;使学生相互激励,多发现他人的长处,在增强自尊、自信的同时,不断从班级中汲取前进的力量。班级舆论宣传的阵地主要是黑板报、墙报、学生自己创办的周刊(或月刊)等。学校创办的报刊和广播台也是班级建设可以利用的舆论阵地。

班级自办报刊的内容包括:班级的奋斗目标、中心任务,以及围绕目标、任务开展活动的动态报道;已开展的班级活动的反响,包括体验与评价,以及班级成员对班级工作的建议;班级及其成员获得的成绩展示;学生普遍关心的、具有教育意义的某个问题的讨论等。这些内容都应放手让学生参与设计、实施、总结,为学生提供锻炼成长的机会和空间。

(二) 主题性活动

主题性活动是更加突出、集中和综合的教育活动。在主题选择上,要努力形成以成长为主线的活动系列。每一次班队活动都有一个鲜明的主题,具体的活动设计围绕主题进行。系列主题的设计都要围绕班级工作目标具体展开,从多方面深入。主题活动不能成为少数人的"独角戏",也不能成为缺乏互动的"观看",而应吸引所有学生参与活动过程的设计,从准备、实施到阶段性的小结或交流,再到最终的总结、反思与重建,实现学生全程参与,使学生在活动中有新的体悟与变化,产生真实的感受与体验。

> **案例7-3**
>
> 班级系列主题活动
>
> 在一所寄宿制中学里,一位班主任在整体规划一个班级从初一到初三的发展主线时,计划在初一年级着重运用情感教育方式,以"爱"的情感贯穿始终,培养学生对学校、班级、宿舍以及老师、同学的感情,用"爱"增强班级凝聚力、向心力,用"爱"激发学生的积极性和主人翁意识。两个学期的主题活动内容安排如下。
>
> 表7-2 某校初中一年级主题活动内容安排
>
> | 初一(上) | 初一(下) |
> | --- | --- |
> | 1. 我爱我家(一):感受新校园
2. 友情大舞台
3. 我爱我家(二):班级建设
4. 要我学习——我要学习
5. 我爱我家(三):宿舍建设
6. 学会学习 | 1. 体会成长——中学生与小学生的不同
2. 我爱我家(四):我和我的朋友
3. 趣味劳动竞赛
4. 我爱我家(五):与长辈相处(父母、老师)
5. 我是我
6. 我爱我家(六):我和我的家(总结) |
>
> 资料来源:邓婷婷,陈玲.初中主题班会系列设计探索[M]//杨小微,李家成."新基础教育"发展性研究专题论文·案例集(上)——学校管理·班级建设.北京:中国轻工业出版社,2004:236-238.

班级活动的主体是学生,教师负有指导和帮助学生的责任,以确保通过活动促进学生的发展。教师的指导和帮助一般包括:引导学生确定活动的内容,指导学生寻找和选择活动资料,培养学生主持活动的能力,督促学生实际开展活动,检查学生活动开展的成效,指导学生进行活动结果的评价。只有加强对班级活动的指导,才能避免活动的形式化、随意性和短期行为,保证班级活动的实效性。

五、班级学习建设

学习是学生的主要任务,也是班级建设的主要活动。在班级建设中,班主任虽然更关心学生道德行为和个性品质的发展,但也关注学生的学习能力和学习自主性的养成。班主任必须重视班级学习活动的建设,努力提高班级学生的学习质量。

(一)学习活动是班级建设的重要内容

班级是一个学习组织,学习是学生班级生活的中心任务。学生的学习不仅有课堂学习还有课外学习;不仅在班级内、校内进行,还涉及班级外、校外的学习。虽然课堂学习是学生学习活动的主要方面,但课外学习对学生的发展同样重要。课堂学习主要由任课教师负责,但课外的学习活动就依赖于班主任的指导。

(二) 班级学习建设的任务

1. 促进学生非智力因素的发展

促进学生非智力因素的发展,要求班主任做好以下四项工作。

第一,培养学生的学习兴趣,激发学习动机。学习兴趣是学生对学习活动的积极认识,是学习积极性的心理基础。学习动机是直接推动学生学习的内部动力,产生于学习的需要。班主任在日常工作中要仔细观察学生的兴趣倾向,培育其学习兴趣,使具有不同学习需要的学生都能得到满足。

第二,帮助学生明确学习的意义,提高学习的积极性。目的性是人类活动的基本特点,也是学生学习活动的特点。明确的学习目标是推动学生学习的动力。

第三,培养学生学习的毅力。学习兴趣固然重要,但仅有兴趣是远远不够的,因为学习毕竟是一种持续的、艰苦的脑力劳动。学生要学有所得,必须刻苦钻研,有知难而上的勇气和持之以恒的毅力。

第四,引导学生获得学习的成功,树立学习的自信心。当一个人在学习和工作上取得成绩时,会自然而然产生一种喜悦的心情,增强自己的自信心,不断提高学习和工作的抱负水平。对学生来说,更是如此。为此,班主任要引导学生看到自己学习的进步,使班级的每一个学生都能体验到学习的成功。

2. 指导学生学会学习

学习指导能够调动学生学习的积极性,鼓励学生完成学习任务,帮助学生掌握正确的学习方法,养成良好的学习习惯。学习指导的关键是重视学生学习方法的指导,通过培养学生稳定的注意力、敏锐的观察力、高超的记忆力、丰富的想象力和敏捷的思维力,形成符合学生自身特点的学习方法,最终使学生形成自主学习的能力。

六、班级教育力量建设

班级作为一个教育性的社会组织,处于与学校、家庭、社会的关系和互动中。班级建设离不开学校的指导、家庭的合作和社会的支持。在班级建设中,要协调好各方面关系,统筹多方面教育力量,使班级成为各种教育力量整合的场所,共同致力于学生生命质量的提高。

(一) 统筹学校教育力量

在学校中,除了班级、班主任,还有其他各种组织、课余兴趣小组,以及学校领导、任课教师、学生等,这些都是重要的教育力量。只有协调发挥好这些教育力量,才能保持教育影响的一致性。其中,尤为重要的是班主任与学科教师的合作。对班主任而言,需要提升自己的沟通、协调、组织能力,形成与学科教师之间良好的合作;对学科教师而言,要承担好自己教学工作的责任,学会面对具体的班级、学生,综合实现育人目标,主动与班主任、相关学科教师合作,促成任教班级、学生的健康发展。

(二) 加强家校合作

家庭是人生的第一个课堂,父母是人生的第一任老师。即使进入学校后,家庭、父母仍是对学生产生重要影响的教育因素。学生的家庭背景与父母的职业、地位、受教育情况、教育观念、教养方式等,既影响着学生身心的健康发展,也影响着学校教育作用的发挥。因此,教师要了解学生的家庭背景和家长的有关情况,协调家庭教育的影响,使家庭成为有利于学校教育作用发挥的积极因素。家校合作既是学校教育工作的重要方面,也是班级建设的重要内容。

(三) 利用社会资源

每个学生都处于一定的社会环境中,都带有他所处社会环境的特征,并受到社会环境的制约。在班级建设过程中要让学生接触社会、了解社会,增强社会责任感。班级教育活动的组织和开展,也需要有关社会组织和团体提供条件和机会,便于学生将所学知识与社会生活实际相结合,从而为参与社会生活做准备。

> **案例7-4**
>
> **开发社会资源开展班级教育活动**
>
> 由于学生从未去过敬老院,对敬老院的了解完全是个空白。于是,我带领5个中队委前往敬老院进行实地考察,初步了解老人的生活状况。我发现5个中队委一进敬老院的门,就开始东张西望,兴奋而又茫然地看着周围的一切。分散片刻后,他们马上又回到我的身边,因为他们不知道该从哪里开始调查。我从他们急切的眼神中,看到了他们想了解老人的欲望。我带着他们来到一位老人身边开始"采访"。回校后,各中队委按照调查的结果作了第一次活动方案的设计。
>
> 虽然只是一个简单的活动方案设计,但在设计过程中,每位学生都是用心在设计。他们的设计渗透着一份份爱意,他们在没有和老人接触的情况下,已经把自己的情感倾注于老人了。果真,在第一次的活动中,学生与老人建立了深深的感情。我第一次看到学生搀扶着老人出去散步,第一次看到学生像个大人一般剥橘子给老人吃……老人们笑了,学生们也笑了。我想学生们的笑,是因为感受到了给予别人快乐所带给自己的快乐。
>
> 在第一次活动基础上,全体学生一起回顾了活动中的成功与不足之处,对第一次活动的方案进行了详细的修改,为第二次活动的顺利开展做了成功的铺垫,当然学生的策划能力也有了进步。同时,学生还提议,要将我们学校的奖章文化活动纳入其中。于是,他们就活动本身的内容设计了一系列的章名、图案和达标要求。
>
> 两次活动后,学生说这些老人是可怜的、孤独的,所以他们同情这些老人。
>
> 在第三次活动中,学生对老人的情感发生了很大转变,由对老人的同情转为敬佩。这是因为他们发现这所普通的敬老院中的许多老人身上有着不同寻常的经历,其中6位老人最为突出,他们分别获得过以下荣誉称号:抗联英雄、身残志不残老人、把自己财产捐给社

会的爱国人士、抗美援朝志愿军老战士、上海市第一届居委主任、上海市劳动模范……学生不由得对这些老人产生了敬佩之情,老人的经历深深感动着学生。

为了让大家了解这些老人的故事,并且从中受到教育,我们召开了主题为"走近老人,走进历史"的主题班队会。在班队会之前,学生以小队为单位商量着各种形式的交流活动。

通过活动,学生们锻炼了策划活动的能力。光凭热情不行,策划活动要应时、应地、应人,如中午老人要吃饭、午睡;下雨天老人不能散步;老人年纪大了耳朵不好使,安排听戏曲就不合理。策划活动时每位队员都要参与,出谋划策,积极做准备工作。

通过活动,学生目睹了老人的孤独,感受到自己为老人送温暖后的一丝丝快乐、自己在前期活动中储蓄的爱的能量释放后产生的快感,在老人的笑声、言行举止中感到一种满足。这些都是在学校课堂上所不能学到、感受到的。

通过活动,学生感受到父母、长辈、老师给予他们的爱,并在敬老院老人身上进行爱的回报。在与这些老爷爷、老奶奶接触中,学生们被他们当年的英雄事迹深深感染,对英雄的敬佩之情油然而生。这里有历史资源、文化资源,如果这些资源被开发,对提升学生的精神境界,帮助学生从小树立正确人生观、价值观、社会观、历史观,将是极其重要的。

资料来源:姜慧梅.走近老人,再现历史,凸显文化[M]//李家成,王晓丽,李晓文."新基础教育"学生发展与教育指导纲要.桂林:广西师范大学出版社,2009:111-113.

思考题

1. 结合自身教育经历,谈谈班主任的作用。

2. 访问一名优秀班主任,或者撰写一位在中小学生活中给自己留下深刻印象的班主任的事迹,分析其在班级建设方面的得失及其原因。

3. 材料分析:下面是几位任课教师对一个班级纪律问题的议论。

数学老师:"二班学生一点也不听话,我没有精力管那么多,不听课就算了,他讲他的,我讲我的。"

语文老师:"二班学生要管得严,我上课他们就不敢闹,挺安静的。"

音乐老师:"我可没精力去管他们,课实在上不下去,我就去找班主任来压阵。"

接着,几位老师七嘴八舌地议论:"他们就怕班主任。""是啊,见了班主任就像老鼠见了猫。""猫一走,耗子就翻身做主人。"

请运用所学知识分析上述现象并尝试提出解决对策。

参考文献

1. 丁钢.公共教育学[M].上海：华东师范大学出版社,2015.
2. 李伟胜.班级管理[M].上海：华东师范大学出版社,2010.
3. 吕炳君.教育学基础理论与实践[M].北京：北京师范大学出版社,2017.
4. 全国十二所重点师范大学联合编写.教育学基础(第2版)[M].北京：教育科学出版社,2008.
5. 叶澜.教育学原理[M].北京：人民教育出版社,2007.
6. 张作岭,宋立华.班级管理(第3版)[M].北京：清华大学出版社,2019.
7. 郑金洲.教育基础[M].上海：华东师范大学出版社,2012.

第八章

教师专业发展

学习目标

1. 掌握教师的内涵、价值及劳动特点。
2. 掌握教师职业道德的结构、特征及提升策略。
3. 掌握教师知识结构的构成及完善策略。
4. 掌握教师专业能力的结构与特征。
5. 理解教师专业发展的内涵、阶段与路径。
6. 了解当前取得教师资格的条件与教师聘任机制。

本章导览

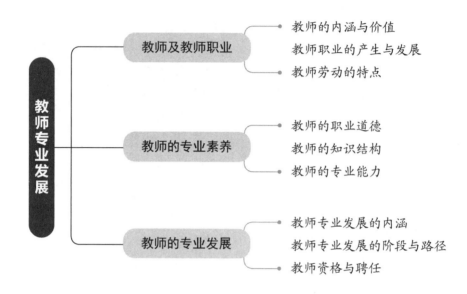

强国必先强教,强教必先强师。建设教育强国要坚持人才发展的战略地位,人才培养靠教育,关键在教师。为适应未来人才发展需求,必须重视教师发展,建设高质量的教师队伍。党的二十大报告要求加强师德师风建设,培养高素质教师队伍,强调要从战略高度认识教师工作的重要性,坚持把教师队伍建设作为基础工作来抓。教师专业发展是教师队伍建设的重要内容,促进教师专业发展是提升教师素养、加强教师队伍建设的有效途径。

第一节　教师及教师职业

教师既是一种社会职业,又是这一职业的承担者。作为一种社会职业,教师职业拥有悠久的历史,其劳动具有自身的特点。作为社会职业的承担者,教师是受一定社会的委托、把受教育者培养成一定社会需要的人才的专业人员,具有独特的价值。

一、教师的内涵与价值

(一) 教师的内涵

不同时代的教师概念有不同的内涵。我国古代思想家和教育家多是从教师的功能、作用以及应具备的品质等方面来认识与理解教师的。如"师者,教人以道者之称也"(《周礼·地官司徒序》),"师者,所以传道、受业、解惑也"(《师说》),"智如泉源,行可以为仪表者,人之师也"(《韩诗外传》)等。

随着社会的发展,教师的功能、品质和素质也发生相应的变化。近现代,人们赋予教师概念以新的内涵。英国哲学家弗兰西斯·培根认为:"教师是知识种子的传播者,文明之树的培育者,人类灵魂的设计者。"苏联教育家加里宁指出:"'教师'这一个词具有两种含义,按狭义解释,是某门学科的讲授者;按广义解释,是指有威望的、明智的、对人们有巨大影响的人。"[①]

当代社会,要全面揭示教师这一概念的内涵,必须把教师作为一个特定的职业群体,从其所扮演的社会角色、承担的社会职责以及与活动对象的关系等方面进行考察。一般认为,教师指的是"学校里承担向学生传授知识、技能,发展学生体力、智力,培养学生思想品德任务的人员"[②],或"学校中传递科学文化知识和技能,进行思想品德教育,把受教育者培养成一定社会需要的人才的专业人员"[③]。

---

① [苏联] 米·伊·加里宁.论共产主义教育和教学[M].陈昌浩,沈颖,译.北京:人民教育出版社,1957:159.
② 朱作仁.教育辞典[M].南昌:江西教育出版社,1987:630.
③ 教育大辞典编纂委员会.教育大辞典(第1卷):教育学 课程和各科教学 中小学校[M].上海:上海教育出版社,1990:230.

我们认为,教师是履行教育教学职责,把受教育者培养成一定社会所需要的人才的专业人员。这一界定包含两层内涵。第一,教师履行特定的社会功能。教师接受一定社会的委托,在学校及其他办学机构中从事教育教学工作,为社会培养所需人才。教师职业的存在价值之一,就在于履行特定的社会功能。《中华人民共和国教师法》规定:"教师是履行教育职责的专业人员,承担教书育人、培养社会主义事业建设者和接班人、提高民族素质的使命。"由此可见,教师的职能在于接受社会的委托,为我国社会主义事业的发展培养建设者和接班人。第二,教师是专业人员。教师是从事教育教学工作的专业人员,教师职业属于专门职业。作为一种专门的职业,教师职业区别于普通职业。比如,教师职业要求从业者掌握系统的学科专业知识和技能。教师在成为专业人员之前,需要接受专门的长期的专业训练。教师为受教育者、学校所提供的教育教学贡献是一种对象明确而特殊的服务,具有不可替代性。在18世纪,随着师范教育的兴起,教师开始由专门的师范学校来培养。1966年,日内瓦第十一届国际劳工局统计专家会议通过了《国际标准职业分类》的修订版,把职业划分为8大类,将教师列入"专家、技术人员和有关工作者"一类。教师是专业人员,应具备从事教育教学工作的专业素质。

(二) 教师的价值

1. 传播人类文明,传递社会价值,促进社会发展

人类社会在发展进程中积累了浩如烟海、辉煌灿烂的科学文化知识,这些宝贵的精神财富需要世代相传,发扬光大。教师是专门从事教育工作的人,传播人类知识和文明是其重要职责。教师采取有效的方法和手段把知识和经验传递、传播给年轻一代,可以促进知识和文明的延续与进步,进而推动社会发展的进程。同时,教师负有传递社会价值的职责,所谓"师者,所以传道、受业、解惑也"。在对教师职责的理解中,首先强调的是教师负有传道的社会职责。教师受国家和社会的委托,对受教育者进行有目的、有计划、有组织的系统教育,使其成为国家、社会需要的合格人才。教师在教育教学活动中,传递社会道德规范和社会价值,帮助学生形成科学的世界观、人生观、价值观,培养对社会有用的人才,促进社会发展。①

2. 开发潜能,塑造人格,引领学生成长

学生是教育对象,教师职业的价值可以通过学生直接体现。教师可以帮助学生开发潜能、塑造人格,促进其发展。学生身心发展的内容涵盖自身具备的所有发展的可能性,主要包括已表现出来的可继续发展的部分,以及尚未发现和挖掘的可发展的潜质部分。只有当个体的潜能得到最大开发,才能实现自身全面自由的发展。教师作为专业人员,能够开发学生的潜能,帮助学生实现全面发展。此外,教师在通过传授知识、发展智能、开发学生潜能的同时,还在学生的心灵中播下高尚人格的种子,把人类社会发展过程中形成的道德观念、行为准则传播给他们,培养其思想品德,塑造其人格,从而促进其健康成长。教师是带领学生

---

① 《教育学原理》编写组.教育学原理[M].北京:高等教育出版社,2019:296.

从个体走向社会,实现个体社会化的引路人。加里宁称教师是"人类灵魂的工程师",这既是对教师称谓的高度褒奖,也是对教师价值的高度概括。

二、教师职业的产生与发展

教师作为一种专门的职业,是在人类社会发展到一定的历史阶段出现的。教师专业化的思想,则是现代社会变迁与教育革新的产物。

1. 教师职业的非专门化阶段[①]

在人类社会早期,教师职业尚未从社会职业中分化出来,主要是以长者为师、以能者为师,以官为师、以僧侣为师。原始社会,生产和生活经验丰富的老人或能人把人们生存必需的生产知识、生活技能、风俗礼仪等传授给氏族成员,从而承担起教师的职责。我国古籍中记载的燧人氏教人钻木取火、伏羲氏教民以猎、有巢氏教民构木为巢、神农氏教民稼穑等,都是长者或能者为师的记载,表明教师教的活动与社会生产、生活活动相互交融。奴隶社会,随着学校的产生,开始出现了专门负责教育的人员——教师。但是,在学校产生后的相当长的时期,教师通常是由社会官吏或僧侣兼任,这就是中国奴隶社会长期存在的"政教合一""官师一体"现象。比如,西周时期的官学中设有专职教育官"师氏"负责教育贵族子弟。这一时期的教育教学活动虽然由教师专门负责,但教师仍是兼职身份。封建社会,私学兴起,出现了拥有独立教师身份的教师,即专职教师。在西方,古希腊时期的"智者学派"是最早的专职教师。中世纪时期则是以"僧侣为师",僧院学校、教会学校的神父、牧师、僧侣肩负起教师的职责。中西方古代社会,无论是兼职教师还是专职教师,均未接受教师的专门培训,不具备现代社会所要求的系统的从教知识和技能,尚属教师职业的非专门化阶段。

2. 教师职业的专门化阶段

人类进入近代社会后,特别是随着以工业革命为标志的社会经济的发展和教育普及的需要,专门培养师资的师范教育开始产生并迅速发展起来。法国是最早出现师范教育机构的国家。1684年,法国天主教神甫拉萨尔在兰斯首创教师训练学校,这是世界师范学校的开端。1795年,法国在巴黎设公立师范学校;1810年,设立高等师范学校;1832年,颁布统一的师范学校系统,统一隶属中央;1833年,法国《基佐教育法》明确规定各省均设一所师范学校。在德国,1695年,虔敬派信徒弗兰克在哈勒创办教员养成所,成为德国师范教育的先驱。到18世纪30年代,一批师范学校在各邦相继成立。20世纪20年代,德国开始将中等师范教育向高等师范教育过渡,师范大学逐步建立。至20世纪40年代,德国已确立了以师范大学为主、综合性大学教育系为辅的师范教育体制。美国刚开始推行导生制,直到1823年才由佛蒙特州康考德市教士霍尔创办私立的师资培训班。1839年,美国第一所州立师范学校在马萨诸塞州莱克星顿市建成,发全美州立师范教育体系之先

[①] 柳海民.教育学概论[M].北京:北京师范大学出版社,2015:315.

声。到1875年,全美已有95所公立师范学校。1893年,美国奥尔巴尼市率先把师范学校升格为州立师范学院,到20世纪初各州普遍建立了师范学院。[1]

我国师范教育兴于19世纪末。1897年,盛宣怀在上海创办南洋公学设有"师范院",为其他各院培养师资。1897—1904年,进步官员和教育家仿照日本师范学院,先后创办了湖北师范学堂、通州师范学校等第一批早期师范院校。1902年,京师大学堂内设师范馆,培养中学师资,从此建立了师范教育体系。这些专门的师范教育机构除了对教师进行文化知识传授外,还开设教育学、心理学方面的课程,对教师进行专门的教育训练。通过设立独立的师范教育机构对教师进行专业化培养,促成了教师职业从非专门化到专门化的转变。

3. 教师职业的专业化阶段

第二次世界大战之后,随着世界政治格局的变迁,教育成为关乎各国在综合国力大战中能否取胜的最重要的砝码。教师专业发展问题作为关系教育质量的关键问题开始受到许多国家的关注。1966年,联合国教科文组织和国际劳工组织在《关于教师的地位和工作建议》中提出:"应把教育工作视为专门的职业,这种职业要求教师经过严格的、持续的学习,获得并保持专门的知识和特别的技术。"[2]这是世界范围内首次提出教师的"专业地位"这一概念。20世纪80年代以后,教师职业朝着专业化方向发展,作为从教者的教师已是一种不可替代的社会角色。1980年的世界教育年鉴将"教师专业发展"作为主题,由此引发了一系列以提高教师素质为核心的教育研究和改革。1986年,美国卡耐基教育促进会、霍姆斯协会相继发表《国家为培养21世纪的教师做准备》与《明天的教师》两个重要报告,正式提出以教师的专业性作为教师教育改革和教师职业发展的目标。1993年,《中华人民共和国教师法》明确规定"教师是履行教育教学职责的专业人员",第一次从法律角度确认了教师的专业地位。2001年4月起,我国首次全面实施教师资格认定工作,教师资格证书制度进入实际操作阶段[3],使教师专业发展进入深化时期。

三、教师劳动的特点

在人类文明延续与发展的进程中,教师担任着承前启后、继往开来的重要使命。教师的根本任务是教书育人,并通过职业劳动来完成培养人、塑造人和成就人的重要使命。教师劳动具有不同于其他职业劳动的特殊性。

(一) 示范性

示范性是教师劳动最突出的特点,这是由教育活动的本质特点以及学生本身具有模仿天性所决定的。教师的人品道德、修养情操、学识水平、言谈举止、气质特点等都具有示范的特点。在教育活动中,教师劳动的示范性主要是教师通过示范的方式,用自己的学识、思想

---

[1] 周洪宇,但昭彬.从世界师范教育的发展历程与趋势看未来中国师范教育的发展走向[J].集美大学教育学报,2000(01):7-12,54.
[2] 车丽娜,徐继存.我国教师专业化:历程、问题与发展[J].教育理论与实践,2008(10):36-40.
[3] 何声钟.教师专业发展的概念、历程与目标取向[J].江西教育学院学报(社会科学版),2012,33(01):34-39.

和言行等去直接影响学生。子曰:"其身正,不令而行;其身不正,虽令不从。"在教育教学过程中,任何一个教师,不管自觉与否,都在充当着榜样的角色,总是在对学生做示范。教师劳动的示范性贯穿于整个教育活动的始终,表现在教育活动的各个方面,不仅体现在知识的传授过程中,还体现在学生思想品德的培养塑造中。因此说,教师的一言一行、一举一动都可能对学生产生难以估量的影响,教师的示范表率是引导和规范学生成长不可缺少的手段。[①]

教师劳动之所以对学生具有示范性,主要在于学生具有模仿天性。青少年学生在思想道德、心理品质、智力和知识方面都还处于不成熟时期,独立性不强,具有很强的依赖性。因此,青少年学生对教师总有特殊的信任和依恋的情感,把教师当作榜样去学习和模仿。教师在学生的心目中具有至高无上的权威和特殊的位置。所以,教师应时时、处处严格要求自己,成为学生学习和模仿的榜样。

教师劳动的示范性特点,不仅说明教师工作的艰巨和光荣,更要求教师具有高尚的思想品德与人格,具有丰富的学识,以身作则,成为学生的表率。在发挥示范作用的同时,教师必须注意培养学生的独立思考精神与主体意识,避免学生盲目顺从。[②]

(二) 复杂性

教师的劳动具有复杂性,主要体现在教师职业在劳动对象、劳动任务、劳动方式、劳动过程方面的复杂性。首先,作为教师劳动对象的青少年儿童,正处于人生观、价值观形成与发展的关键期,受复杂社会环境和家庭环境的影响,以及互联网、书报杂志等复杂文化环境的熏染,致使教师的劳动更为复杂。教师能否在错综复杂的变化中抓住主流和趋势,采取最有效的方法促进学生的发展;如何剖析学生不正确思想和行为产生的真正原因以区别对待、对症下药,成为教育成功与否的关键。这一切都决定了教师劳动的繁重性与复杂性。

其次,教师的根本任务就是培养德智体美劳全面发展的人。教师既要教书,又要育人;既要传授知识,又要培养学生的能力;既要使学生在科学技术飞速发展的情况下能承受社会生产力的发展要求,又要使他们能够适应现有的社会关系,适应社会生活。这就要求教师不仅要在学生的头脑中构建知识体系,还要深挖他们的发展潜力,增强其与时俱进的动力,进而实现全面、可持续发展。

再次,教师的劳动方式是复杂的。教师的劳动主要通过备课、授课、个别辅导、批改作业、实践指导、做思想工作、班级管理、科学研究等方式呈现。教师把自身的思想、学识、道德、情感、意志等品质通过教育教学方式作用到教育对象身上,并发生一系列的影响,从而使受教育者的身心发生有意识、有目的的变化。如此种类繁多的劳动方式,也增加了教师劳动的复杂性。

最后,教师的劳动过程是复杂的。教育的对象是具有主观能动性的学生,是教育与自我教育的主体。他们并不是消极被动地接受教师的教育,而是能动地参与教育过程,影响教师

[①] 石佩臣.教育学基础理论[M].北京:教育科学出版社,2018:370.
[②] 石佩臣.教育学基础理论[M].北京:教育科学出版社,2018:371.

的劳动。这就必然决定了教师对于学生的培养,不能像工人生产物质产品那样,有统一的操作规程、统一的型号,或用同一个标准与模子来生产和铸造。在教育工作中,从来都没有一套万能的、高效的教育模式可以适应所有的教育情境。因此,在教育教学过程中,教师既要遵循国家的教育方针和统一要求培养学生,又必须注意每个学生的个别差异及其个性特点,根据不同学生的需求,采取相应的教育方法。

(三) 创造性

教师劳动的创造性主要是指教师根据不同的教育情境及教育对象,灵活多变地运用教育教学规律,以培养与塑造不断发展变化的人。教师劳动的创造性与生产劳动的创造性不同,它不是表现在对未知领域的探索和发展上,而是表现在教师对教学内容的加工和处理,对教育教学原则、方法的运用和选择,以及对不同教育对象的因材施教等方面。教师劳动的创造性是由教育对象千差万别、教育条件千变万化所决定的。教师的劳动绝不是简单的周而复始的重复,也不是对他人经验的照搬,更不是只起贩运知识的"传声筒"作用,而是具有丰富而独特的创造性。每一个教育工作者必须认识到自己劳动的特性,大力发挥自己的创造性,培养出多元发展的学生。[1]

(四) 长期性和长效性

教师劳动的长期性和长效性是由人才成长的周期长的规律所决定的。《管子·权修》中提到:"一年之计,莫如树谷;十年之计,莫如树木;终身之计,莫如树人。"由此可见,人才的培养不是短时期能见效的,而是连续、长期、动态的过程。教师对学生的影响和培养需要经过相当长的时间才能在社会上产生效果,经受学生自身和社会的检验。学生全面的知识与实用技能的获得,良好思想品德与行为习惯的形成,都需要教师付出长期的努力才能产生效果,而且该效果一经产生之后就很难轻易发生转变。这也进一步说明了教师劳动具有长期性和长效性的特点。该特点要求教师在教育教学过程中要遵循社会发展的规律与趋势,站在现实与未来的高度,始终以长远的眼光看待问题,对学生的教育要有坚持不懈、锲而不舍的精神。

第二节 教师的专业素养

一、教师的职业道德

为师之道,重在学养,贵在师德。教育是社会的重要组成部分,而教师是教育事业的中坚力量。教育承载着重要的道德责任,人们往往将教师看作是社会优良品德的典范,理所当然地要求教师体现出得当、得体的行为规范。教师职业道德问题向来备受关注,在当代教育中愈发彰显其重要意义。

---

[1] 石佩臣.教育学基础理论[M].北京:教育科学出版社,2018:369-370.

(一) 教师职业道德的内涵

教师在教育过程中肩负着坚持为党育人、为国育才的重大使命,不仅要拥有扎实的专业知识,还应该具有高尚的职业道德素养。教师职业道德,简称师德,是教师在职业生活中,调节和处理与他人、社会、集体、职业工作关系时应遵守的行为规范或行为准则,以及在这些方面所表现出来的观念意识和行为品质。它是调整教师与学生、教师与教师、教师与集体、教师与社会之间相互关系的行为准则,是一定社会对教师职业行为的基本要求。

教师职业道德与一般行业职业道德相比,既有共性,也有差异。从本质上看,教师职业道德来自教师劳动本身,是教师这一职业所特有的专门性道德。教师职业道德既与社会相适应,也与其职业领域、专业活动相适应,并随着它们的发展而发展。新时代的师德师风建设,要求把师德师风涵养摆在更重要的位置,要进一步提高教师的责任感、使命感和紧迫感。

(二) 教师职业道德的结构

教师的职业道德主要包括教师的职业理想、职业责任、职业技能、职业良心等要素。这些要素在各个层面上都体现了教师职业道德的本质和规律,形成了一个全面完整的教师职业道德结构模型。

1. 教师职业理想

所谓职业理想,是指人们对于未来工作类别的选择,以及在工作上达到何种成就的向往和追求。职业理想是职业道德的重要组成部分,有了崇高的职业理想才能产生遵守职业道德的行为。对于教师而言,只有具备了崇高的职业理想与坚定的职业信念,才能不计较个人的利害得失,认真履行自身的教育职责,义无反顾地为教育事业奉献付出。教师的职业理想包括对教育事业的热爱、对学生全面发展的信念,以及对社会积极贡献的追求。在职业理想的推动下,教师能够自觉规范自身的道德行为,提高自身的道德品质,使之符合社会的要求,为学生做出良好的榜样。

实现教师职业理想,关键在于如何将抽象的信念和追求转化为实际行动。一方面,教师要明确个人价值观,展现出对职业道德和职业规范的尊重,要做到热爱教育、热爱学生,献身教育事业,勇于同一切危害教育事业的行为进行坚决的斗争,不断提高自身素质;另一方面,教师应制定明确具体、可衡量的教学目标,包括对学生的期望、对教育质量的追求等,确保与自身的职业理想相符合。

2. 教师职业责任

所谓教师职业责任,是指教师对学生、社会和教育事业负有的一种使命感和义务。如果说职业理想是教师追求的高标准,那么道德责任则是教师必须捍卫的道德底线,是对教师的最低要求。教师的职业责任是一种不可推卸的责任。一名具备职业道德的教师一定是具有超强专业责任感和责任心,并能自觉将这种专业责任付诸行动的人。新时代教师的根本职责,就是培养德智体美劳全面发展的社会主义事业的建设者和接班人。

能否履行自己的职业责任,是衡量一个教师是否合格、是否称职、是否具有教师职业道德的重要标准。教师职业责任主要涉及自身、社会、学校和学生四个方面:对教师自身来说,教师应具备恪尽职守、严于律己的道德责任；对社会来说，教师应对社会和家长负责；对学校来说，教师应具备团结执教的道德责任；对学生来说，教师应具有生命意识、人权意识，关心爱护学生。自觉履行教师职业责任，就是要求教师把职业责任变成自觉的道德义务，自觉地做到对学生负责、对家长负责、对教师集体以及对社会负责，为培养德智体美劳全面发展的社会主义事业的建设者和接班人而无私奉献。

3. 教师职业技能

教师职业技能是教师应当具备的技术和能力，集中表现为教师教书育人的本领。教师教书育人活动的效果是教师职业技能的反映。教师职业技能的水平直接影响人才培养的质量，因此具备职业技能是教师职业道德对教师提出的基本要求。努力提高职业技能对教师来说至关重要，一个缺乏职业技能的教师，其职业理想无从实现，职业责任无法践行。

教师职业技能建立在特定的知识基础之上，提升教师职业技能应做到以下三个方面。第一，教师应当不断学习，与时俱进。据联合国教科文组织统计，人类现有知识的近九成都是近30年间累积的，这一数量远超过去数千年的积累。[①] 在科技日新月异、新知识层出不穷的今天，知识的更新速度呈现出前所未有的态势。所以，广大教师必须持续更新学科知识，关注教育前沿，提高自身的学科素养。第二，教师应当了解教育规律、具备管理知识的能力。自然界的各物种间维持最佳组合的状态才能形成共生互补、不断发展的生态关系，教育领域亦是如此。从事教育工作的人必须先懂得教育规律，因此教师有必要学习教育学、心理学等不同学科的相关知识，建立它们之间的密切关系，从而了解教育的基本规律。第三，教师应当积极探索，勇于实践。实践是教师专业技能提升的最主要途径，只有做到理论联系实际，才能进一步提升教师的职业技能。

4. 教师职业良心

缺乏教育良心的教师，其职业道德根本无从谈起。教师职业良心是教师在教育实践过程中对自身所具备的道德素养、道德使命和所应做出的道德行为的高度自觉。职业道德要求教师将这种自觉付诸行动，同时在履行义务、使命的过程中能对自己的道德行为进行调控与评价。教师的职业良心是教师对教育教学情境中道德义务、道德责任、道德使命的认知和情感上的自觉。教师的职业良心发挥着对自身进行反省和审视的心理调节作用，能够及时抑制不正当的道德动机，从而使教师做出正确的道德行为。教师要培养对教育教学工作高度负责的精神，除课堂教学外，还要认真做好课前备课与课后耐心答疑解惑等工作。

教师职业道德中的职业理想、职业责任、职业技能和职业良心四个部分之间相辅相成，缺一不可。只有同时具备了这些方面的教师，才能被视为是具有良好教师职业道德的教师。

(三) 教师职业道德的特征

就劳动的目的、任务、对象、方式和成果等方面而言，教师与其他职业工作者存在着诸多的差异。教师在职业道德方面的特征主要有如下几方面。

---

① 陈丽,郑勤华,徐亚倩.知识的"技术"发展史与知识的"回归"[J].现代远程教育研究,2022,34(05)：3-9.

1. 自觉性

教师职业道德的自觉性是指教师对自己从事的教育工作表现出较高的热情和兴趣、较强的责任心和职责意识，在职业实践中自觉遵循道德规范，具备良好的职业操守和道德观念的特征。教师职业道德的自觉性特征可从以下三个方面进行理解。一是教育信仰和情感自觉。一名合格的教师要对教育事业怀抱深沉的信仰和热情，自觉地按社会道德要求去行动，深刻理解教育的使命和意义，将教育事业看作一项崇高的事业，自觉地对社会、他人承担责任。二是专业操守和学科追求自觉。教师既要在教学中坚守职业操守，遵循教育法规和学校规章制度，保持良好的师德操守，又要不断深化自己的学科素养，提升教育技能，认真做好教书育人的工作，引导学生思想道德水平与专业知识技能水平齐头并进。三是反思与提升自觉。教师应当通过不断审视自己的行为，及时发现问题，积极主动地改进教育教学方式，以确保教学达到最优效果。教师职业道德的自觉性特征集中体现了教师对职业道德规范的认同和奉行，以及对于自己在教育实践中所承担的角色和责任的深刻理解。这种自觉性有助于确保教育事业的健康发展，提升教育质量，维护教育公平。

2. 发展性

教师职业道德规范是处于不断发展变化之中的动态体系，发展性是教师职业道德的重要特征。首先，教师职业道德的内涵处于不断丰富过程中。社会制度及其对教师职业的要求是教师职业道德的内涵建设的重要依据，因而社会制度的不断发展决定了职业道德内涵必须与时俱进，不断完善和丰富。其次，教师职业道德规范和行为准则体系建设是一个动态发展的过程。职业道德规范和行为准则必须在"初定—实践检验—完善……"的模式中发展。对应于职业道德内涵的发展，教师职业道德规范和行为准则必须进行修订和完善。再次，教师职业道德评价激励体系处于不断完善之中。随着评价理念和评价技术的发展，教师职业评价机制也处于不断发展完善之中。教师评价制度和体系的不断系统化发展，必然会引发教师职业道德评价体系的变革以及职业道德激励制度的发展。最后，对教师个体而言，教师职业道德自觉和自律也是一个不断发展提升的过程。教师个体职业道德的自觉和自律不是立竿见影、一蹴而就的，而是一个经常性与持续性地学习、内化、实践，由量变到质变的发展过程。

3. 养成性

教师职业道德是一个不断涵养并不断生成的过程。首先，从职业道德形成的外部环境来看，职业道德氛围塑造以及职业道德制度建设是一个逐渐完善的过程。小到一个团队、一所学校，大到整个教师群体，职业道德涵养氛围的营造，都需要假以时日。其次，专业工作认知的深化和专业身份意识的养成是一个逐步发展的过程。立足职业工作和职业身份的职业道德认知深化和道德自觉程度提升，是一个长期涵养的结果。最后，从他律向自律的转变，同样是一个长期发展的过程。在教师职业道德形成发展过程中，虽然他律和自律长时间并存，但在时间顺序上，他律在前、自律在后。教师对于职业道德规范、行为准则的自觉认识需要一个过程，自觉实践同样需要一定时间，这是一个逐渐习惯、长期发展的过程。

4. 实践性

将道德规范体现于职业工作、职业身份活动、职业发展中,是职业道德建设的基本要求。在实践中感知、体悟、发展,是职业道德的重要特征。教师职业道德的实践性主要可从以下三个方面理解。第一,在道德规范和行为准则的约束中进行道德实践,体会道德的内涵及要求。道德规范和行为准则从认识到实践,可分为知晓、理解、遵循、自由四个阶段。所谓遵循是建立在对规范和准则理解的基础上,将相关要求及精神贯彻到教师的教学、管理、科研以及专业发展等具体活动中,以确保道德实践合乎要求。第二,只有在道德评价中才会产生道德荣辱感。职业道德实践评价与激励是产生道德荣辱感的重要途径,道德荣辱感是提升教师道德认知水平、实现道德自觉和道德自律的基本动力。第三,道德自觉和自律的程度在实践中得以提升。道德自觉和自律能力是教师职业道德发展的决定性因素。道德自觉属于意识层面,是通过对道德规范和行为准则的深刻认识和理解,在实践中逐渐形成和发展起来的,是道德自律的前提和指导思想。道德自律则属于实践层面,它是基于道德自觉而产生的实践行为,其最高境界为慎独。

(四) 教师职业道德的提升策略

教师是社会道德文明的建设者、维系者和继承者,社会对教师有着很高的道德期待和要求,培育好、践行好师德有助于促进教师自身专业发展。教师职业道德可以更好地帮助教师平衡实践过程中的各种关系,处理教育实践中的各种问题。

1. 提高职业道德认识,树立职业道德观念

知是行之成。理论是行动的指南,没有理论指导的行动是盲目的行动,强化理论认识是有效提升教师职业道德能力的思想前提。教师不是机械地接受职业道德认识的被动客体,而是作为道德活动创造者和体现者的积极主体。只有在被充分肯定了主体性地位的时候,教师的职业道德才能够得到强化。教师职业道德能力的培养与提高,离不开科学的理性认识,有效而系统的道德认识是提高道德能力的基本前提。无论是在职前还是在职教育过程中,教师都要不断深刻理解教师活动的职业特性,全面把握道德的理性认识,树立正确的职业道德观念。

2. 增强职业道德情感,端正职业道德态度

教师的道德行为不仅受到道德认识的支配,也会受职业情感的驱使与职业态度的制约。充分发挥教师在职业道德建构中的主体性作用,端正教师的职业道德态度,是提升教师职业道德的重要途径。教育是在情感的参与下进行的,教师只有真心热爱教育工作,才能全身心地投入教育工作。教师需要定期审视自己的教育理念和教学方法,自觉地将自己的职业行为约束在教师职业道德规范规定的行为范畴之中,时时检查反省自己的言行。同时,教师要关心爱护自己的学生,使师生之间的交往更为充分,为学生的情感发展和智慧发展提供更多的机会,进而实现教学相长。教师也应避免个人偏见,确保评价是基于学生的实际表现和成绩,而非教师的主观情感。唯有如此,教师才能促使其职业道德从无到有,从有到优,从现有

层次向更高层次攀登,使教育效果最大化。

3. 深化职业道德教育实践,规范职业道德行为

一个人的道德品质是否高尚,不在于其言论是否动听,而在于其行为是否高尚、言行是否一致。教师职业道德是从教师的职业劳动和教育的实践活动中引申出来的,是从教师长期的教书育人中不断总结提炼出来的,是一代代的教师调整与同事、学生、家长等关系中最一般关系的经验和结晶。教师职业道德的提升要坚持从教育实践中来、最终回归到教育实践中去的原则。

教师提升自身职业道德素养应从以下两方面着手,在教育实践活动中不断进行自我教育和自我改造。一方面,教师要在教育实践中锻炼职业道德能力。教育实践是提升师德观念的认识来源。道德品质是内化了外在道德规范后所形成的心理和价值意识特质,表现为外在的行为活动和行为习惯,是知与行的统一。教师只有深入教育实践活动,才能正确理解和认识教育活动中的各种利益和道德关系,才能切实提高自身的职业道德水平。另一方面,教师要进行自我反思。教师的职业道德品质养成不是一蹴而就的,需要在教育实践中不断认识,不断完善。这意味着教师在强化自身职业道德的实践过程中,应当不断开展个人成长和职业发展的自我评价,反思自己在教育实践中的角色和表现。同时,教师也要虚心地倾听来自同事、学生和家长的反馈,保持对个人职业发展的关注,以便更加全面地了解自己,提升自己的教育成效和职业道德水平。

总之,教师道德养成的目的在于形成良好的师德素质,提高教育实践能力。教师不仅要通过理论学习来分清是非善恶,提升职业道德认识,培养正确的职业情感、职业态度,还要做到身体力行,把职业道德内化和应用于行动并指导实践,培养自己良好的品行。

二、教师的知识结构

教师知识是教师从事教育、教学工作的前提条件。合理与完善的知识结构有助于教师能力和创造力的发挥及发展,是教师专业素养的重要基础。

(一) 教师知识结构的含义

教师知识是教师从事教育实践活动所应具备的专业知识的总称,是由多种知识要素整合而成的专业知识体系。它是教师在教育实践活动中,经由自身学习、建构、反思与外化,最终储存在认知结构中而形成的多维度、多层次的动态知识体系,包含不同知识要素间的比例构成、组织方式,以及知识的整体存在样态。教师知识结构不是各种教师知识要素的简单叠加,而是对教师知识各要素的积极重组和改造。单个教师知识要素必须在知识结构中才能获得存在的价值,才能作用于教师的教育教学实践。

(二) 教师知识结构的构成

关于教师的知识结构,研究者提出了不同的理论框架,较有代表性的理论如表 8-1 所示。

表 8-1 教师知识结构构成的代表性研究

研究者	教师知识结构范畴
伯利纳	1.学科内容知识;2.学科教学法知识;3.一般教学法知识
斯滕伯格	1.内容知识;2.教学法的知识(具体的、非具体的);3.实践的知识(外显的、缄默的)
舒尔曼	1.教材内容知识;2.学科教学法知识;3.课程知识;4.一般教学法知识;5.有关学习者的知识;6.情境的知识;7.其他课程的知识
格罗斯曼	1.学科内容知识;2.学习者和学习的知识;3.一般教学法知识;4.课程知识;5.情境的知识;6.自我的知识
申继亮	1.本体性知识;2.条件性知识;3.实践性知识;4.一般文化知识
曲铁华、周晓红	1.系统的学科专业知识;2.坚实的教育专业知识;3.广博的科学文化知识
吕炳君	1.广博的文化修养;2.扎实的专业知识;3.丰富的教育理论知识

由表 8-1 可以看出,尽管不同研究者对教师知识结构组成的认识各有不同,但仍可以将教师知识结构归纳为通识性知识、本体性知识、条件性知识与实践性知识。[①] 这四种知识密切联系,相辅相成,缺一不可,共同构成教师的知识结构。

1. 通识性知识

通识性知识是指教师所拥有的有利于开展有效教育教学工作的普通文化知识,包括深厚的文化基础与广博的文化视野。现代信息社会使知识呈现加速增长的态势,知识更新的速度日益增快。当代各学科之间出现交叉渗透趋势,也需要基础文化知识的融合。因此,教师掌握广泛的基础文化知识将越来越重要。教师面对的是精力充沛、求知欲望强的青少年,教师拥有丰厚的文化知识,不仅能够扩展学生的精神世界,还能激发他们的求知欲,将学生引向未来的人生之路。可以说,学生的全面发展在一定程度上取决于教师文化知识的广博性和深刻性。

2. 本体性知识

本体性知识是指教师所具有的特定学科知识,它是教学活动的基础,解决"教什么"的问题。在教学活动中,一切努力都是围绕着本体性知识进行有效传授的,教学的最终成效也是用学生掌握的本体性知识的质量来衡量的。不可否认,在一定限度内,教学的有效性与教师所掌握的本体性知识呈正相关。因此,教师必须对学科知识有系统而深入的了解,以促进教学活动有效开展。

3. 条件性知识

条件性知识是指教师所具有的教育学与心理学知识,它涉及"如何教"的知识。也就是说,教师如何将本体性知识以一种学生易于理解的方式表达、传授给学生的知识。条件性知

[①] 柳海民.教育学概论[M].北京:北京师范大学出版社,2015:328.

识是一个教师成功教学的重要保障,主要包括三个方面:学生身心发展的知识;教与学的知识;学生成绩评价的知识。教师必须具备一定的理论修养,掌握教育教学的基本理论和学生身心发展的基本规律,并且能够在工作中创造性地研究它们、运用它们、发展它们,使自己的工作建立在科学、稳定、扎实的基础之上。

4. 实践性知识

实践性知识是教师在实现有目的的行为中所具有的课堂情景知识以及与之相关的知识。这种知识是教师教学经验的积累,它的形成是一种动态生成、不断丰富的过程。教师的教学不同于研究人员的科研活动,具有明显的情景性。专家型教师面对内在不确定性的教学条件能够做出复杂的解释与决定,能在具体思考后再采取适合特定情景的行为。只有针对学生的特点和当时的情景有分寸地进行工作,教师才能展现出其教学机智。在这种情景中教师所采用的知识来自个人的教学实践,具有明显的经验性。"教师从新手成为一个成熟的专业人员,这一过程是在学校发生的,教师的实践性知识在其中起了决定性作用。"[①]

(三) 教师知识结构的特征

当代教育的发展对教师拥有知识的数量与质量都提出了新的更高的要求,教师工作不能仅满足于单调重复的知识传授活动。为适应未来社会对创造性人才的需求,教师必须优化自身知识结构,使之呈现多元性、关联性、动态性与建构性的特征。

1. 多元性

知识结构的多元性是指教师知识结构的多样性与综合性。一方面,课程设置的综合化与教育内容的扩大化已经成为教育发展的一个显著特征。2023年5月,教育部办公厅印发的《基础教育课程教学改革深化行动方案》要求,强化跨学科综合教学,遴选推广一批跨学科综合性实践教学优秀案例。这便对教师知识结构提出了多元性的要求。教师必须对所教知识要有一个综合认识,从学科交叉、学科渗透入手整合形成一个新的知识体系。此外,从现代教育的发展来看,教师应成为教育教学的专家。这就要求作为教育教学专家的教师,也必须具有多元化的知识结构。

2. 关联性

知识结构的关联性是指多学科知识之间的相互联系、相互影响、相互渗透、彼此贯通。教师知识结构的品质不在于量的多少,更重要的是质的组织状态。多元化的知识结构不是一个大拼盘,不是各学科知识的平面组合。相反,知识组合要素在达成目标的基础上具有内在的联系,学科之间也非彼此孤立,而是联系密切。教师要注重文理知识的渗透、理论知识与一般方法论知识的融合、教育理论知识与专业知识协调发展。

3. 动态性

教师知识结构处于一种开放状态,是不断动态发展的。我们正处在知识经济时代和信息化时代,新的思想观念和新的信息技术使我们的时代突飞猛进,使知识不断膨胀增长;知

---

① 陈向明.实践性知识:教师专业发展的知识基础[J].北京大学教育评论,2003(01):104-112.

识更新的速度越来越快,数量越来越多;知识传播途径越来越多,传播速度越来越快。在这种情况下,要教给学生"一杯水",教师拥有"一桶水"已是远远不够的,必须变"一桶水"为"长流水"。教师必须把握时代的脉搏,树立终身学习的意识,对一切有用的新知识保持开放心态,通过对新知识的不断接纳吸收,调整发展自身知识结构,从而使教学充满生机与活力。

4. 建构性

就教师知识的来源和获得方式而言,教师知识具有一定的自主建构性。教师的知识来源和知识获取有多种途径和方式,其中理论性的学习、经验性的积累和实践性的反思是教师知识来源的基本途径,接受性学习和发现性学习则是知识获得的基本方式。教师知识的获得不是一个简单的认知和记忆的过程,而是一个积极内化与主动生成的过程。教师只有对外在世界进行主动加工,在此过程中形成自己对世界的看法与观点,才能获得真正属于自己的知识。

(四) 教师知识结构的完善策略

教学是一门艺术,教学过程是一个创造的过程。在这个过程中,教师不仅是知识的传授者,更是学生学习的引导者与促进者,以及课程的开发者与实施者。教师在让学生学习到、感受到、体验到、欣赏到知识的同时,还要在教学过程中不断调整自身知识结构以提高自己的专业素养。

1. 教师课程意识的觉醒

教师课程意识的觉醒是促进教师知识结构完善的重要途径。课程意识就是人们在考虑教育教学问题时对于课程意义的敏感性和自觉性程度。长期以来,教师往往只考虑教学问题,而不考虑课程问题,致使他们只具有教学意识,却没有课程意识。

基础教育课程改革对教师素养提出了越来越高的要求,优化课程内容与教学过程,具备课程生成能力,成为人们对新型教师的基本要求。事实上,教学与课程是紧密而不可分的。许多在教学实践中表现出来的问题,实际上不是教学本身的问题,而是在课程意识方面存在问题。如果教师只具有教学意识而没有课程意识或课程意识薄弱,就会把教学过程视为一个执行的过程,而非充满创造和对话的有意义的过程。只有当教师的课程意识觉醒了,教学才会成为一种对话活动。当教师拥有了课程意识,教学过程才会变得富有意义,教师的知识结构才能得到有效完善。

2. 教师的自我反思

教师对自身教学经验的总结和自我反思有利于教师知识结构的优化。对自身教学经验的反思不仅能加强或巩固教师原有的已证明的或可行的知识,改正或修正他们原有的已被证明是错误的或不可行的知识,而且还可以为教师提供重要的机会获取或创造很多新的知识,进一步完善自身知识结构。教师要结合自身实际经验与学科知识,通过对课堂教学的反思以促使教学内容不断丰富发展。除了从外界获取经验,教师还要把得来的经验利用自我意识进行总结、反思,进而内化为自身独有的知识。在教学反思过程中,教师要发挥主动性,结合外来经验对原先的知识结构进行全面、周密的思考,找出问题所在,以建构更加科学、完善的知识体系。

3. 教师同行间的交流研讨

教师经验中蕴含着大量的隐性知识。内隐知识是教师在实践中结合自身经历背景而获得的不易察觉的知识,包含教师的情感、价值以及思想观念等。教师的内隐知识只有在遇到与其不同的知识内容和思维方式时,才会被主体所意识到。同行间的交流是让教师意识到自己的内隐知识并使之外显化的一个重要渠道。教师只有通过表达和分享知识,才能获得知识结构的完善。学校应推动优质课程资源共享,鼓励教师分享学科经验,促进教师同行间的交流。通过学科经验分享,教师之间可以发现相异或相同之处,意识到自身的不足,进而产生与同行们进一步交流、讨论的需要,这就使得内隐知识在交流的过程中不断外显。可见,不同个体之间的交流能使教师获得额外的信息,在教学反思的基础上内化并建构外来经验,以形成更为合理的知识结构。

三、教师的专业能力

教师专业能力是教师综合素质的最突出的外在表现,是教师专业结构中的重要组成部分,也是评价教师专业性的核心因素,直接影响教育教学的实践效果。教师专业能力支撑着教师的专业成长,决定着教育教学效果的好坏。

(一) 教师专业能力的概念

对教师专业能力的理解有广义和狭义之分。广义的教师专业能力是指教师完成教育教学活动所必备的个性心理特征和综合素质条件,体现为应具备从事教育教学活动所需要的专业知识与专门技能,以及所形成的合理的知识结构、态度品质等。狭义的教师专业能力是指教师运用已有的专业技术知识解决教学中实际问题的特殊能力,即教师专业教学实践能力。

(二) 教师专业能力的结构

许多学者从不同角度探讨了教师专业能力的结构要素,较有代表性的观点如表8-2所示。

表8-2 教师专业能力构成的代表性研究[①]

	教学认知能力	教学操作能力	教学监控能力	其 他 能 力
申继亮, 王凯荣	教学设计能力:分析与掌握课程标准能力,处理分析教材能力,了解学生个性特点和学情能力	言语与非言语表达能力,教学媒体选择与运用能力,教材呈现能力,教学测量与评价能力,课堂教学管理与组织能力	教学监控能力	

---

① 刘健智,曾红凤.国内外教师专业素质结构研究综述[J].贵州师范大学学报(社会科学版),2018(04):76-84.

续　表

	教学认知能力	教学操作能力	教学监控能力	其他能力
韩庆奎	加工和驾驭教学内容的能力	多渠道教学表达能力,组织管理能力,教学实验能力	想象能力,教学直觉,自我调控能力	研究能力
于漪	处理教学内容的能力,教学方法和手段运用能力	语言表达能力,教学组织与管理能力	教育机智	与学生交往能力,教育科研能力
高翔	运用教学策略能力,开发课程能力,运用教学手段和方法能力	教学实施能力,课程与教学评价能力	学科思维能力	同伴互助能力,教学反思能力
范诗武	教材处理能力,了解学生能力		教学监控能力	师生关系协调能力,创新能力
吴志华,柳海民	教学目标把握和教学设计能力,教学资源利用与开发能力	教育技术运用能力,测量与评价教学能力	监控教学能力	研究教育教学能力,教学反思和自我发展能力

尽管不同研究者对教师专业能力的结构进行了不同维度的划分,但仍然可以发现其存在的共性,即人们普遍认为教师专业能力主要包含教学认知能力、教学操作能力和自身发展能力。

1. 教学认知能力

教师教学认知能力包括认知教材与认知学生等能力,是教师设计教学所必需的能力。教材是教学活动开展的基本依据与依托,认知教材就是分析和处理教学内容,使学生更容易接受知识、掌握知识。认知学生就是了解和研究学生。了解学生学情和个性特点是教师工作的基础,是教师应具备的基本能力。教师只有充分地研究分析学生的兴趣类型、活动方式和手段,才能个性化地、灵活深入地关注和处理学生情感发展的差异性、丰富性,有效促进学生发展。教师教学认知能力要求教师要对课程标准与教材、学生学习基础进行分析,它既是教师专业能力的基础,也是挑选恰当的教学方法与策略、教学媒体与手段的前提,影响教师教学的准备水平。

2. 教学操作能力

教师教学操作能力是指教师在一定深度和广度的专业知识和教育理论的基础上,经过教育实践积累一定的教育经验,根据教材内容和学生心理特点,采用多种方法、措施,把教学内容传递给学生,并对学生进行评价、衡量的能力。教学操作能力主要包括教学设计能力、组织管理课堂的能力和教学评价能力。

教学设计能力是指教师根据教学对象的特点和要求,分析教学目标与任务,确定合适的教学起点与终点,系统、优化地安排教学诸要素,形成教学方案的能力。相对于传统的教师备课能力,教学设计能力强调有效的教学系统创设,以教学过程为研究对象,设计教学问题的方法和步骤,并对教学效果做出价值判断的过程和操作程序,从而实现目标更明确(知道要做什么)、程序更清晰(知道应怎样去做)、针对性更强(知道为什么要这样做)和灵活性更大(知道在什么样的具体情况下该做什么和怎样去做)的有效教学。

组织管理课堂能力包括引导学习目标、重组学习单元、营造课堂气氛、管理课堂秩序、激励学习兴趣、强化学习动力等具体能力。教师要制定科学合理的课堂教学计划,正确选择运用教学方法,调节课堂气氛、调动学生积极性,有意识地创设学习的认知情境和氛围,恰当地组织和引导学习活动,使学生在情境中感受学习的乐趣,开发其创新的潜能。

教学评价能力是教师按照目标多元、方式多样、注重学习过程的原则,将量化评价和质性评价相结合,构建一个多元、连续、注重表现的评价体系,对学生进行全面评价的能力。2023年教育部颁布的《基础教育课程教学改革深化行动方案》,强调注重核心素养的教学评价,不断丰富创新评价手段,注重过程性评价,实现以评促教、以评促学,促进学生全面发展。对学生的科学评价能帮助教师发现教学中存在的问题,寻找解决问题的方法,促使教师在教学策略和教学评价方式上不断创新。良好的教学评价能力能够为教师专业发展提供支持,有利于教师自身发展能力的提升。

3. 自身发展能力

教师自身发展能力是指教师持续学习和不断完善自身素质的能力。只有实现了教师自身的专业成长和发展,教师才可能更好地促进学生的发展。教师自身发展能力主要包含教育研究能力和创新能力。

教育研究能力是指教师以反思教学为基础,对教育问题进行多方面的探索和创新的能力,是教师运用多方面的知识和经验,综合地、创造性地形成解决问题方案的能力。教师的教育研究能力使教师的工作更富有创造性,是教师在专业工作中自主能力的最高表现形式,是成为专家型教师的重要标志。只有具备科研能力的教师,才能在实践中具有对教育教学理论进行质疑和检查的意向,也才能不断地对教学实践进行反思、质疑和探讨,并将其作为专业进一步发展的基础。因此,教育研究能力是教师专业发展的内在驱动力。与专家、学者的研究相比较而言,教师的研究主要是指教师通过对自身教育教学行为的自我观察、内省、反思与探究,以改进和完善自己的教育教学实践为目的的研究。它是置身于教育教学之中、改进教育教学的研究。

创新能力是指教师在教学、科研、实践中创造出符合客观规律的新理念、新方法、新模式并对学生产生积极影响的能力。教育对象的多变性与差异性决定了教师工作本身就应是一种创造性劳动。我国现阶段教育的根本任务是培养具有创新精神和实践能力的一代新人,而学生的创造品格、创新才能需要教师的创新教育来培养。因此,创新能力就成为教师各项能力中最关键的能力。教师在教育教学中的创新主要表现在:对传统教学模式的突破,对现代育人途径的探索,对学生创新意识的培养以及对独特教学风格的追求等。

(三) 教师专业能力的特征

教师专业能力是可以习得的，但其提升却是缓慢而复杂的。这与教师专业能力的特点有直接关系。教师专业能力具有以下四个特征。

1. 个体性

教师专业能力是教师作为个体在日常教学中通过体验、感悟、思考和实践等方式逐步形成的。它受教师个体的思维特性、个性、知识储备、自我形象、职业动机以及所处的教育环境等方面的影响，蕴含了教师将一般理论个性化和个人情感、知识、观念、价值、应用情景相融合的过程。因此，教师专业能力与其他专业能力相比，具有很强的个性化色彩。每个教师的专业能力均显现出其特有的个性特征、文化背景、学习经历和工作经历。这一特性要求教师专业能力的培养应帮助与鼓励教师发现自我、展示自我，重视教师个性的发展和知识的积淀。

2. 阶段性

教师专业能力发展存在着一定的阶段性或者层次性，这一论断是基于教师专业发展阶段论而提出的。该理论认为，从发展的总体趋势来看，教师是不断追求自我实现和专业成长的人，每位教师都在不断地成长与发展。但是，整个发展过程并非完全是直线式上升的，中间也存在徘徊期，即所谓的职业挫折阶段、职业厌倦期等。在不同的发展阶段，教师专业发展水平及要求也不同，但在总体发展方向上是向上、向前的。所以，教师专业能力发展也呈现出相应的由低到高的阶段性或层次性特征。

3. 差异性

教师专业能力的差异性特征主要体现在不同层次、不同学科的教师专业能力的表现也应有所不同，即教师所教年级或学科要求应有所不同。如，美国从小学到高中根据教师所授学科的不同制定了20多个学科教师专业能力标准。英国中小学教师专业能力标准从低到高分为五个层级：合格教师资格标准、普通教师专业标准、熟练教师专业标准、优秀教师专业标准和高级技能教师专业标准。以上这五个标准相互连贯且下级标准是上级标准的基础，上级标准必须在满足该标准条件的同时，具备下级标准的资格。

4. 生成性

因为教师的教育教学活动是在极为复杂的情境中进行的，因此教师的专业能力具有高度的情境生成性。从个体看，教师专业能力随着教育对象与教育情境的变化显现出动态的、发展的、可变的特点，教师的成长是可持续的，其专业能力的发展也伴随着教师个体的成长而不断提升和发展；从整体看，教师专业能力与教育事业的发展是相互联系、相辅相成的，教育在不断地发展，教师专业能力也在不断发展、完善之中。因此，教师专业能力的发展虽然没有终点，但有一定的阶段生成性。教师要适应教育改革的需要，及时调整自己的专业能力结构。

(四) 教师专业能力的发展路径

教师专业能力发展是一个系统工程，教育行政部门、教师教育机构、学校和教师本人等都是教师专业能力发展的参与者,教师专业能力发展有赖于各方的协同努力。

1. 教师培养培训

教师的专业发展是一个长期的学习的结果,教师的专业能力培养必须经过系统而长期的专业训练。2022年教育部等部门颁布的《新时代基础教育强师计划》中指出,应推进职前培养和职后培训一体化,创新教师专业发展机制模式,提升教师培养培训质量。"一体化"的实质是教师成长的连续性、阶段性和发展性的统一,即要求对教师专业发展进行全程规划、总体设计并应体现在教师教育的职前培训与职后培训中。

在职前教师教育过程中,师范院校应该优化课程体系,以理论课程为基础,同时构建以微格教学、教育调查、现场教学、行动研究为特色的实践教学体系,强化理论素养与实践经验的和谐共生,提升教师的实践智慧和专业能力。在职后教师专业能力培养过程中,各学校、各教师教育机构可以通过教研工作坊、名师工作室,组织教师开发校本课程、参与课题研究,促进教师专业能力提升。

2. 同伴互助

同伴互助是指"在两个或两个以上教师之间发生的、以专业发展为指向、通过多种手段开展的,旨在实现教师持续主动地自我提升、相互合作并共同进步的教学研究活动"[①]。同伴互助强调教师团队的力量,个体借助团队的力量,促进自我专业能力的发展,实现平等对话、互动交流、分享经验、共享智慧,促进内部成员专业能力的形成和实践智慧的提升。同伴互助的表现形式多样,主要有沙龙会谈、一课多研、同课异构、专业对话、优秀教师示范教学、微型教学、相互听课、共同评价与分享、彼此鼓励、彼此协作与反馈等。有效开展同伴互助,既需要学校营造合作的教研氛围,培养教师的互助合作精神,也需要教师以能者为师,努力提高自身综合文化素质和共享意愿,促进自我发展。

3. 自我教育

教师的自我教育是专业能力提高的关键。教师自我教育的方式主要有经验积累、自我反思、收集教改信息、研究教育教学中的各种关键事件等。

入职初期,教师专业能力提升应以经验积累为主,把观摩交流作为主要成长方式,在实际教学活动中直接获得教育经验。待教师适应教学环境后,则应以自我反思为基础,以先进教育理论为教师专业能力提升的切入点,将理论应用于教学实践,通过课题研究、教育实验促使教师专业能力迅速成长。

教师的自我反思是教师专业能力发展的根本动力,是来自教师个体内在的发展意识,往往通过自我设计实现自我专业能力的发展。教学反思可以通过教学后记、观摩教学、微格教学、行动研究等形式来实现。教师不仅要反思自己的言语、行为,而且要反思自己的经验和思想。面对各种新的教育思想、资源、手段和方法,教师不能简单地拿来就用,而是要在科学分析的基础上,结合学校和班级的实际情况及自身优势,改进自己的教育教学。

---

① 全国十二所重点师范大学联合编写组.教育学基础(第3版)[M].北京:教育科学出版社,2014:134.

第三节　教师的专业发展

教师职业在发展过程中经历了漫长的非专业化时期。到了近代,教师职业才开始了专业化的发展历程。尽管教师专业发展概念在全球范围内的提出还不到半个世纪,但教师专业发展已成为各国教师教育关注的焦点。随着科技的发展、人类的进步、社会环境的变化,不同时期的教育改革对教师的要求也有所不同。这些新要求也促使教师专业发展的内涵不断深化和拓展。

一、教师专业发展的内涵

迄今为止,国内外学者对教师专业发展仍没有一个统一的界定。国外学者霍伊尔认为,教师专业发展是指在教学职业生涯的每一阶段,教师掌握良好专业实践必备的知识和技能的过程。富兰和哈格时夫斯指出,教师专业发展既指通过在职教师教育或教师培训而获得的特定方面的发展,也指教师在目标意识、教学技能以及与同事合作能力等方面的全面进步。国内学者叶澜认为,教师专业发展就是教师的专业成长或教师内在专业结构不断更新、演进和存在的过程。也有学者提出了教师本位的教师专业发展观,认为教师本位的教师专业发展不仅是提升教育教学能力的过程,更是完善教师人格、实现自我价值的重要途径,凸显教师主体在自身专业发展中的角色与价值。该观点着重强调了教师专业发展是教师个体内在专业特性的提升。[①] 还有学者结合先前研究认为:"教师专业发展是指教师个体的专业知识、专业技能、专业情意、专业自主、专业价值观、专业发展意识等方面由低到高地逐渐符合教师专业人员标准的过程。"[②]总之,上述观点都强调教师个体专业水平的提升与发展。

还有学者将教师专业发展按不同的构词方式作了概括,认为教师专业发展有两种理解,一种是教师专业的发展,另一种是教师的专业发展。按前一种构词方式,教师专业发展可能被理解为教师所从事的职业作为一门专业,有其发展的历史过程;按后一种构词的方式,教师专业发展则被理解为教师由非专业人员成为专业人员的过程。两种不同的理解体现了两种不同的思路和研究视角。前者侧重外在的,涉及制度和体系的,旨在推进教师成长和职业成熟的教育与培训的发展;后者侧重内在的,立足教师自身内在专业素质结构及职业专门化规范和提升。从已有研究视角及其成果来看,大部分研究者更倾向于第二种理解。

基于此,我们将教师专业发展界定为:教师通过学习与探究不断拓展专业内涵、提高专业素质和专业程度、逐步达到专业成熟的过程。

---

① 宋广文,魏淑华.论教师专业发展[J].教育研究,2005(07):71-74.
② 郭平,熊艳.教师专业发展概论[M].成都:西南交通大学出版社,2017:8.

二、教师专业发展的阶段与路径

(一) 教师专业发展的阶段

如前所述,教师专业发展是教师自身内在专业素质结构不断发展变化的过程。教师专业发展的阶段则是教师自身内在素质结构在不断发展变化过程中形成的"区间"。教师在成长过程的不同区间,会面对不同的发展问题。教师专业发展阶段的相关研究便是从纵向的维度来考察的。

许多学者通过不同的研究视角对教师专业发展阶段作了具体的描述与精当的分析,由此产生了异彩纷呈的教师发展阶段论。最具代表性的有"关注"阶段论、教师职业生命周期阶段论、"自我更新"取向教师专业发展阶段论等。

1. "关注"阶段论

在国外教师专业发展阶段的研究最早可以追溯到20世纪60年代,美国学者富勒以教师关注的内容为标准,把教师的专业发展分为任教前关注阶段、早期生存关注阶段、教学情境关注阶段和关注学生阶段。接下来是美国学者卡茨的教师发展时期论。20世纪70年代,卡茨根据自己之前与学前教师一起工作的经验,通过对学前教师的训练需求与专业发展目标的研究,将教师发展分为:求生存阶段、巩固阶段、更新阶段和成熟阶段。[1]

2. 教师职业生命周期阶段论

该理论主要是以人生命自然的老化过程和周期来看待教师职业发展的过程与周期。其代表性人物主要有伯顿、费斯勒和休伯曼等。20世纪70年代末,美国俄亥俄州立大学以伯顿为首的一批学者提出教师生涯循环发展理论,他们把教师专业发展划分为生存阶段、调整阶段和成熟阶段三个阶段。进入20世纪80年代后,美国约翰霍普金斯大学的费斯勒从生命的自然老化过程和周期的角度研究教师专业发展的过程,提出整体、动态的教师生涯循环理论。该理论认为,教师专业发展要经历八个阶段:职前阶段、入职阶段、能力形成阶段、热心和成长阶段、生涯挫折阶段、稳定和停滞阶段、生涯低落阶段和生涯退出阶段。与此同时,20世纪80年代末90年代初,休伯曼在总结前人研究成果的基础上,提出教师职业周期主题模式,认为教师职业发展应分为求生与入职期、稳定期、实验和歧变期、重新估价期、平静和关系疏远期、保守和抱怨期和退休期七个阶段。其后人们又在此基础上进行补充和探索,提出了多种教师发展阶段论。[2]

3. "自我更新"取向教师专业发展阶段论

随着社会的发展以及国家对教师教育的重视,国内也有不少学者从不同的视角探讨教师专业发展的阶段性。其中,比较有代表性的是叶澜等人从"自我更新"取向对教师专业发展五个阶段的深入研究,即非关注阶段、虚拟关注阶段、生存关注阶段、任务关注阶段和自我更新关注阶段。[3]

---

[1] 张维仪.教师教育——改革与发展热点问题透视[M].南京:南京师范大学出版社,2000:309-320.
[2] 郭平,熊艳.教师专业发展概论[M].成都:西南交通大学出版社,2017:36-42.
[3] 叶澜,白益民,王枬,陶志琼.教师角色与教师发展新探[M].北京:教育科学出版社,2001:276-337.

一是非关注阶段。该阶段是指进入正式教师教育之前的阶段。本时间段可从一个人进入接受正式教师教育一直追溯到他的孩提时代。在这一阶段所讨论的"专业发展"的主体是有从教意愿的人,该群体只是存在有从教的潜在可能,还谈不上什么专业发展,更谈不上具有专业发展意识问题。因此,我们把这一阶段称为非关注阶段。该阶段主要是在进入正式的师范教育以前,立志从教者在对教师专业发展非关注的状态下,无意识之中以非教师职业定向的形式形成了较为稳固的教育信念,具备了一些"直觉式"的"前科学"知识。这时虽谈不上教师专业能力的发展,但在与教师专业能力密切相关的一般性能力,尤其是在语言表达能力、交往能力和组织管理能力方面为正式执教奠定了基础。

二是虚拟关注阶段。这一阶段所反映的主要是在校学习阶段师范生的发展状况。这一阶段的主体——师范生的身份是学生,最多只是"准教师"。该群体不仅自己这样定位,而且实际上在这期间其周围的一切环境和活动安排也都是把他们作为师范生来看待的,即使在实习期间,他们也只是实习教师,这使得师范生所接触的中小学实际和教师生活带有某种虚拟性。师范生缺少专业教师的认知和体会,加上"虚拟的"专业学习环境,使得师范生的专业人员意识和自我专业发展意识十分淡漠。尽管在经过师范院校学习并且经历实习后,师范生有了自我专业发展反思的萌芽,但仍有"虚拟性",是对虚拟教学环境中个人专业结构欠缺的反思。所以,我们把这一阶段师范生的专业发展特征概括为虚拟关注阶段。该时期的特征主要是师范生对合格教师的标准开始思考,在虚拟的教学环境中获得了某些经验,产生了对自我专业发展反思的萌芽。

三是生存关注阶段。新入职的教师往往比老教师要面临更多、更棘手的问题,是因为师范教育阶段师范生一直是在经过特殊安排的环境中获得专业发展的,与实际的教学环境有较大差异。这一时期是教师专业发展的一个关键期。它不仅面临着由师范生向正式教师角色的转换,而且面临从大学校园到中小学校园的场域转换,也正是处于所学理论与实践的"磨合期",其间需要教师在教学实践过程中对理论、实践及其关系进行反思,以克服对于教学实践的不适应。无论是从人生发展还是专业发展角度,教师都需适应这样一个全新的阶段,这一阶段的突出特点是"骤变与适应"。这种环境从反面会激起初任教师强烈的自我专业发展的忧患意识,迫使他们特别关注专业发展结构中的最低要求——专业活动的"生存"技能。但是,尚谈不上对"自我更新"能力的关注及其发展。在这一非常态的教师发展时期,虽然教师的自我专业发展意识较强,但这是外在压力"被迫"下激起的,指向的内容主要是"生存"技能。如果教师对此没有较清晰的认识,这里的自我专业发展意识反而会对教师以后的专业发展产生不利影响。

四是任务关注阶段。在度过了初任期之后,决定留任的教师逐渐步入了任务关注阶段。这是教师专业结构诸方面稳定、持续发展的时期。随着教学基本"生存"知识、技能的掌握,教师的自信心也日渐增强,由关注自我的生存,转到更多地关注教学上来,由关注"我能行吗"转到关注"我怎样才能行"上来。这一阶段的自我专业发展意识由仅仅关注"生存"技能转到更广范围的专业发展上来,但这一转向在很大程度上受到职业阶梯、他人评价等某些外在因素的制约,同时反映出自我专业发展意识的强度还较弱。事实上,教师对自我专业发展的重视,大多是为了更好地完成教学任务、获得职业晋升和更高的外在评价及认可。基于此,我们把这一阶段概括为任务关注阶段。

五是自我更新关注阶段。该阶段的教师,其专业发展动力源于自身,不再受外部评价或职业升迁的牵制,而是直接以自我专业发展为指向。此时,教师已经可以自觉地依照教师专业发展的一般路线和自己目前的发展状况,有意识地进行自我规划,以谋求最大限度的自我发展。另外,这也成为教师日常专业生活的一部分,即经常保持专业发展的自我更新取向。这一时期仍决定留任的教师,一般能全心致力于专业技能的提高。他们在经过一番努力,全然掌握了教学技能和课堂管理策略之后,更加关注课堂内部的活动及其实效,关注学生是否真的在学习,是否真的在学教师教的东西,教的内容是否适合学生等。与生存关注阶段只能关注当下的问题,如今天的课程内容安排,某一个章节或某一种教学方法等不同,现在教师能够对问题予以整体、全面的关注。这一阶段教师的特征是自信和从容。自我更新关注阶段的教师在学生观上的一个重要转变是不仅仅因为学生是自己工作的对象而予以重视,而是认识到学生是学习的主人。教师除了要让学生理解所教的内容之外,还意识到要鼓励学生自己去发现、构建"意义"。在教学观上,这一时期的教师不再把教学看作是"教给"学生如何去理解的过程,而是帮助学生去理解、构建"意义"的过程。教学不再仅限于帮助学生学习知识,而且要在师生互动过程中使得学生获得更全面的发展。

(二)教师专业发展的路径

影响教师专业发展的因素,既包括国家、社会发展和学校对教师角色与专业素养的规范、要求及期望,也包括教师自身对本职业的认知、需求、职业追求和教育实践。

1. 学校要为教师专业发展营造良好的外部环境

教师专业化是教师通过主动学习不断提升专业素养并逐渐成长为一名专业人员的动态发展过程。该发展过程的实现不仅需要教师发挥主观能动性,而且还需要一个有利于教师专业发展的良好外部环境。因此,国家和学校应该有计划地为全体教师专业能力发展提供外部条件,引领教师完成专业化。[1]

以师德师风建设为核心,建立教师终身学习机制。师德师风是教师立身之本,也是教师教书育人的基本要求。在师德师风上,对教师要求的重点也是对教师职业本身的内在要求,即要求教师自觉做到教书育人,德高品正,为人师表。国家和学校通过建立教师终身学习机制,引导教师认真学习贯彻习近平新时代中国特色社会主义思想以及党的二十大和二十届二中、三中全会精神,自觉努力提高自身的思想道德素质和职业道德。

以专业知识深化为基础,整合优化教育资源。国家和学校应该通过各种途径为教师提供丰富的学习资源。要把深化教师专业知识、拓宽专业视野纳入学校发展规划,作为全校教师学习的重要内容。组织教师参加在职进修、攻读硕博学位、名师指导、社会考察、国

---

[1] 潘裕民.教师专业发展的理论取向与实现路径[M].桂林:广西师范大学出版社,2013:6.

内外学术交流等活动,组建一支教育思想先进、学识渊博、专业知识扎实的教师团队。同时,以校本研修为抓手,加强校际间的合作与交流,整合优质教育资源,促进教师的专业成长。

以专业能力提升为目标,构筑多渠道教师专业发展成长平台。首先,国家和学校应该培养教师合作、探究的共享意识,鼓励教师积极参加各种学习交流的实践活动,通过举办"教育论坛""人文讲座",开展学习沙龙、学术研讨等活动增强教师的合作能力,提高教师的学术水平。其次,开展形式多样的读书活动,培养教师终身阅读习惯。国家和学校应将教师读书活动引向深入,让更多的教师走进经典,用素养提升生活品位,用智慧书写教育人生。再次,鼓励教师参与课题与项目研究,提倡"以研促教、以教促学,引领教师共成长"。国家和学校要制定奖励政策,积极鼓励教师开展科学研究、教学研究和著书立说,以不断提高自己的学术水平、教学水平和科学素养。最后,通过开展首席教师、专家型教师、研究型教师评选等各种形式的教学比赛、学术研究活动,培养教师拒绝平庸、追求卓越的精神。

以教师评价体系完善为重点,建立教师成长数据库。构建教师成长数据库不仅能使教师看到自身成长过程并结合现实情况及时调整,也有助于丰富教师评价的内容和方法。同时,国家和学校通过教师成长数据库了解教师队伍的现状,进而完善教师评价的指标体系,优化教师评价体系。

2. 教师要通过各种路径提高自主发展能力

教师专业发展的关键在于教师自身。如果教师自身没有专业发展的需求,那么国家和学校即使做出再多的努力也不可能发挥作用。因此,实现教师专业发展需要教师制定个人专业发展规划,通过多种路径来提高自主发展意识和能力。这些路径主要包括学习、研究、实践和反思等。[1]

学习是实现教师专业发展的必由之路。现代社会是一个终身学习的社会。教师作为学习共同体中的"首席",在其成长的过程中,一辈子都需要学习、提高。学习是教师润泽一生的最积极、最有意义的活动。教师不学习,一切都将成为无源之水、无本之木,更不要说创新与超越了。因此,教师要养成时时、事事、处处学习的习惯——向书本学习、向同行学习、向自己学习、向学生学习、向时代学习。于漪老师说过:"现代教学中,教师的教跟学生的学在一个平面上移动,学生是不服你的!你一定要棋高一着,也就是说在深度上要挖掘,在广度上要开拓,你对学科发展的前沿、对学科的走势、对学科的来龙去脉要有所了解。"作为一名教师,只有做到学而不厌,才能为专业发展打好基石。

研究是推动教师专业发展的不竭动力。随着课程改革的深化,教育科研在教师专业发展中的作用越来越突出。需要指出的是,教育科研不仅是专家的"专利",一线教师对于教育教学活动更有"话语权"。因为教师工作在教学"第一线",具有最真切的教学感性认识和丰富的实践经验以及鲜活的教育教学案例,这些都是开展课题研究最有力的支撑。

---

[1] 潘裕民.教师专业发展的理论取向与实现路径[M].桂林:广西师范大学出版社,2013:6.

作为教师,应该将自己从事的教育教学工作与教育科研工作相结合,在探究教学活动、分析管理策略、研究教育政策、解读学生和教材的过程中,不断提升自己的专业发展能力。

实践是实现教师专业发展的根本途径。实践中,通过长时间的反复实践和检验,我们将理论知识转化为实践能力。作为教师,需要随时随地把习得的知识和能力转化为教育智慧,落实到教育教学实践活动中。如果离开了教育教学实践,教师的实践性智慧就很难生成和发展。当前,高水平的优秀教师,基本上都是在个体优秀教学经验的提炼、概括、总结中成长起来的,即在实践性智慧的提升过程中,逐步形成一套完整的教学主张并为大家所接受。因此,应当大力强调实践性智慧的重要性,让教师关注自身的实践性智慧,在实践中发展、在实践中提高。

反思是实现教师专业发展的重要途径。教师的工作需要探究,需要实践,更需要反思。善于反思、学会反思是教师专业化的核心要素。孔子说过:"学然后知不足,教然后知困。知不足,然后能自反也;知困,然后能自强也。"教师的成长离不开反思。波斯纳于1989年提出了一个教师成长的公式:经验+反思=成长。一个人工作了二十年,如没有反思,也只是一年经验的二十次重复。不少学者认为,反思的最好方式,就是诉诸文字。通过文字记录的方式可以使散乱无序的想法上升为较集中、较理性的思想观点,对教师实践的反思和智慧的提升有巨大的促进作用。当教学反思成为教师的一种自觉和习惯后,离优秀教师就不远了。

总之,教师专业发展是一个长期的充满着困难和艰辛的过程,需要国家、学校以及教师自身的激发和助推。

三、教师资格与聘任

(一) 教师资格

教师资格与聘任是教师质量保证的核心,是教师专业发展认定的依据。教师资格证书制度的实施,是我国教师队伍建设法治化的重要标志。20世纪80年代中期我国实行教师资格证书制度,之后不断得以发展和完善。1986年颁布的《中华人民共和国义务教育法》明确规定:"国家建立教师资格考核制度,对合格教师颁发资格证书。"1993年通过的《中华人民共和国教师法》规定了教师资格和任用问题,其中第十条明确规定:"国家实行教师资格制度。中国公民凡遵守宪法和法律,热爱教育事业,具有良好思想品德,具备本法规定的学历或者经国家教师资格考试合格,有教育教学能力,经认定合格,可以取得教师资格。"它详细具体规定了取得教师资格应具备的相应学历,"不具备本法规定的教师资格学历的公民,申请获取教师资格,必须通过国家教师资格考试。"1995年12月又颁布了《教师资格条例》,详细规定了教师资格条件、教师资格考试、教师资格认定等方面的内容。从这些法律、法令、条例的颁布来看,我国的教师资格证书制度逐渐步入正轨,并逐步趋于成熟与完善。

教师资格证书制度自实施以来已有四十多年。随着我国教育事业的发展日新月异，教师资格认证相关要求的修订势在必行。2021年11月，教育部发布《中华人民共和国教师法(修订草案)(征求意见稿)》征求意见，目前修法工作仍在有序进行。该征求意见稿提出"国家实行教师资格制度。在各级各类学校和其他教育机构中专门从事教育教学工作的人员，应当取得相应的教师资格"；"取得教师资格应当通过国家教师资格考试""教师资格考试合格者，通过县级以上人民政府教育行政部门组织进行的认定，取得相应教师资格"。该修订草案还更新了教师资格应当具备的学历条件，明确了"从业禁止"的规定，反映了时代的发展和社会的进步对教师提出的更高要求。

（二）教师聘任

目前，国家还没有颁布教师聘任方面的法律法规。在教师聘任方面，只有一些部门或地方的约束力较差的规章制度。① 我国的教师聘任和教师资格类似，都与我国教师资格证书制度的产生和发展紧密相关。1993年颁布的《中华人民共和国教师法》在教师聘任方面，仅规定了教师聘任的原则，即"教师的聘任应当遵循双方地位平等的原则，由学校和教师签订聘任合同，明确规定双方的权利、义务和责任"。但是，对于怎么聘任、如何操作等问题，仅仅规定了"实施教师聘任制的步骤、办法由国务院教育行政部门规定"。但是，没有做出详细解释。后来，实施教师聘任制的步骤、办法仍没有正式出台。

2021年11月，教育部发布的《中华人民共和国教师法(修订草案)(征求意见稿)》中对教师的岗位聘任和招聘制度有了新规定，规定了岗位聘任制度，明确规定教师应根据职务级别聘用到相应岗位。"教育行政部门应当会同有关部门科学、合理制定中小学岗位设置指导意见。中小学副高级以上岗位设置应当平衡考虑教师的学科教学能力和师德育人能力。教育行政部门可以根据高等学校办学层次、类型的不同，制定岗位设置指导意见。高等学校结合指导意见，根据教学、科研等需要，设置岗位及岗位聘任标准；高等学校利用捐赠资金等自主设置的吸引高层次、创新型人才的岗位，可以不受岗位设置标准和总量的限制。"第二十四条招聘制度中规定："教师招聘应当面向社会公开进行，公平竞争、择优录用、以德为先，按需兼顾学科、性别比例，优化教师队伍结构。公办中小学、幼儿园教师招聘，由县级人民政府教育行政部门按照事业单位招聘有关规定会同有关部门统一组织，或者授权有条件的学校自主组织实施。其他学校及教育机构教师招聘，由学校按照有关规定制定办法，组织实施。其中高等学校教师招聘应当坚持兼容并包的原则，以促进学术交流、学科发展。县级人民政府教育行政部门负责县（区）域内义务教育教师的统筹管理，应当按规定组织教师交流轮岗，合理配置教师资源，保障义务教育均衡发展。"如上相关内容对教师聘任的职务级别与招聘办法有了初步规范，但尚未构建出完善的教师聘任制度体系。因此，我国在建立科学、规范的教师聘任制度体系方面还有探索和实践的空间。

与此同时，随着社会的发展、教育的改革，教师资格与聘任方式还存在诸多问题。如

---

① 康丽.教师聘任需要理论支持和制度保障[N].中国教师报,2005-09-28(A03).

教师资格标准过于笼统宽泛,教师资格类别、等级单一,教师资格评估困难,教师聘任标准观念落后、缺乏教师退出机制等问题。这些问题制约了教师专业化的发展,也影响了教师队伍的整体质量。因此,顺应时代发展,构建教师资格和聘任机制,是时代赋予我们的重大课题。

思考题

1. 教师劳动的特点有哪些?
2. 试述教师职业道德的结构、特征及提升策略。
3. 试述教师知识结构的构成、特征及完善对策。
4. 试述教师专业能力的结构、特征及发展路径。

参考文献

1.《教育学原理》编写组.教育学原理[M].北京:高等教育出版社,2019.

2. 柳海民.教育学概论[M].北京:北京师范大学出版社,2015.

3. 周洪宇,但昭彬.从世界师范教育的发展历程与趋势看未来中国师范教育的发展走向[J].集美大学教育学报,2000(01):7-12,54.

4. 石佩臣.教育学基础[M].北京:教育科学出版社,2018.

5. 陈丽,郑勤华,徐亚倩.知识的"技术"发展史与知识的"回归"[J].现代远程教育研究,2022,34(05):3-9.

6. [美]约翰·罗尔斯.正义论[M].何怀宏,等译.北京:中国社会科学出版社,1988.

7. [苏联]B.A.苏霍姆林斯基.给教师的建议(上)[M].杜殿坤,译.北京:教育科学出版社,1980.

8. 陈向明.实践性知识:教师专业发展的知识基础[J].北京大学教育评论,2003(01):104-112.

9. 刘健智,曾红凤.国内外教师专业素质结构研究综述[J].贵州师范大学学报(社会科学版),2018(04):76-84.

10. 郭平,熊艳.教师专业发展概论[M].成都:西南交通大学出版社,2017.

11. 张维仪.教师教育——改革与发展热点问题透视[M].南京:南京师范大学出版社,2000.

12. 叶澜,白益民,王枬,等.教师角色与教师发展新探[M].北京:教育科学出版社,2001.

13. 潘裕民.教师专业发展的理论取向与实现路径[M].桂林:广西师范大学出版社,2013.

14. 康丽.教师聘任需要理论支持和制度保障[N].中国教师报,2005-09-28(A03).

第九章

学习心理与学生发展

> 📘 **学习目标**

1. 理解学习的含义与特点。
2. 了解学习动机的分类,掌握激发学习动机的方法。
3. 掌握学习策略的定义、分类与运用。
4. 掌握学生发展的内涵。
5. 理解学生发展的规律与时代特征。

本章导览

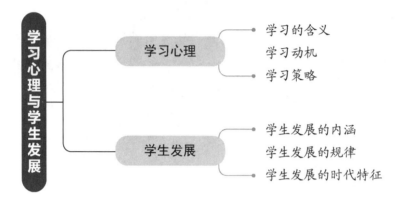

教师的根本价值在于促进学生的学习。了解学生学习心理与学生发展的规律与特征,不仅有利于教师在教育过程中有的放矢、恰如其分地选择教育模式与方法,也有益于促进学习行为的发生。在日常教育过程中,学生的学习表现各不相同,有的积极主动,热情高涨;而有的消极被动,兴致不高。这就需要教师对学习动机的理论与实践等各方面有透彻的了解,不断提高有效组织教学的能力,从而更好地激发学生学习的积极性。学习过程需要运用一定的策略。教师不仅要传授给学生知识,而且还要教给学生学习的策略,以使学生通过学会学习应对未来社会的诸多不确定性。

青少年学生正处于人生最为关键的"未完成期",具有某方面的潜在特长或能力,可塑性很大。这表现在学生的身体和心理发展的速度、广度与深度等方面。因此,他们迫切需要接受人类社会的熏陶和教育,以便在未来的发展中能适应社会的发展。教师需要掌握学生身心发展的规律及不同年龄阶段学生身心发展的特点,只有如此,才能为学生成长创设良好的环境,把学生蕴含的生命潜能激发出来,使学习过程成为学生生命成长的重要历程。

第一节 学习心理

学习作为人类适应社会发展所必备的技能,有其独特的内涵与特点。个体的学习状态会因为其对学习本身的需要及学习的结果而不同。在一定的学习目标指导下,个体是否运用学习策略、运用的学习策略是否恰当,都将影响其学习效果。因此,对学习心理予以理论分析是非常必要的。

一、学习的含义

虽然学习在教育、学术、生活中得到了广泛运用,但学习的含义却见仁见智。从词性上看,学习有名词、动词之分。比如,当用作名词时,指"个体与学习材料以及社会环境之间的所有互动过程"[①];当用作动词时,指个体与学习材料以及社会环境之间直接的互动行为。我们认为,所谓学习是指个体在特定场境下通过练习或反复强化而产生的比较持久的行为表现与经验。在这个概念界定中,应当注意学习的如下四个特点。

第一,学习是在特定场境中产生的。学习总是在一定的社会情境中发生,情境为学习提供了学习背景与要素,也为学习者如何学习提供了场域与框架。换句话说,在不同情境下,人的学习感受、学习过程与学习结果均会有所不同。比如,发生在家庭中的学习、发生在课

---

① [丹]克努兹·伊列雷斯.我们如何学习:全视角学习理论[M].孙玫璐,译.北京:教育科学出版社,2014:3.

堂中的学习、发生在大自然中的学习必然是不同的。

第二,学习是由练习或反复经验引发的。学习的产生可以是因为个体做某件事情或经过某种练习而引发,也可以是由于观察他人活动、与他人交流、听讲或阅读等获得的经验而引发。比如,不会游泳的儿童经过反复练习,能够在水中游泳了,这说明学习发生了,而学习的发生就是因为练习而引发的,没有练习学习就不会发生。

第三,学习导致行为或行为潜能的变化。一方面,学习会导致行为的变化,即学习产生后,会使主体的行为发生与学习前明显的变化,或者由无到有,或者速度与完成方式的改变等,是可以明辨的。另一方面,学习会导致行为潜能的变化,即学习产生后,有可能不会导致明显的外显行为的变化,但是在个体的行为倾向或心向上产生了内隐的变化。如个体的态度或价值观发生了变化,或许是因为没有适宜的情境与刺激,一旦适宜的情境或适当的刺激出现,个体的行为潜能变化也将转变为外显行为的变化。

第四,学习所导致的行为或行为潜能的变化是持久的。判断学习是否发生,不仅要看行为或行为潜能是否发生变化,还要看行为或行为潜能的变化是否是持久的。比如,疲劳、药物、创伤或适应虽然能引发个体行为的变化,但此类变化都较为短暂,不属于学习。此外,个体行为的持久性变化也有可能是由成熟带来的,但成熟带来的变化要比学习带来的变化缓慢得多。

人类学习与动物学习具有本质的区别。动物学习基本靠直接方式获取经验,且仅限于为满足生理需要而被动消极适应环境变化。所以,动物学习局限于第一信号系统,它是由各种视觉、触觉、味觉等具体信号引起的反射,如尝梅生津便属于第一信号系统学习。人类学习除了第一信号系统的学习,还有第二信号系统的学习,它是由抽象的语言、文字等引起的条件反射,是人类特有的。例如,画饼充饥、谈虎色变等都属于第二信号系统。此外,人类学习是积极主动的,在适应环境的同时,也在认识世界、探索世界与改造世界;而动物学习则是被动地适应环境。

建设学习化社会,"要把学习作为一种追求、一种爱好、一种健康的生活方式,做到自觉学习、主动学习、终身学习"①。当代社会之所以将终身学习摆到十分重要的位置,是因为个体是否能够学习、是否会学习在一定程度上决定了其是否能够适应这个日新月异的、具有不确定性的世界。建设学习化社会,除终身学习外,还有远程学习、在线学习、泛在学习等学习方式。在新时代,学会学习已成为个体适应社会生活的核心素养与关键能力。

二、学习动机

人选择学习总会出于某种原因,心理学家将发动、维持个体学习活动并使其指向一定学业目标的内部动力称为学习动机。学习动机是行为动机的一类。人的行为动机一般是由需要与诱因两种因素引发,其中需要是更基本的因素。比如,人口渴时就有喝水的需要,这种需要推动着人去找寻水,它是人进行活动的内部动力。除需要影响人的行为动机外,诱因也是一个重要影响因素。所谓诱因是指能够激发起个体的定向行为,并能够满足其某种需要

---

① 《习近平总书记教育重要论述讲义》编写组.习近平总书记教育重要论述讲义[M].北京:高等教育出版社,2020:146-147.

的外部条件。比如,厨房里正好有水,人便会产生去厨房取水喝的动机。需要与诱因紧密联系、相互作用,影响人的动机的产生。比如,人若没有喝水的需要,即便厨房里有水也无法引发人的行为动机。可见,没有需要,诱因也不称其为诱因。学习动机也是如此,它是由人内部的学习需要与外部的学习诱因引发的。其中,学习需要是具有内驱力性质的更基本的因素。学习诱因则表现为学习期待,是学习目标在个体头脑中的主观且形象的反映。学习诱因可以分为理智诱因、情绪诱因与社会诱因等三类。其中,理智诱因表现为理解与反馈等;情绪诱因表现为批评或表扬;社会诱因表现为竞争中优胜。

(一) 学习动机的作用

学习动机是围绕学习目标实现的,具有激发、指向、维持与调节等作用。

1. 激发作用

学习动机的激发作用,是指学习动机在由个体的学习需要与诱因引发后,使个体行为由静态转为动态。比如,因为近期需要参加大学英语四六级考试,小李一改每天睡懒觉的习惯,早上六点准时起床,背诵英语单词一个小时,这就是动机的激发作用。

2. 指向作用

学习动机的指向作用,是指学习动机以满足学习需要为目标,进而使个体的学习行为指向一定目标。比如,小李近期学习英语的动机就是要顺利通过大学英语四六级考试,这就是动机的指向作用。

3. 维持作用

学习动机的维持作用,是指学习动机可以使个体的学习时间、学习频率、学习注意力等能够更好地坚持或投入。学习动机水平的高低,在维持作用上的表现可能是持之以恒也可能是半途而废。比如,即使身体不舒服,小李依旧坚持早起学习英语,这表明小李的学习动机水平较高;如果小李中途放弃了,则说明小李的学习动机水平较低,这就是动机的维持作用。

4. 调节作用

学习动机的调节作用,是指学习动机可以对个体学习的方向、方式、时间等进行调节,使其学习行为能够更好地指向学习目标的实现。比如,小李的英语听力水平不高,为了能够更快地提高听力水平,他放弃听正常语速的听力材料而调整为先听一段时间的慢速英语听力,这就是动机的调节作用。

(二) 学习动机的分类

根据不同的分类标准,可把学习动机分为交往性动机与威信性动机、内部动机与外部动机、情境动机与人格动机等。从不同维度认识学习动机,有助于我们对学习动机的深度理解与把握,有助于多方位分析学生的学习动机的水平与来源,增强学生的学习动机。

1. 交往性动机与威信性动机

按照社会性动机划分,可把学习动机分为交往性动机与威信性动机。交往性动机表现为学生更多是为了自己喜欢的教师或者为了使教师喜欢自己而进行学习;而威信性动机则是期望通过学习得到别人的尊重、肯定和赞扬,向往获得成就等。

2. 内部动机与外部动机

按照动机内外源划分,可把学习动机分为内部动机与外部动机。内部动机是指由对学习活动本身的兴趣所引起的动机,表现为个体对学习活动本身的享受,学习只为学习,而不为其他。比如,小李学习英语,仅仅是因为他对英语感兴趣,能在学习英语的过程中感受到愉快。外部动机则是指由学习活动外部或结果所引起的动机,表现为个体学习是为了对学习活动所带来外部结果的期待,学习的价值在学习之外。比如,小李学习英语是为了能够得到教师的奖励,能够得到更多与他人交流的机会等。

需要注意的是,学习的内部动机与外部动机是可以相互转化的。德西与瑞安曾做过一项实验,结果显示,如果外部动机使用不当将削弱个体的内部动机,此种效应被称为德西效应。实验过程中,一开始对所有学生都不给予奖励,而后把学生分成两组:一组学生解答题目时会有相应奖励,而另一组解答题目没有任何奖励。奖励组虽然在之前解题时十分努力,但在休息时内驱力明显减少,只有少数人坚持答题;而无奖励组则有更多的人在乐此不疲地解答题目。这说明,提供外部奖励会减少主体对活动本身的兴趣。与此同时,外部动机可以转化为内部动机,比如小李开始是为了外部的奖励而学习英语,但在学习的过程中却发现了其中的乐趣。所以,教师在教育过程中,需要引发学生学习的内部动机、促进外部动机转化为内部动机,并注意谨慎地使用学习奖励。

3. 情境动机与人格动机

情境动机是指在一定情境下产生的暂时、可变的动机,即学习动机的产生与个体所在的情境有关。比如,小李在平时学习不用功,期末考试时临阵磨枪。而人格动机则是不随情境变化而变化的持之以恒的动机表现。比如,高成就动机者一直表现为工作狂的形象。

(三) 学习动机与学习的关系

如前所述,学习动机与学习的关系十分密切,优良的学习动机可以强化学习行为。

学习动机既不是学习的必要条件(即没有学习动机的参与学习也是可以发生的),也不是学习的充分条件(即有学习动机的参与,学习也不一定会发生)。但是,学习动机是对学习起促进作用的重要条件,即有了学习动机的参与,必定会提高个体的学习效率或成就水平。

对于个体长期进行的有意义学习来说,学习动机是绝对必要的。因为学习动机具有维持和调节功能,学习动机可以将个体的学习注意力长期维持在将新知识与个体认知结构中已有知识建立实质性的和非人为的联系上。

学习动机不直接影响和改变学习中的认知过程。学习动机不参与认知过程本身,即在认知过程中,学习动机无法参与个体对客体对象进行感知与思维,因而它对学习的影响是间接的。

学习动机对学习具有强化作用,但二者之间并非成正比关系。根据耶克斯-多德森定律所示,学习效率在初始学习阶段随学习动机水平的提高而提高,但达到一定水平后,学习效率则会随学习动机水平的提高而降低。同时,学习动机的最佳水平随学习任务的难易程度的变化而变化。如图9-1耶克斯-多德森定律曲线所示,困难或复杂任务的学习动机最佳水平较低,而面对较容易或简单的任务则需要较高的动机水平。一般来讲,中等强度的动机水平有利于学习行为的进行。

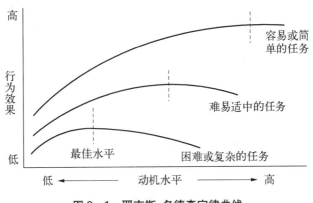

图9-1 耶克斯-多德森定律曲线

(四) 学习动机理论

关于学习动机的作用机制,行为主义、人本主义与认知学派从不同的角度进行了不同的分析与解释。

1. 学习动机的强化理论

行为主义认为,一种操作性行为发生之后接着呈现强化,那么这个操作性行为发生的概率就会增加。而且,强化后果对操作性行为的增强作用是自动实现的,无需认知的中介作用。行为主义心理学用强化理论解释学习动机,认为学习的结果对个体未来的学习行为产生影响。个体之所以进行学习,是因为学习结果带给个体的强化。例如,一个学生通过学习获得了好的成绩或者获得了奖励,就会有更强的学习动机。但是,如果学习没有获得好成绩或者奖励,他就会缺乏继续学习的动机。如果学生通过学习反而受到了惩罚,他就可能产生逃避学习的动机。所以,在教育过程中,教师应当注意成绩与教师态度对学生学习动机的影响,想方设法使自己的言行成为学生学习行为的强化刺激,而非惩罚性刺激。

2. 学习动机的人本主义理论

人本主义理论更关注个体对内在需要的知觉及自我实现的驱动力。人本主义心理学的代表马斯洛提出了需要层次理论。他认为人的所有行为都是来源于个体内在的需要,个体对自己需要的体会以及对需要满足的期待促使行为动机的产生。马斯洛指出,人有七种基本需要,分别是生理需要、安全需要、归属与爱的需要、尊重的需要、求知与理解的需要、美的需要和自我实现的需要。这七种基本需要从低级到高级依次排列,高级需要只有在低级需要被满足后才会产生。前四种需要是个体生存所必需的,如果此类需要得不到满足,个体会产生一种缺失感,因此被称为缺失性需要。后三种需要,被称为成长性需要,它们不是因为缺乏某些东西而产生的需要,而是产生于个体成长的某种期望。只有缺失性需要被满足,成长性需要才会产生,而学习是为了个体更好地成长。需要注意的是,个体并非在一个阶段仅有一种需要,只是某种需要可能会在某个阶段起主导性作用。比如,尊重的需要被满足后产生了求知与理解的需要,这并不代表主体就没有尊重的需要,而是此类需要不再成为激励个体行为的主要原因。在教育过程中,教师应时刻关注学生需要的满足状况。比如,学生的缺失性需要是否在家庭与学校中都能够获得满足。如果学生的尊重需要没有被满足,那么他们将不会产生求知与理解的需要,这就必然会对其学习动机产生影响。

3. 学习动机的认知理论

认知学派认为,人并非简单机械地对内在需要与外部刺激做出回应,而是在对其认知、理解与解释的基础上才产生相适应的反应。认知学派更关注人的认知,强调自我期望与价值、自我归因、自我效能感、目标定向等对个体学习行为的影响,由此也产生了不同的学习动机认知理论。比如,班杜拉提出的自我效能感理论,认为自我效能感是个体对自己能否成功进行某一行为或任务而产生的主观判断,即它不是对个体客观能力的判断,而是个体对自己主观能力的判断。有时,能力差的人也会产生较高的自我效能感,认为自己无所不能,这种主观意向会使他带着极强的自信去参与活动。有时,能力强的人也会产生较低的自我效能感,认为自己无法完成活动任务,这种主观意向则会使其自卑或放弃参与活动。由海德提出、韦纳发展的归因理论,把归因视为个体对某一事件或行为结果的原因进行主观推断的过程。归因反映的是个体对行为原因的主观解释,而不一定是客观原因本身;但主观解释往往比客观原因更能影响个体的行为。韦纳提出,归因可按内外源、稳定性、可控性三个维度予以划分。积极的归因方式,可以产生积极的情绪和乐观的心理状态,能够增强自我效能感,进而加强动机水平。消极的归因方式,则产生消极的心理状态,降低自我效能感,进而降低动机水平。除此之外,还有麦克里兰提出的成就动机理论,德维克提出的成就目标理论,德西和瑞安提出的自我决定理论,科温顿提出的自我价值理论等,兹不赘述。

三、学习策略

学习策略是学习者为提高学习效果与效率,有意识、有目的地制定学习过程的复杂方案。学习者的学习不是盲目的,而是根据学习对象、学习内容选择适当的学习策略来进行的活动。据此,学习策略具有以下四个特点。第一,学习策略具有主动性,它是学习者为了达到学习目标而积极主动使用的,而非由外力强制或被迫使用的。第二,学习策略具有有效性,因为运用学习策略本身便是为了使学习变得更加有效。第三,学习策略具有过程性,它规定了学习者在学习过程中做什么不做什么等问题。第四,学习策略具有程序性,它涉及学习者制定的学习计划以及先做什么后做什么的问题。

不同学者对学习策略的构成进行了不同的分析。比如,温斯坦将学习策略分为认知信息加工策略、积极学习策略、辅助性策略与元认知策略等四种。丹瑟洛则认为学习策略是由基本策略和辅助性策略两部分构成。基本策略是直接参与学习材料的获得和存储、提取和使用的策略;而辅助性策略则是指用来维持学习时适宜心理状态的策略,比如计划和时间安排等。

我们更为熟知的学习策略的分类方式是由迈克卡等人提出的,他们将学习策略分为认知策略、元认知策略和资源管理策略三种。

（一）认知策略

认知策略是指向认知过程的用于信息加工的一些方法、技术。认知策略可以使学习者有效地对学习材料进行记忆、理解、存储与提取等操作，主要分为复述策略、精细加工策略和组织策略。

1. 复述策略

复述策略是指在工作记忆中为了保持信息而对信息进行反复重复的过程。反复重复可以将个体注意力维持在学习材料之上。同时，它也是短时记忆的信息进入长时记忆的关键。复述策略主要包括复述的时间安排、次数安排及方法选用。

在复述的时间安排上，根据艾宾浩斯遗忘曲线先快后慢的规律，要及时进行复习。一方面，要注意集中复习或分散复习的选择。集中复习就是集中一段时间进行高频率复习。分散复习是指每隔一段时间复习一次或几次。一般来讲，开始复习的时候间隔时间要短一些，以后复习的时间间隔可长一些。另一方面，还应注意整体学习或部分学习的选择。整体学习是指对知识与技能进行整体学习，如果学习内容较多，单次长时间的学习是具有挑战性的。部分学习则是将学习内容分成几个部分，一部分一部分地学习，相对来讲学起来较容易。

在复述的次数安排上要注意合理运用过度学习。过度学习是学习者在掌握水平之上继续学习的策略。如果学习某个学习材料，每次从头到尾学习一次就回忆一次，如学习10次才能做到完全无误地回忆，则说明10次学习就是我们的掌握水平。之后的每次学习，都会使记忆的效果加强，故称为过度学习。有实验研究发现，过度学习的次数越多，记忆保持的成绩越好，保持的时间也越长。在一定范围内，过度学习是必要的，但超过了一定的限度，将会造成时间与精力的浪费，一般来说过度学习的最佳次数为150%。

复述的方法选用要注意克服记忆效应，如首因效应和近因效应的存在。要注意运用多种感官协调记忆，采用多种形式复习的同时还要保持积极的心向、态度和兴趣。

2. 精细加工策略

精细加工策略是指通过将新学习的材料与头脑中已有的知识经验相联系以增加新信息意义，从而帮助学习者将新信息储存到长时记忆中的策略。辨别是否精细的标准在于，精细必须是与学习内容相关联的、学习者自己产生的。常用的精细加工策略包括位置记忆法、首字联词法、谐音联想法、关键词法等。

3. 组织策略

组织策略是指整合所学新知识之间、新旧知识之间的内在联系以形成更高层次知识结构的信息加工策略。基本的方法是把零散信息组合成具有一定意义的整体，将学习材料分成一些小的意义单元，并将这些意义单元置于适当的类别中，从而使每项信息和其他信息以一定的逻辑或意义联系在一起。常用的组织策略有列提纲、做图解、做表格等。

（二）元认知策略

元认知是指学习者对自己认知过程的认知，是个体对其认知活动的自我意识和自我的监控。元认知策略是指向认知本身的策略，是在学习过程中对信息加工流程进行适当计划、监控和调节的策略。比如,在做英语阅读理解题时会选择先读题后阅读材料,在做题时如遇到困难就会选择重新阅读一遍再做题,这便是元认知在起作用。元认知策略主要包括计划策略、监控策略和调节策略。

1. 计划策略

计划策略是指根据认知活动的特定目标,在认知活动开始之前计划完成目标所涉及的各种活动、预计结果、选择策略、设想各种解决问题的方法,并预估其有效性。个体在进入认知活动时,不但要注意对认知对象的分析与理解等,还要注意认知过程是否有利于认知目标的完成,是否遵循了认知活动开始之前制定的计划。

2. 监控策略

监控策略是指在认知过程中对标认知目标来及时评价、反馈自己认知活动的结果与不足,以正确估计自己达到认知目标的程度与水平。比如,在阅读时,我们可以对自己的专注力进行监控,在考试时可以对自己做题的速度进行监控等。监控策略的运用,可以使学习者对自己的认知进度与效果做到心中有数。

3. 调节策略

调节策略与监控策略有关,当通过运用监控策略发现自己认知过程出现问题达不到预期效果时,可以进行及时修正、调整认知策略。比如,当学习者意识到他不理解学习材料的某一部分时,会退回去反复读困难的段落。在测验时跳过某个难题,先做简单的题目等,都是调节策略在起作用。

(三) 资源管理策略

学习者对资源的有效管理与运用,会使其更好地主动适应环境或通过管理让环境来适应自己需要的满足。资源管理策略主要包括时间管理策略和学业求助策略。

1. 时间管理策略

时间是最宝贵的学习资源,只有管理好、利用好自己的时间,才能提高学习效率。时间管理策略是通过一定的方法和工具合理安排、有效利用时间的策略,如番茄工作法等。时间管理最核心的思想是把精力最好的时间用在最重要的事情上,不让琐事占据了时间与精力的核心,即要分清任务的轻重缓急。

根据事情的重要程度和紧急程度两个维度,可以形成一个象限图,详见图9-2时间管理象限图。据此,我们可以把事情划分为既重要又紧急、重要但不紧急、不重要不紧急、虽不重要但紧急等四部分。

在日常生活中,人们常把精力耗费在第三象限(不重要不紧急)的事情上无法自拔,因为处理这类事情没有任何压力,还让自己觉得一直在忙碌,这是我们耗费时间最多的象限。其次是第四象限(虽不重要

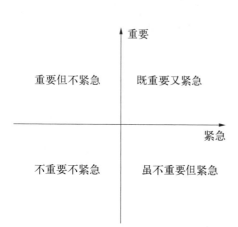

图9-2 时间管理象限图

但紧急)的事情上,因为紧急所以需要抓紧时间办,所以往往占据了个体的最佳精力。而这两部分事情耗费了大量的时间,自然会减少第一、二象限的时间,但这反而是个体应当着重花时间与精力做的事情。造成时间管理效果差异的秘诀也在第二象限(重要但不紧急)的事情上,因为在普通人只花20%左右的时间对待它时,成功的人则在花60%—80%的时间来处理这类事情。因此,我们要把时间用在关键问题上并取得效果,就需要对其进行有效管理,并长期坚持。我们可以使用"吃掉那只青蛙"的方法,每天的首要工作就是做最重要的事情,如果事情都重要,就选择最难的一部分先予完成。我们也可以使用帕累托法则,即八二法则、关键少数法则,要改变自己的学习行为,把注意力集中到最重要的20%的事情上。时间管理策略有很多,具体方法的使用效果因人而异,学习者应结合自己的学习风格与习惯选择适合自身实际的最佳策略。

2. 学业求助策略

学习并非易事,我们经常会在学习过程中遇到困惑、难题与挫折,而单靠自己的力量与智慧是无法解决的,这就需要求助于他人并与他人合作来完成。学业求助策略是指当学习者在学习过程中遇到困难时,有意识且主动地请求他人帮助的行为策略。

奈尔森·黎高按照学习者求助的目的,将学业求助分为执行性求助与工具性求助两类。执行性求助是指请求他人代替自己解决困难的行为;工具性求助是指请求他人帮助但由自己解决困难的行为。

有些学生认为,向他人求助是自己无能的表现,即便遇到困难也无法摆脱自我桎梏向他人求助。所以,在教育过程中,教师需要引导学生认识到,个体是与他人共存于世的,他人的帮助对自我来讲是非常重要的学习资源。因此,学生要养成主动向他人学习的意识与行为。同时有意识地进行学业求助是一种重要的学习策略。

总之,在教育过程中,教师不但要教给学生知识,而且要教给学生有效学习的策略,使其在学习的过程中学会选择适宜的学习策略,以提高学习效果与效率。学习不但可以获取知识,更重要的是在学习过程中掌握学习策略,形成高效的学习效率与学习风格。

第二节 学 生 发 展

党的二十大报告明确指出:"要全面贯彻党的教育方针,落实立德树人根本任务,培养德智体美劳全面发展的社会主义建设者和接班人。"[1]学校教育的主要任务是促进学生德智体美劳的全面发展。为实现这一任务,教师应深刻理解学生发展的内涵,掌握学生发展的规律,把握新时代背景下不同阶段学生发展的特征。只有如此,才能更好地提升学生的综合素质,践行好立德树人的根本使命。

---

[1] 习近平.习近平著作选读(第一卷)[M].北京:人民出版社,2023:28.

一、学生发展的内涵

所谓学生发展是指学生在遗传、环境、教育以及个体主观能动性等因素的综合作用下,身体和心理逐渐由幼稚走向成熟、从自然人逐渐转变为社会人的过程。人们对发展这一概念的理解,出现了从生理发展、心理发展、社会性发展不同角度的认识。就学生发展而言,生理发展包括学生身体的正常发育和体质增强;心理发展是指学生在认知、情感、态度、行为等方面的发展和完善;社会性发展则是指学生在社会文化环境中通过社会交往活动,习得社会规范、内化社会价值观念、承担社会角色的过程和结果。

影响学生发展的因素是多样且复杂的,既有外部因素也有内部因素。根据可控程度和属性的不同,外部因素可分为可控与不可控、积极与消极等维度。学校教育在青少年学生发展中扮演着重要且独特的角色。学校有专门从事教育教学工作的教师及教育管理者,其环境布置围绕学生发展的需要专门设计,开展的教育活动具有明确的目的性、组织性和计划性。由此,学校是影响学生发展的主要外部因素,主要通过可控的、积极的学校因素并结合社会环境中的积极因素影响学生的发展。"从内部因素看,学生身心发展的社会需要与个体现有发展水平之间的矛盾,以及由这种矛盾所构成的现实性活动,是学生发展的根本动力。"[1]诸多影响因素均处于不断发展变化和相互作用的状态之中,这反映在个体身上表现为多种可能性,并呈现出不同的发展道路。

二、学生发展的规律

规律是事物之间必然的联系,它决定事物发展的必然趋向,且不以人的意志为转移。学生发展表现出某种规律性,主要包括顺序性、阶段性、差异性、不平衡性、稳定性和可变性、整体性和互补性。这些规律是学生在某一年龄阶段身心发展的稳定的、典型的本质特征。教育唯有遵循学生发展规律、与学生身心发展相适应,才能有效促进学生发展。

(一) 顺序性

学生身心发展的顺序性,是指在教育过程中学生的身体和心理发展遵循一定的先后次序,这种顺序通常是固定的、不可逆的。总体来讲,学生身心发展的顺序表现为由低级到高级、由简单到复杂、由量变到质变的过程。

这一发展规律具体体现在以下五个方面。一是生理发展方面,学生的身高、体重等生理特征会按照特定的顺序增长。例如,婴儿期先长头围,然后是躯干和四肢,青春期的第二性征也会按照一定的时间表出现。二是认知发展方面,瑞士儿童心理学家皮亚杰指出,儿童的认知能力发展分为感觉运动阶段、前运算阶段、具体运算阶段和形式运算阶段,每个阶段都有其独特的认知结构和思维方式。三是语言发展方面,学生的语言能力从简单的单词开始,发展到短语、句子,最终能使用复杂的语言结构进行交流。四是情感与社会发展方面,学生的情感和社会交往能力从依赖家庭开始,逐渐扩展到同伴、学校和社会,其自我概念、同理心

---

[1] 全国十二所重点师范大学联合编写组.教育学基础(第3版)[M].北京:教育科学出版社,2014:147.

和道德判断能力也会随着年龄的增长逐步发展与完善。五是身体运动发展方面,学生在运动技能上的发展,如抓握、走跑跳投等,遵循从大肌肉到小肌肉,从粗放到精细的发展顺序。

这一发展规律是自然发生且不可改变的。外部力量的干预只能在某种程度上加快发展速度,但不能改变发展的顺序。学生发展的顺序性规律要求教育者在教学实践中不能拔苗助长,而应尊重学生的成长节奏,循序渐进地提供适宜的教育资源和环境,以支持学生在各自的发展阶段中获得最佳的成长和发展。

(二) 阶段性

尽管人的发展是连续的,但也表现出阶段性特征,即在某一特定时期个体会集中发展某些能力或特质。学生发展的阶段性,是指学生在成长过程中身心发展会经历一系列不同的、有序的阶段,每个阶段都有其特定的发展特点和任务。它代表了学生身心发展的年龄特征,是学生在身心发展的某个阶段表现出来的典型、一般、本质的特征。这些阶段通常按照生理成熟、认知能力、情感和社会性等方面的发展顺序而展开。

一般而言,处于身心发展的不同阶段的个体,其发展的速度及重点也不尽相同,发展任务也由此不同。以情感和社会性发展为例,埃里克森的心理社会发展理论描述了从婴儿期到晚年的八个发展阶段,每个阶段都面临着一个核心的心理社会危机,需要通过与他人的互动来解决,从而促进个体的社会功能和个人身份的形成。其中,婴儿期,孩子的主要发展任务是建立基本信任感,发展感官知觉和粗大运动技能;幼儿期,孩子开始探索环境,形成自我概念,语言和社会交往能力迅速发展;学龄前期,学生进入学校系统,开始学习读写算等基础学科知识,认知能力快速发展,同伴关系变得日益重要;青春期,学生开始形成更成熟的自我认识和社会身份,他们的抽象思维能力增强,情感波动可能较大,对独立性和自我表达的需求增强。

教育者和家长需要理解并尊重学生身心发展的阶段性规律,并根据学生所处的发展阶段提供适当的支持和引导。在教育过程中,教学目标、内容和方法应与学生的发展水平相适应,以确保学生能在当前阶段获得必要的知识和技能,并为下一阶段的发展打下坚实基础。同时,教师要及时调整教学方法和策略,以适应学生的最新发展需求,实现身心的全面健康发展。

(三) 差异性

学生身心发展的差异性,是指在教育过程中每个学生的身体和心理发展所具有独特性与个体差异性。这种差异性可能源于遗传、环境、文化、家庭背景、个人兴趣、认知能力等多种因素。

学生身心发展的差异性规律主要体现在以下三个方面。第一,从生物学角度来看,学生之间在身高、体重、运动能力等方面存在生理性差异。例如,一些学生可能在体育方面表现出色,而另一些学生则可能在音乐或艺术方面有更高的天赋。第二,心理发展上的差异也很显著。这主要包括智力水平的差异、情感和社交能力的不同以及性格特征的多样性。例如,有的学生逻辑思维能力强,有的学生则更具创造力和想象力。第三,学生的社会经济背景、家庭环境和教育资源的可获得性也会影响他们的身心发展。尤其来自不同社会经济地位的家庭的学生接受的教育内容和质量不同,这很可能会导致他们在学业成绩和未来发展机会上出现差异。

了解和尊重学生身心发展的差异性,是提供有效教育与促进每个学生全面成长的关键。为了应对这些差异性,教育工作者需要采取个性化的教学策略,以满足每个学生的特定需求。这些策略和手段主要包括分层教学、个性化学习计划、特殊教育支持,以及鼓励学生发展其特长和兴趣等。教育工作者通过因材施教,能够促进每个学生最大潜能的释放。

(四) 不平衡性

学生身心发展的不平衡性规律,是指在个体成长的过程中不同方面的发展速度、程度和顺序存在一定的差异。

这种不平衡性具体表现在以下五个方面。一是发展速度的不平衡。不同学生在同一时期或同一学生在不同发展阶段,其身体和心理能力的增长速度也可能不同。例如,一些学生可能在语言能力上发展迅速,而在运动技能上则进展较慢。二是发展顺序的不平衡。虽然大部分学生的发展顺序大致一致,但个别学生的发展顺序可能会有所不同。三是发展内容的不平衡。学生在认知、情感、社会交往等方面的能力发展并不均衡。如有些学生可能在数学逻辑方面表现突出,而在语言表达或人际交往方面则相对较弱。四是发展阶段的非线性。学生的发展并非总是按照一定的顺序逐步推进,有时会出现跳跃式或倒退式的发展。例如,一个学生在某个阶段可能突然在某一领域取得显著进步,而在另一领域却遇到挫折。五是个体差异的长期性。学生发展中的不平衡性往往具有长期性,即个体的特殊才能或弱点可能会持续存在,需要长期的关注和支持。

了解学生身心发展的不平衡性规律,这对于教育工作者来说是至关重要的。它要求教师和家长要善于抓住身心发展的敏感期,采取个性化和适应性的教学策略,为学生提供适合其当前发展水平与需求的指导和教育资源。

(五) 稳定性和可变性

个体身心发展的稳定性,是指在一定社会环境和教育条件下某个年龄阶段的青少年儿童身心发展的顺序、阶段、变化过程、速度以及年龄特征等方面所表现出的基本相似特征。例如,学龄初期儿童的总特征是身体发展较缓慢,思维以形象思维为主。学龄中期儿童的特征是身心急剧变化,自我意识增强,独立性增强,情感较丰富,且不容易自我控制。而学龄晚期学生的身心发展明显成熟,接近成人的水平。学生身心发展的稳定性规律表明,尽管存在个体差异和环境影响,学生的成长过程仍遵循一些普遍的、有序的模式。

然而,由于受到遗传、环境、教育和个人经历等多种因素的影响,个体身心发展又呈现出多样化和可塑性的特点。具体而言,一是家庭环境、社会文化、经济条件和学校教育等因素都可以显著影响学生的身心发展。例如,良好的教育资源与家庭教育环境可以促进学生的认知和情感发展。二是个体差异。每个学生都有其独特的性格、能力和学习风格,这些差异使得他们在面对相同的教育条件时会有不同的反应和成长结果。三是社会互动。学生通过与同伴、教师和其他社会成员的互动,学习社会规则、发展人际关系技能和增强社会责任感。四是文化和价值观。学生的文化背景和价值观念对其世界观和行为方式产生深远影响,这些因素也会随着时间和经历的积累而发生变化。

身心发展的稳定性和可变性,不仅要求教育工作者要保持内容、方法等的相对稳定性,同时又要根据时代特征、地域特点、文化特点,不断革新教育内容、方法,以适应社会的发展要求和人的发展需求。

(六) 整体性和互补性

学生身心发展的整体性和互补性,是指学生的身体、智力、情感、社会性和道德等多方面发展的相互关联、相互影响。个体每个方面的发展都不是孤立存在的,它们共同构成了一个统一的整体,并推动着学生的全面发展。

整体性规律强调学生发展的各个方面是紧密相连的,一个方面的成长和发展会对其他方面产生影响。例如,体育锻炼不仅可以增强学生的体质,还有助于培养坚韧不拔的意志和良好的团队精神。同时,健康身体不仅是学习和生活质量的基础,还有助于学生在智力和其他方面的发展。

互补性规律则指出学生发展中的各个方面可以互相补充和支持。当学生在某一领域面临困难时,其他领域的发展可以为这一领域提供一定的支持和辅助。例如,良好的情绪调节能力可以帮助学生在面对学习压力时保持积极态度,而坚强的意志力和毅力又可以支撑学生在逆境中不断进步。

在教育实践中,教育工作者应该重视学生身心发展的整体性和互补性。一方面,运用全人教育的理念和方法,培养学生的综合素质。避免片面强调某一方面而忽视其他方面,进而促进学生在不同领域的均衡发展。另一方面,也要注意个体差异,应采用多元化的教育方法满足学生的不同需要。

三、学生发展的时代特征

学生的发展既表现为身体的发展,也表现为心理的发展;既表现在发展的速度上,也表现在发展的广度和深度上。就其特征而言,一方面,学生发展特征在不同年龄阶段会有所差异;另一方面,学生发展特征又会受到当前所处的社会文化、经济、技术等方面的深远影响,具有强烈的时代特色。

(一) 不同年龄阶段的发展特点

1. 幼儿身心发展的特点

要全面深刻地了解幼儿,就必须先了解幼儿身心发展的特征。幼儿生理的发展主要包括大脑和身体在形态、结构、功能方面的生长发育过程;而幼儿心理的发展是指幼儿的认知和个性等方面的发展。生理发展是幼儿发展的基础,并影响着其心理的发展。

作为人早期发展的关键阶段,幼儿时期的身心发展具有以下七方面的特点。一是身体和运动技能的快速发展。幼儿在该时期会经历快速的生长,包括身高、体重的增长以及大脑和其他器官的发育。以身高、体重为例,幼儿期儿童每年身高大约增长7厘米,体重每年增加2.5—3千克。① 同时,感知觉和运动技能发展迅速。婴儿出生后不久便开始通过视觉、听觉、触觉、味觉和嗅觉来探索世界。随着年龄的增长,这些感官能力会不断地提高。随着肌肉力量、骨骼强度和神经系统控制的不断发展,幼儿从躺卧到翻身、爬行、站立、走路和跑动,其运动技能逐步发展。二是认知能力的快速发展。幼儿的认知能力包括记忆、注意力、思考和解决问题的能力。例如,幼儿在3岁时注意力维持在15—20分钟,以无意注意为主;4岁时迅速发展到30分钟,但需要成人提醒才能进行有意注意;5岁以上的幼儿有意注意则得到快速发展。该时期,幼儿开始形成符号思维,能够进行简单的逻辑推理和分类。他们的语言能力也迅速发展,从啼哭、喃喃自语到单词句、简单句子,最终发展出复杂的语言沟通能力。三是情感和社会性得到发展。幼儿开始建立友谊,学习如何与他人合作和分享。他们的情感表达变得更加丰富,能够识别并表达自己的感受。四是道德和自我概念发展。虽然幼儿尚未形成成熟的道德观念,但他们开始理解规则和界限,并在一定程度上展现出自我意识,逐渐形成自己的喜好和兴趣。五是模仿和学习能力较强。幼儿通过观察和模仿成人及同伴的行为来学习新技能,具有极强的学习能力和吸收新信息的能力。六是敏感性和适应性显著增强。幼儿对于外界的变化非常敏感,能够快速适应新环境和情况,但也极容易受到负面影响。七是游戏在幼儿发展中具有重要作用。游戏是幼儿学习和发展的主要方式,通过游戏,幼儿可以练习社交技能、问题解决和语言表达。

2. 小学生身心发展的特点

小学生一般指六七岁至十二三岁阶段的儿童,又称童年期儿童或学龄初期儿童。这个年龄段孩子的身心发展不同于发展速率较快的婴幼儿期和青少年期,而是处于相对平稳和缓慢、年龄跨度较大的阶段。除高年级学生外,大部分孩子尚未进入青春期,其身体发育尚未成熟。由于小学生具有较强的可塑性,对成年人有着相对较强的依赖性,这些特性使他们处于接受教育最重要的黄金时期。充分认识和理解小学儿童的身心发展的特点,是小学教师科学履行教书育人职责的前提。

小学生的身心发展主要表现在以下八个方面。一是在生理发展方面,小学生的身体继续成长和发育,身高和体重持续增加。他们的运动技能变得更加精细,如写字、绘画和使用各种工具等。二是在认知发展方面,小学生的大脑发育迅速,特别是前额叶区域,这与决策、规划和社会行为有关。他们的注意力、记忆力、逻辑思维和抽象思维能力都有所增强,开始能够理解较为复杂的概念和解决具有一定难度的问题。三是在语言能力方面,小学生的词汇量和语法知识迅速扩展,能够进行更加复杂和流畅的交流,其阅读和写作能力也显著提高。四是在情绪发展方面,小学生开始体验更广泛的情感,如羞愧、内疚和羡慕。同时,虽然

---

① 李晓巍.学前儿童发展与教育[M].上海:华东师范大学出版社,2018:56-57.

他们的情绪调节能力也在发展，但仍然需要成人的引导和支持。五是在社会性发展方面，小学生在同伴交往中学习社会规则、发展友谊并开始形成自己的社交圈。他们通过团队活动和集体游戏学习合作、竞争和冲突解决。六是在道德和价值观方面，小学生开始形成关于对错的观念，理解社会规范和道德标准，并尝试根据这些标准来指导自己的行为，正直、自信、勤勉等具有社会道德评价意义的良好性格逐步形成。[1] 七是在自我概念和自尊方面，小学生在这一时期开始形成自我认识，对自己的能力、外貌和性格特点有了初步的认识。他们追求独立，希望被认可和尊重。八是在创造力和想象力方面，小学生的好奇心强，喜欢探索和创新。总体而言，小学生的身心发展逐步由低级向高级、从简单向复杂过渡。

3. 中学生身心发展的特点

中学生处于个体从童年向成年发展的过渡时期，即青少年阶段。这一阶段最主要的发展特征是性成熟，因此又被称为青春期，其又细分为少年期和青年初期。少年期是指十一二岁到十四五岁的阶段，它是个体从童年期向青春期过渡的时期，大致相当于初中阶段，表现出成熟与幼稚兼而有之的特点。整个少年期充满着独立性和依赖性、自觉性和幼稚性之间错综复杂的矛盾。青年初期则是指十四五岁至十七八岁的时期，相当于高中时期。该时期个体在生理上、心理上和社会性上逐步向成人接近，抽象逻辑思维从"经验型"转向"理论型"，开始出现辩证思维，理想自我与现实自我仍面临分裂的危机，自我肯定与自我否定常发生冲突。

具体而言，中学生的身心发展特点集中体现在以下八个方面。一是生理发展方面，进入青春期，中学生身体发生快速的生长和变化。男孩和女孩都会出现第二性征，比如女孩的乳房发育和月经的来临，男孩的嗓音变粗和胡须开始生长。此外，生长激素的分泌导致身高迅速增加。二是认知发展方面，认知能力继续发展，抽象思维和逻辑推理能力增强。中学生开始能够处理更为复杂的概念，进行假设性思考，并对未来进行规划。三是情感发展方面，情绪变得更加复杂和强烈。中学生可能会经历情绪起伏，容易受到同伴关系和社交事件的影响。同时，他们也在学习如何更好地理解和控制自己的情绪。四是社会行为方面，中学生开始寻求独立，希望摆脱父母的控制，更多地与同龄人建立联系。同伴关系变得极其重要，他们对朋友的意见和接受程度非常敏感。五是道德和价值观方面，在这一阶段，中学生开始形成自己的道德观和价值观，对公正、诚信和责任等问题有着自己的看法。他们可能会质疑传统观念和权威，探索自己的信念。六是自我概念方面，中学生对自己的认识更加深刻，开始探索自我身份和未来的职业方向。他们对自己的身体形象和社交地位特别在意，可能会受到自尊心的困扰。七是学习动机与习惯方面，随着认知能力的提高，中学生对学习的兴趣和动机通常会增加。他们开始培养独立学习的能力，并形成有效的学习策略。八是人际关系方面，中学生开始建立更深层次的友谊，学习如何处理亲密关系中的问题，如信任、忠诚和冲突解决。由于性发育和对未来的向往，他们在异性交往中有时会萌生困惑。

---

[1] 朱小蔓.中国教师新百科：小学教育卷[M].北京：中国大百科全书出版社，2002：82.

(二) 当代中小学生身心发展的特征

中小学生身心发展的时代特点,是指当代中小学生具有区别于以往中小学生身心发展的典型特征。随着全球化的不断发展、信息技术的不断进步和知识经济的勃兴,人们的生活方式、价值观念和思维方式也随之发生变化。这些时代背景共同营造了当代中小学生发展的独特环境。因此,教育政策制定者和学校管理者需密切关注这些变化,以确保教育体系能够有效地支持学生的发展。在当前教育环境下,当代中小学生身心发展的特征主要表现在以下六个方面。

1. 数字技术深度融入学习过程

信息化社会,学生成为多种科学技术资源的占有者、享用者。中小学生广泛使用各种科技产品,他们通过智能手机、平板电脑、笔记本电脑等设备接入互联网,使用社交媒体、在线视频、游戏等多种应用程序。这种数字化生活方式对他们的认知发展、社交技能和注意力分配有着深远的影响。例如,他们可能更善于多任务处理和快速信息获取,但也可能面临屏幕依赖、网络成瘾等问题。有调查显示,中小学生使用智能手机(含电话手表)、平板电脑、社交软件、家庭娱乐终端的比例分别为78.6%、73.0%、68.2%、34.6%,而只有4.4%的人表示从未使用过此类产品或服务。此外,每天使用手机或电脑上网的占81.8%,其中11.7%的人上网时间在"3小时以上"。调查还显示,表示网络"非常重要,离不开"的占27.3%,表示"有些帮助"的占48.9%,另分别有5.0%和4.6%的人表示"害多利少"与"有害无利"。对于"我常常因为上网忘记做作业或拖延做作业的时间"的说法虽然62.6%的人表示"不符合",但仍有17.2%的人表示"符合"。这种风险会随学龄上升而增加——小学生、初中生和高中生表示符合这一说法的分别占到11.6%、16.4%、28.3%。①

2. 深受社交媒体的多重影响

社交媒体的运用在中小学生中较为普及,已经成为他们社交、娱乐和表达自我的重要载体。通过相关社交媒体,中小学生可以发布动态、分享照片和视频,与朋友即时互动。然而,社交媒体也可能带来一些负面影响,如网络欺凌、隐私泄露、过度比较等。

3. 竞争压力增加,心理健康问题凸显

在全球化和知识经济的背景下,中小学生面临着较大的学业压力和未来的职业竞争。同时,家长、学校和社会对他们的期望不断提高,既期望他们在学业上取得优异的成绩,又希望其具备各种特长和技能。在此境况下,中小学生面临学习压力、人际关系困扰、自我认同问题等各种挑战,导致一些学生出现焦虑、抑郁等心理问题。其中,中小学生常见的心理问题主要有以下四方面。一是学业方面的困扰,包括学习方法的烦恼、学习压力感大、考试焦虑、学习挫折、记忆力衰退、神经衰弱等。二是人际关系方面的困扰,包括同学关系烦恼、交友困惑、师生关系烦恼、与家庭的距离感等。三是青春期生理与心理方面困扰,如性心理苦闷、早恋困惑、体相烦恼、孤独感等。四是人生发展方面的烦恼,如理想与现实的冲突、新生

---

① 刘程.新时代的"新世代"——"00后"中小学生发展特征与需求调查[J].当代青年研究,2020(06):19-26.

综合征、人生困惑感、自卑感、自杀倾向等。为此,学校和社会需要提供有效的心理健康教育和辅导,全面关心学生的成长,及时化解学生的心理矛盾,引导他们学会自我调节。

4. 具有多元文化和全球化视野

当代中小学生生活在一个文化多样性和国际交流日益频繁的世界中。他们有机会接触不同的文化观念、价值观和生活方式,进而形成了更加开放和包容的世界观。同时,这种全球化视野,不仅有助于他们更好地理解和尊重不同文化,而且也为其未来发展提供了更为广阔的空间。

5. 自主学习和创新能力增强

当代社会,越来越多地强调自主学习和创新能力。学校教育也鼓励学生积极参与探究式学习、项目式学习等活动,目的是培养他们的自主学习能力和创新思维。因为这种教育方式有助于激发学生的学习兴趣和主动性,培养他们解决实际问题的能力。

6. 生涯规划意识提升

随着职业生涯教育的普及和发展,中小学生被鼓励在早期进行职业探索和职业生涯规划。他们可以通过参加职业体验活动、咨询职业规划师等方式了解不同职业的特点和要求,进而为自己的未来教育和职业道路做出更明晰的规划。这种生涯规划意识的提升,有助于中小学生更好地认识自己、发掘潜能、发展自己并实现个人价值。

思考题

1. 何谓学习,其特点有哪些?
2. 何谓学习动机,学习动机和学习效果是何关系?
3. 试述学习策略及其构成要素。
4. 学生发展具有哪些规律?
5. 简述学生发展的时代特征。

参考文献

1. [丹]克努兹·伊列雷斯.我们如何学习:全视角学习理论[M].孙玫璐,译.北京:教育科学出版社,2014.
2. 陈琦,刘儒德.当代教育心理学[M].北京:北京师范大学出版社,2019.
3. 全国十二所重点师范大学联合编写组.教育学基础(第3版)[M].北京:教育科学出版社,2014.
4. 《教育学原理》编写组编.教育学原理[M].北京:高等教育出版社,2019.

5. 李晓巍.学前儿童发展与教育[M].上海：华东师范大学出版社,2018.

6. 李阳.幼儿基本动作的发展干预研究[M].重庆：重庆大学出版社,2021.

7. 朱小蔓.中国教师新百科：小学教育卷[M].北京：中国大百科全书出版社,2002.

8. 宋铁莉,陆雪莲.教育心理学[M].长春：东北师范大学出版社,2020.

第十章
教育研究方法

学习目标

1. 理解教育研究的含义,了解教育研究的类型。
2. 举例说明教育研究问题选择的原则与来源,掌握研究方案的制定方法。
3. 了解观察法的类型,初步掌握观察法实施的基本程序。
4. 理解访谈法的类型和优缺点,初步掌握访谈法实施的程序与技巧。
5. 理解问卷法的优缺点,初步掌握问卷法的实施步骤与问卷设计的步骤。
6. 了解课例研究的类型,初步掌握课例研究实施的基本流程。

📋 **本章导览**

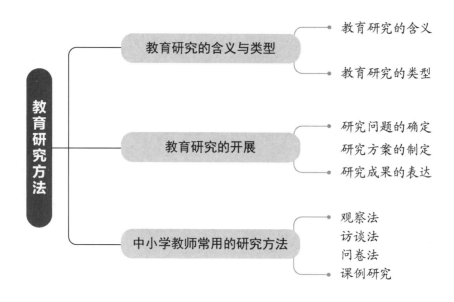

对于中小学教师而言，不但要掌握课程论、教学论、德育论和学习论等理论知识，而且要掌握教育研究方法的知识与能力。当教师在教育教学实践过程中遇到疑难问题时，可以有意识地将其提炼、转化为研究问题，进而设计研究方案，运用教育研究方法的知识与能力分析和解决此研究问题，并以此改进教学行为、提升教学效果。这就要求教师理解教育研究的含义与类型，掌握教育研究问题选定策略和研究方案的设计方法，学会规范运用常用的教育研究方法。

第一节　教育研究的含义与类型

了解教育研究的含义与类型，是开展教育研究的重要前提。我们首先从理论角度阐明教育研究的含义，并详细介绍几种常见的教育研究的类型。

一、教育研究的含义

教育研究是对教育进行的科学研究。为准确理解教育研究的内涵，首先应明确何谓科学研究。科学研究简称"科研"，是指在前人科学认识的基础上，遵循一定的研究范式，有目的、有意识、有计划、系统地运用科学的研究方法，探索客观世界本质属性及其规律的活动。作为一种人类特殊的认识活动，科学研究是人们探究自然现象和社会现象的内在规律的认识过程。教育研究是科学研究的一个重要分支，是科学研究在教育领域中的具体实践。所谓教育研究，是基于一定教育理论和科学研究理论的指导，遵循一定的研究规范和程序，运用科学的研究方法，有目的、有意识、有计划、系统地探索、揭示教育现象和教育问题的本质属性及规律的活动过程。

关于教育研究的内涵，可以着重从三个方面来理解。第一，教育研究是研究者以教育现象和教育问题为对象进行的认识过程。研究的主体即为研究者，既可以是专门的研究人员，也可以是一线的教师或教育教学管理人员等；研究的客体则是教育现象或教育问题；教育研究的实质是一种有目的、有意识、有计划的认识过程。第二，教育研究的目的是探索和揭示教育现象、教育问题的本质及规律，并通过认识和把握教育领域中的这些规律，更好地指导教育实践。第三，教育研究是对教育进行的科学研究，要根据研究的目的和任务，选择运用科学的研究方法，制定切实可行的研究方案，遵循科学的程序和规范，得出的研究结论才更具科学性、准确性。

开展教育研究不仅有助于丰富和完善教育理论体系、实现教育理论的开拓创新，而且有利于指导和改进教育实践、深化教育教学改革、推动教育事业发展，增强教育工作者的科研意识和能力，促进其专业发展。

二、教育研究的类型

（一）基础研究与应用研究

根据研究目的和功能的不同，可把教育研究分为基础研究与应用研究。

基础研究是通过探索、揭示教育现象和问题的本质属性及规律，建立新的科学认识，以丰富、发展和完善教育理论为主旨的教育研究活动，其目的是发展和完善理论。也就是说，通过研究，寻找新的事实，发展新的理论或重新评价原有理论。基础研究与建立教育科学的一般原理有关，它通过探索、创新知识可以为丰富和发展现有学科知识体系服务。例如，关于教育本质论、教育目的论、教育价值论、教学过程规律等问题的研究，都属于基础研究的范畴，其宗旨在于探索如何构建中国特色的教育科学理论体系。

应用研究是以改进教育实践活动、提高教育质量和效率、寻求教育策略、制定教育方案、创新教育方式方法等为主旨的教育研究活动，其目的在于应用或检验教育理论，评价其在解决教育实际问题中的作用。应用研究具有直接的实际应用价值，可解决某些具体实际问题或提供直接有用的知识，侧重于解决当下的、实际的问题。目前，应用研究在我国教育研究中占有较大比重。比如，依据教育部印发的《中华优秀传统文化进中小学课程教材指南》，探索统编教材中中华优秀传统文化教育内容的使用策略、中小学教师传统文化素养现状的调查研究等。这些研究的成果有助于教师改进教学行为，提升中华优秀传统文化教育质量。

实际上，基础研究与应用研究常常互为补充，二者之间的划分有时是相对的。基础研究提供解决教育实际问题的理论；应用研究提供事实材料去支持和完善相关理论，或促进新理论的产生。应用研究主要是根据基础研究的理论成果去探究、解决问题；而应用研究的成果也有助于发展和完善基础研究。在应用研究过程中，往往需要基础研究弥补现有知识的缺陷。如果应用研究只局限于解决当前具体问题，而不试图从基础研究的角度探究其根本原理，那么所得出的结果可能只适用于解决某些局部问题，无法得到广泛应用。

（二）价值研究与事实研究

根据研究内容和性质的不同，可把教育研究分为价值研究与事实研究。

教育价值研究是以教育中的价值问题为研究对象的一类研究的总称。这类研究重视教育研究中研究者的主体性与教育主体性的复杂关系，研究的结论很大程度上取决于研究主体或研究主体所代表的群体的人生观、价值观和教育观。教育价值研究是一种应然研究。它是通过收集、分析资料或数据，对一定教育目标和教育活动的相关价值做出判断的过程，回答的是"应该是什么"或"应该怎么样"的问题。例如，新时代高校劳动教育的价值审视，红色文化融入高校思政教育的价值研究等。

教育事实研究是以教育中的客观事实问题为研究对象的一类研究的总称。它是对事物、事件、关系相互作用等进行描述、观察和测量的一种实然研究，回答的是"是什么""在什么时候""到什么程度"等问题。教育事实研究尤为注重研究的客观性,强调研究者要把尊重客观事实放在首要位置,排除研究者主观倾向对研究结论的干扰,其结论具有主体间的一致性。例如,义务教育阶段学生课业负担调查研究,新时代大学生创新精神培育研究等。

在教育研究中,价值研究与事实研究并非各自独立,而是有机地结合在一起的。对价值研究与事实研究相对地位的评判,主要取决于评价者所持的教育研究方法论倾向。从教育的文化本体论来看,教育事实研究服从于教育价值研究,脱离了一定价值观念的事实研究会失去教育研究的意义。

(三) 质性研究与量化研究

根据研究资料的性质及分析方法的不同,可把教育研究分为质性研究与量化研究。质性研究与量化研究是两种不同哲学方法论取向的研究范式,因而有的学者也认为二者是依据方法论或研究范式的不同所作的划分。

质性研究是指研究者在自然情景中通过访谈、观察等多种方法收集资料,并运用理论或逻辑思维对所收集的资料进行分析、比较、综合、归纳,以解释教育现象及问题的本质和某些规律的一种研究。质性研究是通过发掘问题、理解事件现象、分析人类的行为和情感及言语等来获取研究结论。这种研究是以研究者本人作为研究工具,因此,研究者本人的知识、能力、经验和素质等对于研究质量会起到决定性的影响。质性研究是基于描述性分析的,其本质是一个具象真实的呈现过程,即从特殊的情境中展示出个性化的结论。质性研究的目的是深入研究对象的具体特征或行为,进一步探讨其产生的深层次原因。比如,可开展师范生教育实习关键事件的质性研究、中学名师专业成长轨迹的质性研究等。

量化研究是指研究者事先建立假设并确定具有因果关系的各种变量,然后使用某些经过检测的工具对事物的可量化部分进行测量和统计分析,以检验研究假设或得出结论的一种研究。它要求研究者预先做出理论假设,对研究过程进行严格的设计和控制,按照预定程序收集资料并进行数量化分析,用数据、图表等表述研究结果,并对研究假设进行检验。量化研究一般采用数学分析的方法,所得出的数量结果相对而言更为客观、精确。定量研究因教育统计、实验法等方法的引入而获得进一步发展,它要求在研究设计、数据收集、结果处理和解释上都要具备严格的形式。具体而言,量化研究具有一套相对完备的操作技术,主要包括取样方法、资料收集方法、数据统计分析方法等。量化研究主要通过调查、实验、测验、结构式观察等方法来收集资料,其基本步骤是:研究者预先提出研究假设并确定具有因果关系的各种变量,通过随机抽样的方式选择、确定样本,并使用经过检验的标准化工具按照规定程序收集数据资料,对数据进行分析,建立不同变量之间的相互关系,从而检验研究者事先做出的研究假设。量化研究主要倾向于用数据和量度来描述研究对象的特征和变化情况,研究结论具有较高的可信度和可重复性。例如,可开展小学生符号意识测评模型的构建研究、师生关系对我国中小学生学业成绩的影响研究等。

总之,质性研究与量化研究虽存在明显的区别,各有优缺点,但二者并非互相排斥,而是相互补充。质性研究可以帮助量化研究深入理解复杂教育现象中的个体差异和深层意义,奠定重要的理论基础;量化研究则可以为质性研究提供实证支持和精确的数据分析。现代教育研究中,往往趋向于质性研究与量化研究相结合,实现优势互补,从而共同促进对教育现象、问题的理解与解释。

第二节　教育研究的开展

教育研究是一种有目的、有计划的认识过程。对于一项教育课题开展研究大致要经历以下几个阶段:确定研究问题,设计研究方案,收集研究资料,整理并分析资料,得出研究结论并撰写研究报告。本节主要就研究问题的确定、研究方案的制定和研究成果的表达三个环节展开论述。

一、研究问题的确定

研究始于问题。研究问题的确定是开展教育研究的第一步,也是关键性的一步。它不仅决定研究者当下和今后研究工作的方向和内容,而且也在一定程度上规定了研究过程中需要采取的方法和途径。因此,选择一个值得研究、难度适切的研究问题,是非常重要的。选题本身就是一个值得研究的研究问题。这里主要介绍选题的基本原则和选题的主要来源。

(一) 选题的基本原则

在选择、确定研究问题时,应遵循以下四种原则:价值性原则、科学性原则、创新性原则和可行性原则。

1. 价值性原则

研究问题的价值和意义是确定选题的重要依据,它制约着选题的根本方向。衡量所选定的研究问题有无价值及价值大小,主要考虑如下三个方面。一是理论价值。确定的研究问题应符合教育本身发展的需要,能够检验和发展教育理论,有利于构建科学的教育理论体系。这类问题往往比较专深,要求在理论上要有所突破和创新,或有重要的补充和完善。二是应用价值。所选择的研究问题应符合社会发展和教育事业发展的需要,有利于提高教育质量,推动青少年全面、健康发展。选题还应有助于解决教育过程中遇到的各种问题,改进教育实践,研究成果应对教育改革和发展具有现实的指导意义。三是综合价值,即兼具理论价值和应用价值。需要特别指出的是,评判研究问题的价值和意义不能仅仅依据研究活动的成败。这是因为对于真正有价值的研究问题而言,即便研究失败,也能从中收获许多有益的经验和教训。

2. 科学性原则

科学性原则要求选定的研究问题应符合教育基本原理和教育基本规律,源于实践且能够指导实践,具有一定的科学价值。换言之,选题必须具有一定的理论依据和事实根据。选题的科学性具体体现在以下三个方面。一是选题要在充分占有资料的基础上形成。这意味着研究者须充分研究、分析现有的资料,了解与研究问题相关的研究成果,并在综合分析这些研究成果的基础上,提出研究问题的思路与重点,进而明确要解决的主要问题。二是选题要有一定的事实根据,这是选题的实践基础。研究问题从实践中产生,具有很强的针对性。实践经验又为研究问题的形成提供确定的依据。三是选题要以教育基本理论为依据,这是选题的理论基础。教育理论会对选题起到定向、规范、选择和解释的作用。没有一定的教育理论作为依据,选定的研究问题势必会存在起点低、盲目性大等问题。

3. 创新性原则

创新性原则是指选题应具有先进性、独创性和新颖性。选定的研究问题应该是前人未曾解决或尚未完全解决的问题。要想在选题方面有所创新,就要把研究问题的选择置于总结和发展过去有关学科领域的理论成果与实践成果的基础上。因此,研究者要通过广泛地查阅文献资料和深入地调查,弄清所要研究的问题在目前国内外研究中已达到的水平和已取得的成果,了解是否有人已经或正在或将要研究类似的问题。若要选择同一问题作为研究课题,就要认真审视已有的工作成果,从理论本身的完备性、研究方法的科学性等方面进行批判性分析。在此基础上,重新确定自己研究的切入点或逻辑起点。研究者只有在已有研究成果基础上进行突破和创新,才具有研究的意义和价值。

4. 可行性原则

可行性原则是要求选定的研究问题必须是能够被研究的,具有现实可操作性。这就需要从客观、主观、时机等方面来考虑研究所需的条件,以保障研究切实可行。客观条件主要包括与课题研究相关的资料、设备、技术、经费、时间、人力、理论准备、专业指导、社会支持等方面的条件。有的研究问题看似是从教育发展的需要出发,但由于脱离生活实际,违背了基本的科学原理,所以也就没有实现的可能。因此,在选择、确定研究问题时,研究者必须充分考虑是否具备或者是否能够通过某些途径和渠道获得上述客观条件。主观条件是指研究者本人的知识、能力、经验、专长、研究基础以及对选定问题的兴趣等。具体而言,研究者如果要顺利开展研究,除必备一些客观条件外,还必须掌握与课题研究相关的理论知识和研究方法,保证拥有研究所需的足够的时间和精力,以及必要的经验积累。所以,研究者要权衡自己的条件寻找结合点,尽量选择能发挥自己优势特长的选题。此外,选题的可行性还与时机有关。选题必须抓住关键性时期,什么时候提出该研究问题要看相关理论、研究工具及条件的发展成熟程度。问题提出得早,可能难以攻破;问题提出得过晚,又会被认为是亦步亦趋、随波逐流、缺乏新意。所以,研究者应当注意把握关键时机,敏锐捕捉新的研究问题。例如,对于长期使用与研究语文教材的语文教师而言,在新版语文教材出版后,可及时分析新版语文教材,探索"新版统编语文教材的设计特点及教学使用建议",进而产出相关研究成果。

(二)选题的主要来源

选题的来源是指通过什么渠道或途径去发现、选择和确定研究问题。教育研究选题的来源和途径是十分广泛且多种多样的,主要包括以下三个方面。

1. 从社会变革与发展需要出发提出问题

教育是社会发展的重要组成部分，也是社会进步的重要推动力量。教育与社会发展之间存在着紧密、复杂的互动关系。教育的一切活动都要适应社会发展，为社会发展服务，这是教育发展的外部规律。因此，当前社会变革与发展中迫切需要解决的重大教育问题，以及教育事业发展中急需解决的新情况、新问题等，都可以作为教育研究选题的重要来源。研究者可从政治、经济、文化及社会发展对教育提出的新要求出发，探寻重大理论与实际问题，开展多层次、多角度的深入研究。比如，依据党的二十大报告对教育提出的新要求，可开展中小学精品教材的建设研究、指向拔尖创新人才培养的教学改革研究、中学生国家安全素养的提升研究等。

2. 从学科理论深化、拓展或转型中发现问题

教育情境的复杂性、教育实践的丰富性、教育问题的多样性、教育的外部适应性等特点，决定了教育学科理论是一个开放、多元且需要持续更新发展的领域。因此，从教育理论发展的需要出发，研究者可以发现众多值得研究的问题。这些问题不仅要揭示已有理论同经验事实的矛盾，而且要揭示理论内部的逻辑矛盾；不仅包括学科系统规划建设中的若干未知的研究课题，而且包括对已有教育理论传统观念和结论的批判怀疑及学术争论中提出的问题。以德育理论研究为例，围绕德育本质与功能问题，可以形成一系列研究问题，如中国传统德育思想研究、学校德育变革的社会基础研究、课程德育与德育课程研究等。

另外，在现代科学融合发展的趋势下，学科理论的深化、拓展或转型也促使学科与学科之间相互渗透、融合，并产生了许多相关的交叉学科，而各学科之间的交叉领域也涌现了大量值得探索、开拓的新问题。对这些新领域、新问题进行研究，不仅可以发现学科新的生长点，而且可以拓展学科理论，深化学科发展。比如，小学数学教师职业韧性研究，就是从教师教育学与教育心理学两个学科交叉处选定的。

3. 从教育实践中找寻研究问题

教育实践是教育研究选题最重要、最基本的来源，教育研究正是通过不断解决实践中的各种问题而持续保持旺盛的生命力。可以说，实践是推动教育研究发展前进的动力和源泉。然而，教育实践中所涵盖的问题是多种多样的，既存在着许多值得研究的教育基本理论问题，同时也存在着大量以提高教育质量和效能为目标的教育实践改革问题，对这些问题加以适当的筛选、归纳、总结和提炼，就有可能成为很好的研究选题。比如，可开展中小学生心理健康状况的调查研究、关于减轻中小学生学业负担问题的研究等。

总之，对于广大的教育工作者尤其是一线教师来说，应善于把自己在教育教学实践中遇到的问题转化为教育研究的选题。教育工作者既可以将丰富的教育教学实践经验进行理论总结，使其上升为普遍性的规律，也可以对实践中存在的问题予以探究，进而找到问题背后的原因及解决策略。这样不仅有利于丰富教育理论，改进教育实践，也有利于锻炼与提升教育工作者的科研能力，促进其专业发展。

二、研究方案的制定

研究方案是对研究什么、为什么研究以及如何开展研究的具体规划和设想。换言之，研究方案就是把从选择研究问题、文献回顾到研究设计所进行的构思活动及其结果以文本形式呈现出来。它规定了研究活动各方面的具体内容和步骤，是指导和规范研究工作的纲领性文件。研究方案主要包括以下九个方面的内容。

（一）研究题目

研究题目应当简明、具体，要对研究的任务或所要解决的问题做明确表述。

（二）研究背景与意义

第一，要阐明研究的背景，即具体说明所要研究的问题是如何被提出来的，是根据什么或受什么启发而做这项研究。第二，要说明研究意义，即为什么要开展这项研究，研究的价值和意义是什么，能够解决什么问题。第三，要阐明所选课题涉及的领域在学术研究与社会应用中的地位，指出该课题研究的迫切性与针对性。

（三）国内外相关研究综述以及所选课题研究的特色或创新点

这部分通常需要认真查阅与本研究相关的文献资料，了解与研究课题相关的国内外研究已经达到什么程度，前人已经做过哪些研究、取得哪些结论和成果，有何争论，还存在哪些亟待解决的问题，以表明进一步开展研究的必要。把已有研究成果作为自己研究的起点，从中发现以往研究的问题和不足，从而找到自己研究的切入点，凸显自己的研究特色与创新点。

（四）研究的范围和内容

1. 研究对象的界定

对研究对象的界定可以从两个方面入手。一是对研究对象总体范围进行界定。如果研究对象的总体不同，那么同一个课题研究所得到的结论很可能就会不同。二是对一些研究对象的模糊概念进行界定。不少研究课题中关于研究对象的概念较为模糊，外延不确定，没有明确的定义，如"薄弱学校"。对研究对象界定明确，不仅关系到研究对象如何选取，也关系到研究成果的适用范围。

2. 核心概念的界定

对研究课题中所涉及的一些核心概念必须做出较为明确的定义。这样，一方面可以使研究在确定的范围内开展，让研究思路更加明确清晰、具有可操作性；另一方面也便于他人按照研究者所界定的范围和内容来理解研究结果以及评价研究的合理性。这是因为在教育理论和实践研究中，许多概念说法不一、观点各异，不同人员对同一概念的理解和解释也不一样。所以，如果不对核心概念下明确定义，就无法准确理解研究目的和内容的内涵与外延。例如，研究中小学生学业负担问题，就需要对"学业负担"这一概念做出明确界定，指出其所包含的具体内容。

3. 研究目标和内容的确定

研究目标，即研究所要达到的目的。比如，通过研究找到某种解决问题的方法、对策，构建某种教学模式、教学策略,以及揭示某种规律、内在机制等。对研究目标的撰写要明确、具体且突出重点。研究内容则是与研究目标对应的具体可操作的一个个研究项目,是指为实现研究目标所要开展的具体研究内容。撰写研究内容应当依据研究的目的和任务,力求全面、翔实、周密且尽可能条理化。只有明确研究的目标和基本内容,才能将研究问题具体化、可操作化,继而使研究得以在实际中一步步地顺利开展。

(五) 研究思路与方法的设定

在明确研究内容的基础上,就需要确定研究的思路,即对于如何开展研究,具体从哪些方面进行研究加以说明。这对于后续实施研究、保障研究顺利进行发挥着重要的指导作用。

研究方法的选择和运用对于课题研究而言至关重要。在教育研究中,仅用单一的方法开展研究有时可能不太容易得出准确可靠、科学的研究结果,因为每种研究方法都有其优点和不足。采用单一的研究方法,往往只能获得部分信息,而遮蔽其他重要且有用的信息,以致难以得出较为全面、准确的结论。因此,对于课题研究而言,更提倡采用综合性、混合式研究,或多种方法并用,或以一种方法为主,辅之以其他研究方法,这样更便于从不同角度、方面搜集到大量丰富的研究资料,从而更有利于对问题进行比较全面、完整的分析和研究,保证研究结果的相对准确性、科学性。一个课题中往往包含着不同的问题,有不同的任务和特点,所以需要采用不同的方法去研究。具体而言,研究者要根据研究的性质和任务、研究内容、研究对象以及实际条件,考虑采用何种方法来开展研究。

1. 选取研究对象的方法

选取研究对象的方法,即用什么方法、从什么范围的总体中选取研究对象。是选择研究对象的全体,还是从总体中抽取有代表性的个体组成研究样本;是采用随机取样的方法,还是采用有意抽样的方法等。

2. 收集资料的方法

收集资料的方法,即用什么工具和手段通过什么途径、渠道收集研究资料,如何记录资料,并强调资料收集应注意的问题。

3. 整理和分析资料的方法

整理和分析资料的方法,即对不同性质的研究资料应做怎样的整理,经过整理后的资料应符合哪些要求,又运用何种思维方法或统计方法分析研究资料。

4. 选择研究的方法

研究方法的选择应能保证适合于研究内容的性质和研究对象的特点,便于从不同层面、角度去搜集、整理大量的研究资料,从而有利于全面揭示有关现象的因果关系、矛盾问题等,反映研究问题背后的规律。

(六) 研究程序

设计研究程序就是设计研究的实施步骤并做好时间规划。研究者需要将研究每一步骤的工作任务和要求、每个阶段的时间安排明确在研究方案中予以明确,这样就可以严格按照研究程序进行研究，同时也有利于对研究进行自我检查和监督，从而保证课题研究可以有条不紊地完成。

（七）研究成果表述

研究成果的表述是指研究者对研究活动及其成果进行的全面总结。在研究方案中，研究者可根据研究问题的内容和性质，预先设计好研究成果的表述形式。从教育实际来看，研究成果的表述形式是丰富多样的。其中，研究报告和论文是教育研究中最常用的两种研究成果的表述形式。除此之外，还有教学设计、专著、教材、测验量表、经验总结、教学软件或工具等表述形式。

（八）研究进度和人员分工

对研究进度做计划主要是依据研究活动的基本规律及研究内容和任务的需要，对研究各方面的具体工作、步骤进行程序上的安排和时间上的分配，并对研究过程进行把控。这方面的计划需要具体规定研究各个阶段或各项工作的目标与任务，以及每一阶段或工作应该取得的研究成果。

在研究方案中，还需要明确研究人员的分工与职责，即要根据研究工作的需要和研究人员的专长，给参与研究的成员指派不同的工作，分配不同的任务，使大家可以充分发挥各自的优势，相互协作，共同努力，确保课题研究顺利完成。

（九）研究条件的保障

这部分内容主要是对支撑课题研究顺利完成的一些客观保障条件做出说明，如研究材料、经费、仪器设备等。其中，对研究经费的预算一般应包括图书资料费、调研费、工具费以及购置仪器设备的费用等方面。

一般而言，研究方案制定得越详细、具体、周密，就越能顺利开展研究并取得预期成效。然而，由于各种主、客观因素的影响，研究过程中常常也会出现计划赶不上变化的情况。所以，这就需要研究者根据研究的实际情况和需要，对研究方案进行及时的修改、补充和完善，从而灵活调控研究过程，保障研究的顺利进行。

三、研究成果的表达

研究成果的表达是对研究工作的概括和总结，涉及研究工作的目的、内容、过程、方法、结果等。就教育实际而言，研究成果的表达形式多种多样，以下主要针对教育叙事、教育案例和教学论文这三种形式展开论述。

（一）教育叙事

叙事研究是当前教育研究领域中经常采用的研究方法之一，它主要是通过教育主体的故事叙述来描绘教育行为、进行意义建构并使教育活动获得解释性意义理解的一种研究方法。从研究属性上讲，叙事研究属于质性研究的范畴。我们既可以将教育叙事看作是一种研究方式，也可以将其视为一种研究成果的表达形式。作为研究成果表达形式的教育叙事，既指教师在研究过程中用叙事的方法所做的某些简短的记录,也指教师在研究中运用叙事方法写作形成的研究成果。

教师所做的教育叙事主要是陈述教师在日常生活、课堂教学以及教改实践中已经发生过的或正在发生的事件。同时,它也包括教师撰写的个人传记、经验总结等文本。这些以"故事"形式所做的实践记录是具体的、情境性的,生动地描绘了教师的经验世界,记录了教师心灵成长的轨迹,也表达了教师在教育活动中的真情实感。教育叙事的目的在于通过教师自我叙述的方式反思自身教育教学活动,以不断改进教学、提高质量。

1. 教育叙事研究的特点

教育叙事研究是研究者以叙事、讲故事的方式表达对教育的理解和解释。它是通过讲故事的方式,让人们从中体验教育是什么或应该怎么做。具体而言,教育叙事研究具有如下四个特点。

第一,教育叙事研究所叙述的内容是已经发生了的或正在发生的教育事件。它所报告的内容是实际发生的教育事件,而不是教育者的主观想象。教育叙事研究十分重视叙事者的处境和地位,尤其肯定叙事者的个人生活史和个人生活实践的重要意义。在教育叙事研究中,叙事者既是讲故事的人,也是他们自己故事或别人故事中的角色。

第二,教育叙事研究所报告的内容具有一定的情节性。叙事谈论的是特别的人、特别的问题或使生活变得复杂的任何东西,所以叙事研究不是单纯记流水账,而是记述有情节、有意义、相对完整的故事。

第三,教育叙事研究是行动者直接融入并成为主体的研究。在叙事研究中,研究者本人是研究的工具,通过自身长期在教育教学的实际生活体验中,以及与对象的直接互动和实际交往中,观察、分析、反思所发生的各种生活故事和教育教学事件,获得一些见解或解释性的意见。这就是研究者自身作为主体并直接介入其中的行动研究。它特别关注叙述者的亲身经历,不仅把叙述者自己置于其中,而且把写作的对象从知识事件转换为人的事件,并采用心理分析技术,对某个人或某个群体的行为做出合理解释和说明。

第四,教育叙事研究是一种反思性研究。教师在叙事中反思,在反思中深化对问题或事件的认识,提升原有的经验,修正行动计划并在反思中探寻事件或行为背后所隐含的意义及思想理念。离开了反思,叙事研究就会变成为叙事而叙事,失去应有的目的和意义。

2. 教育叙事研究报告的构成

教育叙事研究报告文体突破了传统的研究论文与实验报告的局限。它主要来自教师教育活动的口述、故事、现场观察、日记、访谈、传记、书信和档案等,用来述说教育主体的经验与实践。它既包含研究者对所观察到的"事"的故事性描述,也包含研究者对"事"的论述性分析。其基本构成大致包括以下七个部分。

(1) 标题。标题是对研究内容的高度概括,应反映教育叙事研究报告的主要研究问题和中心思想。

(2) 前言。教育叙事研究报告的前言部分,应包括对研究背景、研究目的、研究问题或研究假设的陈述以及相关的研究综述。

(3) 研究设计。教育叙事研究的设计包括两个阶段：第一阶段是研究者从参与者那里引出包含自己感兴趣现象的故事；第二阶段是研究者通过系统解释和组织由参与者讲述的事件，"复述"该故事。

(4) 抽样过程。介绍所采用的目的性抽样的策略，并解释选择特定抽样策略的原因。

(5) 研究方法。教育叙事研究常用的方法包括观察法和访谈法等。观察应力求客观，避免"先见"或"前设"对研究的干扰。访谈应力求开放，使被访者在研究者设计的开放性问题中轻松思考并回答问题。运用观察法和访谈法主要是为了获取尽可能多的信息。研究者一方面要具有敏锐的观察力，能够捕捉有意义的事件作为所叙之事；另一方面要具有亲和力，能够较快地为研究对象所接受，使访谈得以顺利进行。

(6) 数据分析。根据描述、解释、评价等不同的研究目的，数据分析方法也有所不同。分析意味着要重新讲述经过组织的故事，包括有关事件及其情境。解释研究者参与的故事时，可以采用已有的故事结构，也可以采用研究者自己创立的结构。

(7) 讨论。讨论主要是总结研究的发现，分析研究的局限和不足。另外，研究者还要揭示已有发现对进一步的研究、理论发展和专业实践的启示。

作为研究者而言，在教育叙事研究与研究报告的写作中，还需要注意多向度地收集资料，并对资料进行细致的筛选、鉴别和分析，把握事件的主线、关注事件的细节，以期揭示事件或故事背后所蕴藏的教育智慧。

(二) 教育案例

从当前教育发展来看，案例与教育研究的联系越来越密切，在教育工作者的职业生涯中扮演着越来越重要的角色。

1. 案例的含义与特征

案例是指包含问题或疑难情境的真实发生的典型性事件。它通过描述实际情境，讲述一个故事。因此，教育案例就是一个教育情境的故事。案例具有如下四个特征。第一，案例是对实际情境的描述，它讲述的是一个故事，包括故事发生、发展的过程，是对事物或现象动态性的把握。第二，案例是含有问题或疑难情境在内的事件。事件是案例的基本素材，但并非所有的事件都可以成为案例。案例中必须包含问题，甚至可能包含解决问题的方法。第三，案例是典型性事件。作为案例的事件需要具有一定的典型性、代表性，能够从这个事件的解决中诠释、说明类似的事件，给人带来启发或借鉴意义。第四，案例应当是真实发生的事件。案例虽然叙述的也是一个有趣、生动的故事，但它与故事有根本性的区别。故事是可以杜撰、编造的，而案例反映的则是真实发生的事件。

2. 案例的撰写

案例以记录为目的，以记叙为主，兼有说明和议论的功能。它是通过讲述一个故事来说明道理。所以，案例的写作不同于一般的论文写作，它是一种从具体到抽象的归纳思维。案例大致包含以下七方面的内容。

（1）标题。标题要简洁、明了，反映案例事件的主题和内容。一般来说，既可以用案例中的突出事件作为标题，也可以解析事件中蕴含的主题，以主题来作为案例的标题。

（2）引言。引言要大体描写一下事件的场景，反映事件可能涉及的主题，以便他人对案例的事件和主题有大致的了解，提前做好阅读的心理准备。

（3）背景。介绍案例中事件发生的背景，包括间接背景与直接背景。间接背景是与事件发生有关，但并非直接相关的背景；直接背景则是直接引发事件，与事件发生密切相关的背景。阐述事件背景对于分析案例、评判解决案例问题的方法是否得当，以及完整把握事件的来龙去脉而言是非常重要的。

（4）问题。案例是围绕问题展开的，其与一般事例的最大区别在于具有明确的问题意识。在论述中，需要讲明问题是什么、是如何发生的、产生的原因有哪些等。

（5）问题的解决。这部分需要详细阐述解决问题的过程、步骤、方法，以及解决过程中出现的反复、挫折等，同时也会涉及对问题解决的初步成效的描述。从结构上来看，问题解决部分在一定程度上是整个案例的主体，切勿把问题解决表面化、简单化。

（6）反思与讨论。撰写教育案例的过程，也就是教师系统反思自身教育教学、对解决教育问题的心路历程进行再分析的过程，同时也是教师梳理、总结教育教学经验和教训的过程，对于提升教师的教育智慧而言至关重要。反思与讨论不一定面面俱到，选择关键的内容或印象深刻的方面加以思考即可，主要涉及的问题包括：在解决问题的过程中有哪些利弊得失；问题解决过程中还会发生或存在什么新的问题；在日后的教育教学中如何解决这些新的问题；从问题解决中获得了哪些感受、体会或启发。

（7）附录。附录是对正文的主题和内容起到补充说明作用的材料。是否添加附录，研究者要根据案例的具体情形来定。

（三）教学论文

教学论文是指以教育教学为主题或内容的学术研究论文，旨在探讨教学理论、教学方法、教学策略、课程设计等与教育教学相关的问题的研究成果形式。它是教师将教育教学经验或教学研究予以的总结，并综合运用各种理论知识进行分析和讨论。教学论文一般包括四部分内容：想要研究或解决什么问题；为何要研究这个问题；如何研究和解决这个问题；问题解决得如何。

1. 教学论文的内容与结构

一般而言，教学论文在形式上都要遵循"绪论—本论—结论"的逻辑顺序。规范性的教学论文的框架结构，一般要包含以下八个部分。

（1）标题。标题是对论文内容的高度概括，应准确反映研究的问题及内容，使读者一目了然。标题的撰写要求简练、明确、恰当，不宜过于抽象或笼统，也不宜过长，一般不宜超过30个字。如果主标题表述不到位或范围过大，可用副标题加以补充或限定。

（2）作者单位和姓名。通常写于标题下方，单位在前，姓名在后。也有的文章将作者单位写于文章末尾。作者要署真名。如果论文属于集体成果，可署集体名或课题组名称。有多位作者则按照对研究工作和文章撰写的贡献大小依次署名。作者的所在单位要写全称，不要简写。

（3）摘要。摘要是对论文主要内容的简介，是论文的浓缩、梗概。其作用在于使读者通过简洁、概括的文字了解论文的主题和主要内容，以便确定有无必要阅读全文。摘要的写作内容主要包括研究的背景、方法、对象、内容和结论等，字数约为 200—400 字。

（4）关键词。关键词是用以表示论文主题内容信息的词语或术语。通常是论文中反复出现的、起到点明和强调论文主旨作用的关键词语、术语，一般为 3—5 个。关键词之间一般用分号隔开。

（5）引言。引言也可称作绪论、序言、前言。它写于正文之前，用于说明研究的背景、目的、意义及引出研究问题等。引言往往包括：阐明研究的背景和动机，进而提出自己所要研究的问题；简要介绍研究方法和手段；概述研究的理论价值与现实意义。这部分的写作应当开宗明义，条理清楚，据理分析。

（6）正文。正文是论文的主体部分。这部分的结构安排一般有三种形式：平列分论式、层递推论式和平列层递结合式。在正文中，要对研究内容进行全面的阐述和详细的论证。一般学术论文的论证方法主要有两种：一是实践证明，即用作为实践结果的客观事实来检验，证实某种理论的可靠程度；二是逻辑证明，即用一个或几个真实判断来论证、确定另一个判断的真实性。正文部分的写作，要以论文观点为轴心，贯穿全文，用材料说明观点，使观点与材料相统一；用观点去表现主题，使观点与主题相一致。

（7）结论与讨论。结论即经过反复研究后形成的总体论点。结论应指出研究结果是否支持假设，或研究解决了哪些问题，还有什么问题尚待进一步探索；应从理论上说明研究结果的意义，并总结全文，深化主题，将研究结果进行更高层次的精确概括。结论是围绕正文内容所作的结语，其任务是将已经在引言中提出的中心论点在分析、研究之后加以归纳总结。有的论文可以不写结论，但应作简单总结，或提出一些建议。有的论文还需要进行讨论，即从理论上对研究结果的意义进行分析和评论，对研究结果做进一步分析，并将结果与相关的研究进行比较，从而对所研究的问题做更深入的探讨。讨论也需指出研究结果的局限性及存在的问题。讨论是从理论上对研究结果的含义、意义进行分析、解释和评价。

（8）参考文献与附录。参考文献是指研究者在研究过程中查阅、参考或引用过的文献资料。需注明文献的标题、作者姓名、出处、出版或发表的时间、页码等信息，以便于读者查找。附录，即附在论文后面与论文有关的文章或参考资料，它是作为说明书或论文的补充部分，如调查问卷、访谈提纲、测量工具、观察评定表格、教案、教学活动设计等。

2. 教学论文撰写的基本要求

（1）在科学求实的基础上创新。教学论文的目的就是要在已有研究的基础上有所创新，获得新的事实、新的理论和新的观点，其价值主要体现在创新上，而创新必须以科学性为基础。要保证教学论文的科学性，研究者就需要做到以下三点要求。一是要尽可能多地占有研究资料，用充分有力的论据、精确可靠的数据资料，并借助于逻辑严密的论证来证明研究成果。二是论文在立论上不得带有任何个人的好恶,更不能主观臆断,内容要实事求是、恰如其分,正确反映客观规律,防止绝对化或片面化。三是理论观点表述要准确、系统、完整,用词恰当,概念明确,凸显科学性和严谨性。只有在科学性的基础上进行创新,教学论文才具有价值和意义。

(2) 观点和材料一致。在撰写教学论文时,首先就要对研究中所获得的大量材料进行"去粗取精、去伪存真"的整理、提炼和选择,挑选出最有价值、最典型的事实材料作为立论依据。观点和材料的统一,关键在于选取材料,即选材。选材主要依靠的是研究者的综合分析能力和逻辑思维能力,同时需要遵循以下四点要求。一是要紧紧围绕研究的主要问题选材,分清主次。二是要选择有广泛代表性和说服力的典型材料,把握好材料的量与质。三是要认真鉴别材料的真伪和价值,选取真实准确、符合客观实际的材料。四是尽可能选取新颖、生动、反映时代特点的材料。在选材的基础上,研究者应对材料进行准确、深入的分析、归纳和综合,提炼论点,概括出结论,从而使得观点与材料相一致。

(3) 在独立思考的基础上借鉴吸收。教育研究成果的表述中必须正确处理借鉴吸收他人研究成果与自己独立思考的关系。因此,研究者需要注意以下两方面的内容。一方面,研究者不能自视甚高,无视他人的研究成果。只有通过查阅文献,收集现有的与所研究领域有关的信息,对所研究的问题做系统评判、分析,才能全面掌握所要研究问题的情况,从而选择正确的研究课题和方向,避免重复他人已有的研究。同时,文献资料也是追踪和吸收国内外学术思想与最新成就,以及了解教育研究前沿动向的有效途径。另一方面,研究者不能对引用的观点和文献只述不评或任意引申发挥。对引用的观点和文献,首先,研究者要搞清作者的本意和文献内容的价值,从中挖掘实质性的问题,有针对性地进行分析评述,以证明自己的观点;其次,要善于从众多的研究成果和文献中选择最典型的、最具说服力的材料,而不要简单列举或大量堆砌材料,否则只会降低引用材料的论证作用,使论文失去说服力和新意。

(4) 书写格式符合规范,文字简洁、精练,表达准确、完整。研究成果表述的目的就在于使读者易于从阅读研究成果中迅速、准确地了解研究内容。所以,教学论文的书写格式应符合规范,文字要准确、鲜明、生动。具体而言,就是要求文字应客观地反映实际情况,不能用日常生活用语来代替科学术语,也不能随意造词,以免造成理解上的歧义;应尽力写得深入浅出,平易近人,容易为人所理解。表述要清楚、简洁、周密,不能含糊其辞、模棱两可;还应在表述准确的基础上讲求文采,以最少的文字表达更多的内容,而不要生硬地讲道理。除了文字上字斟句酌外,要使论文具有可读性,还要把握好论文的结构,对文章的观点和材料做细致的安排,使之主次有别、层次分明、条分缕析、言而有序。这样,整个论文的表达才能准确、完整,论点才更加突出,论证才更加严谨、更具说服力。

第三节 中小学教师常用的研究方法

中小学教师可以采用的教育研究方法有很多种。限于篇幅,我们仅介绍常用的几种研究方法，以促使教师理解教育研究的学术规范，提升教师的教育研究能力。

一、观察法

（一）观察法的概念与类型

1. 观察法的概念

观察法是指研究者通过感官或借助科学仪器，有目的、有计划地对教育现象或行为进行系统感知、记录，从而获取研究资料的研究方法。观察的方式除通过眼睛、耳朵等感官直接观察外，还可借助摄像器材等观察手段或工具进行间接观察。观察的内容聚焦于某种教育活动或现象，或教育活动中人的言语、行为等信息，这里的人可以是学生、教师、校长等个体，也可以是研究共同体，如观察小学中年级学生课堂提问行为、观察备课组教师的备课行为等。

2. 观察法的类型

结构式观察和非结构式观察。依据观察方式的结构化程度，可将观察法分为结构式观察和非结构式观察。结构化程度是观察设计的严格程度，尤其是教育事件、行为被分解的细致程度。结构化程度越高，说明可量化的程度越高。结构式观察是指研究者事前设计好观察计划和确定使用的结构性的观察工具，在观察过程中严格按照观察内容和程序对观察对象实施观察的方法。结构式观察具有程序标准化、观察内容结构化、观察结果可量化分析等特点。非结构式观察是指观察者在观察活动实施之前只有一个总的观察目的和要求，需要结合现场情况而有选择地进行观察的方法。非结构式观察的特点是比较灵活、有较强的弹性，利于获取丰富的资料。比如，同样是研究小学中年级学生课堂提问行为，有的研究者利用包含具体观察项目的"小学中年级学生课堂提问行为的观察记录表"，观察并记录学生提问行为的相关信息，用记录表的数据分析学生提问的数量、类型、时机和特点等，这属于结构式观察。还有的研究者利用包含观察目的和几个问题的"小学中年级学生课堂提问行为的观察提纲"，观察并描述学生的提问行为，用归纳、分类、解释的方法探讨学生提问的方式、质量等，这就属于非结构式观察。

参与式观察和非参与式观察。依据观察者是否直接介入研究对象的活动中，可将观察法分为参与式观察和非参与式观察。参与式观察是指观察者不同程度地参与到观察对象的群体活动中，在同观察对象的相互接触与交流中倾听、观察被观察者的言行表现和活动过程的方法。参与式观察的优点在于，观察者可深入了解观察对象及其组织活动的内部情况，挖掘观察对象对其自身行为意义的阐释，获取深层次的资料。但是，在分析观察资料和得到研究结论时，研究者可能带有一定的主观理解。例如，对于小学语文教师备课行为的观察研究，研究者可以作为备课组的一员，参与备课活动之中，以获取教师们在备课中开发教学资源、研讨教学问题等方面的行为资料。非参与式观察是指观察者不介入观察对象的活动，以旁观者的身份通过观察获得研究资料的方法。在条件允许的情况下，可以借助摄像设备对现场进行录像，以获取详尽的资料。非参与式观察的优点在于，研究者能客观地进行观察和分析研究资料。但是,研究者有时观察到的现象带有某种偶然性,难以获取深层次的资料。可以看出,参与式观察和非参与式观察各有优劣,研究者需要综合考虑研究问题和研究者个人条件等方面,选择适切的观察方法。

(二) 观察法实施的基本程序

观察法实施的流程大致包括确定研究问题、制定观察计划、设计观察工具、开展观察、收集、整理和分析资料、得出研究结论等。观察法在量化研究与质性研究中均可运用,但由于这两种研究类型在指导思想和具体操作上有着较大差别,因此对于这两种研究类型中的观察法实施来说,在观察工具和记录方法等方面均有较大的不同。

1. 做好观察前的准备工作

第一,确定研究问题。明确研究问题是开展观察研究的第一步。鼓励研究者多从教育实践的观察与思考中选择研究问题。例如,某位教师在课堂教学实践中发现学生不善于提问,而学生课堂提问对于学生创新精神的培养是非常重要的,于是就想采用观察法研究小学中年级学生课堂提问行为,探明小学中年级学生课堂提问行为现状并提出策略。为此,该教师将研究问题确定为"小学中年级学生课堂提问行为的表现状况如何"。

第二,制定观察计划。确定研究问题后,研究者需要制定翔实的观察计划。观察计划主要包括观察目的、观察对象、观察内容、观察时间、观察地点、观察方法、观察工具和实施观察的注意事项等方面。例如,开展小学中年级学生课堂提问行为的课堂观察,制定如下观察计划,详见案例10-1。

【案例10-1】

观 察 计 划

观察目的:了解小学中年级学生在课堂中的提问行为表现状况,并针对学生课堂提问行为存在的问题提出改进建议。

观察对象:采取简单随机抽样方法,从某所学校的三、四年级中各选择2个班作为观察对象。

观察内容:提问的意识、提问的对象、提问的时机、问题表述的角度、问题表述的准确性、问题提出的有效性和提问的效果等方面。

观察时间:连续观察3周,每周每班观察2节课,总共观察24节课(具体时间安排,此处略)。

观察方法:采用非参与观察方法,用摄像机对课堂教学进行摄像,然后再细致观察录像。

观察工具:摄像机两台,"小学中年级学生课堂提问行为的观察记录表"若干张。

实施观察的注意事项:观察时要做到态度认真,记录信息真实,必要时可重复观察。

第三,设计观察工具。教育观察的内容多聚焦于教育活动中人的行为,而行为是可以被逐级细化、分解的。研究者将行为分得越细致,行为就越容易被观察和记录。据此,研究者可基于文献梳理,对研究主题进行概念界定及分类,设计出相应行为的观察记录表。行为记录方式可用数字记录,亦可用符号记录。例如,在制定完小学中年级学生课堂提问行为的课堂观察计划后,研究者可基于文献梳理,设计出"小学中年级学生课堂提问行为的观察记录表"(如表 10-1 所示)。

表 10-1 小学中年级学生课堂提问行为的观察记录表

学科:　　　　授课教师:　　　　听课时间:　　　　观察者:

观察项目			S1	S2	…	S35
问题内容						
提问的类型	提问的意识	学生主动提问				
		教师引导学生提问				
		学生被动提问				
	提问的对象	向同学提问				
		向教师提问				
	提问的时机	导入环节				
		新课环节				
		结课环节				
提问的质量	问题表述的角度	是什么				
		在哪里				
		何时				
		为什么				
		有何影响				
		怎么办				
	问题表述的准确性	用词准确				
		逻辑无误				
	问题提出的有效性	指向明确				
		信息关联				
		激活思维				

提问的质量	提问的效果	对方的反馈			
		互动的效果			

注：等某位学生提出问题后，观察者就在"问题内容"对应栏内抄写此问题，并在其他栏内用"√"对问题属性做出标记；S1、S2、S35分别代表学生1、学生2和学生35，此表省略了中间段。

量化研究中的观察工具主要为观察记录表，而质性研究中的观察工具主要为观察提纲。观察提纲中往往包括是何人、发生了何事、何时发生、在何地发生、如何发生、为何发生等问题。

2. 实施观察

观察者在实施观察时，应当充分调动感官仔细观察，及时捕捉和记录有价值的信息。实施量化研究中的观察法时，可以采取标记记录法、等级记录法、图示记录法等记录观察到的信息。例如，表10-1就注明了此表的标记记录法。而质性研究中观察法的实施，倡导在观察初期进行开放式观察，对观察对象有个初步了解后再逐步聚焦，重点观察对象的行为和事情，可用实况详录法、日记描述法和轶事记录法等描述记录方法叙述观察到的资料。

3. 整理和分析观察资料，得出研究结论

研究者在获取观察资料后，需要在核实观察资料的真实性、准确性的基础上，整理观察资料，再采取量化分析方法或质性分析方法对观察资料进行深入分析，挖掘资料背后的特征和规律，揭示教育活动中人的行为特征或教育现象的本质，发现教育行为或现象存在的不足之处，进而提出对策，改进教育行为和教学工作。

二、访谈法

（一）访谈法的概念、类型及优缺点

1. 访谈法的概念

访谈法是指访谈者有目的的、有计划地与受访者交谈，通过询问、引导受访者回答一些问题来收集教育资料的调查方法。需要指出的是，其一，访谈的过程是访谈者与受访者的互动过程，是一种社会交往过程，双方的品德、语气表达和相互关系等因素都会影响访谈的进程；其二，通过访谈，旨在收集受访者对某个人、某种教育行为、某件教育事情或某种教育现象的看法和态度，如访谈中学高级教师对教师核心素养构成要素的看法；其三，访谈法既可以作为一种独立的教育研究方法，也可以作为一种辅助方法来收集教育资料。

2. 访谈法的类型

依据不同的标准，可将访谈法划分为不同的类型。依据受访者的人数，可将访谈法分为个别访谈和集体访谈。依据访谈工具和访谈过程的结构化程度，可将访谈法分为结构式访谈、非结构式访谈和半结构式访谈。这里主要介绍后一种访谈分类。

结构式访谈，又称为封闭性访谈或标准化访谈，是指访谈者运用事先设计的访谈问卷依

次向受访者提问,并要求受访者按规定要求做出回答的访谈。其中,对提问方式、提问顺序、受访者回答的方式等方面均有统一的要求,访谈者处理问题的自由度较小。结构式访谈,类似于面对面的问卷调查,由于其访谈结果可做量化分析,因此结构式访谈调查研究属于量化研究。

非结构式访谈,又称开放性访谈或非标准化访谈,是指访谈者按照某一研究主题或几个研究要点而进行的非正式的访谈。实施非结构式访谈时,只是围绕某一研究主题或几个研究要点,有一个粗略的要求,并没有系统的访谈问题。例如,在开展教师核心素养构成要素研究的初期,研究者可以采用非结构式访谈的方法,围绕研究主题——教师核心素养的构成要素,在访谈过程中灵活调整访谈内容,以获取广泛的资料。实施非结构式访谈过程中,访谈者可以结合访谈时的实际情况调整提问的内容、方式和顺序,对受访者的回答问题方式没有统一要求,反而鼓励受访者用自己的语言多表达看法和态度。由此看来,非结构式访谈能充分调动访谈者已有知识储备和改善访谈过程,利于适应不同受访者的情况,收集广泛而深入的访谈资料。

半结构式访谈是介于结构式和非结构式访谈之间的一种访谈方式,是指访谈者按事先准备的访谈提纲进行访谈的方法。这是比较常见的教育访谈方法。在半结构式访谈中,研究者事先设计了一个粗线条的访谈提纲,访谈提纲中包含一系列问题。访谈提纲不仅使得访谈结构具有一定的控制作用,还起到提示的作用。同时,允许访谈者发挥其主动性和创造性,灵活调整访谈的程序和内容,也鼓励受访者尽可能地表达自己的观点。一般来说,研究者通常在质性研究的初期采用非结构式访谈,了解受访者思考问题的方式和关心的话题、方面。据此,完善访谈计划。随着研究的深入,转向半结构式访谈,梳理访谈内容,聚焦访谈重点,开展深入访谈。[①]

3. 访谈法的优缺点

访谈法具有如下四个优点。一是访谈对象的广泛性。访谈法的适用范围较广,访谈对象受年龄、学历等因素影响较小。二是访谈过程的灵活性。访谈过程有较大弹性,访谈者在访谈中可以根据受访者的反应,解释问题或及时调整问题。三是访谈内容的深入性。访谈者不仅能获取受访者回答的表面信息,还能观察受访者的表情、动作等非言语行为,来判断受访者的心理状态和鉴别回答内容的真伪。此外,访谈过程中还可以通过追问,收集深层次的资料。四是访谈资料的可靠性。对于访谈者提出的问题,需要受访者及时地回答,因此所得到的回答往往是受访者自发性的反应,这种回答相对真实、可靠。

访谈法也有一些缺点。一是受访谈者影响较大。访谈者的研究素养和理论水平,会直接影响访谈资料的获取,此外,访谈者的年龄、衣着、品德、语言和价值观等方面,都有可能引起受访者的心理反应。二是耗时较长。寻找受访者和路上来回奔波均需花费很多时间,有时还会超过正式访谈的时间。三是成本较高。除支付给受访者一定的咨询费以外,有时访

---

① 刘晶波.学前教育研究方法[M].北京:人民教育出版社,2016:189.

谈调查还需要访谈者分赴各地进行访谈,这就需要花费很多交通费、住宿费等。四是缺乏隐秘性。在访谈过程中,受访者需当面回答问题,会有所顾虑。

(二) 访谈法实施的程序及技巧

1. 访谈前的准备阶段

一是制定访谈计划。教育访谈计划主要包括访谈目的、访谈内容、访谈对象、访谈时间、访谈地点、访谈步骤、访谈工具和组织分工等方面。其中,访谈所需的工具有证明材料、访谈提纲、访谈记录表和录音笔等。

二是选择访谈对象。研究者需要依据访谈目的,初步确定调查样本的总体,再采用抽样方法从总体中选取有代表性的适宜的样本。比如,开展教师核心素养构成要素研究时,选择访谈对象的方法与结果,详见案例10-2。

> **案例10-2**
>
> **选择访谈对象**
>
> 采用目的抽样和方便抽样相结合的方法,选择10位优秀教师进行半结构式访谈。这10位教师均是中学高级教师或正高级教师。他们在所在省乃至更大区域的基础教育领域有着较大的影响力,其中有5位教师是名师工作室的负责人。从教师所在区域来看,有2位来自吉林省、2位来自安徽省、2位来自江苏省,其他4位分别来自河北省、福建省、四川省和海南省。选择有教学思想和影响力的中学高级教师或正高级教师作为研究对象,是因为他们对教师专业素养有深入的思考,能在较短时间内对教师核心素养构成要素做出判断、提出自己的看法。

三是编制访谈提纲。设计访谈提纲的任务,主要表现为依据访谈目的和主题,设计具体问题,并对这些问题排序。与问卷的问题设计相类似,设计访谈提纲中的问题时,依然要遵循问题的表述需简明和易懂、问题的表述不能包含倾向性、问题之间应按照一定的逻辑次序排列等要求。此外,由于访谈过程是人际交往的过程,所以访谈提纲的设计还需注意如下三点:其一,问题的形式以开放式问题为主;其二,事先设计好对受访者表述上可能出现的不清楚或不完整回答的追问方式,如"我对这方面的了解很有限,麻烦您再讲得具体一点,可以吗";其三,注重表述的口语化,以及问题之间的逻辑性、情感上的平稳过渡。[①]

比如,为深入挖掘优秀教师眼中的教师核心素养构成要素,采用半结构式访谈法进行深度访谈,具体围绕教师核心素养的内涵、构成要素、特征、意义等方面设计访谈提纲,并注意访谈提纲的开放性。访谈提纲中的主要问题包括以下七方面。

第一,参考学生核心素养的概念,您认为教师核心素养的内涵是什么?

---

① 张红霞.教育科学研究方法[M].北京:教育科学出版社,2009:251.

第二,如果让您来评价某位教师的专业素养水平,您突出看重其专业素养中的哪几个方面?

第三,您为什么更看重这些方面?

第四,可否将您刚才谈到的这几个方面作为教师核心素养的构成要素?有何调整?

第五,除此之外,您认为还有哪些可作为教师核心素养的构成要素?

第六,具有教师核心素养的教师具备哪些特征?

第七,教师核心素养对您近些年的教学工作和自身专业发展产生了哪些影响?

2. 访谈阶段

在访谈调查前,访谈者需要先与受访者约定访谈的时间和地点。当初次接触受访者时,访谈者要称呼得当,呈现证明材料,介绍清楚自己,并征求对方对访谈过程录音的同意。

第一,访谈中的提问。在访谈阶段,提问能起到引导受访者表达、控制访谈过程等作用。在刚开始交谈时,访谈者适宜提出受访者学习、工作、家庭等方面的非研究问题,以建立融洽的交谈气氛。之后,再以研究问题转入正式访谈。

在正式访谈时,访谈者宜多提出开放型问题、具体型问题,尽量少提封闭型问题、抽象型问题。[①] 开放型问题并没有固定的答案,允许受访者根据其自身理解进行回答。开放型问题往往带有"如何""为什么""怎么做"等词语。例如,"如果让您来评价某位教师的专业素养水平,您突出看重其专业素养中的哪几个方面""您为什么更看重这些素养"等问题。具体型问题指向具体的事情或细节,如"您刚提到,建议教师多阅读,那具体阅读哪些文献呢"。使用开放型问题、具体型问题进行访谈,利于收集更广泛、更深层次的资料。当然,封闭型问题、抽象型问题也有其运用的场景。封闭型问题对于受访者的回答内容有所限制,往往需要受访者回答"是""不是""有""没有"等。例如,对于"贵校有设置师徒制吗"这一问题,受访者只需回答"有"或"没有"即可。像这样的封闭型问题作为访谈者先提的问题,起到了过滤作用,所以也是有必要的。抽象型问题是具有总结性、概括性的问题。譬如,"您认为,什么样的教师才是具有教师核心素养的教师?或者说,具有教师核心素养的教师具备哪些特征?"这样的问题适合在咨询完教师核心素养构成要素之后再提出,它能起到与前面所谈内容的呼应作用,是前面访谈资料的进一步提炼。

第二,访谈中的追问。在访谈过程中,追问是获取广泛而深入资料的重要手段。访谈者要把握好追问的时机、遵从追问的原则、运用恰当的追问方式,进行追问。

一是追问的时机。访谈者往往在如下情况需要追问:当受访者的回答含糊不清或回答前后矛盾而不能自圆其说时,访谈者通过追问以获取受访者精确的回答;当受访者的回答不完整时,访谈者通过追问以获取完整的资料;当受访者回答中提到一个独特的词语、反复提到同一个概念或所提到的某个词语吸引了访谈者的注意力时,访谈者通过追问以获取更深入的资料。例如,当受访者三次提到教师应当具备学科视角观察世界和分析问题时,访谈者

[①] 陈向明.质的研究方法与社会科学研究[M].北京:教育科学出版社,2000:183-188.

就可以追问:"您所谈到的'学科视角'具体是指什么?""您认为,'学科视角'包括哪些方面?"

二是追问的基本原则。访谈中进行追问时,尽可能用受访者所用的言语和概念。例如,当受访者谈到教师需要明白自己关于这节课的教学思维时,访谈者可以追问:"麻烦您以某节课为例,说明这节课的教学思维是什么?"

三是追问的方式。追问包括直接追问与间接追问。直接追问是直截了当地请受访者补充回答问题的方式。例如,当受访者谈到教师必须具备学科素养时,访谈者可以追问:"您为什么这么看重教师的学科素养?"间接追问则是更换提问角度或询问其他相关问题的方式。例如,当受访者在不易描述具备学科素养的教师都有哪些行为表现时,访谈者可以换个角度进行追问:"那么,什么样的行为是不具备学科素养的教师的表现呢?"

第三,访谈中的回应。在访谈过程中,访谈者需要对受访者的言行表达做出回应,起到承接、引导话题等作用。访谈者要遵从回应的原则,并运用恰当的回应方式做出回应。

一是回应的原则。回应的原则是访谈者以中性的语言和态度做出回应,即访谈者不使用带有诱导性的语言和行为暗示受访者回答的方向,不对受访者谈到的观点进行评论或价值判断,不发表个人的观点。

二是回应的方式。访谈者回应的方式有很多种,比如重述一遍问题、解释问题之意、以言语行为或非言语行为表示认可、重复受访者说的关键词、换词语或句子重组受访者说的话、总结受访者所说的话等。例如,当受访者谈到在现代信息技术盛行的当下,教师依然需要具备板书、板图、板画的教学能力时,访谈者可以用"三板教学能力"进行总结式回应。

3. 结束访谈阶段

访谈者需要把控好约定的访谈时长,把握结束访谈的时机,可以询问受访者:"关于教师核心素养的构成与培养,您还有什么要说的吗?"最后,向受访者表达真诚的感谢。例如,"今天我们的访谈就到这里,您所谈到的这些信息对我来说非常重要,感谢您对我的信任!"

三、问卷法

(一)问卷法的概念及优缺点

1. 问卷法的概念

问卷法是指研究者用规范编制的问卷来收集调查对象心理特征或行为数据的调查方法。问卷法是教育研究中常用的数据收集方法。为了更好理解问卷法,这里说明三点。其一,问卷不等同于问卷法。问卷是研究者实施问卷调查研究的重要工具,而问卷法是研究者利用问卷收集数据的研究方法。其二,采用问卷法开展教育调查研究的对象不仅包括教师、学生,还包括备课组长、教导处主任、校长、教研员、家长、教育培训承办方等。其三,调查数据往往包括被调查者的基本信息、心理特征、行为表现以及相关事物状态等方面。

2. 问卷法的优缺点

问卷法具有如下优点。(1)调查对象的广泛性。调查者可以在较短时间内同时调查数量较多的对象,不受地域的限制,效率较高。(2)调查对象的匿名性。由于被调查者在填写问卷时可以不署名,减轻心理上的压力,这在一定程度上促使问卷调查获得的教育信息相对真实可靠。(3)调查过程的简便性。调查者可以将纸质问卷或网络问卷直接发放给被调查者,调查过程简便易行,节省时间、人力、物力和财力,且调查成本较低。(4)调查结果的定量性。很多问卷的标准化程度较高,即问题的表达、顺序和答案类型等都具有高度的一致性,各种答案又进行编码处理,便于整理和统计分析。[①]

同时,问卷法也有一些缺点。(1)回收率有时难以保证。如果被调查者判断出问卷质量较差、对某项教育调查的兴趣不大、配合填写的态度不积极,或被调查者受到时间、阅读能力等方面的影响,均有可能直接放弃填写问卷。(2)不能保证填写问卷的环境和填答质量。当无调查员在场时,被调查者填写问卷的环境无法控制;当被调查者不明白问卷的某些问题时,可能会产生误解、误答、缺答等情况。(3)所获信息不够深入。通过问卷调查搜集的信息有时会局限于表面,调查者不能采用当面追问等方法深入探索被调查者对教育问题及其成因等情况的看法。

(二) 问卷法的实施步骤

问卷法的实施过程通常包括确定调查目的、选择调查对象、设计问卷、发放问卷、回收问卷、整理问卷数据、分析问卷数据等环节。

这里以"中学生生态文明素养现状调查研究"为例,描述问卷法实施的七个过程。第一步,确定调查目的,即探明中学生生态文明素养现状,进而提出中学生生态文明素养提升策略。第二步,将调查样本的总体确定为某省中学生,采用分层随机抽样方法选择调查对象。第三步,依据问卷设计步骤和问卷设计要求,编制"中学生生态文明素养现状调查问卷"。第四步,在某省内进行分层随机抽样,关照到不同年级学生、不同地域学生等方面的差异,选派几位调查员到教室发放纸质问卷,组织学生集中填答问卷,并发放一些小礼品表示感谢。第五步,调查员在教室当场回收问卷。第六步,研究者对回收的问卷进行编码、将问卷数据录入到 excel 中,删减无效数据,插补个别缺失数据等,得到有效问卷。第七步,针对封闭式问题的数据,利用 SPSS 等统计软件进行处理和分析;针对开放式问题和答案,通过分类、归纳、概括等方法进行定性分析,得出研究结论。

(三) 问卷的结构

问卷一般包括题目、封面信、指导语、问题和答案、结束语。

1. 题目

题目是对问卷的目的和内容的最简洁的反映。如开展中学生生态文明素养现状调查研究,可将问卷题目直接拟定为"中学生生态文明素养现状调查问卷"。

2. 封面信

封面信是一封致被调查者的短信,主要包括调查者的身份、调查内容、调查目的、保密承诺等要素。封面信篇幅宜短,但须言简意赅、真诚详尽、尊重被调查者。封面信有助于说服

[①] 刘淑杰.教育研究方法[M].北京:北京大学出版社,2016:72-73.

被调查者接受调查,并说服其填写问卷。例如,对于"中学生生态文明素养现状调查问卷"的封面信可设计为如下内容,详见案例10-3。

[案例10-3]

封 面 信

亲爱的同学:

  您好!

  生态文明素养培育是教育推进人与自然和谐共生现代化的重要途径。为了探明××省中学生生态文明素养现状,我们正在全省开展这项调查。本调查以不记名方式进行,我们将对统计资料保密,所得个人资料均以统计方式出现,请您不必有任何顾虑。您的回答将代表众多与你一样的朋友,请您依据自身实际情况认真填写。

××师范大学生态文明教育研究课题组
×年×月×日

3. 指导语

指导语是用来指导被调查者填写问卷的各种解释和说明以及保密承诺。有些问卷的填写方法比较简单,指导语很少,常常在封面信中用一两句话说明即可。有些复杂问卷的指导语集中在封面信之后,并标有"填答说明"。

4. 问题和答案

问题和答案是问卷的核心部分。依据问题的内容不同,可将问题分为特征问题、事实问题和态度问题。特征问题是反映被调查者的背景信息、基本情况的问题,如调查教师的教龄、所在区域等。事实问题是关于曾经发生过的、现存的或即将发生的事物状态、人的行为等方面的问题,如调查教师在备课、上课环节使用教材的行为表现。态度问题是反映被调查者对问题的情感、态度、价值倾向、观点等主观性内容的问题,如调查教师对教材活动设计状况的认同度。此外,依据问题的回答方式,又可将问题分为封闭式问题、开放式问题和半封闭式问题。

5. 结束语

结束语是通过短句或补充性问题等方式表示问卷的填写到此结束。结束语的主要表达方式是写感谢词,有时研究者还在结束语中提醒被调查者检查填写内容,询问被调查者填写问卷的感受等。

(四)问卷设计的步骤

问卷的质量直接影响着问卷法运用的效果,因此需要在问卷设计方面投入更多时间和精力,做到尽量科学、规范地设计问卷。研究者在设计问卷时,需要确立被调查者本位的原则,即要充分为被调查者考虑。不管是问题的题项数量、问卷的保密承诺、问卷的排版形式、问卷的整体设计质量,还是被调查者的填答心理、填写方式、填答耗时等,研究者都要充分为被调查者考虑。在遵从此原则之下,按照如下几个步骤设计问卷。

1. 前期准备阶段

在此阶段,研究者要明确调查主题和目的,了解调查样本属性。例如,如果开展中学生生态文明素养现状调查研究,则调查主题为生态文明素养,调查目的在于探明中学生生态文明素养现状,调查对象为中学生。

2. 概念操作化阶段

概念操作化是指对教育课题或问卷调查中使用或需要测量的主要概念做出明确的界定,并确定其边界和测量指标的过程。概念操作化阶段是问卷设计的关键环节。该阶段需要做到:其一,概念的澄清和界定,亦即明确核心概念的内涵与外延;其二,发展测量指标,包括列出概念的维度、确定概念维度的变量、建立测量的指标。比如,对于中学生生态文明素养现状调查研究,要通过文献梳理,厘清其内涵以及中学生生态文明素养的结构。通过文献研究发现,中学生生态文明素养主要包括生态文明知识、生态文明能力、生态文明价值观和生态文明行为等维度,其中生态文明行为又包含健康生活、低碳生活、适度消费等指标。

3. 设计问卷初稿阶段

研究者在设计问卷的内容时,需要做到:一是依据调查目的、被调查者的特点和问卷数据的统计分析方法,确定问卷的题目、封面信和问题的类型;二是依据核心概念及其指标体系,采用文献研究或非结构式访谈等方法,拟定具体的问题及答案,并按照一定的逻辑顺序排列,使得同一维度之下的问题排列在一起。例如,对于中学生生态文明素养现状调查问卷的设计,需要针对末级指标的具体含义设计问题,具体来说,对于"低碳生活"指标,可以设计"当我购物时,我自己会带环保袋,尽量减少使用免费或者收费的塑料袋""一旦不用电灯,我就随手关掉"等问题。

4. 试用阶段

在设计完问卷初稿后,研究者不要急于开展正式调查,而要进入试用阶段,通过征求专家意见或进行预调查,以了解问卷存在的不足之处。试用的方法包括主观评价法和客观评价法两种。主观评价法又称专家评价法,其做法为,将设计好的问卷初稿打印若干份,分别邀请研究主题领域的专家(如擅长生态文明教育研究的专家学者)、懂得教育研究方法的专家等阅读和分析问卷初稿,对问卷进行评论,指出不妥之处。客观评价法又称预调查法,其做法为,将问卷初稿打印若干份,采取非随机抽样的方法选取一个小样本(如 30 人),用问卷初稿对其进行调查,从回收率、有效回收率、填写错误现象、填答不完全现象等方面认真检查和分析试调查的结果,从中发现问卷的缺陷。

5. 修订和定稿阶段

在此阶段,研究者需要参考试用阶段发现的不足之处,修改问题和答案,并对问卷整体结构和版面做适当调整,尽力从内容和形式上进一步完善问卷,形成正式的问卷。

(五)问题和答案的设计要求

1. 问题设计的一般要求

问题设计的一般要求包括:问题陈述应准确、具体、简明,尽量不使用抽象概念。问题要避免带有双重或多重含义。双重或多重含义指一个问题中含有两件或多件事情,或一句话中同时问了两个或多个问题。问题不能带有倾向性,即问题的表达不能对回答者产生某种暗示或诱导,应使用中性的语言、保持中立的提问方式陈述。常见的带有倾向性的表达有:利用公众看法,如"人们都认为";利用权威论断,如"生态文明专家指出";含有背景提示,如"在建设生态文明社会的背景下";使用反问句,如"难道你不认为"。不用否定形式提问,如"您是否赞同不倡导低碳行为";也不直接问敏感性问题,如涉及人们的隐私、道德认知等敏感性问题,可采用投射法等间接提问的方式来表述。

2. 答案设计的一般要求

设计答案时应遵循如下六个准则。一是匹配性,答案与问题在内容指向上要做到逻辑衔接、相呼应。二是同层性,保证所有选项都源自同一个维度,处于同一个层面。三是穷尽性,所列举的答案包括了所有可能情况而没有遗漏。四是互斥性,备选答案之间不存在交叉或包含关系。五是现实性,答案要与现实生活情况相符合,能够反映不同被调查者在实际情况上的差异,否则调查资料缺乏分析价值。这就提醒我们,不能直接照抄他人问卷中的问题和答案,而无视本调查对象的具体情况。六是对称性:程度式答案应按一定的顺序排列,做到前后对称。

例如,如下是对中学生的提问,其答案的表述违背了现实性、穷尽性、互斥性等准则。

你上个月用于购买学习用品的费用约为(　　　)

A. 0—200 元　B. 200—400 元　C. 400—600 元　D. 600—800 元　E. 800—1 000 元

四、课例研究

(一) 课例研究的概念与类型

1. 课例研究的概念

课例是用于研讨教学或观摩学习的教学实例,是教学过程的真实呈现,其呈现方式主要为教学实录的文本形式和教学视频的录像形式。课例研究是以课例为载体,以教学研究问题为驱动,通过教师个体或团队对研究课进行设计、上课、观课、议课、反思和总结等的螺旋上升过程,以改进师生行为、提升教学质量的研究活动。从此概念可看出,课例研究聚焦于具体的课例以及具体的教学研究问题。课例研究的步骤往往包括备课、上课、观课、议课、反思等核心环节。课例研究的目标是改进教师的教学行为和学生的学习行为,提升教学效果。课例研究的过程是一个螺旋式上升的过程。

2. 课例研究的类型

依据研究对象和目标取向的不同,将课例研究分为课例分析研究模式与课例开发研究模式。课例分析研究模式是以已上完的一节课为研究对象,通过细致观察发现教学过程中的问题并思考如何改进教学的研究模式。该模式包括"自我反思式"课例研究、"多人同课"课例研究和"名课研习"课例研究这三种模式。课例开发研究模式是教育理论工作者、教师指导者和一线教师作为研究共同体,围绕某一主题,以课例为载体,对执教教师进行多次教学实践的合作反思活动进行完善开发的研究模式。该模式包括一人同课多轮的课例研究和多人同课循环的课例研究。① 课例开发研究模式既可以是一人同课多轮,也可以是多人同课循环;既可以采用"两课一反思"模式,也可以采用"三课两反思"模式;既可以多次对同一课例进行教学和研究,也可以对同一研究主题下不同课例进行教学和研究。

(二) 课例研究的价值

1. 提高课堂教学质量

课例研究是针对常态课的精细化研究。课例研究包括备课、上课、观课、议课和反思等核心环节以及这些环节的再循环,以改进教师的教学行为、充分关注学生的学习行为,进而提升教学质量。

2. 理论密切结合实践

课例研究将理论学习与备课、说课、授课、观课、议课等实践有效地结合起来,促进理论与实践紧密相连。例如,教师在备课时就要学习和运用现代教学设计理论,在观课时就不能凭借以往的经验去观课,而是要学习和运用课堂观察技术的相关理论。

3. 发掘群体研讨价值

课例开发研究模式的一个主要特征便是群体研讨。课例研究过程中,通过建立学习共同体和研究共同体,每个成员都积极参与其中,发挥其教学智慧。各位成员一起备课、一起上课或观课、一起议课和反思、一起总结。在这样的交流过程中,相信彼此一定会有思想与思想的碰撞。因此,课例研究具有较强的群体研讨价值。

4. 提升教师专业素养

在课例研究中,教师可以在群体研讨过程中从其他教师那里学得宝贵的实践性知识,增长教师的实践智慧。开展课例研究,有益于促进教师成为研究的实践者、实践的研究者。课例研究过程中涉及很多种教育研究方法。在课例研究的观课环节,成员需依据课堂观察量表进行分工、细致观课,涉及观察法。在执教教师上完课时,成员需通过访谈或测验题等方式进行教学效果调查。教师只有经历了课例研究的过程,才能逐步学会这些常用的教育研究方法,并提升自身的研究能力。

(三) 课例研究实施的基本流程

我们以一人同课多轮的课例研究下"两课一反思"模式为例,介绍课例研究的流程。

1. 组建团队、收集学习资料

确定参加课例研究的人员,选一人担任组长。团队成员都要学习课例研究的相关文献,对课例研究有个初步了解,参与整个课例研究的过程。

2. 选课、定题、选执教者、定方案

第一,选课。不管是日常的校本课例研究,还是置换脱产研修中影子培训阶段的课例研究,在选课时应尽量参考教师教学计划的实际情况和学校的日常教学进度。

---

① 邵光华.教育研究方法[M].北京:高等教育出版社,2016:190-193.

第二，定题。研究主题的确定原则为切入口小、成员共同关注。研究主题的来源包括教学内容、教师教学行为、学生学习方式、教学中的"关键性事件"、课程改革热点等方面，研究主题的确定可以多从学科视角出发，依据学科课程标准的要求和教学内容来考虑，如案例10-4的"定题"。

> **案例10-4**
>
> ### 定　题
>
> 例如，若选的课为人教版七年级《地理》第一章第二节"地球的运动"，则课例研究的主题可设计为："设计地理实验，帮助学生理解地理现象"。这是因为，《义务教育地理课程标准（2022年版）》中要求，"地球的运动"一节学习时需要运用模型或软件演示地球的运动，并结合实例说出地球运动产生的主要自然现象。

第三，选执教者。执教者以教师自荐为主。在一人同课多轮的研究模式下，研究过程中不要调整执教者。

第四，定方案。开展课例研究，必须确定研究计划，明确成员分工。有的任务需要集体研讨完成，如课后评议。有的需分工完成，如撰写文献综述。有的则需落实到人，如讲课任务。

3. 撰写文献综述

这里的文献综述包括课例的研究综述和主题的研究综述两种类型。

课例的研究综述是指对某一节课的教学设计、教学实录、备课参考等相关成果进行全面的扫描、提炼和评议。课例研究综述的目的在于把握全国其他教师对某一节课的设计思想、思路等，了解其设计的优点和缺点，为自己设计本节课提供哪些方向和启示，如案例10-5的"课例的研究综述"。

> **案例10-5**
>
> ### 课例的研究综述
>
> 例如，若选择的课为七年级《地理》的"地球的运动"一节，则所需撰写的课例综述就是对近年教育期刊上发表的有关义务教育阶段"地球的运动"一节的教学设计、教学实录、说课设计、教材分析、备课参考、教学解读等成果进行全面的梳理，整理已有研究者设计本节课的思想、思路，为本节课的设计提供经验和教训。最终形成的课例研究综述的成果，名称可拟定为"'地球的运动'教学研究综述"。

主题的研究综述是对课例研究主题的相关文献进行比较详尽的回顾，以期为课例研究提供若干指向和启示。研究过程中需注意以下四点内容。第一，明确进行文献综述的目的。一般性文献综述的目的在于总结前人成果，分析研究不足，指出研究走向。而课例研究主题的研究综述是为了加深研究者对研究主题的系统认识和全面理解,这有利于教师明确教学设计的重点和确定课堂教学观察的要点。第二,筛选经典的文献。把握重要作者、主要观点、阅读原始文献。第三,理清文献观点的主要分类。第四,既要对已有研究的观点进行综合提炼,又要有一定的评述。需要注意的是,应避免在前期做文献综述上花费过多的时间和精力,而使得用于课例研究中核心环节的时间过少,影响课例研究的进程和效果。

4. 备课、设计观察工具

第一,备课。教案包括课标解读、教材分析、学情分析、研究主题分析、设计思想、教学目标、教学重难点、教学方法、教学过程、板书设计等项目。对于"研究主题分析"这一项,可从分析该研究主题确定的依据等方面着手来阐述。对于备课,成员可合作设计,深度研讨,逐步完善;也可以以执教教师为主,其他教师辅助。在形成教案后,成员共同研讨教案,正式形成"原始课"的教学设计。此外,还要研讨课后调查方法及准备课后调查工具或材料。课堂教学结束后,成员应按照团队分工,对学生进行后测、访谈,以便进一步掌握学生学习情况与学习心理感受。[1] 课后测评方式包括课后立即访谈一定数量的学生或进行10分钟内的测验等。因此,需准备访谈提纲或测验题。

第二,设计观察工具。课堂观察量表是进行课堂观察和议课的直接依据。课堂观察量表既包括与研究主题直接相关的观察量表,也包括与研究主题间接相关的观察量表。前者体现在依据教学内容和课例研究主题制定课堂观察量表,后者体现在依据教学过程制定教学程序、教师教学行为、学生学习行为、教学效果等方面的课堂观察量表。例如,可以设计教案观察表,来观察教师的教学行为和学生的学习行为。教案观察表包括教学活动设计、预期行为、非预期行为、提升空间等项目。其中,非预期行为包括学生的反应和教师的应对,这是课堂观察教师重点记录的内容。提升空间是基于对非预期行为的分析而提出的课堂教学改进建议。[2] 设计课堂观察量表时,除要呈现观察量表本身外,可以考虑在表格下方备注表格的使用说明。使用说明主要涉及使用此表的方法和注意事项,这样有利于观察者快速了解记录方法。因此,设计完观察量表后,需明确课堂观察人员的分工。

5. 上课、观课、进行课后测评、整理课堂实录

执教者按"原始课"的教学设计开展教学,其他成员及指导教师依据观察量表等工具从不同视角观察教学过程。听课教师一般坐在教室后面,当教学过程中开展小组合作等活动时,听课教师可在教室内走动,观察、记录学生的行为。这一教学过程需全程录像,在课后还需对学生进行课后测验或访谈。之后,成员依据视频版的教学过程整理成文字版的课堂教学实录。

6. 议课、反思、整理议课实录

课后会议尽量在当天召开,任务为议课、反思。首先,由执教教师谈教学实践与教学理想之间的差距、教学目标是否达成、教学行为是否有效及其原因等。其次,由其他成员依据

---

[1] 齐渝华.怎样做课例研修[M].北京:高等教育出版社,2010:56.
[2] 安桂清."教师如何做课例研究"之三:课堂观察工具的开发[J].人民教育,2010(23):46.

观察量表,站在自己的观察角度议课,要有比较明确的判断及其证据。最后,由指导教师议课,进行总结。因为每个成员对这堂课都负有责任,因此,议课中很可能会提出批评意见,而这批评意见应聚焦于课堂,并非特意针对执教教师。基于如上讨论,发现课堂教学中存在的一些问题,进而寻找改进策略,提出新的教学设想和设计,包括如何修改原来的教学设计,总结执教教师下一轮上课应注意的事项等。课后会议之后,成员依据视频版的议课过程整理成文字版的议课实录。

7. 形成新案、修改观察量表

基于课后会议的讨论,重新进行教学设计,形成"改进课"的教学设计,并考虑是否修改课后测评的材料、课堂观察量表等。

8. 再次上课、观课、进行课后测评、整理课堂实录

执教者依照新案,选择与第一次试教班级学生水平大致相当的班级实施教学。其他成员及指导教师依据观察量表观课,教学过程依然需全程录像,课后需对学生再次进行调查。之后,再次整理课堂教学实录。

9. 再次议课、反思、整理议课实录

先由执教教师谈教学实践与新案设计的差距、第二次教学与第一次教学的变化及其原因,再由其他成员依据观察量表和通过调查得到的数据来谈本次教学与第一次教学的变化,最后由指导教师议课、总结。基于如上讨论,能看出执教教师在第二次教学中哪些行为有所改变,教学效果整体上有哪些变化。为此,考虑是否有必要进行第三次设计教案和第三次进行教学,即是否需要将"两课一反思"模式改为"三课两反思"模式,继续开展教学和研究。课后会议之后,成员再次整理议课实录。

10. 撰写课例研究报告

课例研究报告是由整个课例研究小组合作撰写的。报告一般包括背景、研究过程、问题讨论和结果等部分。报告的结构可根据课例研究的实施情况进行调整和细化。此外,每个成员可选取课例研究过程中的某一角度进行深入思考、总结,撰写个人研修报告。

综上所述,课例研究是以课例为载体,对真实课堂教学过程开展的研究活动,是教师的专业学习、实践反思和行为跟进相结合的研究活动。深入开展课例研究,对改进教师教学行为、提升教师研究能力、促进教师专业发展均大有裨益。

🛡 思考题

1. 从最新的《教育研究》期刊中任选一篇论文,说明研究的类型。
2. 参考最近教育政策,写出一个有研究价值和新意的研究问题,并设计研究方案。
3. 任选一篇采用观察法研究的教育论文,说明此篇论文中观察法的运用步骤。
4. 任选一篇采用访谈法研究的教育论文,说明此篇论文中访谈法的运用步骤。

5. 任选一篇采用问卷法研究的教育论文,说明此篇论文中问卷法的运用步骤。
6. 任选一篇课例研究的教育论文,说明此篇论文中课例研究的实施步骤。

参考文献

1. 邵光华.教育研究方法[M].北京:高等教育出版社,2016.
2. 刘淑杰.教育研究方法[M].北京:北京大学出版社,2016.
3. 刘晶波.学前教育研究方法[M].北京:人民教育出版社,2016.
4. 朱德全.教育研究方法[M].重庆:西南师范大学出版社,2011.
5. 齐渝华.怎样做课例研修[M].北京:高等教育出版社,2010.
6. 张红霞.教育科学研究方法[M].北京:教育科学出版社,2009.
7. 陈向明.质的研究方法与社会科学研究[M].北京:教育科学出版社,2000.